数据增长模型

DATA GROWTH MODEL

数智时代的全栈产品运营思维、算法与技术

连诗路 ⊙ 编著

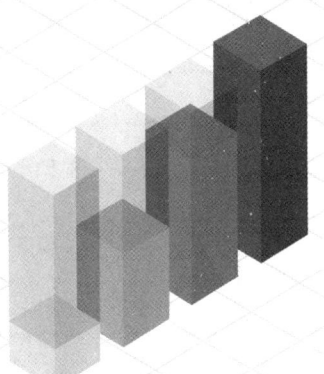

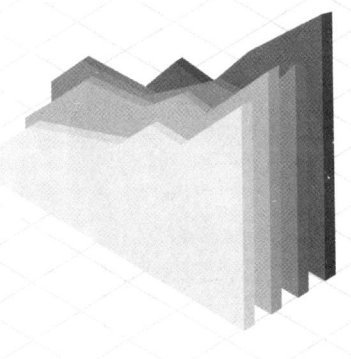

人民邮电出版社

北京

图书在版编目（CIP）数据

数据增长模型：数智时代的全栈产品运营思维、算法与技术 / 连诗路编著. -- 北京：人民邮电出版社，2022.1
ISBN 978-7-115-57060-4

Ⅰ. ①数… Ⅱ. ①连… Ⅲ. ①企业管理－产品管理－运营管理 Ⅳ. ①F273.2

中国版本图书馆CIP数据核字(2021)第179865号

内 容 提 要

本书以数字化背景下数据产品相关从业者必懂的数据技术、数据技能、数据思维、数据方法、数据模型、产品用户及客户增长实战经验为基础，系统地介绍了数字化和数据产品相关的数据经验知识和案例。随书附赠丰富的数据源文件和参考示例，方便读者对数据分析案例进行实操练习。

本书内容全面，结构完整。首先讲解数据增长指标体系的搭建；然后通过细节讲解数据分析流程、数据采集方法、数据挖掘方法；紧接着通过实操案例讲解数据分析工具，如Excel、Python、SQL、Anaconda、A/B 测试等，以及驱动数据增长的实战模型，如 ARIMA、AHP、LTV、AARRR 等，还有数据仓库和数据平台的搭建方法；最后讲解数据中台、数据产品规划、数据产品实现、数据安全和隐私保护、数智化增长、产品经理思维方法，以及"数据人"行动路径。

本书适合数据产品经理、数据运营人员、数据产品技术人员、数据领域创业者和相关专业的学生阅读参考。

◆ 编　著　连诗路
责任编辑　王　冉
责任印制　马振武

◆ 人民邮电出版社出版发行　北京市丰台区成寿寺路 11 号
邮编　100164　电子邮件　315@ptpress.com.cn
网址　https://www.ptpress.com.cn
涿州市京南印刷厂印刷

◆ 开本：720×960　1/16
印张：25　　　　　　　　　2022 年 1 月第 1 版
字数：522 千字　　　　　　2022 年 1 月河北第 1 次印刷

定价：89.90 元

读者服务热线：(010)81055410　印装质量热线：(010)81055316
反盗版热线：(010)81055315
广告经营许可证：京东市监广登字 20170147 号

数据产品经理所需的技能和思维方法，并给出成为数据产品经理，成为数据产品运营人员，以及掌握数据驱动增长的方法和具体思维。

无论是零基础的新人，还是入职三五年的老手，抑或是准备打造数据产品团队的创业者，这本书将教你如何去做数据分析、数据报告、数据仓库、数据平台、用户画像、推荐系统、数据湖、数据中台、数据驱动增长的引擎，以及如何搭建数据模型、掌握数据思维方法，让你的数据产品方案得到质的提升。

本书不仅有丰富的阿里巴巴、美团点评、腾讯等企业的数据产品案例，也有创业团队的经验总结。

本书既在"道"的层面（即产品思维方面）进行解读，又在"术"的层面（即数据分析的工具、技术方面）进行了数据产品实操，希望读者可以有所收获。

作者

2021 年 9 月

前言

PREFACE

◇ ◇ ◇ ◇ ◇

在这万物互联的时代，数字化力量在驱动产业新发展中扮演着越来越重要的角色。作为万物互联的全新引擎，大数据、物联网（IoT）和人工智能（AI），带来了新的技术、新的赛道、新的商业模式，也开拓了全新的产品和服务应用场景。

新技术的快速发展让企业的转型多了一条新路径，那就是从数字化到数智化。

对于企业来说，技术、产品是推动其发展的硬实力，而与之相对的企业数智文化，则是时下和未来支持企业可持续发展并确保其正确发展方向的推动力。

笔者经常被创业者和产品人问及如何培养数据产品经理或如何成为数据产品经理，应该如何系统地学习数据产品经理需要具备的技能等问题。很多咨询者强调自己学了 SQL Server、Oracle、T-SQL、PL-SQL、Tableau 或 Python 后不知道如何用，也有咨询者坦言找到这方面的工作很难。

其实，这些都是知识的点和面，靠这些是很难求职成功的，也很难成功搭建数据产品增长团队，更不能系统地掌握数据产品经理需要的综合技能和思维方法。

想打造数据产品，或者希望从事数据产品经理方面的工作，仅会 Python、SQL 是不够的，数据产品运营的"术"也是我们必须学习的。

这也是笔者撰写本书的主要原因之一，本书讲述了如何系统地学习新的产业驱动就是数字化技术，通过数字化技术构建新的业务模式和商业模式是所有组织的必修课，也是每个人的必修课。这本书从架构、流程到案例，再到工具使用都有详细讲解，非常实用，推荐给大家阅读。

——蒋国文 华为云前任 CTO

搜集数据、理解数据、解读数据，是工作基本功，也是能力提升基础之所在。建议常读这本书，会有更多启发。

——徐志斌 见实科技 CEO、畅销书《小群效应》《社交红利》作者

这是一本从产品运营思维、算法与模型 3 个维度全面阐述企业数字化增长方法落地的实战手册，是作者多年产业互联网公司数据服务与数据产品搭建经验的总结，和对 AIoT 领域数智化的经验提炼。数字化增长是一个系统工程，推荐这本书。

——老曹 人人都是产品经理、起点学院创始人兼 CEO

行业数字化是后互联网时代的主旋律，也是企业自身增长的机遇。投身于这个赛道的创业者往往会面临巨大的挑战，这种挑战来自于数字化过程是一个长周期才能见效的模式，也来自于企业内部协同的沟通鸿沟。数字化业务落地的过程是将整个业务运营和组织模式构建在技术和数据体系的基础上，因此无论什么职位的人都有必要了解技术话语体系和数据话语体系。本书系统性地对技术开发工具和数据分析工具进行了梳理，是经典实用的案头书。

——石克阳 淘宝前 AI 时尚大脑负责人、微洱科技联合创始人兼 CTO

推荐

Recommendation

◇ ◇ ◇ ◇ ◇

对于期望通过数据寻找增长点和期望通过数智化创新产品的创业者与职业经理人来说，本书是一本可读性很强的作品，因为本书将数智化所需的思维、模型和算法创新应用进行了结合，讲解了数据指标体系搭建和数据埋点案例、数据分析流程、数据采集方法、数据挖掘的整体方法和工具，数据仓库和大数据平台的搭建方法，以及数据中台和数据安全、数据智能应用场景、用户增长实战案例，值得学习借鉴。

——肖利华 阿里巴巴集团副总裁、阿里云研究院院长

"数智化"技术正在推动整个社会实现新一轮的"操作系统升级"。与之前工业化技术引发的变革一样，此次升级伴随新思维、新技术、新流程、新产品的是一系列新概念、新词汇、新方法和新体验。本书以实践案例为引导，由浅入深、由表及里地将那些令人生畏的专业词汇、工具和方法娓娓道来，帮助我们踏上探索之路。

—— 王欣 前微软（中国）副总裁、港大 ICB 客座副教授

这本书拆解了数字化增长需要的思维、算法模型与技术方法，简洁有力，能帮助企业从上到下形成共识，此书无疑是数字化增长的一件"利器"。

——俞雷 原金立集团副总裁

资源与支持

RESOURCES AND SUPPORT

◇　◇　◇　◇　◇

本书由"数艺设"出品，"数艺设"社区平台（www.shuyishe.com）为你提供后续服务。

配套资源

数据源文件：书中案例的数据源文件。

参考示例：需求文档、爬虫案例等参考示例文档。

资源获取请扫码

"数艺设"社区平台，为艺术设计从业者提供专业的教育产品。

与我们联系

我们的联系邮箱是 szys@ptpress.com.cn。如果你对本书有任何疑问或建议，请你发邮件给我们，并请在邮件标题中注明本书书名及 ISBN，以便我们更高效地做出反馈。

如果你有兴趣出版图书、录制教学课程，或者参与技术审校等工作，可以发邮件给我们。

如果学校、培训机构或企业想批量购买本书或"数艺设"出版的其他图书，也可以发邮件联系我们。

如果你在网上发现针对"数艺设"出品图书的各种形式的盗版行为，包括对图书全部或部分内容的非授权传播，请你将怀疑有侵权行为的链接通过邮件发给我们。你的这一举动是对作者权益的保护，也是我们持续为你提供有价值的内容的动力之源。

关于"数艺设"

人民邮电出版社有限公司旗下品牌"数艺设"，专注于专业艺术设计类图书出版，为艺术设计从业者提供专业的图书、视频电子书、课程等教育产品。出版领域涉及平面、三维、影视、摄影与后期等数字艺术门类，字体设计、品牌设计、色彩设计等设计理论与应用门类，UI 设计、电商设计、新媒体设计、游戏设计、交互设计、原型设计等互联网设计门类，环艺设计手绘、插画设计手绘、工业设计手绘等设计手绘门类。更多服务请访问"数艺设"社区平台 www.shuyishe.com。我们将提供及时、准确、专业的学习服务。

目录

CONTENTS

第 1 章 抓住数据增长波段
1.1 数据增长发展阶段 014
1.2 数据增长新窗口 016
1.3 数据增长待解决的三大产品需求问题 018
1.4 3 步帮公司从 0 到 1 跟上数字化步伐 020

第 2 章 制定数据增长指标体系
2.1 什么是增长型数据指标体系 025
2.2 如何搭建指标体系 027
2.3 评价指标体系原则 029
2.4 如何计算指标 030
2.5 案例：实操 LTV 用户增长生命周期
价值计算 031

第 3 章 全面的数据分析流程
3.1 数据采集：源数据获取方法 036
   3.1.1 数据埋点：埋点获取数据 036
   3.1.2 案例：数据产品经理如何撰写 PRD 037
   3.1.3 硬件获取数据：硬件传感器获取数据 044
   3.1.4 爬虫 048
   3.1.5 第三方渠道合作数据 051
3.2 数据缺失处理方法 053
3.3 数据可视化 058
3.4 案例：数据分析全流程 059

第 4 章 数据挖掘
4.1 数据分析与数据挖掘的关系 068

4.2 数据挖掘的标准流程 070
4.3 新手入门如何系统地学习实操数据挖掘 074
4.4 案例：数据挖掘 077

第 5 章 实操必懂的数据分析工具
5.1 数据分析实战 Excel 080
   5.1.1 常用的统计分析函数 080
   5.1.2 文本处理函数 081
   5.1.3 数值运算函数 081
   5.1.4 逻辑判断函数 082
   5.1.5 日期计算函数 082
   5.1.6 匹配查找函数 083
   5.1.7 多表合并函数 084
5.2 Excel 实操分析技巧 084
   5.2.1 Excel 数据透视表 084
   5.2.2 描述性统计分析 087
   5.2.3 相关系数与协方差 088
   5.2.4 线性回归预测模型 088
   5.2.5 移动平均预测模型 089
5.3 Excel 可视化数据 089
   5.3.1 Excel 基础图表可视化 090
   5.3.2 Excel 高级图表可视化 090
   5.3.3 Excel 合并报表 091
5.4 实战使用 SQL 091
   5.4.1 SELECT 查询 092
   5.4.2 带有约束的查询 093
   5.4.3 过滤和排序查询 094
   5.4.4 使用 JOIN 的多表查询 095

5.4.5 外部关联	095
5.5 学会综合运用 Python	097
5.5.1 Python 定义	097
5.5.2 规划 Python 学习路径	097
5.5.3 用 Python 可以解决什么问题	098
5.5.4 新手学 Python 要准备什么	098
5.6 安装 Anaconda	098
5.7 案例：用 Python 分析新零售	100

第 6 章 巧用 A/B 测试

6.1 打破传统的 A/B 测试观念	106
6.2 什么是 A/B 测试	106
6.3 系统地设计 A/B 测试	107
6.4 A/B 测试工具	109
6.5 A/B 测试不一定是万能的	109
6.6 案例：A/B 测试完整产品	112

第 7 章 数据模型驱动增长

7.1 懂模型就是懂高级数据分析方法	115
7.1.1 数据智能化趋势	115
7.1.2 数据分析与高级分析流程	117
7.2 ARIMA 时间序列模型	119
7.2.1 ARIMA 时间序列模型定义	119
7.2.2 ARIMA 时间序列模型的运用流程	120
7.3 AARRR 模型	121
7.3.1 AARRR 模型定义	121
7.3.2 搭建和计算海盗模型的思维方法和案例	128
7.4 AHP 搭建风控模型	129
7.4.1 AHP 模型的含义	129
7.4.2 AHP 层次分析法实例	130
7.4.3 AHP 层次分析法小结	133
7.5 RFM 客户价值计算和分层运营模型	134

7.5.1 RFM 模型定义	134
7.5.2 RFM 模型计算方法流程案例	135
7.5.3 RFM 模型的意义	137
7.6 LTV 用户生命价值周期模型	138
7.6.1 LTV/CLTV 的含义	138
7.6.2 LTV 的作用	138
7.6.3 LTV 的计算方法案例	138
7.7 其他常见的大小数据分析模型	139

第 8 章 用户画像

8.1 用户画像	142
8.1.1 用户画像定义	142
8.1.2 用户画像的作用	142
8.2 用户画像的方法	143
8.3 案例：淘宝用户画像应用	145

第 9 章 推荐系统

9.1 实战推荐系统产品	147
9.1.1 基于用户的推荐系统	147
9.1.2 推荐效果评价指标	148
9.1.3 基于内容的推荐系统	148
9.1.4 基于内容推荐系统的优点和缺点	153
9.2 推荐系统应用场景	154
9.3 推荐系统未来必须关注的七大热点	154
9.4 案例：今日头条和抖音短视频产品推荐系统	161

第 10 章 从 0 到 1 新建数据仓库

10.1 什么是数据仓库	166
10.1.1 数据仓库的含义	166
10.1.2 数据仓库的特点	166
10.1.3 数据库与数据仓库的关系	167
10.1.4 数据湖与数据仓库	168

| 10.1.5 | 数据仓库与数据集市 | 169 |

| 10.1.6 | 离线数据仓库与实时数据仓库 | 170 |

10.2 从 0 到 1 构建数据仓库 173

| 10.2.1 | 产品视角从 0 到 1 搭建数据仓库 | 173 |
| 10.2.2 | 技术视角从 0 到 1 搭建数据仓库 | 176 |

10.3 Hadoop 生态系统 187

10.3.1	Hadoop 发展历程	188
10.3.2	Hadoop 生态	193
10.3.3	Hadoop 的优势	194
10.3.4	Hadoop 的发展趋势	195

10.4 案例：数据仓库产品的建设和应用 195

| 10.4.1 | 美团点评用 Flink 做实时数据仓库建设 | 195 |
| 10.4.2 | 数据仓库总结 | 202 |

第 11 章 数据平台

11.1 数据平台产品 213

11.1.1	数据平台的理解	213
11.1.2	数据平台的一般功能	213
11.1.3	数据平台的技术视角	213
11.1.4	数据平台的业务视角	216

11.2 常用的成熟数据平台 219

11.3 数据平台产品架构 221

11.4 搭建大数据平台 223

| 11.4.1 | 搭建大数据平台的步骤 | 223 |
| 11.4.2 | 搭建大数据平台具体实现 | 225 |

11.5 案例：数据平台应用 241

11.5.1	阿里云 OS 数据平台解决方案	241
11.5.2	淘宝、美团、滴滴的大数据平台应用	243
11.5.3	美图大数据平台完整实践案例	247

第 12 章 数据中台的介绍与搭建

12.1 数据中台的介绍 257

12.1.1	什么是数据中台	257
12.1.2	数据中台为什么受欢迎	259
12.1.3	要不要做数据中台	269

12.2 中台的分类 271

12.2.1	业务中台	272
12.2.2	技术中台	272
12.2.3	数据中台	273
12.2.4	组织中台	275

12.3 搭建数据中台——以教育中台产品为例 278

12.3.1	产品设计视角	278
12.3.2	技术视角	279
12.3.3	搭建的中台价值量化	282

12.4 案例：阿里云数据中台解决方案 283

第 13 章 数据产品规划

13.1 数据平台规划 291

13.1.1	设计数据平台	291
13.1.2	数据产品场景	292
13.1.3	大数据平台建设	295

13.2 数据产品的用户调研 297

13.3 数据产品的竞品研究 299

13.4 数据产品的需求挖掘 304

13.5 数据产品功能设计思考 306

13.6 数据产品设计指南 308

第14章 数据产品经理如何实现数据产品

14.1 数据产品经理工作内容　313
14.1.1 数据产品经理工作职责　313
14.1.2 企业对数据产品经理的要求　313
14.2 数据产品团队职能　313
14.3 做出数据产品和卖出数据产品　315
14.3.1 数据产品的4个层次　316
14.3.2 数据产品的商业化　316
14.4 数据产品运营　318
14.4.1 数据从哪来　318
14.4.2 数据判断　319

第15章 数据安全和隐私保护

15.1 数据安全　321
15.1.1 什么是数据安全　321
15.1.2 数据不安全带来的危害　324
15.2 数据安全方案　325
15.2.1 数据安全的定位、框架及制度安全　325
15.2.2 网络安全和物理安全　330
15.2.3 窃取技术防护、服务器安全、数据库安全和数据备份　337
15.3 如何保护隐私　346
15.3.1 关于数据隐私的9个观点　346
15.3.2 保护个人隐私15招　348
15.3.3 企业的隐私保护　349
15.3.4 数据产品经理应该了解的4种数据隐私保护技术　350

第16章 数智化重塑增长

16.1 数智化　359
16.1.1 踏上数智化之路　359
16.1.2 从数字化走向数智化　360
16.2 数智化重塑未来增长的破局之路　364
16.3 找到数智化转型的第一个切入点　367
16.4 案例：数智化破局增长　372
16.4.1 传统企业数智化重塑增长案例　372
16.4.2 数智化解决方案案例——需求预测　373

第17章 不确定时代的数据产品经理思维方法

17.1 物联网的数智化未来　378
17.2 以快手为例看5G时代互联网产品的变化　380
17.3 数据认知促进数据思维　383

第18章 "数据人"行动路径

18.1 尽快从传统产品经理跃迁到数据产品经理　387
18.2 数据产品跃迁三部曲　387
18.3 数据产品经理 = 数据技术经理 + 运营经理 + 项目产品经理　389

附录一　常用术语：75个专业术语
附录二　数据产品经理的3种图

抓住数据增长波段

第1章

CHAPTER

ONE

1.1 数据增长发展阶段

1.2 数据增长新窗口

1.3 数据增长待解决的三大产品需求问题

1.4 3步帮公司从0到1跟上数字化步伐

波段创业，波段增长。

抓住数字化和数"智"化的时机，实现波段数字化增长。对企业来说，数字化可以是颠覆式的，也可以是渐进式的。

数字化转型无法通过单个简单的解决方案来实现，这既是一件好事，也是一件坏事。你日后的数据技术使用方式能否改变，取决于你现在的数据技术使用方式，以及你对数字化的思维观念。

那么你的数据技术使用现状如何呢？是否仍依赖于由传统软件构成的单体式堆栈？你的开发人员是否已迁移到公共云环境，但仍在拼命将应用转移到企业内部？你的业务线是否已准备就绪，能够制定适合自身业务的数据技术决策，而不是被动地等待传统技术供应商的发展策略？无论你的现状如何，你都需要以此为起点做出改变。

改变就是抓住数字化增长的波段。

每个人的起点都是不同的，世界上没有通用的数字化转型框架、操作手册或路线图，也没有万能的学院可以使学员不努力就能够拥有数字化技能。你无法依靠某个委员会或某个数字框架来实现变革，通过这种方式，你也设计不出创新型的、可以落地的数字化产品。你的产品可能需要重新思考现有的软件、开发方法、业务流程和人员职责；或者，你可能已经拥有良好的数字化架构基础，只需添加几个新功能即可。

实现数字化是一项长期战略，而非短期战术。你必须不断地进行数字文化和数字技术调整，才能取得成功。这种调整不一定非得是革命性或颠覆性的，渐进式、增量式和迭代式的进步也是进步。你的目标应该是在市场要求你做出改变之前先主动适应变化，因为市场迟早会要求你应势而变。不管你的产品是数字软件产品还是数字硬件设备，再不做出改变，你迟早会面临颠覆性的威胁。

实现波段数字化转型，对数据产品人来说也可以是革命性的或者迭代式的。

数字化转型是技术发展的必然趋势。这种颠覆性可能无处不在，但似乎又无迹可寻。

例如，酒店业就经历过多次颠覆性的转变。曾经，要想找到一家酒店，你需要开着车在镇上穿行，寻找写着"有空房供应"的霓虹灯标牌。电话簿可能是第一个引发酒店业发生颠覆性转变的产物，被收录其中的酒店会在竞争中占据优势。互联网则是第二个颠覆性产物：设立了网站的酒店能够吸引会上网的客人预订房间，而那些没有提供在线服务的酒店无法拥有此类客源。通过应用编程接口（API）整合了旅行票价信息和预订服务的旅游网站是第三个颠覆性产物，那些整合了标准 API 并与旅游网站联网的酒店可从中受益。第四个，也就是现在正影响着酒店业的颠覆性产物，则是手机，它实现了一种共享经济，重新定义了整个酒店业。现在，旅客可以绕过酒店直接租借他人的沙发、房间、公寓或别墅。

颠覆性的工具可以激发颠覆性的理念，进而促成颠覆性的实践。例如，手机在共享经济成为现实之前就已经存在了。API 可以减少商家与新客户之间的障碍，综合性旅游网站就利用了这一点；手机可以简化客户的访问过程，共享经济型应用就利用了这一点。市场外部的颠覆性因素（API 和手机）可能触发市场内部的颠覆性因素（综合性旅游网站和共享经济型应用）。这些因素都是互联互通的。

同理，抓住数据驱动增长的波段，就抓住了人生的康波周期，就抓住了生意的第二曲线。

1.1 数据增长发展阶段

数字化伴随着互联网化的进程。本节系统地梳理互联网 50 多年发展历程中各阶段的关键事件和节点，总结各个阶段演进的基本规律与内在逻辑，最终得出结论：现在和未来很长一段时间将处在数字化和数"智"化并行的阶段。

本节以年代为划分标准，从技术创新、商业创新和制度创新 3 个维度入手，说明一部互联网史就是一部人类扩展互联的文明史。在技术、商业、政府和社会的紧密联系中，互联网发展之路，既是时代的必然，也充满了偶然。希望通过总结历史经验和教训，为正在到来的数智化时代全球所面临的机遇与挑战提供启发和警示。

互联网"链接"了全球各个地方，互联网发展的关键进程如下图所示。

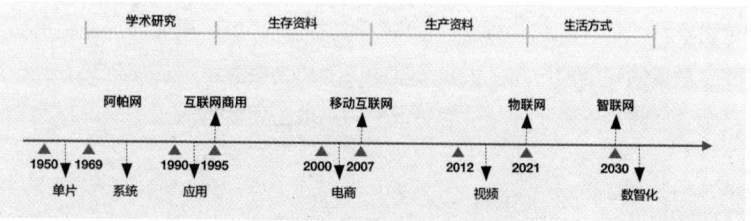

中国互联网络信息中心 2021 年 2 月 3 日发布的《第 47 次中国互联网络发展状况统计报告》称，截至 2020 年 12 月，我国网民规模为 9.89 亿，较 2020 年 3 月新增网民 8540 万。其中，手机网民规模达 9.86 亿，较 2020 年 3 月增长 8885 万，我国网民使用手机上网的比例达 99.7%。

此外，互联网世界统计的数据资料表明，截至 2019 年 3 月 31 日，全球网民数量已达 43.44 亿。

如此强大的网民数量是数字化的坚定基石。

本节之所以以年代划分全球互联网的发展阶段，从互联网发展年段历史看数"智"化的未来，主要原因如下。

（1）阶段划分能够保持基本的稳定性，不会随时间变化而出现重大波动和改变，这是年代划分最大的优势。

（2）能够基本契合技术和产业的发展和演变周期，事实上，10 年一个周期比较吻合一代代技术变革的周期长度。

（3）能够概括和突出产业发展不同阶段的主要矛盾和主要特点。

（4）能够恰当、合理地分析问题和解释基本现象。

（5）在我国与全球互联网之间，具备一定的通用性，能够基本对标，方便比较。

（6）能够在未来更长的时间内灵活延展，经得起时间的考验。

（7）能够充分吸收和继承历史上诸多认可度比较高的划分方法和约定俗成的名称，例如 Web 1.0、Web 2.0、移动互联网等。

综上所述，全球互联网发展史可以划分为 7 个阶段。

第一阶段：20 世纪 60 年代的基础技术阶段，以计算机广域网和数字通信技术的成熟为标志，尤其是包交换技术的突破，为互联网前身——阿帕网的诞生奠定了基础。

第二阶段：20 世纪 70 年代的基础协议阶段，最大的突破就是 TCP/IP 的诞生，使得不同计算机和不同网络之间互联成为趋势。

第三阶段：20 世纪 80 年代是基础应用阶段，全球各种网络如雨后春笋般冒出，电子邮件、BBS 和 Usenet 等应用的普及，促成了互联网在全球学术界的联网，TCP/IP 和 NSFNET 成为"协议大战"和"网络大战"的胜出者。

上述 3 个阶段是互联网商业化之前孕育、积累和完善的 30 年。没有风险投资，没有一夜暴富，互联网故事大多平淡乏味，缺乏轰动效应。然而正是这长达 30 年的"寂寞期"，互联网积蓄了巨大的能量。

第四阶段：20 世纪 90 年代的 Web 1.0 阶段，万维网（WWW）的诞生和商业化浪潮，推动互联网走向大众，浏览器、门户网站和电子商务等应用开启了互联网发展的第一次投

第1章 抓住数据增长波段　　015

资热潮。

第五阶段：21 世纪头 10 年的 Web 2.0 阶段，博客、社交媒体等兴起，网民成为内容的生产主体。

第六阶段：21 世纪 10 年代的移动互联阶段，随着智能手机全面崛起，移动互联网成为全球互联网新一轮扩散的主力军，更加深入地改变着人们的日常生活。

第七阶段：21 世纪 20 年代开启的智能物联数"智"化阶段，随着 5G 应用的展开，全球将进入万物互联的新数字化阶段。

互联网发展各阶段对社会的影响主要表现在联结方面，如下表所示。

阶段	特征	年代	变革特点	治理机制	代表性应用	通信基础	网民普及率	社会变革
1	基础技术	20 世纪 60 年代	军方项目	RFC（1969）	包交换	有线电话	—	欠联结
2	基础协议	20 世纪 70 年代	技术社区形成	ICCB（1979）	TCP/IP	有线电话	—	欠联结
3	基础应用	20 世纪 80 年代	学界全球联网	IAB（1984）/IETF（1986）	电子邮件	有线电话	0.05%	弱联结
4	Web1.0	20 世纪 90 年代	商业化	ISOC（1992）/ICANN（1998）	门户	有线宽带	0.05%~4%	弱联结
5	Web2.0	21 世纪 00 年代	改变媒体	WSIS（2003）/IGF（2006）	社交媒体	2G/3G	4%~25%	弱到强
6	移动互联	21 世纪 10 年代	改变生活	UNGGE/NetMundial	App	4G	25%~50%	强联结
7	数智化	21 世纪 20 年代	改变社会	大数据 AI	AI、大数据	5G	50% 以上	超联结

其联结的过程是一个由欠联结到弱联结，再到强联结，最后实现超联结的过程，如下图所示。

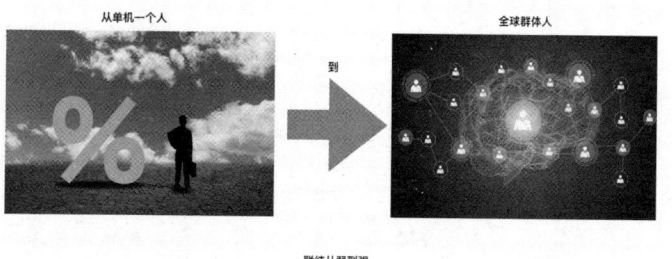

联结从弱到强

1.2　数据增长新窗口

当前，我们的产品随着数字经济发展迎来新的变化，农业、工业深度数字化转型窗口已打开，亟待用人工智能、大数据等数字科技能力提升生产效率、降低成本，助力实现高质量发展的目标。为此，我们应从技术能力、数字化思维等角度持续突破，获得先发优势。

1. 一个新变化："产业数字化"迎来新机遇期

在数字经济的发展和治理体系建设方面，我国显然走在世界前列。自2019年6月起，我国先后完成5G牌照发放、制定数据安全保护规则、搭建平台经济发展框架、探索"金融科技"创新规范等，构建了数字经济发展治理的"四梁八柱"。

2. 两大新机遇：工业、农业深度数字化转型需求迫切

在新的机遇期，我国产业深度数字化、智能化转型的空间巨大，特别是农业和工业。

农业是我国的第一产业，也是古老且传统的行业，其借力科技降本增效的需求正快速显现。在畜牧养殖方面，我国虽是养殖大国，但养殖产出效率不高，饲料成本、人工成本等方面均较高，产业总体呈现"大而不强"的特点。在水产养殖领域，养殖方式粗放、病害防治手段有限、饲料过度使用导致污染等，都制约着水产养殖行业的发展和农民的增收。

目前，已经有部分养殖企业探索数字化改造，并获得了显著成效。

同样，我国的工业也面临着降本增效、智能化转型的内生需求。人工智能、大数据、物联网等数字科技给工业降本增效提供了新的可能。例如，一座热电厂要提升燃煤效率，传统手段只能是更换更高效的锅炉或燃料。数字科技则用AI模型提升燃煤效率，这其中涉及燃烧、风烟、水汽循环等物理、化学过程，其复杂程度是人工手段和一般技术手段难以完成的。

正因如此，我国的数字经济也迎来了显著变化：从以互联网平台、移动互联应用、信息技术为主导的"数字产业化"阶段，发展到人工智能、大数据等科技推动实体产业深度转型升级的"产业数字化"新阶段。

造成新变化的原因涉及内外部多重因素。国内方面，传统的商业、服务业消费动能增速放缓，新、奇、特的信息消费领域及县域市场潜力正凸显出来。同时，大数据、人工智能等技术的应用，深度挖掘出了三四线城市及广大县域市场的消费潜力，为其提供了精准的商品供给。

数字经济将挖掘出更大的增长潜力，这已成为明显趋势。

对于数据产品经理来说，这是一个最好的时代，也是一个最坏的时代，于我们而言是好是坏就要看我们如何对待数据增长新窗口，看我们能否抓住数据增长新窗口。

1.3 数据增长待解决的三大产品需求问题

新技术和产业的出现，正在加速企业的数字化转型，大量新的硬件与应用带来数据量快速增长的同时，也让数据类型越来越多样化。生产、采集和保存尽可能多的数据，用于全量分析以洞察先机，已成为企业的共识。海量数据蕴含巨大的价值，也给存储系统带来了前所未有的挑战，数据存不下、流不动、用不好成了各行业数据应用的普遍难题。

1. 存不下——数字化浪潮下的海量数据存储挑战

创新业务推动企业的数据量从 PB 级向 EB 级迈进，《华为全球产业展望 GIV2025》预测，全球新产生的数据量将从 2018 年的 32.5ZB 快速增长到 2025 年的 180ZB。由于存储系统仍为传统架构以及成本等原因，当前企业数据仅有不到 2% 被保存，数据"存不下"的问题日益严重。

存储扩展性不足。传统存储由独立的控制器与硬盘框组成，当容量不足时可增加新的硬盘框进行扩展，但由于控制器的处理能力受限，存储的扩展能力非常有限。在政务云建设中，省级平台通常需要规划至 PB 级容量，单套存储已经无法满足需求，因此只能部署数十套高端、中端和低端的设备，从而导致管理的复杂化和数据的割裂。

存储协议类型单一。非结构化数据逐步成为企业数据的主体。随着电商、物联网等业务扩张，80% 的新增数据由各类音 / 视频、日志等非结构化数据构成。然而传统存储协议类型单一，无法同时满足块、对象、文件、大数据等多样性数据的存取需求，企业不得不为每一种新的数据类型新增一种存储设备，增加了高效利用存储资源的难度。

存储成本依然高昂。越来越多的企业选择将数据长期保存。2017 年起，移动运营商因合规性要求，将其设备日志的保存周期从 2 个月增加至 6 个月，这意味着其数据存储服务器的设备规模将增加至少 2 倍。

传统的架构中，服务器因存储需求不断扩容，但 CPU 的使用率却始终处于较低的状态，资源得不到合理利用，无疑会对采购成本和维护成本造成很大的压力。企业不得不因为存储成本而放弃大量宝贵数据。

2. 流不动——由来已久的数据孤岛难题

孤立数据的价值并不显著，只有当数据像水一样流动起来，才能打破"数据壁垒"，最大化地释放其价值。然而当前企业保存下来的数据，由于技术与流动性问题，只有 10%的数据能得到分析，数据孤岛、多样性设备、业务迁移成为数据"流不动"的主要瓶颈。

（1）数据的"三类孤岛"。

应用孤岛。不同应用产生的数据分别存放在不同的存储系统中，而且这些数据由于各自的特征，彼此之间是无法共享使用的，即形成"应用孤岛"问题。

管理孤岛。为对生产数据加以保护和使用，会将生产数据的一个副本复制到各个系统（如备份、容灾、归档、开发测试和分析系统）中进行管理和使用。即便是同一份数据，为实现不同目的，还需分别存储、管理和使用，即形成"管理孤岛"问题。

地理孤岛。由于企业的更新换代，将产生多套存储设备，例如生产环境、非生产环境、云环境和边缘环境，企业的数据将存放在不同的地方，即形成"地理孤岛"问题。

（2）资源的"三堵高墙"。

算力墙。各个存储系统的 CPU 能力仅供本系统使用，无法将算力资源共享使用，形成各存储系统之间的"算力墙"。

网络墙。各个网络都有各自的协议，彼此之间无法互连互通，各个网络之间会形成"网络墙"。

介质墙。存储介质的性能、容量和成本各不相同，客户会选择合适的介质存储数据，这使得数据分别存储在不同系统的不同介质中，而且这些数据很难共享访问，各个存储介质之间会形成"介质墙"。

产生上述问题的根本原因是企业在建设数据基础设施时，从满足客户的诉求出发并考虑投资成本问题，会选择不同的计算资源、网络资源和存储资源来分别满足客户的不同诉求。

3. 用不好——数据供应不足造成应用复杂、低效

海量的数据孕育了前所未有的机遇，也带来了巨大的挑战。有人说，从来不缺数据，数据多了反而成为一种负担；也有人说，数据只是资源，而不是资产，很难产生价值。其根本原因是没有用好数据，数据没有释放价值。而影响数据价值释放的主要因素是数据供应不足，无法反馈业务本质、支持业务决策。

（1）大量数据未存储。

企业每天会产生大量数据，但传统的数据录入需要预先进行人工规划，这导致大量非结构化数据和一些新型的数据无法进入系统（例如 IoT 数据、视频数据、图片数据等）。数据的缺失会削弱对业务的感知，无法真实且及时地反映出业务本质。

（2）找不到数据。

传统企业通常通过数据表来管理和分析数据，规模较大的公司的数据表甚至可以达到数百万张，而且分散在各个业务系统中。如果没有统一数据目录和全局数据视图，要在上

百万张报表中找到特定的数据，好比大海捞针，这是无法应对灵活多变的业务需求的。

（3）谁对数据负责。

在大数据时代，一个典型的分析业务通常需要跨平台的数据协同。如果已经接入的数据无法满足分析需求，需要从前端多个业务系统获取新的数据，再加上缺乏统一的隐私与安全共享机制，数据就需要经过多部门间协调、拉通、核实才能获得。数据分析的链路冗长，一旦出现问题，就需要多方共同讨论才能定位，无法保证数据供应的稳定性和高可用性，更无法实现高效的数据融合分析。

1.4　3步帮公司从0到1跟上数字化步伐

"不知道怎么做"是企业在数字化转型过程中受到的最大困扰。在那些"摸着石头过河"的企业中，一些企业把数字化看作简单的技术工程，停留在生产过程控制的信息化上；一些企业把数字化简单等同于建立线上渠道、开设电子商城。浑浑噩噩地开始往往会以远低于预期的回报结束，反过来又会打击企业在数字领域持续投资的积极性。

要抓住数字化的巨大潜力，企业需要审慎规划、有效执行，按照以下3步系统规划自身的数字化转型之路。

第一步：制定数字化转型目标。

明确为什么要做数字化和数字化要达到哪些目标是转型之旅的第一步。这一阶段，企业领导层需要对未来技术发展、行业发展、消费者趋势等诸多因素进行综合分析，制定对本公司最优的数字化目标。

数字化目标通常包含两大侧重点：一是提升运营效率，二是驱动收入增长。前者关注的是如何以数字技术优化流程、提升企业敏捷性等。后者关注如何借助数字技术增加新的收入来源，例如用新技术提升消费体验、制定新的定价模式等。例如，零售商沃尔玛的一项数字化行动目标就是提升营销精准度，为此，该公司在创新和优化算法的基础上建立了一个新的搜索引擎，通过分析消费者历史搜索习惯和社交模式，为其推送最可能感兴趣的商品。这一搜索引擎的使用为沃尔玛带来了10%~15%的交易量提升。

第二步：采取数字化转型行动。

在明确了目标后，企业必须展开更为深刻的内部变革，从观念到能力都需要新的变革，如下图所示。

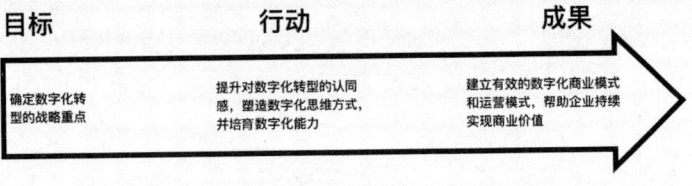

企业需要在全公司范围内提升对数字化转型的认同感，并建立起数字化思维方式：在塑造竞争优势方面从自给自足到开放合作，在产品设计开发方面从线性开发到快速试验，在工作职能方面从机器替代人类到人机互补合作，在信息安全方面从被动合规到积极应对。

新的数字技术层出不穷，企业需要明智决策投资哪些数字技术和能力。打造数字化企业和赢得数字消费者应是企业关注的两大重点。

为打造数字化企业，企业应当借助产业物联网、人工智能、敏捷创新等数字技术对其运营进行改造升级，提高内部运营效率。例如，思科将其产品开发方式由传统的瀑布式产品开发（Waterfall Product Development）转型为敏捷产品开发（Agile Product Development），其产品的平均交付时间从以前的 12～18 个月缩短至 6～8 个月。

为赢得数字消费者，企业需要摆脱原有的产品驱动型发展方式，真正了解客户的显性和隐性诉求，提供与客户个性化需求密切相关的解决方案和用户体验。例如，一家日本连锁便利店采集并分析了来自全球 4000 万忠实用户的数据，用以优化营销投资方案和改善货架空间分配及利用率，该项目为其带来 125 万美元的利润及超过 1.25 亿美元的年收入增长。

第三步：达成数字化转型成果。

数字化转型的诸多努力最终要落到可持续的数字化商业模式上，以及能支持该商业模式成功运行的运营模式上。

要建立一个可持续发展的商业模式，最为重要的是企业需要识别并整合生态系统内的数字化资源，为客户提供差异化的价值主张。在数字时代，消费者希望在合理价格范围内享受最前沿的产品功能，获得最好的用户体验。因此，成功的数字化企业有能力在自身所处的价值链中识别出最佳资源，并利用数字化技术将其整合起来，融入自身的资产配置系统中，从而为消费者提供最佳体验。在这一情境下，利润最大化不再只是企业"一个人"的目标，而是"一群人"的目标（包括消费者、上游供应商、下游渠道商等）。企业所在生态系统内的各方参与者会在不同环节展开积极合作，共同提供具有最佳体验的产品或服务。

要做到能支持数字商业模式的可持续运行，企业还需要建立起数字文化。数字化企业形成了一个适应变化更快、协同合作水平更高、风险接受能力更强的数字化企业文化，这主要体现在以下两个方面：团队内部形成合作氛围，鼓励各方通过合作的方式（内部和外部）来更好、更快地解决企业遇到的问题；鼓励创新的工作方式，形成新的电子化员工行为。例如，GE 创建了 PREDIX 开放式软件平台，以吸引更多优秀的人才参与产业互联网程序的开发，该平台在 2015 年有超过 4000 名工程师参与，并开发出超过 50 万个程序。

我们身边的企业正在经历一场深刻的数字革命，然而数字化转型无法一蹴而就，需要系统、长远的规划和切实有效的执行。企业要对数字化转型目标进行系统规划和清晰定义，在企业内部提升对数字化转型的认同感、打造数字化思维、培育数字化能力，从而建立起可持续的数字化商业产品模式和数字化产品运营模式。

在"数字中国"的大潮中，数字化转型已成为每个企业和个人的当务之急。借力数字化打造和提升企业及个人竞争力，我们的产品和个人都将在数字时代迸发出更强的活力。

第 2 章

制定数据增长指标体系

2.1 什么是增长型数据指标体系

2.2 如何搭建指标体系

2.3 评价指标体系原则

2.4 如何计算指标

2.5 案例：实操 LTV 用户增长生命周期价值计算

CHAPTER

TWO

指标是对数据的量化衡量标准。在 Analytics（分析）中，指标既可以采用总数形式，也可以采用比率形式。指标是指可以按总数或比率衡量的单个维度元素。例如，维度"城市"可以关联指标"人口"，其总值为具体城市的居民总数。分析中的指标包括"屏幕浏览量""每次会话浏览页数"和"平均会话时长"等。"会话数"指标指总会话次数，"每次会话浏览页数"指标指每次会话的平均网页浏览量。

维度是指数据的属性。举例来说，"城市"维度表示的是发起会话的城市，例如"巴黎"或"纽约"，"网页"维度表示的是用户浏览过的网页的网址。

大多数用 Google Analytics 制作的分析报告中的表格会逐行显示维度值，逐列显示指标值。例如，下图显示的是一个维度（"城市"）和两个指标（"会话数"和"每次会话浏览页数"）。

维度	指标	指标
城市	会话数	每次会话浏览页数
旧金山	5000	3.74
柏林	4000	4.55

在大多数 Google Analytics 的分析报告中，可以更改维度或添加次级维度。例如，如果将"浏览器"作为次级维度添加到上表中，效果如下图所示。

维度	维度	指标	指标
城市	浏览器	会话数	每次会话浏览页数
旧金山	Chrome	3000	3.5
旧金山	Firefox	2000	4.1
柏林	Chrome	2000	5.5
柏林	Safari	1000	2.5
柏林	Firefox	1000	4.7

并不是每个指标都能与每个维度组合使用。每个维度和指标都有各自的数据范围：用户一级、会话一级或命中一级（命中指的是用户命中了网页，网页维度为命中一级难度）。在大多数情况下，只有将具有相同数据范围的维度和指标组合在一起才有意义。例如，"会话数"是基于会话的指标，因此只能与会话一级的维度（例如"来源"或"城市"）搭配使用。如果将"会话数"与"网页"等命中一级的维度组合在一起，就不符合逻辑了。

2.1 什么是增长型数据指标体系

为什么要构建数据指标体系？

因为我们希望时间能花在清晰定位问题而不是忙乱地解决问题上。

在业务发展过程中，会产生大量的数据，单看数据是没有价值的，只有和业务结合并转化为信息，再经过处理才能体现其价值。

业务数据通常可以分为两项：一是维度，二是度量（或者说是指标），这两项构成了数据分析的基础。

通过指标体系监测业务发展的状况，最大的价值就是高效利用时间，从而提高整体的效率。

指标体系的输出结果应当是一份指标字典和对应的 Dashboard 展示，需要至少满足这些要求：首先是成体系化的指标监控系统，能够从多维度了解业务发展的现状，其次在业务发展出现问题时能够快速定位问题，最后就是高效地为团队提供数据支持。

这其实也是商业数据分析能力的前两层，即发生了什么和为什么发生，如下图所示。

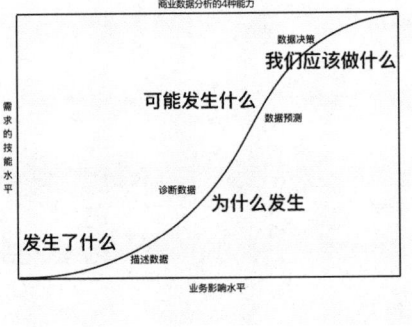

1. 指标类型及命名

在构建指标体系的过程中，首先要明确指标的分类和约束指标命名方式，使各个指标能够做到见名知意，从而降低沟通成本。

这里以阿里巴巴对指标的划分规范指标命名为例，指标分为原子指标和派生指标，如右图所示。

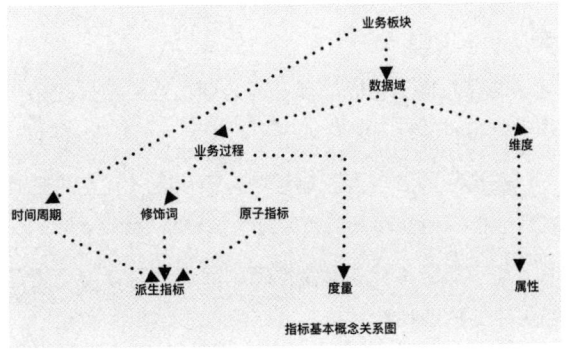

指标基本概念关系图

业务板块。比数据域更高维度的业务划分方法，适用于特别庞大的业务系统。

业务过程。企业的业务活动事件，如下单、支付、退款都是业务过程。请注意，业务过程是一个不可拆分的行为事件，通俗地讲，业务过程就是企业活动中的事件。

修饰类型。对修饰词的一种抽象划分。修饰类型从属于某个业务域，如日志域的访问终端类型涵盖无线端、PC端等修饰词。

修饰词。它指出了统计维度以外指标的业务场景限定抽象。修饰词隶属于一种修饰类型，如在日志域的访问终端类型下，修饰词有PC端、无线端等。

时间周期。用来明确数据统计的时间范围或时间点，如最近30天、自然周、截至当日等。

度量 / 原子指标。原子指标和度量含义相同，基于某一业务事件行为的度量，是业务定义中不可再拆分的指标，是具有明确业务含义的名词，通常是"业务过程＋度量"组合而成，如支付金额。

维度。维度是度量的环境，用来反映业务的一类属性，这类属性的集合构成一个维度，也可以成为实体对象。维度属于一个数据域，如地理维度、时间维度。例如，对于分析交易过程，可以通过买家、卖家、商品和时间等维度描述交易发生的环境。

派生指标。派生指标＝一个原子指标＋多个修饰词（可选）＋时间周期。可以理解为对原子指标业务统计范围的圈定。如最近一天海外买家支付金额为派生指标，其中最近1天为时间周期，海外为修饰词，买家作为维度，而不作为修饰词。

右图是电商业务中一个具体的指标实例。

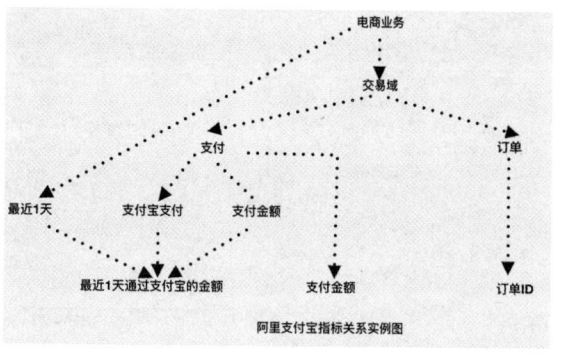

阿里支付宝指标关系实例图

2. 结果性指标和过程性指标

结果性指标如电商场景下的 GMV 或订单量，它通常是业务漏斗的底部，是一个不可更改的、后验性的指标。

过程性指标可以简单理解为到达这个结果之前经过的路径，以及通过这个路径去衡量转化好坏的过程，它是可干预的，而且通常是"用户行为"。

在实际的业务运营过程中，不仅要关注结果性指标，更要关注过程性指标，通过优化过程性指标便能够更加有效地达成结果性指标。

在了解了指标的类型之后，我们就可以着手搭建指标体系了。首先需要找到什么是我们关注的核心指标，核心指标应当是结果性指标，然后在核心指标的基础上拆解过程性指标并纵向划分层级，在此基础上再划分层级之间的关系，通过层次划分，最终实现我们需要的效果，如下图所示。

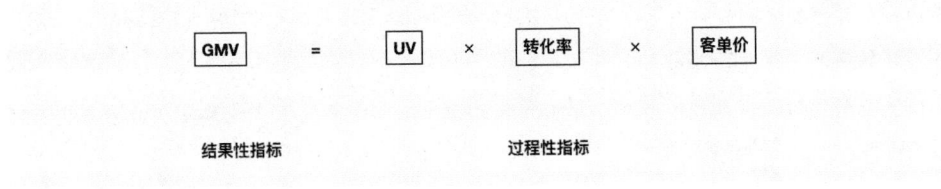

2.2 如何搭建指标体系

搭建指标体系的时候，横向使用 OSM 模型，纵向进行三级指标分级。

1. 横向选择数据指标

选取数据指标是需要有方向性的，需要针对业务现状选取最能代表业务发展状态的指标，在这方面有成熟的模型可以参考，下面使用 OSM 模型来选取指标。

OSM（Objective，Strategy，Measurement）模型分别代表业务目标、业务策略、业务度量。

O：用户使用产品的目标是什么？产品满足了用户的什么需求？业务的核心目标是什么？

S：为了达成上述目标采取的策略是什么？

M：这些策略随之带来的数据指标变化有哪些？

依据核心业务目标，最终选取的关键指标如下表所示。

横向指标体系			
	目标（Objective）	策略（Strategy）	度量（Measurement）
业务目标	提升社区用户数 UV	增加主页入口；搜索页入口；店铺页入口	社区 UV、社区 UV 来源、社区各板块 UV
	提升社区产品的用户数（话题、图文、视频、直播）	提高列表页转化率，提高视频点击率	列表页转化率、CTR
	提升停留时长	话题类目内容聚合及兴趣页面配置，减少信息获取成本；推荐优质视频	人均观看时长、各兴趣页面 UV 及停留时长
	提升互动（点赞、分享、评论）	提升视频点赞、分享、评论数	点赞数、评论数、分享数，以及人数、视频互动率
	提升用户黏性（留存）	分层运营	分用户类型运营

2. 纵向划分数据指标层级

基于以上选择的数据指标，再对数据指标进行层级划分，划分指标层级能够帮助公司搭建一套完整的数据监控指标体系，从而及时发现业绩是增长还是下滑，以及各自的原因，节省花在寻找问题上的时间。

指标分级可以帮助我们更高效地去定位问题，去验证方法论，无须每次都思考要去看哪些指标。

一级指标。公司战略层面指标，必须是全公司都认可的、衡量业绩的核心指标。它可以直接指引公司的战略目标，衡量公司的业务达成情况，本质上需要管理层和下级员工的双向理解、认同，且要易于沟通传达。例如公司的销售额，或者社交产品的活跃度。

二级指标。业务策略层面指标，是一级指标的路径指标，一级指标发生变化的时候，我们通过查看二级指标，能够快速定位问题的原因所在。例如 UV（独立访客）、转化率、客单价，通过这 3 个指标可以快速找出销售额降低的原因。

三级指标。业务执行层面指标，是对二级指标的路径的拆解，是二级指标的过程性指标。通过三级指标，可以高效定位二级指标波动的原因，并且可以快速做出相应的动作。这一步会基于历史经验进行拆解，拆解时可以试着不断询问自己：为了实现二级指标我需要做哪些事情？这些事对应的指标是什么？

根据以上原则纵向拆分指标的案例（指标都为日度汇总指标）如下图所示。这是一个基本的指标体系，在当前指标体系的基础上，仍然可以针对产品中的各个业务子板块继续依照以上方法搭建业务子板块的数据体系。

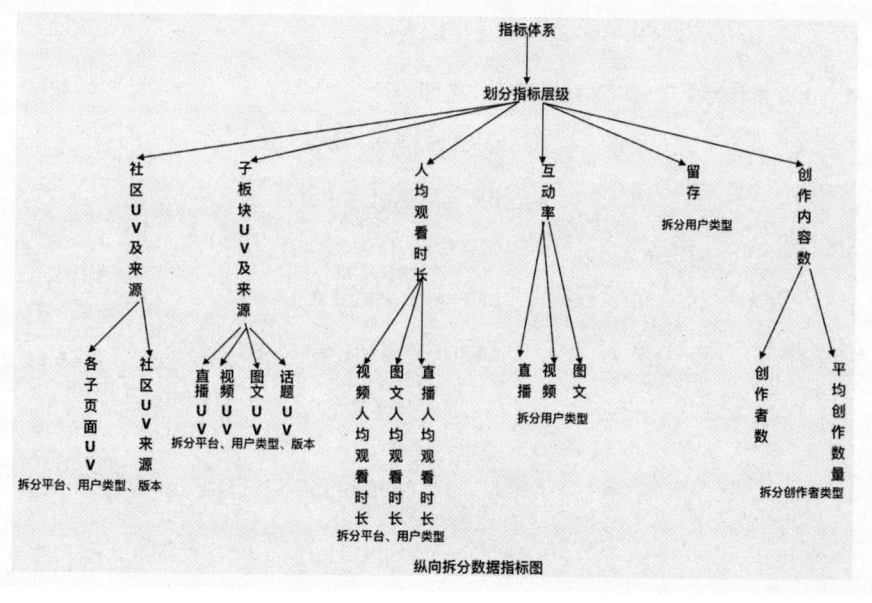

纵向拆分数据指标图

2.3 评价指标体系原则

评价指标体系是指由表征评价对象各方面特性及其相互联系的多个指标，所构成的具有内在结构的有机整体。

为了使指标体系科学化、规范化，在构建指标体系时，应遵循以下的通用型原则。

（1）系统性原则

各指标之间要有一定的逻辑关系，它们不但要从不同的侧面反映出生态、经济、社会子系统的主要特征和状态，而且还要反映"生态—经济—社会"系统之间的内在联系。每一个子系统由一组指标构成，各指标之间相互独立，又彼此联系，共同构成一个有机统一体。指标体系的构建具有层次性，自上而下，从宏观到微观层层深入，形成一个不可分割的评价体系。

（2）典型性原则

务必确保评价指标具有一定的典型代表性，尽可能准确反映出特定区域的环境、经济、社会变化的综合特征，即使在减少指标数量的情况下，也要便于数据计算和提高结果的可靠性。另外，评价指标体系的设置、权重在各指标间的分配及评价标准的划分都应该与特定区域的自然和社会经济条件相适应。

（3）动态性原则

"生态—经济—社会"效益的互动发展需要通过一定时间尺度的指标才能反映出来。因此，指标的选择要充分考虑动态的变化特点，应该收集若干年度的变化数值。

（4）简明科学性原则

各指标体系的设计及评价指标的选择必须以科学性为原则，能客观、真实地反映环境、经济、社会发展的特点和状况，能客观全面反映出各指标之间的真实关系。各评价指标应该具有典型代表性，不能过多、过细，使指标过于烦琐，相互重叠；指标又不能过少、过简，避免指标信息遗漏，出现错误和不真实现象；并且数据需易获取，计算方法需简明易懂。

（5）可比、可操作、可量化原则

在指标选择上，要特别注意在总体范围内的一致性，指标体系的构建是为区域政策制定和科学管理服务的，指标选取的计算量度和计算方法必须一致且统一，各指标应该尽量简单明了、微观性强、便于收集，还应该具有很强的可操作性和可比性。选择指标时还要考虑能否进行定量处理，以便于进行数学计算和分析。

（6）综合性原则

"生态—经济—社会"的互动、双赢是生态经济建设的最终目标，也是综合评价的重点。要在相应的评价层次上，全面考虑影响环境、经济、社会系统的诸多因素，并进行综合分析和评价。

（7）幂等性原则

幂等（Idempotent 或 Idempotence）是一个数学与计算机学概念，常见于抽象代数中。

在编程中，一个幂等操作的特点是其任意多次执行所产生的影响均与一次执行的影响相同。所谓"影响相同"，不是要求返回值完全相同，而是指后续多余的调用对系统的数据一致性不造成破坏。对于写入类操作，如果第一次写入是成功的，后续的写入应该抛出（Throw）异常或者为空操作，或者执行了写入但是未使数据发生变化。对于读取类操作，需要保证其实现上是真正的读取，不能在读操作中夹带写操作。

幂等函数（或幂等方法），是指可以使用相同参数重复执行，并能获得相同结果的函数。这些函数不会影响系统状态，也不用担心重复执行会对系统造成改变。例如，getUsername() 和 setTrue() 函数就是幂等函数。

用通俗的话来讲，针对一个指标操作，不管做多少次，产生的效果或返回的结果都是一样的。

2.4　如何计算指标

本节以 Google Analytics 为例介绍如何计算指标。

Google Analytics 通过两种基本方式计算用户指标。

其一是作为概览总计。这种方式是将指标显示为整个网站的汇总统计信息，例如跳出率和总浏览量。

其二是与一个或多个报告维度关联。这种方式按照所选的维度显示具体的指标值。

下图通过一个简单的示例展示了这两种计算类型。在左侧，用户数据作为概略统计指标进行了计算；在右侧，相同的数据通过"新用户"维度进行了计算。

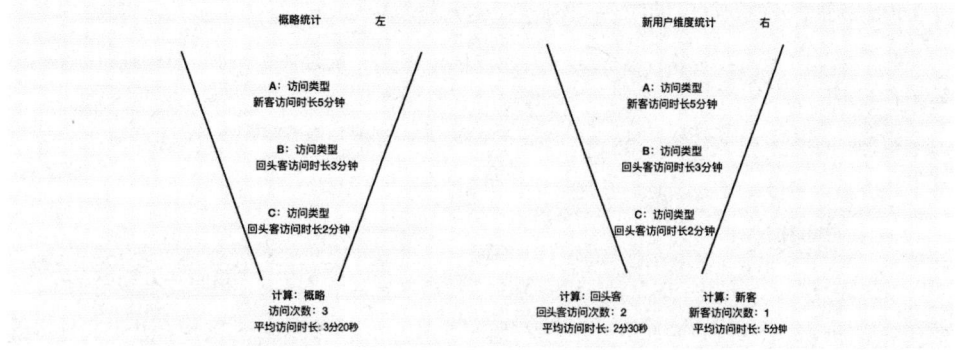

在"概略统计"示例中，网站停留时间是按照用户从初次会话到退出之间的时间差计算的，并总结了3次会话中每次会话的平均时长。

在"新用户维度统计"示例中，并未计算所有会话的平均值，而是按照"用户类型"维度进行了计算。通过将网站停留时间指标与维度进行配对，就可以按照请求的维度修改计算方式，进而通过"回头客"与"新客"维度对此指标进行分析。使用维度可提供"概览报告"无法提供的关于用户行为的深层次信息：很明显新用户在网站上停留的时间多于回访用户的停留时间。

为给定指标分配多个维度也会影响指标的计算。无论是在预设报告还是在自定义报告中，都可以同时使用多个维度。例如，假设同时使用"用户类型"维度和"语言"维度分析的网站停留时间，在这种情况下，新用户和回访用户的计算还和之前一样，但是如果使用语言维度查看新用户的详情，计算将受到额外维度的影响而被进一步修改。所以，在此例中，用户细分可能如下表所示（最高网站停留时间按顺序列出）。

用户类型	语言	平均网站停留时间
所有类型	所有语言	3:25
回访用户	所有语言	5:03
	芬兰语	29:49:00
	越南语	20:44
	印度尼西亚语	16:55
新用户	所有语言	2:09
	马来语	17:38
	英语 (GB)	16:56
	中文	16:20

这些数字是基于真实的 Google Analytics 报告得出的。在此例中，可以确定是新用户还是回访用户的停留时间长，并且通过使用额外维度，还能进一步确定这两个类别中使用哪种语言的用户在网站上的停留时间最长。

2.5 案例：实操 LTV 用户增长生命周期价值计算

LTV 的全称是 Life Time Value（生命周期价值），用来衡量用户的生命周期价值。

LTV 通常被应用于营销领域，用来衡量用户在其生命周期内，为企业贡献了多少收入或利润，根据算法微调可分别计算收入和毛利。

收入口径的 LTV 大于用户获取成本，或利润口径的 LTV 大于 0，则代表在测算模型中，企业能够从用户处赚到钱。

LTV 具有以下作用。

◆ 以利润为导向，综合考虑渠道留存率、收入、维护成本，获客成本作为判断渠道质量的重要依据。

◆ 了解不同渠道在各项指标上的差异，有针对性地改善。

◆ 观测并预估用户的成本回收情况。

LTV 的计算方法如下。

收入口径的计算公式为 LTV = LT × ARPU。

利润口径的计算公式为 LTV=LT × （ARPU － 日维护成本）－人均获客成本。

其中，LT 是用户平均生命周期，单位为天，ARPU 是用户日人均收入。

经验证，在公式中参数估算较准确的情况下，长期来看总收入（或毛利）与 LTV × 总用户数差距不大，LTV 能够较准确地衡量用户价值，如下图所示。

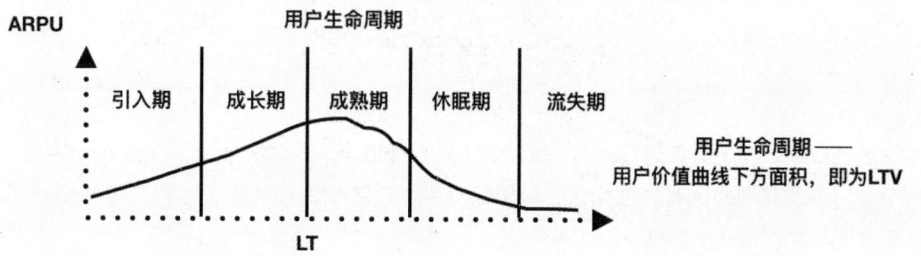

公式中的参数需要进行估算，过程如下。

（1）用户平均生命周期 LT

在计算生命周期时，通常将每个单一用户的生命周期均值转化为打包的用户群在一定时间内的留存率总和。

计算使用的时间粒度与时长可以根据 App 的实际情况选择。

例如选择留存率小于 1% 的天数、一年等，低频应用可以考虑使用月粒度、季度粒度计算。

但我们肯定不能等到一两年后获得实际的留存数据后再计算，可以使用短期数据，根据 App 留存情况进行函数拟合（通常使用幂函数拟合能获得较好的结果），如下页图所示。

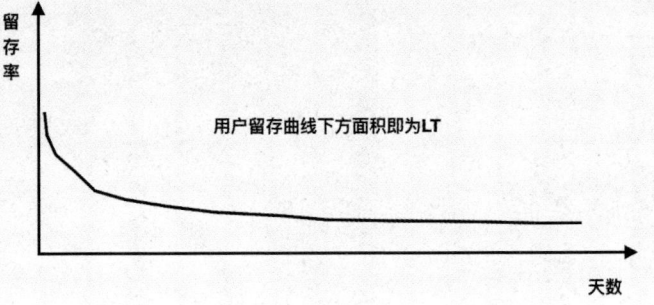

（2）用户日人均收入 ARPU

ARPU 的计算对于不同的变现方式来说差异很大，下面以互联网广告变现为例。

ARPU= 日人均广告点击量 × 广告点击单价

需要注意的是，由于新老用户的变现水平存在明显差异，因此估算 ARPU 时，通常要分为已发生和未发生两段时间分别计算，对于未发生的使用近期数据均值而不是累计均值。

对于变现形式多样，或广告结算方式多样的情况，ARPU 可拆解成多类变现形式 ARPU 的加总，并分别计算每一类的 ARPU。

（3）用户成本

成本方面分为维护成本与获客成本，维护成本是需要长期投入活跃用户的成本，不同的 App 差异很大，算法需要根据实际情况进行分析。

对于获客成本来说，主要就是推广费用和用户注册发放的奖励等。

获客成本 = 总获客支出 ÷ 新增用户数

TIPS

对于单一用户，无法进行 LTV 核算。LTV 的本质是根据某一用户群群体特征指标进行计算的预测值，对于单一用户，不存在留存率、ARPU 等概念。

（4）成本回收期 PBP

指支出的用户获取成本可以在多长时间内回本。PBP 越短，越有利于公司的现金流动和再投入，也能减轻公司的融资压力等。

PBP 计算的过程类似于分天计算用户价值，是从 LTV 以外的另一个维度衡量一个产品或商业模式的盈利能力。

（用户收入 – 获客成本）≥ 0 时所需的时长，即为成本回收期。

全面的数据分析流程

第 3 章

- 3.1 数据采集：源数据获取方法
- 3.2 数据缺失处理方法
- 3.3 数据可视化
- 3.4 案例：数据分析全流程

CHAPTER

THREE

一个完整的数据分析流程如下表所示。

资源	数据分析流程		输出
—		>>> 业务抽象	—
—		>>> 数学模型	—
需求来源： 日常报表 领导 业务人员	需求确认： 经验也是一种数据， 根据经验判断需求	>>> 经历模型	数据产品分析架构
存在数据： 业务系统数据库 数据文件 调研问卷	需求准备： 查缺补漏	>>> 预备数据	原始数据， 备份数据
原始数据： 数据库数据 数据文件 调研问卷	数据格式转换、选取 数据分析工具、去重、 缺失值处理、检查数 据逻辑错误、数据转 换、数据分组	>>> 数据预处理	格式化的标准数据 源，备份数据
标准数据： 数据库数据 数据文件 调研问卷	迭代套用数据分析理 论。选取具体的数据 分析方法	>>> 数据分析	数据分析结论
数据分析结论	选择可视化分析工 具，选取可视化呈现 图形	>>> 数据可视化	数据分析结论、可 视化结果、数据模 型、数据分析报告
数据分析系列报告	迭代需求确认，数据 分析专题项目	>>> 迭代持续分析数据	数据分析平台化

由上表可见，数据分析主要有 8 个环节：业务抽象→数学模型→经历模型→预备数据→数据预处理→数据分析→数据可视化→迭代持续分析数据。

3.1 数据采集：源数据获取方法

了解数据采集的意义在于真正了解数据的原始面貌，包括数据产生的时间、条件、格式、内容、长度、限制等。这会帮助数据分析更有针对性地控制数据生产和采集过程，避免由于违反数据采集规则导致的数据问题。同时，对数据采集逻辑的认识增加了数据分析对数据的理解程度，尤其是数据中的异常变化。例如，Omniture 中的 Prop 变量长度只有 100 个字符，在数据采集部署过程中就不能把含有大量中文描述的文字赋值给 Prop 变量（超过的字符会被截断）。

在 Webtrekk323 之前的 Pixel 版本，单条信息默认最多只能发送不超过 2KB 的数据。当页面含有过多变量或变量长度超出限定时，在保持数据收集的需求下，通常的解决方案是采用多个 sendinfo 方法分条发送。而在 325 之后的 Pixel 版本，单条信息默认最多可以发送 7KB 数据量，非常方便地解决了代码部署中单条信息过载的问题。（Webtrekk 基于请求量付费，请求量越少，费用越低。）

当用户在离线状态下使用 App 时，数据由于无法联网发出，导致正常时间内的数据统计分析延迟。直到该设备下次联网时，数据才能被发出并归入当时的时间。这样就产生了在不同时间看相同历史时间的数据时，会发现数据有出入的情况。

在数据采集阶段，数据分析需要更多地了解数据生产和采集过程中的异常情况，以便更好地追本溯源。另外，这也能很大程度上避免"垃圾数据进导致垃圾数据出"的问题。

3.1.1 数据埋点：埋点获取数据

埋点分析是网站分析的一种常用的数据采集方法，因此其本质是分析，但是靠什么分析呢？

靠埋点得到的数据。通俗来讲，就是当我想要在某个产品上得到用户的一些行为数据用来分析时，就可以用埋点。举个例子，A 用户把某本书加到了自己的书架上，我可以通过书架上书的类型分析该用户的阅读偏好，更进一步，通过对用户偏好的判断，我可以向用户推荐同类型的书，或者可以根据用户将书加入书架的时间，判断用户的碎片时间，在此时间段向用户推送一些消息等。

可以看出，充分的埋点数据，有助于准确地分析用户的行为，为产品的调整提供方向。

怎么埋点呢？

要想知道埋点的方法，首先要了解埋点的分类，目前埋点主要分为三大类，分别是代码埋点、无码埋点、可视化埋点。

已经知道了埋点的分类，那么具体怎么实施呢？因其依靠数据，所以可以实施获取数据、展示数据、分析数据这 3 步。

充分准确的埋点是第一步，对后续的展示及分析都有重要的意义，因此本节重点介绍如何撰写埋点文档，预备埋点。

3.1.2 案例：数据产品经理如何撰写 PRD

本案例是从数据产品经理如何设计、管理和应用埋点的角度描述 PRD 的一种底层撰写方法，也会赠送一份新的完整的 PRD 案例给读者，感兴趣的读者在本书附赠资源中查找"3.1.2 埋点文档 .doc"，进行查看。

首先要理解埋点的类型和价值，埋点即在期望的点位，埋设一个记录的标记。这个点位，一般多是指用户与产品进行交互的接触点。通过收集这些标记点的数据，产品运营及开发人员可以了解功能的整体使用、运行情况，并通过数据基础找出下一步调整或优化的方向。遇事不"拍脑袋"，而是用数据说话，这是数据埋点最大的价值。

在 A/B 测试的场景下，数据埋点为实验组的效果提供数据支持，其本质也是数据决策的基础。

根据目前常见的数据埋点形式，可以将数据埋点分为全埋点和代码埋点（也就是自定义埋点）。

全埋点的逻辑是数据采集 SDK（软件开发工具包）是无区别的，将所有页面的加载成功事件及控件的浏览和点击事件全部获取后先存下来，到使用时，再根据具体的页面路径和控件名称，去获取相应的数据。基于此逻辑，可视化埋点是指在全埋点部署成功、已经可以获得全量数据的基础上，以可视化的方式，在对应页面上定义想要的页面数据或控件数据。

全埋点方案的弊端之一是耗费流量和存储空间，全埋点采集的数据一般会根据情况设定一个销毁时限，例如 7 天，即全采集过来的数据，如果 7 天之内没有被使用，就会被删除。而一旦对圈选数据做了圈选定义之后，则被定义的页面数据、控件数据，会一直采集，且不会被删除。

全埋点的优点是功能上线时，不需要开发做额外的埋点定义工作，用的时候再根据需求去获取对应的数据，因此也叫无埋点。

全埋点的缺点也很明显，就是耗费用户流量、占用存储空间；一旦版本迭代，对页面的路径做修改，或者控件位置、文案有修改，原来的圈选数据可能就会出错，需要重新圈选，之前利用圈选指标设定的分析模型都要替换；圈选指标无法区分细部参数，例如在商品详情页中，无法通过圈选数据来区分是哪一个商品或哪一个类目；对 Web 的页面数据处理一直不好，尤其是涉及 App 的内嵌 H5 页面时。

因此，全埋点适用于业务多变、经常调整，且分析诉求比较轻量的场景。对于通用的功能，如果形态相对比较固定，且对数据分析颗粒度、下钻深度、聚合程度要求比较高，那就需要用到代码埋点。

代码埋点也叫自定义埋点，从字面上即可理解：针对想要的点位单独定义，并可以通过变量丰富埋点的信息，以支持上下游分析。

代码埋点分为前端埋点和后端埋点。

前端埋点包括但不限于 App 客户端、H5、微信小程序、PC 网页，是指对具体的功能场景（如加载成功、浏览、点击等）进行明确的定义，由前端触发。采集上来的数据相比于全埋点，更准确、稳定，且通过变量字段，能够实现更细颗粒度数据的拆分、聚合和下钻。

后端埋点指触发了服务端接口调用（如接口回调成功触发）的事件埋点，如最典型的注册成功事件、付费成功事件。后端埋点对数据的准确度要求更高，同时也可以通过变量字段的扩展支持数据拆分、聚合和下钻。需要强调的是，后端事件一般采集的是已登录状态下的用户行为，如果想使用后端埋点事件作为流程分析的其中一环（如漏斗分析），则可能出现未登录的用户被漏掉的情况。

综上所述，几种埋点类型的比较如下表所示。

埋点方案	实施方案	优点	缺点
全埋点	部署对应 SDK，页面及控件数据全采集，使用时解析	不需要做埋点开发	新圈选时，只能往前追溯 7 天
		需要用的时候再去圈选使用	数据不够准确
		所见即所得，圈选时就可以看到数据	发版后会影响之前圈选数据的稳定性
		不需要测试介入，取数周期极短	
前端埋点	前端定义的事件触发时，上传对应数据	较为准确	有一定开发工作量
		基本不会受页面改版影响	设计新功能时需要考虑对原有埋点的影响，维护指标文档
			会受网络环境等因素影响，出现数据无法上报或延时上报的问题
后端埋点	服务端定义的事件触发时，上传对应数据	最为准确	开发和测试的工作量都较大
		不受前台功能改版影响	不容易发现问题

比较完几种类型埋点的特点，在具体的功能场景中，要根据情况选择对应方案，进行埋点方案的设计，即埋点的管理。全埋点不需要设计，这里的埋点管理主要是围绕自定义埋点展开。

新增埋点设计，埋点指标定义——事件表。一款互联网产品每天产生的数据是庞大而杂乱的，全部都存下来会占据很大的硬盘空间，而且，不加定义和标记的数据也很难使用。因此，在数据建设阶段的初期，先要做的是定义想要的数据，告诉前端开发人员和后台人员你想要的数据有哪些，定义这些数据的字段包括但不限于下表所示的字段。

埋点位置			埋点事件			事件变量定义			其他说明		—
App	Web	小程序	功能模块	事件显示名	触发时机	事件英文变量	事件变量	变量显示名	变量值示例或说明	变量值类型	埋点形式	埋点版本	指标变更日志备注

埋点位置：该平台覆盖了 App、Web 和小程序平台，其中有部分核心功能、页面在 3 个平台都有涉及（类似于电商平台的商品详情页），分开管理会造成指标冗余，因此对于多平台存在的核心指标，采用的是统一事件名定义，不同平台触发时，数据上报到同一个事件名上，通过平台类型（platform_type）进行拆分。

功能模块对应埋点所属的大功能板块，如"电子书"功能模块，会尽可能把属于电子书的埋点事件放到该模块进行管理。这里解释一下没有向下拆解子功能模块的原因是公司业务区分度比较高，通过"功能模块 + 具体事件名"就能够快速定位到想要的指标了。这点因公司而异。

埋点事件：这个文档是数据岗位人员撰写的，需要给开发和运营的人员看（分开维护的成本太高），对于运营人员来说，他们要关注的字段如下表所示。

埋点位置			埋点事件			事件变量定义				其他说明		—
App	Web	小程序	功能模块	事件显示名	触发时机	事件英文变量	事件变量	变量显示名	变量值示例或说明	变量值类型	埋点形式	埋点版本	指标变更日志备注
						运营人员关注的字段						

而开发人员关注的是下面这些字段。

埋点位置			埋点事件			事件变量定义				其他说明		—
App	Web	小程序	功能模块	事件显示名	触发时机	事件英文变量	事件变量	变量显示名	变量值示例或说明	变量值类型	埋点形式	埋点版本	指标变更日志备注
						开发人员关注的字段						

因此针对同一个埋点，至少要考虑的是以上这些字段。

其中，比较难处理的是"触发时机"的准确定义和描述。举个例子，某页面的 PV 数据，触发时机定义成加载和加载成功会是完全不同的数据；又如，首页模块（也叫楼层）浏览，模块长短不一，到何种深度会触发对应模块的浏览，需要定义时想清楚，与开发人员沟通实现细节。

事件变量定义：用来定义事件的参数，也可以理解为事件维度（有一些公司实践时把事件表和维度表分别进行管理，也有公司把二表合二为一）。该字段决定了事件的颗粒度，直接影响事件下钻的颗粒度，对于数据 PM 来说，平台不同位置的事件抽象后，尽可能提取出公用事件，然后通过事件变量进行区分，能减少指标冗余、减轻指标管理工作、降低培训成本和使用者的学习成本。当然这里也并不完全执着于抽象公用性，对于数据 PM 和开发来说，指标越精简越好，便于理解和管理，但可能对于运营人员来说，学习和使用成本高，数据已经产生了却无法最大化应用侧价值，那就得不偿失，所以需要平衡。

例如电商产品，其商品详情页事件变量的设计如下表所示。

事件变量定义			其他说明	
事件变量定义	变量显示名	变量值示例或说明	变量值类型	埋点形式
product_name	商品名称	—	string	前端
product_id	商品编号	—	string	前端
brand	品牌	—	string	前端
one_class	一级类目	—	string	前端
two_class	二级类目	—	string	前端
pre_module	上一个页面模块	首页、发现页、我的	string	前端
pre_pt	上一个页面类型	秒杀、聚划算、搜索……	string	前端
pre_id	上一个页面类型的编号	对应页面类型的编号	string	前端
pre_name	上一个页面类型的名称	对应页面类型的名称	string	前端
—	商品详情页时间变量	—	—	—

这里你可能会有疑问，如果是传一个"商品编号"，其实也就可以通过"商品信息表"，把"商品名称""品牌""一二级类目"给查出来了，为什么还需要传？这里就涉及指标管理与数据使用便捷性的权衡：如果不传，在使用的时候免不了要跨表联查，是比较影响使用效率的。在指标管理时常需要通过"用空间换时间"的方式，来保证能比较高效地使用数据，最大化数据的价值。

其他说明：变量值类型比较常见的有 int、float、boolean、string、timestamp。对于自己研发的数据采集系统，一般前端埋点和后端埋点就可以了，如果外采第三方数据采集服务，可能还会有全埋点。埋点版本和日志则用于帮助你和开发人员快速回忆这个点的"前世今生"。撰写埋点文档时要好好记录指标备注及变更日志，做好这个工作能让后面的工作轻松不少。

综上所述，以电商商品详情页举例，其中一个埋点事件最后的字段如下表所示。

埋点位置			埋点事件				事件变量定义			其他说明			
App	Web	小程序	功能模块	事件显示名	触发时机	事件英文变量	事件变量	变量显示名	变量值示例或说明	变量值类型	埋点形式	埋点版本	指标变更日志备注
							product_name	商品名称	—	string	前端	v2.0	—
1	1	1					product_id	商品编号	—	string	前端	v2.1	—
1	1	1					brand	品牌	—	string	前端	v2.2	—
1	1	1					one_class	一级类目	—	string	前端	v2.3	—
1	1	1					two_class	二级类目	—	string	前端	v2.4	—
1	1	1	商品	商品详情页浏览	商品详情页加载成功时触发	product_detail_load_success	pre_module	上一个页面模块	首页、发现页、我的	string	前端	v2.5	—
1	0	1					pre_pt	上一个页面类型	秒杀、聚划算、搜索……	string	前端	v2.6	—
1	0	1					pre_id	上一个页面类型的编号	对应页面类型的编号	string	前端	v2.7	—
1	0	1					pre_name	上一个页面类型的名称	对应页面类型的名称	string	前端	v2.8	—

电商商品详情页埋点整体流程如下图所示。

数据增长模型　数智时代的全栈产品运营思维、算法与技术

埋点指标定义－用户表。用户表是记录用户信息、用户属性的表，通过用户的唯一标识（user_id）能够将事件表和用户表两张表进行关联。事件与用户实现关联，事件表里一条条的数据记录，就不再是孤立的统计数字，此时它们能够与具体的用户产生关联以进行分析，或者用行为来圈定用户，给用户设定分群和标签。

用户表的自定义维度设计与业务关联度最高，除了常规的用户ID、用户昵称、注册时间、首次登录App时间等字段外，其他偏业务属性字段需要一个比较全局的视角，不仅要与数据运营方沟通，还要与公司每一个有分析诉求的部门进行沟通，采集他们的数据分析诉求，来提炼并抽象出比较通用的用户表。

正如上面提到的，如果只是从事件表里把上报的数据聚合成统计数字或图标，是没有多大意义的，还需要能够下钻进行分析。事件表中变量字段的设计是为了从事件反映的用户行为侧进行下钻，而用户表的属性字段则是基于从产生行为的用户本身进行下钻。

例如，当日商品详情页的总浏览数据是上升的，但是GMV（成交总额）却没有明显提高，从事件侧分析，发现某一类单品商品详情页浏览数据上升，其他品类商品详情页没有明确上升。从用户侧分析，该类单品新增流量主要来自某一渠道A。以此得出的初步判断：单品对渠道A的用户拉新效果明显；该类用户被吸引来了，却没有下单，需要确认投放落地页与站内商品信息是否一致，尤其是价格；该类用户对平台其他商品的兴趣不高。

埋点指标定义－默认属性。除了前面提到的自定义事件和用户属性外，一般客户端或第三方数据采集SDK还会采集一些默认的属性信息，这些信息可能不需要单独去定义，但数据PM需要去了解平台获取的默认字段有哪些。

通用埋点设计。在自定义埋点设计中，有一些通用的事件往往是比较复杂的，而且随着业务发展，会变得越来越复杂。例如，App平台的分享事件，如果按功能模块，每个功能模块都设计了自己的分享事件，则这个事件会越来越分散，因此想聚合做复合指标，如通过分享/日活来衡量内容质量时，分享事件要先聚合平台各功能模块的分享事件，太分散会产生应用上的问题。

所以建议将通用类型的埋点统一进行管理，通过变量字段进行拓展，来满足多功能模块的埋点需求。还是以分享事件举例，可以通过多个变量来进行区分。

对于通用埋点，有更新时（上新功能，或者下旧功能），就将对应type字段的埋点和值进行更新即可。

数据指标地图。数据能力推广的第一个难点是平台上的哪些数据让大家知道。一个是在各平台埋设的指标，可以采用Excel的方式进行管理，这样带来的问题是指标一多，找起来就不太方便。对于定义者（文档撰写者）来说自然很容易找到，但是对于使用者来说则不太友好。即使搜中文名称，也会存在同一个地方，不同的人员用不同的关键词去搜索的现象，如模块、板块、板块搜索。

因此通常会在数据指标表的第一个 sheet 设计一个数据指标地图，将不同功能模块的数据指标进行拆解和说明，运营人员找数据指标之前，先打开指标地图大概定位，然后再去对应的 sheet 表中寻找对应指标的细节定义和可下钻的维度信息。

另一个难点就是数据仓库的各种表的定义。从数据仓库里自助取数时，会有以下的问题：有哪些表，表格对应的是哪块业务的数据，有哪些字段，以及字段的含义是什么。这就需要和大数据人员一起来明确具体内容了。这个工作并不复杂，只需要大家一起开会进行确认，并且约定好新增表格时，及时更新对表格的解释即可。

版本迭代功能埋点管理。随着版本迭代有新功能的埋点，或者针对之前功能的优化，需要对之前的埋点进行调整。从埋点管理的角度，新增 / 修改的埋点，需要整合到之前的埋点系统里，这样能够方便使用者查阅整体的埋点明细。下面以使用 Excel 来管理 App 版本迭代中埋点更新的解决方案为例进行介绍。

背景。App 迭代周期为两周一个版本，有 3 位功能产品经理，他们负责具体功能的设计和产品跟进，在设计产品功能时，也会提交与功能相关的埋点需求，在经过功能评审后，大家会就功能埋点进行一次沟通，然后将确定的埋点需求梳理出来。

处理流程。功能在经过需求评审（等同于技术评审）后，基本确定了这一次要做的功能点，因此也可以梳理出要做的埋点有哪些。所以这个节点的处理流程如下。

功能产品经理（后称功能 PM）梳理相应的埋点清单（按照符合总表设计逻辑的字段进行梳理）。

功能 PM 与数据产品经理（后称数据 PM）做内部评审，评审目标是针对功能点梳理出与总埋点文档保持兼容，同时又可以给开发人员看的埋点清单。

功能 PM 与开发人员进行埋点需求评审，数据 PM 可旁听。

埋点应用。埋点有了，能采集到之前获取不到的数据了，下一步就是该如何使用数据，下面是数据从浅层应用向深层应用传递的应用场景。

可视化应用。结合业务日志和埋点采集的数据，如何让数据立刻产生价值？建议先做可视化，因为前期的数据采集、录入、清洗耗时耗力，对于领导者来说，投入人力做一件看不到产出的事情，时间久了自然会有所质疑。而对于数据本身来说，完成清洗后的数据能最快应用的方面就是做可视化，对于每天要看 Excel 数据的领导者来说，可视化的东西能让他直观感受到产品的不同之处，这样一来，取得上层认可，对于后期推进数据项目非常有利。

在做可视化这个阶段，建议使用已经成熟的产品框架，不要花精力去自研。简单来讲，这个阶段的主要目的是让数据采集的产出最快体现出价值来，得到相关部门的认可，给自己项目团队成员以信心。

数据大屏。数据大屏的视觉冲击力强，对于关注整体指标的领导层来说，大屏解决了他们快速掌握全局数据的需求，另外，如果公司常要接待其他单位或到外面汇报、参展，动态数据大屏绝对是曝光度最高的产品。

有的公司采用的是阿里云的 DataV 工具。这个工具一方面可支持多种数据库，如 MySQL、SQL Server，另一方面是前端有多种展示组件，并支持自定义。该工具部署和维护起来都比较轻便。

开源数据展示工具。数据大屏满足了展示类需求，但是定制化一点的操作类需求，数据大屏满足不了。这时可以考虑使用别的工具，其核心就是通过该工具平台连接数据库，读取数据后进行展示，并且可以按照一定的维度，如日期、周期、名称等聚合数据，形成一个个看板。看板里的单图支持源数据下载和简单的 SQL 取数，能够解决略进一层的数据展示和分析诉求。工具推荐使用 Superset、Grafana。

数据应用平台。数据终究要产生业务价值，上面提到的数据展示工具，无法以可视化形态做业务分析。数据需要结合具体的业务场景，然后选择成熟的分析场景，如事件分析、漏斗分析、留存分析、归因分析等，以及更深度的用户画像、精准营销，才能真正赋能业务。这类数据应用工具，目前已经有成熟厂商提供了标准化产品，如果公司规模没有达到自研数据平台时，建议采购。推荐平台有 GrowingIO、神策、路奇智能等。

数据仓库。数据采集、录入后，最终会落入数据仓库中，成为数据仓库中的"弹药"。把"数据中台"去掉"面子"，"里子"就是一个数据仓库。数据仓库汇聚各业务端的原始数据和主题数据，其建设过程是一个随着业务发展不断更新的过程。只是做数据的 ETL 本身并不是数据仓库的价值，其核心是能够收录好业务侧需要使用的数据，或者在业务侧提出新的数据需求时，能够快速响应。

按照数据仓库设计的经典 3 层结构包括 ODS 层、EDW 层、DM 层，数据产品经理在数据仓库建设中的工作职责如下。

◆ 约定进入 ODS 层的原始数据的维度、周期。

◆ 定义 EDW 层主题宽表的字段、周期。

◆ 设计 DM 层应用表的字段、周期（需要结合具体业务，设计尽可能通用的主题表、应用表）。

◆ 先设计监控方案，通过 ETL 过程发现 ETL 过程中的异常数据，并告警异常数据，及时告知数据应用侧有污染数据。

以上是数据产品经理关于数据基础能力建设（数据埋点、数据工具、数据仓库）过程中的部分工作内容，这些内容不会因为时间的变化而改变，学会之后可以适应一定的业务和时间的场景变化，如此便能写出优秀的 PRD。

在产品经理撰写上述埋点文档实例的情况下，产品经理需要懂得的知识点如下。

◆ 产品的前 / 后端基本技术概念。

◆ 数据的业务定义。

◆ 数据的出发规则清晰。

◆ 文档简洁，能配合文档向开发人员讲解这套埋点预采集的数据和业务意义。

数据产品经理虽然不是开发经理，但是数据产品经理需要有一个数据促动业务的产品解决方案，对自家产品进行埋点，对自家产品产生的用户数据进行采集，以便用来更好地服务用户。

3.1.3 硬件获取数据：硬件传感器获取数据

随着 5G 和物联网技术的普及，我们将借助传感器获取更多的数据。下面以 Aworks 为例，介绍如何通过一个接口读取多种传感器数据。

目前，市面上已经存在大量各种类型、各种型号、不同厂家生产的各种传感器，例如温度、湿度、电压、电流、压强、光照、加速度、角速度传感器等。它们的应用场景、产品参数、使用方法都不尽相同，这往往使许多项目的开发人员在使用传感器时举步维艰：添加一个传感器，就要编写对应的驱动，提供一套访问这个传感器的接口。

通常情况下，在一个复杂的系统中，传感器往往不止一个，可能存在几个或几十个，甚至更多不同种类的传感器，若这些传感器使用的接口都不相同，可想而知，软件方面的工作量会非常大，复杂度也会非常高，这无形中又会增加很大的开发难度。试想一下，若基于多种传感器开发的应用程序想跨平台复用，而底层各个传感器的接口却千奇百怪，那么，这样的工作量和复杂度又会上升到什么程度？

为了解决这些问题，AWorks 定义了通用的传感器接口，适用于各式各样的传感器，只要是挂载在 AWorks 系统中的传感器，都可以通过相同的操作接口来访问。同时，只要是基于这些通用接口开发的应用程序，都不会与具体的硬件设备绑定，换句话说，底层更换使用不同型号的传感器，对应用程序不会造成影响，应用程序可以不做任何改动。

从功能上看，传感器实现了对真实世界中某种物理信号（温度、湿度、气压等）的采集，在使用传感器时，最重要的操作就是从传感器中获取相应的数据。

接下来将进一步介绍如何通过接口获取传感器数据。

1. 传感器通道 ID

在介绍接口的使用方法之前，需要简单了解一个概念。AWorks 之所以能够实现使用一套相同的接口访问所有类型的传感器，是因为 AWorks 对系统中的传感器进行了统一的管理。

为了实现对各式各样的传感器进行统一管理，在 AWorks 中，定义了"传感器通道"的抽象概念，一路传感器通道用于完成一路物理信号的采集，系统为每个传感器通道分配了一个唯一的 ID。例如，若此时系统中存在 3 个传感器，分别为温湿度传感器 HTS221（能为系统提供一路温度和一路湿度通道）、三轴磁传感器 LIS3MDL（能为系统提供 x、y、z 轴 3 路磁数据通道和一路温度通道）和光照传感器 BH1730（能为系统提供一路光照度采集通道），则对应的 ID 分配范例如下表所示。

传感器类型	通道数目	通道对应的 ID	占用 ID
温湿度传感器 HTS221	2	温度采集通道对应 ID 为 0 湿度采集通道对应 ID 为 1	0~1
三轴磁传感器 LIS3MDL	4	x 轴磁采集通道对应 ID 为 2 y 轴磁采集通道对应 ID 为 3 z 轴磁采集通道对应 ID 为 4 温度采集通道对应 ID 为 5	2~5
光照传感器 BH1730	1	光照度采集通道对应 ID 为 6	6

按照以上的传感器通道 ID 分配方式，理论上，系统中可以挂载无数个各种类型的传感器，新加入的传感器通道只需按照以上方式依次向后分配 ID 即可。所以在通常情况下，该 ID 号的分配已经由系统完成，我们只需简单知道当前系统中的有效 ID 号所对应的传感器通道类型即可。例如，当前 AWorks 系统中存在的传感器如上表所示，有 3 个，ID 号为 0~6，下文中函数接口 ID 的使用将以此为例。

2. 获取传感器数据

基于以上对传感器 ID 的描述，此时若想获取传感器的数据，只需在应用程序中调用获取传感器数据的函数接口即可，获取传感器数据的函数接口如下。

```
aw_err_t aw_sensor_data_get(int id,aw_sensor_val_t *p_val);
```

其中，id 即为传感器通道 ID 号，p_val 为存放对应 ID 的传感器数据。此处 aw_sensor_val_t 类型为一个结构体，只需知道它是一个保存传感器数据的变量即可。

基于此，获取系统中任意传感器通道的数据只需调用该接口即可。例如，每隔 500ms 获取一次温度采样数据的程序范例如下。

```
1 aw_sensor_val_t tem_val
2 while(1){
3     aw_sensor_data_get (0, &tem_val); //通道ID为0,对应上表中的温度采集通道
4     aw_mdelay(500);
5 }
```

同样，若想获取光照度传感器采样数据，程序范例如下。

```
1 aw_sensor_val_t  tem_val;
2 while(1){
3     aw_sensor_data_get (6, &als_val); //通道ID为6，对应上表中的光照度采集通道
4     aw_mdelay(500);
5 }
```

以此类推，只需要调用这一个相同的接口，便可以依次获取系统中所有传感器的数据。此时，或许有人会有疑问，系统中那么多传感器，一个一个调用该接口，会不会显得烦琐？对于该问题，AWorks系统当然给出了答案，那就是提供同时获取多通道或所有通道传感器数据的接口，该接口原型如下。

```
aw_err_t  aw_sensor_group_data_get (consint    *p_ids,
                                    int        num,
                                    aw_sensor_val_t *p_buf);
```

其中，p_ids为指向传感器通道id列表的指针；num表示通道的数目，即id列表的大小；p_buf指向用于存储各通道数据的缓存，缓存大小与num一致。基于该接口，可以同时获取多个或所有传感器通道的采样数据，例如，每隔500ms获取当前传感器通道采样数据的程序范例如下。

```
1 const int    id_s[7]={0,1,2,3,4,5,6};    //应用程序使用7个通道
2  aw_sensor_val_t  val_buf[7];
3
4  while(1){
5 aw_sensor_group_data_get(id_s,7,val_buf); //获取当前系统所有传感器通道的
  采样数据
6 aw_mdelay(500);
7  }
```

基于此，AWorks系统的传感器接口已经完美地实现了使用同种接口获取所有传感器采样数据的功能。或许有人又会提出疑问，这两个接口采用的似乎都是轮询的方式获取传感器数据，若在效率要求较高的场合，调用该接口是不是不太好呢？再者，如今的许多传感器都可以采用中断触发的方式获取数据，这样可以大大提高应用程序的效率，那么能不能实现这种功能呢？当然能！AWorks同样提供了这种接口，而且接口的调用非常方便、简洁。

3. 触发方式获取传感器数据

如今，大多数传感器内部都支持通过中断触发的方式通知应用程序获取传感器数据的功能，应用程序只需检测触发类型做相应的处理即可，这就大大提高了应用程序的执行效率，避免了以查询这种耗时的方式主动获取传感器数据的操作。

传感器具有的触发方式一般由传感器本身决定。例如，温湿度传感器 HTS221 具有的可配置触发方式只有数据准备就绪触发，三轴磁传感器 LIS3MDL 具有的可配置触发方式有数据准备就绪触发和上下门限值触发。接下来将只以数据准备就绪触发方式为例，讲解如何高效地获取传感器数据。

在 AWorks 中，要实现通过触发方式获取传感器通道数据，只需要两步操作即可：第一步是配置传感器通道的触发回调函数，第二步则是打开该通道的触发。

首先，配置传感器通道触发模式的函数原型如下。

```
aw_err_t aw_sensor_trigger_cfg(int                id,
                              uint32_t           flags,
                              aw_sensor——trigger_cb_t pfn_cb
                              void               *p_arg);
```

其中，id 为传感器通道的编号，flags 参数为配置的触发模式对应的宏（此处只以数据准备就绪触发为例，其所对应的宏在 AWorks 中定义为 AW_SENSOR_TRIGGER_DATA_READY，直接传入即可），pfn_cb 为触发回调函数，p_arg 为用户触发回调函数参数。触发回调函数的类型为 aw_sensor_trigger_cb_t，定义如下。

```
typedefvoid(*aw_sensor_trigger_cb_t)(void*p_arg,uint32_trigger_src);
```

其中，p_arg 为用户触发回调函数参数，trigger_src 为存放的触发类型。例如，此时要配置三轴磁传感器 LIS3MDL 的 x 轴采集通道（假设为表 1 通道 2）的数据准备就绪触发，程序范例如下。

```
/*定义一个回调函数，用于当触发事件产生时，该函数被调用*/
  static void_pfn_trigger_callback(void*p_arg,uint32_t trigger_src)
{
    /*数据准备就绪触发*/
    if(trigger_src&AW_SENSOR_TRIGGER_DATA_READY){
    aw_sensor_data_get(2,&data_val);  //触发方式获取该通道的采样数据
  }
}
aw_sensor_trigger_cfg(2,
                    AW_SENSOR_TRIGGER_DATA_READY,
                    ——Pfn_trigger_callback,
                    NULL);  //配置通道2的数据准备就绪触发
```

当以上程序完成通道触发方式的配置后，接下来，只需打开该通道的触发即可，该函数接口的定义如下。

```
aw_err_t aw_sensor_trigger_on(int id);
```

第3章 全面的数据分析流程　　047

该函数接口只需传入 id 即可。注意，aw_sensor_trigger_on 函数接口必须在 aw_sensor_trigger_cfg 接口之后调用，先后顺序不能颠倒。

此时，通过触发方式获取三轴磁传感器 LIS3MDL 的 x 轴采集数据的完整程序范例如下。

```
aw_sensor_val_data_val;  //定义传感器数据缓存区
/*定义一个回调函数，用于当触发事件产生时，该函数被调用*/
static void ptn_trigger_callback(void*p_arg,uint32_t trigger_src)
{
    /*数据准备就绪触发*/
    if(trigger_src&AW_SENSOR_TRIGGER_DATA_READY){
    aw_sensor_data_get(2,&data_val);  //触发方式获取该通道的采样数据
  }
}
int mian()
{
    aw_sensor_trigger_cfg(2,
                          AW_SENSOR_TRIGGER_DATA_READY,
                          ——Pfn_trigger_callback
                          NULL);
    aw_sensor_trigger_on(2);
while(1){
aw_mdelay(1000);
  }
}
```

通过以上的接口，实现了一种接口访问所有传感器数据的功能，并且这些接口可以在任何运行 AWorks 操作系统的平台上使用，且无论平台中的传感器类型和数目如何变化，只需要知道该平台传感器通道的 ID 信息，则都可以使用这些通用接口来进行访问。只要是基于该通用接口开发的应用程序，在 AWorks 系统中，应用程序就能实现零修改的移植。

3.1.4 爬虫

网络爬虫（Web Crawler），也叫网络蜘蛛（Web Spider），是一种用来自动浏览互联网的网络机器人。其目的一般为编纂网络索引。

网络上的搜索引擎等站点通过爬虫软件更新自身的网站内容或对其他网站的索引。网络爬虫可以将自己所访问的页面保存下来，以便搜索引擎事后生成索引供用户搜索。

爬虫访问网站的过程会消耗目标系统资源。不少网络系统并不默许爬虫工作，因此在访问大量页面时，爬虫需要考虑到规划、负载，还需要讲"礼貌"。

互联网上的页面极多，即使是最大的爬虫系统也无法做出完整的索引。因此在 2000 年

048　　数据增长模型　数智时代的全栈产品运营思维、算法与技术

之前的互联网时代，搜索引擎经常找不到多少相关结果。现在的搜索引擎在这方面已经进步很多，能够即刻给出高质量结果。

爬虫还可以验证超链接和 HTML 代码，用于网络抓取（参见数据驱动编程）数据。

作为零基础的读者，大体上可分为 4 个阶段去实现，流程如下图所示。

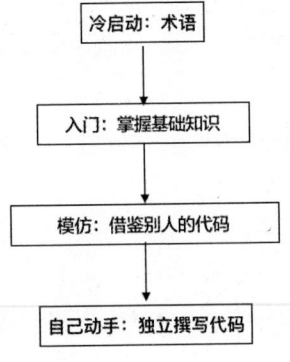

第一阶段是冷启动，初学者学习爬虫需要冷启动，搞懂专业的理论术语。

第二阶段是入门，掌握必备基础知识，例如 Python 基础、网络请求的基本原理等。

第三阶段是模仿，跟着别人的爬虫代码学，弄懂每一行代码，熟悉主流的爬虫工具。

第四阶段是自己动手，到了这个阶段开始有自己的解题思路了，可以独立设计爬虫系统。

爬虫涉及的技术包括但不限于熟练掌握一门编程语言（这里以 Python 为例）、HTML知识、HTTP 协议的基本知识、正则表达式、数据库知识，常用抓包工具和爬虫框架的使用，涉及大规模爬虫，还需要了解分布式的概念、消息队列、常用的数据结构和算法、缓存，甚至还包括机器学习的应用，大规模的系统背后需要靠很多技术来支撑。数据分析、挖掘，甚至是机器学习都离不开数据，而数据很多时候需要通过爬虫来获取，因此，作为一门专业爬虫工程师是有很远大的前途的。

那么是不是一定要把上面的知识全学完了才可以开始写爬虫？当然不是，学习是一辈子的事，只要会写 Python 代码了，就可以直接上手爬虫。

用 Python 写爬虫，首先需要会 Python，把基础语法搞懂，知道怎么使用函数、类、list、dict 中的常用方法就算基本入门。接着需要了解 HTML，HTML 就是一个文档树结构。

然后是关于 HTTP 的知识，爬虫基本原理就是通过网络请求从远程服务器下载数据的过程，而这个网络请求背后的技术就是基于 HTTP 协议的。作为初学者，你需要了解 HTTP 协议的基本原理，深入的内容可以放在以后慢慢去看，要注重理论与实践相结合。

网络请求框架都是对 HTTP 协议的实现，例如著名的网络请求库 Requests 就是一个模拟浏览器发送 HTTP 请求的网络库。了解 HTTP 协议之后，你就可以有针对性地学习和网络相关的模块了，例如 Python 自带的 urllib、urllib2（Python3 中的 urllib）、httplib、cookie 等内容，当然可以跳过这些，直接学习 Requests 怎么用，前提是你熟悉了 HTTP 协议的基本内容，爬下来的数据，大部分情况是 HTML 文本，也有少数是基于 XML 格式或者 JSON 格式的数据，要想正确处理这些数据，你要熟悉每种数据类型的解决方案，例如 JSON 数据可以直接使用 Python 自带的模块 json，对于 HTML 数据，可以使用 BeautifulSoup、lxml 等库去处理，对于 XML 数据，可以使用 Untangle、Xmltodict 等第三方库。

爬虫工具里面，要学会使用 Chrome 或 FireFox 浏览器去审查元素，跟踪请求信息等，现在大部分网站有配有 App 和手机浏览器访问的地址，优先使用这些接口，相对会更容易。还有 Fiddler 等代理工具的使用。

入门爬虫，学习正则表达式并不是必需的，你可以在真正需要的时候再去学，例如把数据爬取回来后，需要对数据进行清洗，当你发现使用常规的字符串操作方法根本没法处理时，这时可以尝试一下正则表达式，往往它能起到事半功倍的效果。Python 的 re 模块可用来处理正则表达式。这里推荐一本教程《Python 3 网络爬虫开发实战》。

数据清洗完后，最终要进行持久化存储，你可以用文件存储，例如 CSV 文件，也可以用数据库存储，简单的用 SQLite，专业点的用 MySQL，或者用分布式的文档数据库 MongoDB，这些数据库对 Python 都非常友好，有现成的库支持，你要做的就是熟悉这些 API 怎么使用。

进行大规模爬虫，通常都是从一个 URL 开始爬，然后把页面中解析的 URL 链接加入待爬的 URL 集合中，我们需要用到队列或优先队列来区别对待网站以使得有些网站优先爬，有些网站后面爬。每爬取一个页面时使用深度优先或广度优先算法爬取下一个链接。每次发起网络请求的时候，会涉及一个 DNS 的解析过程（将网址转换成 IP），为了避免重复的 DNS 解析，我们需要把解析好的 IP 缓存下来。URL 那么多，如何判断哪些网址已经爬过，哪些没有爬过？简单点办法就是使用字典结构来存储已经爬过的 URL，但是如果涉及海量的 URL，字典占用的内存空间非常大，此时你就需要考虑使用 Bloom Filter（布隆过滤器），用一个线程逐个地爬取数据，效率低得可怜。如果想提高爬虫效率，就要考虑是使用多线程，多进程，还是协程，分布式操作。

本节用 GitHub 开源的案例：基于搜狗微信搜索的微信公众号爬虫接口，让读者练习爬虫技巧，读者可以在本书附赠资源中查找 "3.1.4 爬虫案例 .doc"，用于练习。

本案例是讲述完整的爬虫接口从安装环境到应用的案例，代码一律按照伪代码示例作用。如果需要正式环境代码，可以根据伪代码的学习自行编程。

3.1.5 第三方渠道合作数据

近年来，随着大数据的广泛普及和应用，数据资源的价值逐步得到重视和认可，数据交易需求也在不断增加。例如，大数据产业分层发展。

目前，大数据以爆炸式的发展速度迅速蔓延至各行各业。随着各国抢抓战略布局，不断加大扶持力度，加之资本的青睐，全球大数据市场规模保持了高速增长的态势。

总体来看，大数据进入了从概念到实际应用的关键转折期。

贵阳大数据交易所数据显示，2015 年全球大数据产业规模达到了 1403 亿美元，预计到 2020 年，这一数据将达到 10270 亿美元。

大数据产业分层图如下。

```
数据应用层：
1.工具/产品化服务——个性化推荐、精准营销、舆情监测、网站/App分析工具；
2.行业应用——电信、金融、征信、房地产、交通、旅游、物流、地图服务、天气、农业医疗、娱
乐、体育、人资、能源；
3.解决方案——智慧城市、智慧政务、智慧公安
```

```
数据管理和分析层：
数据集成、数据存取、云存储、数据安全、可视化
```

```
数据来源层：
1.官方；
2.行业联盟；
3.第三方数据服务；
4.企业数据；
5.数据交易
```

在国外的大数据交易平台中，至今发展较好的是美国的 Factual 和日本的 Dataplaza。美国大数据交易平台明显较多，这可能是因为欧美国家互联网服务发展较早，对大数据交易的探索和实践也较早，从而对大数据交易平台的发展具有良好的推动作用。美国政府于 2009 年 3 月向公众开放公共数据，之后英国、澳大利亚等政府也进行了数据开放共享。我国于 2015 年印发《关于促进大数据发展行动纲要》，明确了发展大数据的必要性，以及大数据交易的相关要求。

目前我国大数据产业发展还处于起步阶段。国内大数据交易平台主要分布在西南、华东和华北地区，集中于贵州、重庆、上海、江苏和北京，平台的分布与地区的经济发展水平相关，发展较快、经济水平较高的省市，其大数据交易平台的发展也要比其他地区发展更快，同时政府的战略规划和支持也发挥着重要作用。

以全国首家大数据交易所——贵阳大数据交易所为例，已经接入 225 家优质数据源，

资源获取验证码：00120

经过脱敏脱密，可交易的数据总量超 150 PB，可交易数据产品 4000 余个。其在 2018 年交易金额超过 7000 万元，2019 年上半年交易额已突破 1 亿元。

数据交易平台的交易方式以以下 4 种为主：数据中介、数据经纪商、第三方数据交易平台、综合数据服务平台。

◆ 数据平台以中间代理人身份为数据提供方和数据购买方提供数据交易撮合服务，数据提供方、数据购买方都是经交易平台审核认证、自愿从事数据买卖的实体公司。数据提供方往往选择一种交易平台支持的交易方式对数据自行定价出售，并按特定交易方式设定数据售卖期限及使用和转让条件。

◆ 综合数据服务平台类似数据经纪商身份，收集用户个人数据并将其转让、共享给他人。

◆ 数据平台作为数据服务商或第三方数据平台，通常提供数据出售、数据购买、数据供应方查询及数据需求发布等服务，平台主要负责对交易过程的监管，对平台工作人员的专业要求不高。个人、机构在平台上注册数据接口或者上传数据集，自由定价将数据贩卖给数据需求方。

◆ 为用户提供特定需求的数据服务称为综合数据服务平台，有一定的技术能力和专业知识水平的要求，目前大数据的处理技术主要有机器学习、数据挖掘和神经网络等。该类型平台业务相对复杂，涉及数据的加工处理，能够为用户提供个性化的服务。

数据交易中心的企业所生产经营的"原材料"就是数据，在数据交易产业链中兼具数据源、数据中介、数据经纪商、第三方数据交易平台、数据需求方多重身份。经营过程中往往采用"自采、自产、自销"模式来实现"采产销"一体化，然后再通过相关渠道将数据变现，进而形成一个完整的数据产业链闭环。

目前由于各种原因，如数据交易和用户交易亟待时日，市场机制尚未成熟，导致数据交易存在如下问题：企业数据支持业务的优先级高于数据交易；合理的价格制定方式仍需不断探索；大数据交易亟待形成统一的技术标准；化解数据隐私问题需要多管齐下；等等。

数据交易是大数据产业链上重要的一环，可以打破信息孤岛及行业信息壁垒，汇聚海量高价值数据，对接数据市场的多样化需求，完善产业生态环境，实现数据价值的最大化，对推进大数据产业创新发展方面具有深远意义。且随着近些年的大数据规模增长，数据交易规模也呈上升趋异。

数据交易所的盈利模式有多种，相对而言这些盈利模式并不是很明朗。大部分交易平台收取 30% ~ 40% 的交易手续费，也有平台提供基础服务，但是对额外服务，如确权等进行服务收费。

目前，交易所没有对外的交易数据、交易额等数据可以参考。中小型公司靠融资，或背靠大企业支持，政府主导的交易平台依靠政府支持。

根据目前的格局猜测，数据交易都是以政府主导的数据交易为主，大型数据交易平台更多起到中介的象征性作用，还称不上是一个规模型的市场。

大型交易所的发展方向以发展大数据基础建设，如数据清洗、数据鉴定、数据安全等方面为主；中小型交易平台以 API，数据集、数据服务交易为主。

目前，头部数据交易都在政府主导的大数据交易所进行，或者公司间私下交易，个人用户的数据交易会在中小型交易平台完成。这导致头部利润被大交易所吸收，而中小型数据交易平台的交易规模暂时还不足以支持平台发展。

数据交易平台兴起于 2010 年，国内第一家数据交易所——贵阳大数据交易所成立于 2015 年，并于 2018 年实现盈利。

而数据产品经理兴起于 2020 年，且在 2020 年很多企业希望招聘到合格的数据产品经理，但这并不容易。

3.2 数据缺失处理方法

在数据清洗过程中，主要处理的是缺失值、异常值和重复值。所谓清洗，是对数据集通过丢弃、填充、替换、去重等操作，达到去除异常、纠正错误、补足缺失的目的。

数据缺失分为两种：一种是行记录的缺失，这种情况又称数据记录丢失；另一种是数据列值的缺失，即由于各种原因导致数据记录中某些列的值空缺。

不同的数据存储和环境中对于缺失值的表示方式也不同，例如，数据库中是 Null，Python 返回空对象是 None，Pandas 或 NumPy 中是 NaN。

在极少数情况下，部分缺失值也会使用空字符串来代替，但空字符串绝对不同于缺失值。从对象的实体来看，空字符串是有实体的，实体为字符串类型；而缺失值其实是没有实体的，即没有数据类型。

丢失的数据记录通常无法找回，这里重点讨论数据列值缺失的处理思路。通常有以下 4 种思路。

1. 丢弃

这种方法简单明了，直接删除带有缺失值的行记录（整行删除）或者列字段（整列删除），减少缺失数据记录对总体数据的影响。但丢弃意味着会削减数据特征，以下任何一种场景都不宜采用该方法。

第3章 全面的数据分析流程   053

数据集总体存在大量的数据记录不完整且比例较大的情况，例如超过10%，删除这些带有缺失值的记录意味着会损失过多有用信息。

带有缺失值的数据记录大量存在着明显的数据分布规律或特征，例如带有缺失值的数据记录的目标标签（即分类中的 Label 变量）主要集中于某一类或几类，如果删除这些数据记录将使对应分类的数据样本丢失大量特征信息，导致模型过拟合或分类不准确。

2. 补全

相对丢弃而言，补全是更加常用的缺失值处理方式。通过一定的方法将缺失的数据补上，从而形成完整的数据记录，对于后续的数据处理、分析和建模至关重要。常用的补全方法如下。

统计法：对于数值型的数据，使用均值、加权均值、中位数等方法补足；对于分类型数据，使用类别众数最多的值补足。

模型法：更多时候我们会基于已有的其他字段，将缺失字段作为目标变量进行预测，从而得到最为可能的补全值。如果带有缺失值的列是数值变量，则采用回归模型补全；如果是分类变量，则采用分类模型补全。

专家补全：对于少量且具有重要意义的数据记录，专家补全也是非常重要的一种途径。

其他方法：例如随机法、特殊值法、多重填补等。

3. 真值转换

在某些情况下，我们可能无法得知缺失值的分布规律，并且无法对缺失值采用上述任何一种补全方法做处理；或者我们认为数据缺失也是一种规律，不应该轻易对缺失值随意处理，那么还有一种缺失值处理思路——真值转换。

该思路的根本观点是，我们承认缺失值的存在，并且把数据缺失也作为数据分布规律的一部分，将变量的实际值和缺失值都作为输入维度参与后续数据处理和模型计算。但是变量的实际值可以作为变量值参与模型计算，而缺失值通常无法参与运算，因此需要对缺失值进行真值转换。

以用户性别字段为例，很多数据库集都无法对会员的性别进行补足，但又舍不得将其丢弃，那么我们选择将其中的值，包括男、女、未知，从一个变量的多个值分布状态转换为多个变量的真值分布状态。

转换前：性别（值域为男、女、未知）。

转换后：性别 _ 男（值域为 1 或 0）、性别 _ 女（值域为 1 或 0）、性别 _ 未知（值域为 1 或 0）。

然后将这 3 列新的字段作为输入维度，替换原来的 1 个字段并参与后续模型计算。

4. 不处理

在数据预处理阶段，对于具有缺失值的数据记录不做任何处理，也是一种思路。这种思路主要看后期的数据分析和建模应用，很多模型对于缺失值有容忍度或灵活的处理方法，因此在预处理阶段可以不做处理。

常见的能够自动处理缺失值的模型包括 KNN、决策树和随机森林、神经网络和朴素贝叶斯、DBSCAN（基于密度的带有噪声的空间聚类）等。这些模型对于缺失值的处理思路是：忽略，缺失值不参与距离计算，如 KNN；将缺失值作为分布的一种状态，并参与建模过程，例如各种决策树及其变体；不基于距离做计算，因此基于值的距离做计算本身的影响就消除了，例如 DBSCAN。

在数据建模前的数据归约阶段，有一种归约的思路是降维，降维中有一种直接选择特征的方法。假如我们通过一定的方法确定带有缺失值（无论缺少字段的值缺失数量有多少）的字段对于模型的影响非常小，那么我们根本就不需要对缺失值进行处理。

因此，后期建模时的字段或特征的重要性判断也是决定是否处理字段缺失值的重要参考因素之一。

对于缺失值的处理思路是先通过一定的方法找到缺失值，接着分析缺失值在整体样本中的分布占比，以及缺失值是否具有显著的无规律分布特征，然后考虑后续要使用的模型是否能满足缺失值的自动处理，最后决定采用哪种缺失值处理方法。

在选择处理方法时，注意投入的时间、精力和产出价值，毕竟，处理缺失值只是整个数据工作的冰山一角而已。

在数据采集时，可在采集端针对各个字段设置一个默认值。以 MySQL 为例，在设计数据库表时，可通过 default 指定每个字段的默认值，该值必须是常数。

在这种情况下，假如原本数据采集时没有采集到数据，字段的值应该为 Null，虽然在建立库表时设置了默认值会导致"缺失值"看起来非常正常，但本质上还是缺失的。对于这类数据需要尤其注意。

不要轻易抛弃异常数据。异常数据是数据分布的常态，处于特定分布区域或一定范围之外的数据通常会被定义为异常或"噪声"。产生数据"噪声"的原因很多，例如业务运营操作、数据采集问题、数据同步问题等。

对异常数据进行处理前，需要先辨别出到底哪些是真正的数据异常。从数据异常的状态看分为两种。

一种是"伪异常"。这些异常是由业务的特定运营动作产生的，其实是正常反映业务状态，而不是数据本身的异常规律。

另一种是"真异常"。这些异常并不是由特定的业务动作引起的，而是客观地反映了数据本身分布异常的分布个案。

在大多数数据挖掘或数据工作中，异常值都会在数据的预处理过程中被认为是"噪声"而剔除，以避免其对总体数据评估和分析挖掘的影响。但在以下几种情况时，我们无须对异常值做抛弃处理。

（1）异常值正常反映了业务运营结果

该场景是由业务部门的特定动作导致的数据分布异常，如果抛弃异常值将导致无法正确反馈业务结果。

例如，公司的鞋子正常情况下日销量为10000双左右。由于昨日举行优惠促销活动导致总销量达到100000双，由于后端库存备货不足导致今日销量又下降到1000双。在这种情况下，100000双和1000双都正确地反映了业务运营的结果，而非数据异常案例。

（2）异常检测模型

异常检测模型针对整体样本中的异常数据进行分析和挖掘，以便找到其中的异常个案和规律，这种数据应用围绕异常值展开，因此异常值不能做抛弃处理。

异常检测模型常用于客户异常识别、信用卡欺诈、贷款审批识别、药物变异识别、恶劣气象预测、网络入侵检测、流量作弊检测等。在这种情况下，异常数据本身是目标数据，如果被处理掉将损失关键信息。

（3）包容异常值的数据建模

如果数据算法和模型对异常值不敏感，那么即使不处理异常值也不会对模型本身造成负面影响。例如在决策树中，异常值本身就可以作为一种分裂节点。

TIPS

除了抛弃和保留，还有一种思路可对异常值进行处理，例如使用其他统计量、预测量进行替换。但这种思路不推荐使用，原因是这会将其中的关键分布特征消除，从而改变原始数据集的分布规律。

数据重复就需要去重吗？数据集中的重复值包括以下两种情况。

一种是数据值完全相同的多条数据记录，这是最常见的数据重复情况。另一种是数据主体相同但匹配到的唯一属性值不同，这种情况多见于数据仓库中的变化维度表，同一个事实表的主体可能会匹配同一个属性的多个值。

去重是重复值处理的主要方法，主要目的是保留能显示特征的唯一数据记录。但当遇到以下几种情况时，请慎重（不建议）执行数据去重。

情况一：重复的记录用于分析演变规律。

以变化维度表为例。在商品类别的维度表中，每个商品对应的同一个类别的值应该是唯一的，例如 iPhone11 属于个人电子消费品，这样才能将所有商品分配到唯一类别属性值中。但当所有商品类别的值重构或升级时（大多数情况下，随着公司的发展都会这么做），原有的商品可能被分配了类别中的不同值。下表就展示了这种变化。

商品名称	原有商品类别归属	新商品类别归属
iPhone11	个人电子消费品	手机数码

此时，我们在数据中使用 Full join 做跨重构时间点的类别匹配时，会发现 iPhone 11 会同时匹配"个人电子消费品"和"手机数码"两条记录。对于这种情况，需要根据具体业务需求进行处理。

如果跟业务沟通，两条数据需要做整合，那么需要确定一个整合字段用来涵盖两条记录。其实就是将两条数据再次映射到一个类别主体中。

如果跟业务沟通，需要同时保存两条数据，那么此时不能做任何处理。后续的具体处理根据建模需求而定。

这里涉及变化维度表的知识。变化维度表是数据仓库中的概念。维度表类似于匹配表，用来存储静态的维度、属性等数据，而这些数据一般都不会改变。但是变与不变是一个相对的概念，随着企业的不断发展，很多时候维度也会随着发生变化。因此在某个时间内的维度是不变的，而从整体来看维度也是变化的。

对于维度的变化，有 3 种方式进行处理：直接覆盖原有值，这种情况下每个唯一 ID 就只对应一个属性值，这样做虽然简单，也容易实现，但是无法保留历史信息；添加新的维度行，此时同一个 ID 会得到两条匹配记录；增加新的属性列，此时不会新增数据行记录，只是在原有的记录中新增一列用于标记不同时期的值。

具体使用哪种方式，通常由数据库管理员根据实际情况来决定。

TIPS
真正的变化维度表或维度表不会以中文作主键，通常都会使用数字或字符串类作为唯一关联 ID。

情况二：重复的记录用于样本不均衡处理。

在开展分类数据建模工作时，样本不均衡是影响分类模型效果的关键因素之一。解决样本不均衡的一种方法是对少数样本类别做简单过采样，通过随机过采样，采取简单复制样本的策略来增加少数类样本。

经过这种处理方式后，也会在数据记录中产生相同记录的多条数据。此时，我们不能对其中的重复值执行去重操作。

情况三： 重复的记录用于检测业务规则问题。

对于以分析应用为主的数据集而言，存在重复记录不会直接影响实际运营，毕竟数据集主要是用来做分析的。

但对于事务型的数据而言，重复数据可能意味着重大运营规则问题，尤其当这些重复值出现在企业经营中与金钱相关的业务场景时，例如重复的订单、重复的充值、重复的预约项、重复的出库申请等。

这些重复的数据记录通常是由数据采集、存储、验证和审核机制的不完善等问题导致的，会直接反映到前台生产和运营系统。以重复订单为例，假如前台的提交订单功能不做唯一性约束，那么在一次订单中重复点击提交订单按钮，就会触发多次重复提交订单的申请记录，该操作审批通过后，会带动运营后端的商品分拣、出库、送货，如果用户接收重复商品则会导致重大损失；如果用户退货则会增加反向订单，并影响物流、配送和仓储相关的各个运营环节，导致运营资源无端消耗、商品损耗增加、仓储物流成本增加等问题。

因此，这些问题必须在前期数据采集和存储时就通过一定机制解决和避免。如果确实产生了此类问题，那么数据人员或运营人员可以基于这些重复值来发现规则漏洞，并配合相关部门，最大限度地降低由此而带来的运营风险。

综上所述，面对缺失值、异常值、重复值的时候，一定不要害怕，首先以产品经理的专业需求观点来判断是业务需求问题，还是技术问题。如果是业务需求问题，要发挥产品经理的主要职责做出产品决策；如果是技术问题，则要配合技术工程师逐步解决数据缺失、异常、重复的问题。

3.3　数据可视化

我们日常看到的报表、PPT、PRD 均可以在广义上定义为数据可视化。

简言之，数据可视化旨在借助统计图形、图表、信息图表和其他工具，以达到清晰、有效地传递信息的目的。可以使用点、线或条对数据进行编码，以便在视觉上传达定量信息。有效的可视化可以帮助用户分析并推理数据和证据，它使复杂的数据更容易理解和使用。用户可能有特定的分析任务（如进行比较或理解因果关系），以及该任务要遵循的图形设计原则。表格通常用于用户查找特定的度量，而各种类型的图表用于显示一个或多个变量的数据中的模式或关系。

数据可视化主要旨在借助于图形化手段，清晰有效地传达与沟通信息。但是，这并不意味着，数据可视化就一定因为要实现其功能用途而令人感到枯燥乏味，或者是为了看上去绚丽多彩而显得极端复杂。为了有效地传达思想或概念，美学形式与功能需要齐头并进，通过直观地传达关键的方面与特征，从而实现对于相当稀疏而又复杂的数据集的深入洞察。然而，设计人员往往并不能很好地把握设计与功能之间的平衡，从而创造出华而不实的数据可视化形式，无法达到其主要目的，也就是传达与沟通信息。

数据可视化与信息图形、信息可视化、科学可视化以及统计图形密切相关。当前，在研究、教学和开发领域，数据可视化是一个极为活跃而又关键的方面。数据可视化实现了成熟的科学可视化领域与较年轻的信息可视化领域的统一。

笔者之所以将数据可视化放在数据采集、数据处理、数据分析方法之后，是因为数据可视化的过程包含数据采集、数据分析、数据处理等流程。

3.4　案例：数据分析全流程

数据产品经理，这个岗位比较新兴，它有两种理解，一种是具备强数据分析能力的产品管理者，另一种是公司数据产品的规划者。

前者以数据导向优化和改进产品。在产品强势的公司，数据分析也会划归到产品部门，甚至运营也属于产品部。这类产品经理有更多的机会接触业务，他们往往顺便把分析师的活也干了，属于"一专多能"的典型。他们会运用不同的数据源，对用户的行为特征进行分析和挖掘，达到改进产品的目的。最典型的场景就是 A/B 测试。大到页面布局、路径规划，小到按钮的颜色和样式，均可以通过数据指标评估。

后者亦是另外意义上的数据产品经理。在公司做大做强后，数据量与日俱增，此时会有不少数据相关的产品项目，如大数据平台、埋点采集系统、Business Intelligence、推荐系统、广告平台等。这些当然也是产品，自然需要提炼需求、设计、规划、项目排期，乃至落地。

下面讲解一个数据分析的经典实战案例——朝阳医院销售数据分析。

数据分析的步骤如下。

第一步：设定数据分析目标，例如，朝阳医院月均消费次数、月均消费金额、客单价、消费趋势。

第3章　全面的数据分析流程　　　059

第二步：观察数据、行与列的初步情况、数据类型。

第三步：数据由原始状态经过数据清洗到达适合分析的状态，例如筛选出数据子集、修改列命名、缺失值处理、异常值处理、转换数据类型、数据排序、数据上下钻取等。

第四步：生成数据分析模型。

第五步：数据图文化，更加可视化观察数据。

产品数据分析实战过程如下。

```python
#!/usr/bin/env python
# coding: utf-8
# In[1]: 引入numpy，感兴趣的读者可以按照以下代码示例进行实操，这样效果更好。其中
有#的行为解说部分，无#的行为示例代码部分


import numpy as np
# In[2]:
from pandas import Series,DataFrame
# In[3]:
import pandas as pd
```

以上为第一部分，安装环境，配置所需插件如下。

```python
# In[4]:
file_name = '/Users/LineLian/Documents/数据书籍-人邮/朝阳医院2018年销售数据
.xlsx'
# In[5]:#以上引入数据集
xls = pd.ExcelFile(file_name)
# In[6]:
dataDF = xls.parse('Sheet1',dtype='object')
# In[7]:
print(dataDF.head())
# In[8]:
print(dataDF.shape)
# In[9]:
print(dataDF.index)
# In[10]:
print(dataDF.columns)
# In[11]:
print(dataDF.count())
# In[12]:
dataDF.rename(columns={'购药时间':'销售时间'},inplace=True)
# In[13]:
```

```python
print(dataDF.head())
# In[14]:
print('删除缺失值前:', dataDF.shape)
# In[15]:
print(dataDF.info())
# In[16]:
dataDF = dataDF.dropna(subset=['销售时间','社保卡号'], how='any')
# In[17]:
print('\n删除缺失值后',dataDF.shape)
# In[18]:
print(dataDF.info())
# In[19]:
dataDF['销售数量'] = dataDF['销售数量'].astype('float')
dataDF['应收金额'] = dataDF['应收金额'].astype('float')
dataDF['实收金额'] = dataDF['实收金额'].astype('float')
print(dataDF.dtypes)
# In[20]:
#定义函数将星期除去
def splitSaletime(timeColser):
    timelist =[]
    for val in timeColser:
        data = val.split(' ')[0]
        timelist.Append(data)
    #将列表转为Series类型
    timeSer = Series(timelist)
    return timeSer
#获取"销售时间"这一列数据
time = dataDF.loc[:,'销售时间']
#调用函数去除星期，获得日期
data = splitSaletime(time)
#修改"销售时间"这一列的值
dataDF.loc[:,'销售时间'] = data
print(dataDF.head())
# In[21]:
dataDF.loc[:,'销售时间'] = pd.to_datetime(dataDF.loc[:,'销售时间'],
format='%Y-%m-%d', errors='coerce')
print(dataDF.dtypes)
# In[22]:
print(dataDF.head())
# In[23]:
dataDF = dataDF.dropna(subset=['销售时间','社保卡号'], how='any')
# In[24]:
```

```
dataDF = dataDF.sort_values(by='销售时间', ascending=True)
dataDF = dataDF.reset_index(drop=True)
print(dataDF.head())
# In[25]:
print(dataDF.describe())
# In[26]:
pop = dataDF.loc[:,'销售数量'] > 0
dataDF = dataDF.loc[pop,:]
print(dataDF.describe())
# In[27]:
kpil_Df = dataDF.drop_duplicates(subset=['销售时间','社保卡号'])
totalI = kpil_Df.shape[0]
print('总消费次数=',totalI)
# In[28]:
kpil_Df = kpil_Df.sort_values(by='销售时间', ascending=True)
# In[29]:
kpil_Df = kpil_Df.reset_index(drop=True)
# In[30]:
startTime = kpil_Df.loc[0,'销售时间']
endTime = kpil_Df.loc[totalI-1,'销售时间']
# In[31]:
daysI = (endTime-startTime).days
mounthI = daysI//30
print('月份数=',mounthI)
# In[32]:
kpil_I = totalI//mounthI
print('业务指标1：月均消费次数=', kpil_I)
# In[33]:
totalMoneyF = dataDF.loc[:,'实收金额'].sum()
mounthMoney = totalMoneyF // mounthI
print('业务指标2：月均消费金额=', mounthMoney)
# In[34]:
pct = totalMoneyF / totalI
print('业务指标3：客单价=', pct)
```

以上代码显示的是数据治理，是数据人员日常工作中花费时间最多的地方，数据清洗、数据处理，有的是处理缺失值，有的是处理数据质量等。

```
# In[35]:
import matplotlib.pyplot as plt
import matplotlib
#画图时用于显示中文字符
```

```
from pylab import mpl
mpl.rcParams['font.sans-serif'] = ['SimHei'] # SimHei是黑体的意思
#在操作之前先复制一份
# In[36]:
import matplotlib.pyplot as plt
plt.rcParams['font.sans-serif'] = ['SimHei']
plt.rcParams['axes.unicode_minus'] = False
#...
plt.xlabel('x')
plt.ylabel('y')
plt.title('标题')
plt.show()
# In[37]:
#mpl.rcParams['font.sans-serif'] = ['Songti'] # SimHei是黑体的意思
font = FontProperties(fname='/Library/Fonts/Songti.ttc') #设置字体
```

在操作之前先复制一份数据，防止影响清洗后的数据，代码如下。

```
groupDF = dataDF
#将'销售时间'设置为index
groupDF.index = groupDF['销售时间']
print(groupDF.head())
gb = groupDF.groupby(groupDF.index)
print(gb)
dayDF = gb.sum()
print(dayDF)
#画图
plt.plot(dayDF['实收金额'])
plt.title('按天消费金额',fontproperties=font)
plt.xlabel('时间',fontproperties=font)
plt.ylabel('实收金额',fontproperties=font)
plt.show()
# In[38]:
#将销售时间聚合按月分组
gb = groupDF.groupby(groupDF.index.month)
print(gb)
monthDF = gb.sum()
print(monthDF)
plt.plot(monthDF['实收金额'])
plt.title('按月消费金额',fontproperties=font)
plt.xlabel('时间',fontproperties=font)
plt.ylabel('实收金额',fontproperties=font)
plt.show()
```

```
# In[39]:
#聚合统计各种药品数量
medicine = groupDF[['商品名称','销售数量']]
bk = medicine.groupby('商品名称')[['销售数量']]
re_medicine = bk.sum()
#对销售药品数量按将序排序
re_medicine = re_medicine.sort_values(by='销售数量', ascending=False)
print(re_medicine.head())
# In[40]:
top_medicine = re_medicine.iloc[:10,:]
print(top_medicine)
# In[41]:
x_name = ['苯磺酸氨氯地平片(安内真)','卡托普利片(开博通)','酒石酸美托洛尔片
(倍他乐克)','硝苯地平片(心痛定)','苯磺酸氨氯地平片(络活喜)','复方利血片(复
方降压片)','G琥珀酸美托洛尔缓释片(倍他乐克)','缬沙坦胶囊(代文)','非洛地平缓释
片(波依定)','盐酸特拉唑嗪片(高特灵)']
y_name = [1781.0,1440.0,1140.0,825.0,796.0,515.0,509.0,445.0,375.0,366.0]
plt.bar(range(len(x_name)),height=y_name,color='red')
step = []
for i in range(len(x_name)):
    step.Append(i)
plt.xticks(step)
plt.grid(alpha=0.3)
plt.title('药品销售前十情况',fontproperties=font)
plt.xlabel('药品种类',fontproperties=font)
plt.ylabel('销售数量',fontproperties=font)
plt.show()
#以上代码为数据图形化显示,这段代码读者先配置开发环境,安装完需要的开发插件后清洗完
脏数据,补充好缺失数据,再引入可视化画图插件,即可得到直观的数据展示效果
```

上面实操数据分析的基本过程可以总结为获取数据、数据清洗、构建模型、数据可视化，以及消费趋势分析。

1. 获取数据

Python 先导入工具包,然后读取文件,读取的时候用 object 读取,防止有些数据读不了。接着查看数据基本信息,总共有 6578 行 7 列数据,但是"购药时间"和"社保卡号"这两列只有 6576 个数据,而"商品编码"一直到"实收金额"这些列都只有 6577 个数据。这就意味着数据中存在缺失值,可以推断出数据中存在一行缺失值。此外,"购药时间"和"社保卡号"这两列都各自存在一个缺失数据,这些缺失数据在后面步骤中需要进一步处理。

2. 数据清洗

数据清洗过程包括选择子集、列重命名、缺失值处理、数据类型转换、数据排序及异常值处理。

（1）选择子集

在我们获取到的数据中，可能数据量非常庞大，并不是每一列都有价值，都需要分析，这时候就需要从整个数据中选取合适的子集进行分析，这样能从数据中获取最大价值。在本案例中不需要选取子集，可以忽略这一步。

（2）列重命名

在数据分析过程中，有些列名和数据容易混淆或产生歧义，不利于数据分析，这时候需要把列名换成容易理解的名称，可以采用 rename() 函数实现。

（3）缺失值处理

获取的数据中很有可能存在缺失值，通过查看基本信息可以推测"购药时间"和"社保卡号"这两列存在缺失值，如果不处理这些缺失值会干扰后面的数据分析结果。缺失数据常用的处理方式为删除含有缺失数据的记录，或者利用算法补全缺失数据。本案例为求方便，直接使用 dropna() 函数删除缺失数据。

（4）数据类型转换

在导入数据时，为了防止导入失败，会强制所有数据都是 object 类型，但实际数据分析过程中"销售数量""应收金额""实收金额"，这些列需要浮点型（float）数据，"销售时间"需要改成时间格式，因此需要对数据类型进行转换。

可以使用 astype() 函数转浮点型数据。

在"销售时间"这一列数据中存在星期这样的数据，但在数据分析过程中不需要用到，因此要把"销售时间"列中日期和星期使用 split() 函数进行分割，分割后的时间，返回的是 Series 数据类型。

接着把切割后的日期转为时间格式，方便后面的数据统计。

（5）数据排序

此时时间是没有按顺序排列的，所以还需要进行排序，排序之后索引会被打乱，所以还需要重置索引。其中，by 表示按哪一列进行排序，ascending=True 表示升序排列，ascending=False 表示降序排列。

（6）异常值处理

先查看数据的描述统计信息，通过描述统计信息可以看到，"销售数量""应收金额""实收金额"这 3 列数据的最小值出现了负数，这明显不符合常理，数据中存在异常值的干扰，因此要对数据进一步处理，以排除异常值的影响。

3. 构建模型、数据可视化及消费趋势分析

数据清洗完成后，需要利用数据构建模型（就是计算相应的业务指标），并用可视化的方式呈现结果。

（1）业务指标 1：月均消费次数

月均消费次数 = 总消费次数 ÷ 月份数（同一天内，同一个人所有消费算作一次消费）

（2）业务指标 2：月均消费金额

月均消费金额 = 总消费金额 ÷ 月份数

（3）客单价

客单价 = 总消费金额 ÷ 总消费次数

（4）消费趋势

① 导入 Python 可视化相关的工具包

② 分析每天的消费金额

从结果可以看出，每天消费总额差异较大，除了个别天出现比较大笔的消费，大部分人消费情况维持在 1000~2000 元。

③ 分析每月的消费金额

接下来，将销售时间先聚合，再按月分组进行分析。结果显示，7 月消费金额最少，这是因为 7 月份的数据不完整，所以不具参考价值。

1 月、4 月、5 月和 6 月的月消费金额差异不大，2 月和 3 月的消费金额迅速降低，这可能是因为春节的影响，大部分人都回家过年。

④ 分析药品销售情况

将"商品名称"和"销售数量"这两列数据聚合为 Series 形式，方便后面统计，并按降序排序。

综上所述，一个全面的数据分析流程至少包含以下 3 个部分：第一是数据分析规划；第二是数据分析工具的选择和应用；第三是总结分析，作为数据产品经理在会议上展示自己的分析逻辑。

数据挖掘

第 4 章

◆ 4.1 数据分析与数据挖掘的关系

◆ 4.2 数据挖掘的标准流程

◆ 4.3 新手入门如何系统地学习实操数据挖掘

◆ 4.4 案例：数据挖掘

CHAPTER

FOUR

4.1　数据分析与数据挖掘的关系

1. 概念和服务目的不同

数据分析的重点是观察数据，数据挖掘的重点是从数据中发现"知识规则"，即 KDD（Knowledge Discover in Database，知识发现），数据统计的重点是参数估计和假设检验。

数据分析、数据统计得出的结论是人的智力活动结果，数据挖掘得出的结论是机器从学习集（或训练集、样本集）发现的知识规则。

数据分析需要人工建模，数据挖掘自动完成数学建模，数据统计则把模糊估计变得准确而定量。可以通过机器学习自动建立输入与输出的函数关系，根据 KDD 得出的规则，给定一组输入参数，就可以得出一组输出量。

2. 内容侧重点不同

数据分析是业务部门主导，在数据挖掘结果及手工整理材料的基础上，得出他们需要知道的事情，其重心在于决策和结果。

数据挖掘总体上是业务部门提需求建议，总体规划实施还是技术部门主导。

3. 操作思维不同

目前在做数据分析时，采用的是传统逻辑推理的分析思路，即先提出问题，再通过严谨的逻辑推理进行验证，解释商业问题。

尝试使用相关性进行数据挖掘分析就是数据挖掘的一些技术，例如聚类、决策树、随机森林等高级统计模型。这种靠思路做出的东西，一般而言是技术门槛较高、解决经典思路无法解答的问题，也符合当前流行的大数据思维、人工智能思维。新思路的处理问题的逻辑是先有相关性分析，找出导致问题的相关性因素，然后再解释背后的商业逻辑。

4. 适用范围不同

数据分析的经典思路是符合人脑的思维模式的，具有 A → B → C 的逻辑顺序。但是对于多因素的问题，各因素交叉影响，各有权重，这种思路就有了瓶颈。

例如，数据挖掘思路是 AlphaGo 下围棋时采用的思路，决定下一步行动是因为其胜率最高。这是一种结果导向的思维，将智能问题变成数据问题。AlphaGo 不需要知道如何布局，只关注每一次的落子是否都在提高最终胜率。这种思路可以解决目标明确且影响因素众多的决策问题。现在这种思路的广泛应用主要是由于计算力和数据量的提升和增多，机器有了足够的样本进行测试，如同填鸭式教学，看多了，下意识就知道如何处理了。

从数据分析，数据挖掘到数据产品经理产生的场景案例如下。

A 公司是一家音乐软件公司，一开始只是一个简单的音乐网站，提供其他网站的音频下载链接和搜索服务。因为访问量小而且没有自己的曲库，所以基本不涉及数据分析，团队构成是以网站前端开发为主。

慢慢地，随着音乐行业竞争加剧和对版权的重视，A 公司开始通过购买版权建立自己的曲库，曲库有了几十万首歌，同时为了现金流开始推广付费会员服务，搭建了一套账号体系。这时因为有了很多自己的数据（歌曲信息数据、会员数据），所以购买了很多服务器，同时团队引进了 DBA（Database Administrator），这是技术端最初的数据相关岗位。因为数据量小，公司用的是免费且开源的 MySQL 数据库。此时业务端每个月都有会员付费，而会员的转化率和付费率是很重要的指标，需要专门的人去跟进和写 Excel 进行分析。一开始，这个工作是由产品部的同事在做，后来又招聘了一些专门做报表的人，这是最初的数据分析师，或称数据运营。

后来，A 公司开始发展多元化产品战略，数据源本来只存在于一个产品，现在分散到多个产品，各个产品团队由于数据上报格式不一，口径不一，导致数据无法规整、统一地进行分析。于是公司决定成立一个数据中心，统一地从各个产品部门的数据库、网络日志里拉取数据，用统一的格式处理并存储。此时光有 DBA 就不够了，于是公司决定招聘几个 ETL 工程师或称数据仓库工程师，负责从各个部门的服务器进行数据的抽取（Extract）、转换（Transform）、加载（Load），形成统一的数据仓库（或称数据集市），这时业务端就需要分析师，招聘要求也提高了。

随着数据量越来越大，传统的关系数据库已经不能满足大数据量的存储和因为快速迭代的互联网开发模式所带来的数据及时性的需求。随着数据量的增多，数据的价值显得越来越重要，这时，一种职业开始崭露头角，那就是数据挖掘工程师。数据挖掘工程师干的活是预测、分类，是依托数据为公司开拓更多的产品线，带来更多的用户，他们不仅需要有扎实的统计学背景，还要会编程，会用代码来实现算法，并最好能将算法在分布式平台上实现。

慢慢地，数据分析师发现自己做的事情越来越低价值了，于是转型，变成了数据产品经理，负责分析业务部门的各种业务需求，并负责协调数据仓库团队或数据挖掘工程师，将需求变成数据后台，或者如推荐系统、用户画像这样的挖掘类产品。

由此可知，数据产品经理不一定是由产品经理转化而来，更多的是从数据分析师或者其他岗位转化而来。

4.2　数据挖掘的标准流程

数据挖掘的标准流程为 CRISP-DM（Cross-Industry Standard Process for Data Mining，跨行业数据挖掘标准流程）。近年来，CRISP-DM 在各种 KDD 过程模型中占据领先位置，2014 年的统计数据表明其采用率达到 43%。

通常来说，在各类 KDD 过程方法论中排在 CRISP-DM 后面的是 SAS SEMMA。SEMMA 代表建模的 5 个步骤，分别是 Samle、Explore、Modify、Model 和 Assess。SEMMA 更偏重于数据挖掘的建模过程，与 SAS 的 EM 工具进行整合，其模型管理部署部分则体现在另外的工具套件中。

相比之下，CRISP-DM 的通用性更强，在大数据背景下的适应性也比较好。在此基础上我们制订了企业级的数据挖掘管理办法，源于 CRISP-DM 方法论并进行针对性细化，目的是对数据挖掘流程进行规范化管理。

其实 CRISP-DM 和 SEMMA 并没有太多的分歧，具体选择哪种方法跟实际人员的投入和工具基础有关。CRISP-DM 反映了数据挖掘中的自然迭代规律，在实际工作中可以从其中某一点切入，整体呈现螺旋优化的过程，其对应的 7 个阶段分别如下。

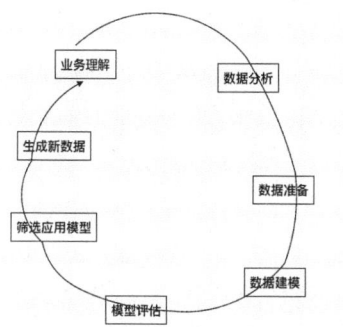

（1）业务理解（Business Understanding）。从商业的角度了解项目的要求和最终目的，并将这些目的与数据挖掘的定义和结果结合起来。

（2）数据分析（Data Understanding）。开始于数据的收集工作，接下来就是熟悉数据的工作，收集原始数据，对数据进行装载，描绘数据并探索数据特征，进行简单的特征统计，检验数据的质量。

（3）数据准备（Data Preparation）。涵盖从原始粗糙数据中构建最终数据集（将作为建模工具的分析对象）的全部工作。

（4）数据建模（Modeling）。各种各样的建模方法将被加以选择和使用，通过建造和评估模型，将其参数校准为最为理想的值。

（5）模型评估（Evaluation）。在这一阶段中已经建立了一个或多个高质量的模型，但在进行最终的模型部署之前，要更加彻底地评估模型。回顾在建模过程中所执行的每一个步骤是非常重要的，这样可以确保这些模型是否达到了企业的目标，是否仍然有一些重要的企业问题还没有被充分地注意和考虑。在这一阶段结束时，有关数据挖掘结果的使用应达成一致的决定。

（6）筛选应用模型（Deployment）。将其发现的结果和过程组织成可读文本形式，模型的创建并不是项目的最终目的。

（7）生成新数据，用于训练新模型。

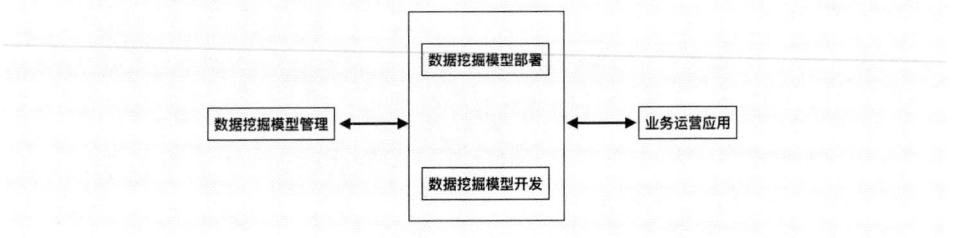

数据挖掘的工程化基础是大数据和人工智能技术，对于数据科学领域的工作者来说，在学习新技术的同时更要积极探索适合企业发展的应用场景。尤其是在人工智能领域，现阶段业界对于技术和数据的讨论比较多，但在传统行业中的应用场景其实还差得很多。

当然这不是一蹴而就的，其依赖于企业整体数据应用水平的提升。企业积极尝试应用新技术，在大数据分析挖掘领域进行试点，然后伴随数据挖掘从点到面的工程化铺开，人工智能的应用场景就会自然呈现。

通常，传统企业在大数据挖掘领域会有所尝试，并在若干点上取得一定的进展，但距离整体铺开还有很大的差距。企业数字化转型，即业务从电子化到数字化的过程，对应着大数据应用深度和复杂度的持续提升，其中数据挖掘的工程化水平是一个重要的衡量标准。

数据挖掘在流程机制的建立过程中要充分实现工程化管理，同时要注意加强知识技能的共享和传导。模型开发对应的是实验室机制，数据科学家要发挥应有的核心作用。模型部署则是工厂化的概念，需要严格的验证测试过程，确保模型在生产环境中稳定、高效地运行。模型运行结果在业务应用中发挥应有的数据价值，同时业务发展催生新的建模需求。模型管理在整体上发挥监督指导作用，负责数据挖掘全生命周期的管理。

数据挖掘产品的标准十步法。模型管理包括的内容很多，模型从开发到部署的过程中需要遵守一套严格的操作办法，具体可分为 10 个步骤。这些步骤基本覆盖从模型开发到模型部署的全过程，同样适合于数据挖掘工作的监督管理或第三方评测。

这些步骤可以细化或合并，根据实际情况将其增加或减少。另外，模型都是有生命周期的，满足条件之后就要让其下线，这个过程就不在 10 个步骤中体现了，如下图所示。

1. 数据采集

检查原始数据提取过程（数据仓库、数据集市、外部数据等），注意查看是否按要求进行数据脱敏，以及是否进行了数据质量检查。

（1）使用提供的数据提取方法，重新进行数据提取。

（2）抽样检查字段的正确性和完整性。

（3）抽样查看字段中是否有敏感信息。

（4）统计数据总量及缺失量。

2. 数据预处理

检查数据处理及整合的基本思路，数据处理方法和流程（数据关联、链接）的正确性和完整性，以及处理结果的正确性。

（1）检查数据预处理思路和处理方法是否正确。

（2）检查数据处理流程（数据关联、链接）和整合过程是否正确且完整。

（3）抽样检查数据处理结果，并与原数据进行对比，或设置检查点进行中间步骤的检查。

（4）结合模型训练并预测结果，对数据处理逻辑进行完善。

3. 数据特征提取

检查数据特征加工处理结果的正确性和稳定性。

（1）检查特征提取方法是否正确且是否可以表达业务含义。

（2）结合模型训练及测试结果，确认特征提取逻辑的完备性和稳定性。

4. 算法模型选择

根据业务需求分析算法的合理性，对比不同参数下的模型运行结果，确定算法及参数选择的合理性。

（1）根据业务需求及数据特点选择合适算法，使用多种算法进行对比，得到适合建模场景的算法。

（2）参数选择同理，对比多种参数选择结果，选择最佳结果对应的参数。

5. 数据分组

检查采用交叉验证方式建立模型过程中的数据集拆分策略及模型结果，对比不同分配策略下模型的效果。

（1）检查数据集是否满足生产环境数据应用需求（如时序要求，数据量级限制等）。

（2）检查交叉验证过程中数据集训练和测试分配策略是否合理，包括拆分比例和方法。

（3）对比多种分配策略，根据训练和预测结果选择恰当的分配比例，使得模型有良好的准确性、稳定性和普适性。

6. 模型训练

检查模型开发过程中所使用的工具情况，以及模型开发过程的运行耗时。

（1）检查模型开发平台或工具包在训练过程中的可靠性。

（2）检查模型训练和测试耗时是否满足需求。

（3）检查模型训练和测试的自动化支持能力。

7. 模型评估

检查模型评价方案及评价指标的合理性。

（1）使用多种评价指标分析模型训练效果，针对不同类型的模型选择适当的评价指标。

（2）建议分类模型选择 AUC、Precision、Recall、F1-score 等；回归模型选择 RMSE、R2 等；聚类模型选择聚合度等。

8. 模型交叉验证

检查模型评价结果的正确性、可再现性及稳定性。

（1）选择适当的评价指标，由评价指标结果判断模型结果的优劣。

（2）多次重复建模过程，改变模型开发输入数据，检查结果的可再现性及稳定性。

9. 筛选模型应用

检查模型部署在生产环境后模型运行过程的流程化能力，以及调度脚本的正确性和可维护性。

（1）模型部署后，使用调度脚本控制数据挖掘模型实现流程化运行。

（2）查看调度脚本的正确性和完整性，以及控制整个流程调整变化的能力。

10. 迭代运营

模型在日常运行过程中，检查批处理的输入数据采集、加工及运行过程的处理效率，检查模型输出结果的时效性和准确性。

（1）确定数据处理用到的软/硬件运行环境，分析其运算效率。

（2）进行完整的数据批处理过程（数据采集、加工及预测）并记录耗时，检查是否有耗时较长的步骤，并寻求改进方法（编码改进、软件选择、设备更改）。

（3）检查模型运行结果是否满足前端业务应用需求，跟踪模型运行情况，定期进行模型结果分析，并适时启动模型优化更新。

与传统 IT 技能有所区别，在数据挖掘领域工作，能够沉淀下来的并不完全是技术，更多的是对数据资产的理解与认知。如何最大化数据资产价值，如何通过数据产品完成价值传导，这些关键问题决定了创新是数据挖掘领域的核心能力。

技术日新月异，昨天的知识到了今天可能就是错误的，所以需要持续更新知识。想要通过数据挖掘提升企业竞争能力，那就先用知识把自己"武装"起来，这样才有机会做实事。

4.3　新手入门如何系统地学习实操数据挖掘

建议新手运用黄金圈法则入门数据挖掘，即使用"WHAT、HOW、WHY"的推进方法来学习数据挖掘。

黄金圈法则如下图所示。

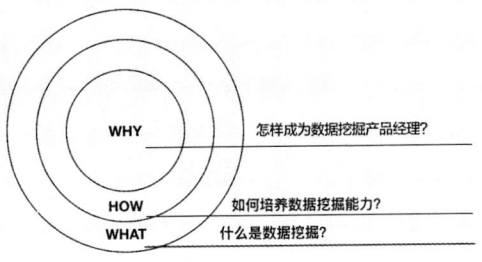

"磨刀不误砍柴工"，在学习数据挖掘之前应该明白，数据挖掘目前在我国是新兴岗位，各方面还不完善。

数据初期的准备通常占整个数据挖掘项目工作量的 80% 左右。数据挖掘本身融合了统计学、数据库和机器学习等学科知识。数据挖掘技术更适合业务人员学习（会比技术人员学习业务更高效），数据挖掘适用于传统的 BI（报表、OLTP、OLAP 等）无法支持的领域。

学习一门技术要和行业靠拢，没有行业背景的技术如空中楼阁。技术，尤其是计算机领域的技术发展是宽泛且快速更替的（10 年前只做网页设计都能成立公司），一般人没有这个精力和时间全方位地掌握所有技术细节。技术在结合行业之后就能够独当一面了，一方面有利于抓住用户痛点和刚性需求，另一方面能够累计行业经验，使用互联网思维跨界让你更容易取得成功。不要在学习技术时想要面面俱到，这样会使你失去核心竞争力。

目前，国内的数据挖掘人员就业方向大致可分为 3 类。

（1）数据分析师：在拥有行业数据的电商、金融、电信、咨询等行业里做业务咨询，商务智能，并给出分析报告。

（2）数据挖掘工程师：在多媒体、电商、搜索、社交等大数据相关行业里做机器学习算法实现和分析。

（3）科学研究：在高校、科研单位、企业研究院等科研机构研究新算法效率改进及未来应用。

接下来简单谈谈各工作领域需要掌握的技能。

（1）数据分析师需要有深厚的数理统计基础，但是对程序开发能力不做要求。需要熟练使用主流的数据挖掘（或统计分析）工具，如 Business Analytics and Business Intelligence Software（SAS）、SPSS、Excel 等。需要对与所在行业有关的一切核心数据有深入的理解，以及一定的数据敏感性。经典图书推荐：《概率论与数理统计》《统计学》（推荐 David Freedman 版）、《业务建模与数据挖掘》《数据挖掘导论》《SAS 编程与数据挖掘商业案例》《Clementine 数据挖掘方法及应用》《Excel 2007 VBA 参考大全》、*IBM SPSS Statistics 19 Statistical Procedures Companion* 等。

第4章　数据挖掘　　　075

（2）数据挖掘工程师需要理解主流机器学习算法的原理和应用。需要熟悉至少一门编程语言（如 Python、C 语言、C++、Java、Delphi 等）。需要理解数据库原理，能够熟练操作至少一种数据库（如 Mysql、DB2、Oracle 等），能够明白 MapReduce 的操作原理，能熟练使用 Hadoop 系列工具更好。经典图书推荐：《数据挖掘概念与技术》《机器学习实战》《人工智能及其应用》《数据库系统概论》《算法导论》《Web 数据挖掘》《 Python 标准库》、Thinking in Java、Thinking in C++ 和《数据结构》等。

（3）科学研究需要深入学习数据挖掘的理论基础，包括关联规则挖掘（Apriori 和 FPTree）、分类算法（C4.5、KNN、Logistic Regression、SVM 等）、聚类算法（K-means、Spectral Clustering），可以先学习数据挖掘十大算法各自的使用情况和优缺点。相对 SAS、SPSS 来说，R 语言更适合科研人员，因为 R 软件是完全免费的，而且开放的社区环境提供多种附加工具包支持，更适合进行统计计算分析研究。虽然目前在国内 R 语言的流行度不高，但是可以尝试改进一些主流算法使其更加快速高效，例如实现 Hadoop 平台下的 SVM 云算法调用平台——Web 工程调用 Hadoop 集群。学习数据挖掘需要广而深地阅读世界著名会议论文，跟踪热点技术。

以下是通信行业数据挖掘工程师的工作感受。真正从数据挖掘项目实践的角度讲，沟通能力和对数据挖掘的兴趣爱好是最重要的，有了爱好才愿意钻研，这点跟产品经理的要求类似。有了不错的沟通能力，才可以正确理解业务问题，才能正确把业务问题转化成挖掘问题，才可以在不同专业人才之间清楚表达你的意图和想法，取得他们的理解和支持。数据类技术的专业知识对于数据挖掘都很重要，但是作为个体的人来说，精力有限，时间有限，无法将这些领域的知识全都掌握，在这种情况下，应选择学习最重要的核心——数据挖掘技能和相关业务能力。举一个极端的例子，一个迷你型的挖掘项目，一个懂得市场营销和数据挖掘技能的人应该可以胜任。他虽然不懂数据仓库，但是简单的 Excel 就足以胜任多达 6 万个样本的数据处理；他虽然不懂专业的展示技能，但是只要他自己看得懂就行了，这就无须展示；前面说过，统计技能是应该掌握的，这对一个人的迷你项目很重要；他虽然不懂编程，但是专业挖掘工具和挖掘技能足够让他操纵的。这样，一个懂得挖掘技能和具有市场营销能力的人就可以圆满完成迷你项目了，甚至在一个数据源中根据业务需求可以无穷无尽地挖掘不同的项目思路。就是这个迷你项目，单纯的一个数据仓库专家、单纯的一个程序员、单纯的一个展示技师，甚至单纯的一个挖掘技术专家，都是无法胜任的。这从另一个方面也说明了为什么沟通能力很重要，这些完全不同的专业领域，想要有效、有机地整合在一起进行数据挖掘项目实践，没有好的沟通能力是不行的。数据挖掘能力只能在项目实践的熔炉中提升和升华，所以跟着项目学挖掘是最有效的捷径。国外学习挖掘的人都是一开始就做项目，刚开始不懂不要紧，越不懂越知道应该学什么，也才能学得越快、越有效果。最后告诉读者一个秘密，当你的数据挖掘能力提升到一定程度时，你会发现无论什么行业，其数据挖掘的应用方法有大部分是重合的、相似的。

学习完以上数据挖掘的方法后，就不用纠结跨行数据挖掘的问题了，因为不同的行业有大部分的挖掘方法是类似的。另外，想从数据分析师、数据挖掘工程师转行做数据产品经理的话，一定要提早规划好，熟练掌握产品基本技能，即产品设计、产品交互、产品运营的基础方法才有可能成功。

4.4 案例：数据挖掘

1. 文本数据挖掘的案例

字符识别。有一些 App，例如扫描王，可以扫描书本，然后把扫描的内容自动转化为 Word 文档，这些属于图像识别和字符识别（Optical Character Recognition，OCR）。图像识别比较复杂，字符识别比较容易。

字符识别的原理如下（以识别字符 S 为例）。

第一，把字符图像缩小到标准像素尺寸，例如 12 像素 ×16 像素。注意，图像是由像素构成，字符图像主要包括黑、白两种像素。

第二，提取字符的特征向量。提取字符的特征要采用二维直方图投影，就是把字符（12 像素 ×16 像素）往水平方向和垂直方向上投影。水平方向有 12 个维度，垂直方向有 16 个维度。这样分别计算水平方向各个像素行中黑色像素的累计数量、垂直方向各个像素列上黑色像素的累计数量，从而得到水平方向 12 个维度的特征向量取值，垂直方向上 16 个维度的特征向量取值，最后构成了包含 28 个维度的字符特征向量。

第三，基于前面的字符特征向量，通过神经网络学习，识别字符和有效分类。

2. 社交关系数据挖掘的案例

电信中的种子客户和社会网络，最早出现在电信领域的研究中。即通过人们的通话记录，就可以勾勒出人们的关系网络。电信领域的网络，一般会分析客户的影响力和客户流失、产品扩散的关系。

基于通话记录，可以构建客户影响力指标体系。采用的指标，大概包括一度人脉、二度人脉、三度人脉、平均通话频次、平均通话量等。

基于社会影响力，分析的结果表明，高影响力客户的流失会导致关联客户的流失。

在产品的扩散上，选择高影响力客户作为传播的起点，很容易推动新套餐的扩散和渗透。

此外，社会网络在银行、保险、互联网中也都有很多的应用和案例。

3. 电商协同过滤推荐系统的数据挖掘案例

电商"看了又看"和推荐引擎。电商平台中的"看了又看"和"猜你喜欢",相信大家都不陌生。在线上购物平台,总会有"猜你喜欢""根据你的浏览历史记录精心为你推荐""购买此商品的顾客同时也购买了某商品""浏览了该商品的顾客最终购买了某商品",这些都是推荐引擎运算的结果。

一般来说,电商的"看了又看""猜你喜欢"(即推荐引擎)都建立在协同过滤算法(Collaborative Filter)的基础上,搭建一套符合自身特点的规则库。即该算法会同时考虑其他顾客的选择和行为,在此基础上搭建产品相似性矩阵和用户相似性矩阵。基于此,找出最相似的顾客或最关联的产品,从而完成产品的推荐。

4. 关联规则挖掘关联商品促进销售的案例

关联分析的案例如沃尔玛的"啤酒尿布","啤酒尿布"是一个非常古老的数据挖掘案例。沃尔玛发现一个非常有趣的现象,即把尿布与啤酒这两种"风马牛不相及"的商品摆在一起,能够大幅增加两者的销量。原因在于,当时的妇女通常在家照顾孩子,所以,她们常常会嘱咐丈夫在下班回家的路上为孩子买尿布,而丈夫在买尿布的同时又会顺手购买自己爱喝的啤酒。沃尔玛从数据中发现了这种关联性,因此,将这两种商品并置,从而大大提高了关联销售量。

"啤酒尿布"主要讲的是产品之间的关联性,如果大量的数据表明,消费者购买 A 产品的同时,也会顺带购买 B 产品,那么 A 和 B 之间存在关联性。在超市中,常常会看到两种产品捆绑销售,这就是关联分析的结果。

5. 数据挖掘预测红酒的品质

如何品鉴红酒?有经验的人会说,红酒最重要的是口感。而口感的好坏,受很多因素的影响,例如年份、产地、气候、酿造的工艺等。

但是,统计学家并没有时间去品尝各种各样的红酒,他们觉得通过一些化学属性特征就能够很好地判断红酒的品质了。并且,现在很多酿酒企业其实也都这么干了,通过监测红酒中化学成分的含量,从而控制红酒的品质和口感。

那么,如何判断红酒的品质呢?

第一步,收集很多红酒样本,整理检测它们的化学特性数据,例如酸性、含糖量、氯化物含量、硫含量、酒精度、pH 酸碱度、密度等。

第二步,通过分类回归树模型进行数据挖掘预测,从而判断红酒的品质和等级。

在生活和工作中,数据挖掘的案例非常多,数据产品的核心是通过数据挖掘出人类看不到的数据关系,然后驱动业务,实现主动增长。

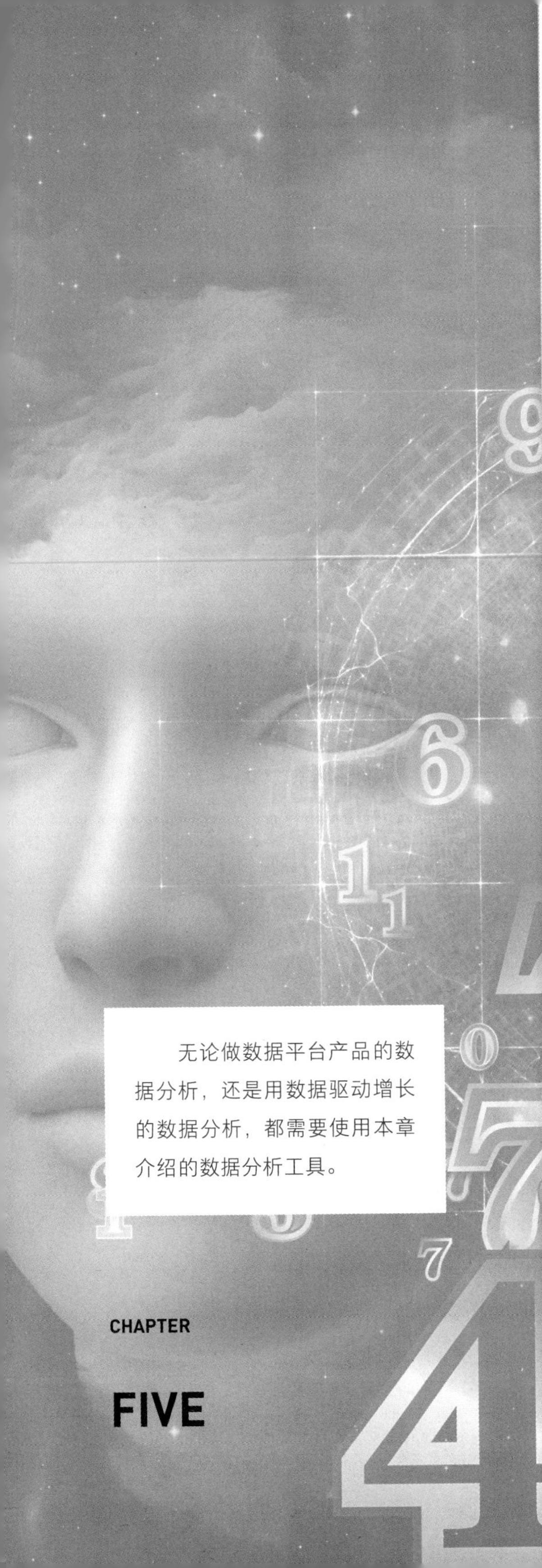

第 5 章

实操必懂的数据分析工具

无论做数据平台产品的数据分析，还是用数据驱动增长的数据分析，都需要使用本章介绍的数据分析工具。

CHAPTER

FIVE

5.1 数据分析实战 Excel

5.2 Excel 实操分析技巧

5.3 Excel 可视化数据

5.4 实战使用 SQL

5.5 学会综合运用 Python

5.6 安装 Anaconda

5.7 案例：用 Python 分析新零售

5.1 数据分析实战 Excel

作为一个入门级工具，Excel 是快速分析数据的理想工具，也能创建供内部使用的数据图。如果在众多数据分析工具中，你只了解最基本的 Excel，则右图所示是最好的进阶路线。

那么 Excel 主要学哪些呢？

在函数方面，Excel 函数家族非常庞大，推荐学习常用的统计分析函数、文本处理函数、数值运算函数、逻辑判断函数、日期计算函数、匹配查找函数、多表引用合并函数，如右图所示。

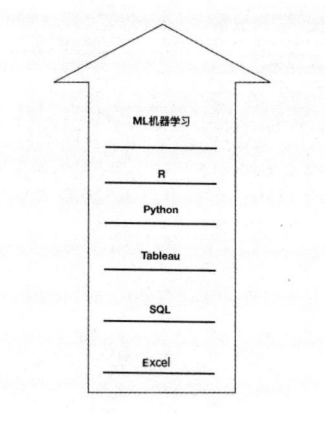

5.1.1 常用的统计分析函数

常用的统计分析函数有 COUNT()、COUNTA()、COUNTBLANK()、COUNTIF()、COUNTIFS()、SUM()、SUMIF()、SUMIFS()、AVERAGE()、AVERAGEIF()、AVERAGEIFS()、MAX() 等，如下图所示。

- 🖩 5.1.1 常用的统计分析函数.xlsx
- 🖩 5.1.2 灵活的文本处理函数.xlsx
- 🖩 5.1.3 便捷的数值运算函数.xlsx
- 🖩 5.1.4 经典的逻辑判断函数.xlsx
- 🖩 5.1.5 实用的日期计算函数.xlsx
- 🖩 5.1.6 高效的匹配查找函数.xlsx
- 🖩 5.1.7 INDIRECT-多个工作表引用合并数据.xlsx

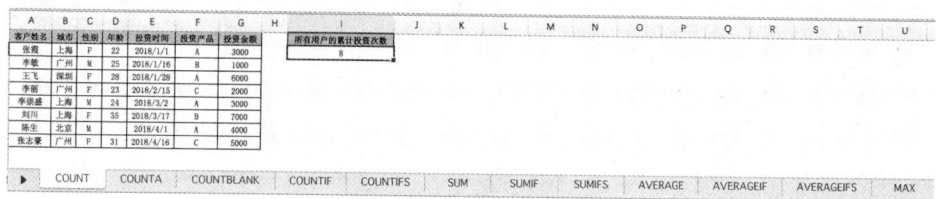

计数是我们使用 Excel 做数据分析过程中最常用的操作之一，那么用于计数的函数到底有哪些呢？

常用的计数函数包括 COUNT()、COUNTA()、COUNTBLANK()、COUNTIFS()、SUMPRODUCT()、FREQUENCY() 等。

下面以统计分析函数 COUNT() 为例进行计数练习，具体步骤如下。

第一步：先设定统计目标，例如将 I1 处设计成统计所有用户的累计投资次数。

第二步：在 I2 处输入"=COUNT(G2:G9)"，表示要统计的列项为 G2 到 G9，即所有用户的累计投资次数。

080 数据增长模型 数智时代的全栈产品运营思维、算法与技术

第三步：按 Enter 键确认后可得出统计的结果为 8 次。

其他函数详情见本书赠送的 Excel 表。

5.1.2 文本处理函数

文本处理的本质是对自然语言文本的处理，我们日常用 Excel 处理的文本多数是结构化的自然语言。LEN&LENB()、LEFT()、RIGHT()、MID()、UPPER-LOWER()、FIND()、SEARCH()、SUBSTITUTE()、REPLACE()、CONCATENATE()、EXACT()、TRIM() 等都是运用 Excel 处理结构化文本数据的高效函数，如下图所示。

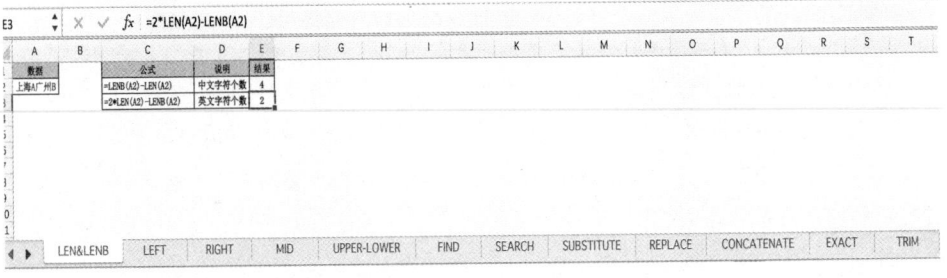

在 Excel 中，LEN() 函数和 LENB() 函数都用于返回指定文本的长度。LEN() 函数返回字符数，它把全角（如汉字）和半角（如数字和字母）字符都计作一个字符；LENB() 函数返回字节数，它把全角字符计作 2 个字节、半角字符计作 1 个字节。

LEN() 函数和 LENB() 函数常与 LEFT()、MID()、RIGHT()、SUBSTITUTE() 等函数组合使用，例如 " LEFT() + LEN() + LENB() " 函数组合实现截取字符串左边的数字或字母，"RIGHT() + LEN()+ LENB() " 函数组合实现截取字符串右边的汉字，"LEN ()+ SUBSTITUTE() " 函数组合实现统计一个单元格中的文本指定词组的个数。

例如上图中，预备统计数据为 "上海 A 广州 B"，预备统计目标是中文字符个数和英文字符个数，那么应用的公式就是中文字符个数为 "=LENB(A2)-LEN(A2)"，英文字符个数为 "=2*LEN(A2)-LENB(A2)"。

5.1.3 数值运算函数

数值运算是数据产品必须拥有的一项功能。

数值运算函数主要包含 RAND()、RANDBETWEEN()、ABS()、MOD()、POWER()、PRODUCT()、CEILING()、FLOOR()、ROUND()、ROUNDUP()、ROUNDDOWN()、TRUNC() 等，如下图所示，需要实操练习的读者可以根据本书资源获取提示下载 Excel 数据表练习。

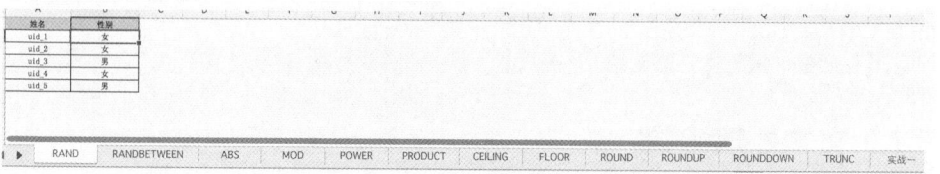

在 Excel 中，做数据分析常常用到数值运算，生成随机数可以用 RAND() 函数或 RANDBETWEEN() 函数，其中前者用于生成 0 到 1 的随机小数，后者用于生成指定范围的随机整数。RAND() 函数也可以生成指定范围的随机数，但要用公式 " =RAND()*(b-a)+a" ，且生成的随机数仍然为小数。

直接用 RAND() 函数或 RANDBETWEEN() 函数生成随机数，都可能产生重复的随机数。如果要求生成不重复的随机数，需先产生种子，再用种子生成随机数，或用 " SMALL() + IF() + COUNTLF ()+ ROW() + INT() + RAND()" 函数组合生成。在默认情况下，用 RAND() 函数或 RANDBETWEEN() 函数生成的随机数容易发生变化，如果要求生成不变的随机数，则需要把它们转为数值。

例如上图中，我们以 RAND() 函数为例，用 IF 语句判断 RAND() 函数随机生成的小数的大小，若大于 0.5，则返回 "男"，否则返回 "女"。函数写作 "=IF(RAND()>0.5,"男","女")"。

5.1.4 逻辑判断函数

Excel 中的逻辑判断函数主要包括 AND()、OR()、NOT () 等，如下图所示。

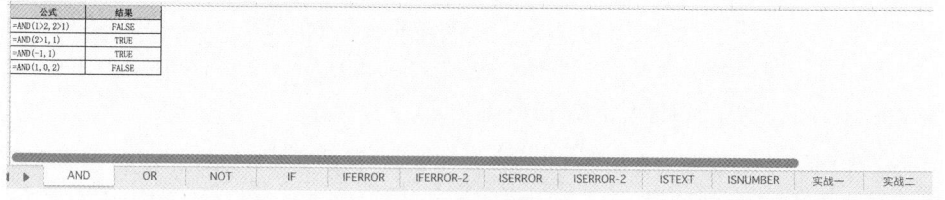

由上图可见，Excel 中的逻辑函数常用的有 7 个：IF()、IFERROR() (Excel 2003 及以前的版本没有此函数)、AND()、OR()、NOT()、TRUE() 和 FALSE()。前两个是逻辑判断函数，根据条件情况返回不同的指定值；AND()、OR()、NOT() 是参数判断函数，NOT() 函数是对参数的逻辑值取反，用得很少；TRUE() 和 FALSE() 函数是直接返回逻辑值 TRUE 和 FALSE，公式中也很少直接用，多数是由其他表达式返回这些逻辑值。

5.1.5 日期计算函数

我们常用 Excel 函数计算两个日期之间的天数、月数或年数等。Excel 中常用的日期计算函数包括 TODAY()、NOW()、YEAR()、MONTH()、DAY()、HOUR()、MINUTE()、SECOND()、DATE()、TIME()、DATEIF() 等，如下图所示。

公式	说明	结果
=TODAY()	返回当前日期	2020-06-10
=TODAY()-1	返回当前日期减1天	2020-06-09
=TODAY()+1	返回当前日期加1天	2020-06-11
=YEAR(TODAY())-1990	计算1990年出生人的年龄	30

▶ | TODAY | NOW | YEAR~MONTH~DAY | HOUR~MINUTE~SECOND | DATE | TIME | DATEDIF

要注意 TODAY() 和 NOW() 函数的区别，TODAY() 函数仅插入当前的日期，如 "=TODAY()" 会在输入的单元格中显示当前日期，如 "2020/06/10"。而 NOW() 函数同时插入日期和时间，如 "=NOW()" 单元格中显示为 "2020/06/14 16:06"。

因此，当需要计算某日期距今天有多少整数天时，应使用 TODAY() 函数。

5.1.6 匹配查找函数

Excel 中常用的匹配查找函数包括 VLOOKUP()、CHOOSE()、HLOOKUP()、MATCH()、INDEX()、OFFSET() 等，如下图所示。

ID	班级	姓名	性别	语文	数学	英语
1	1	罗静	F	77	6	12
2	1	张三	M	57	87	80
3	1	李明	M	92	70	84
5	1	王二小	M	46	80	39
6	2	李大卫	M	71	96	64

▶ | CHOOSE | VLOOKUP | HLOOKUP | LOOKUP-精确 | LOOKUP-模糊 | LOOKUP-不一致2 | MATCH-精确匹配 | MATCH-近似匹配 | MATCH-季度

在这些函数中，较常用的是 VLOOKUP() 函数。

VLOOKUP() 函数是 Excel 中的一个纵向查找函数，它与 LOOKUP() 函数和 HLOOKUP() 函数属于一类函数，在工作中都有广泛应用，例如可以用来核对数据，多个表格之间快速导入数据等。VLOOKUP() 函数功能是按列查找，最终返回该列所需查询序列所对应的值；与之对应的 HLOOKUP() 函数是按行查找的。

该函数的语法规则如下。

VLOOKUP(lookup_value,table_array,col_index_num,range_lookup)，函数中各个参数的介绍如下表所示。

参数	简单说明	输入数据类型
lookup_value	要查找的值	数值、引用或文本字符串
table_array	要查找的区域	数据表区域
col_index_num	返回数据在查找区域的第几列	正整数
range_lookup	精确匹配 / 近似匹配	FALSE（或 0）/TRUE（或 1 或不填）

5.1.7 多表合并函数

在日常工作中，经常有多个 Excel 表需要进行合并处理。这类似于对大数据的"数据处理—合并表—数据关系挖掘"操作，Excel 中常用的多表合并函数为 union()，如下图所示。

学号	姓名	性别	年龄	班级	成绩
st_001	小明	男	20	1	95
st_002	小张	女	21	2	93
st_003	小李	男	19	4	85
st_004	小王	女	22	3	89

▶	union	st_001	st_002	st_003	st_004

union() 函数表示的是并集，是指工作表中数据跟谁合并。

感兴趣并希望实操上述多个常用函数的读者请下载本书赠送的实操 Excel 数据表。

5.2　Excel 实操分析技巧

本节主要讲解 Excel 工具的具体用法，还提供 Excel 实操案例数据表供读者免费下载。

5.2.1 Excel 数据透视表

1. 数据透视表实现统计分析

数据透视表是计算、汇总和分析数据的强大工具，可以帮助用户了解数据中的对比情况、模式和趋势，一般操作步骤如下。

（1）创建数据透视表，如下图所示。

店铺名称	订单号	用户ID	付费金额	日期	省份	城市
LZ旗舰店	295354500706522	wsxhml11	1552	2017/1/5	河北省	唐山市
MBL旗舰店	295545182040632	dyygwg	786	2017/2/2	江苏省	苏州市
NWY旗舰店	295407961500070	xhz941227	1381	2017/3/2	广东省	深圳市
NWY旗舰店	293286311175449	bae胡阿梅	1334	2017/3/30	山东省	济南市
NWY旗舰店	295544682517010	卢峰1f	727	2017/4/27	江苏省	苏州市
NWY旗舰店	293253449233796	zjing_212	476	2017/5/25	上海	上海市
NWY旗舰店	293073928443608	卢佳1994	1504	2017/6/2	安徽省	铜陵市
SFL旗舰店	242642616370863	小孩子186	600	2017/7/20	浙江省	绍兴市
SFL旗舰店	252342441370863	qqql	588	2017/8/17	江苏省	苏州市
SFL旗舰店	263342616345863	xaskk	1333	2017/9/14	江苏省	扬州市
XYBC旗舰店	293253269239577	啦咯地k线	1641	2017/10/12	湖北省	荆门市
XYBC旗舰店	293073048912749	王千予99	291	2017/11/9	云南省	曲靖市

省份 ▼	计数项:店铺★求和项:付费金额	
安徽省	1	1504
广东省	1	1381
河北省	1	1552
湖北省	1	1641
江苏省	4	3434
山东省	1	1334
上海	1	476
云南省	1	291
浙江省	1	600
总计	12	12213

084　数据增长模型　数智时代的全栈产品运营思维、算法与技术

（2）对关键字段进行分组，如下图所示。

区域	店铺名称	计数项:店铺名称	求和项:付费金额
⊟ 数据组1	LZ旗舰店	1	1552
	MBL旗舰店	1	786
	NWY旗舰店	5	5422
⊟ 区域二	SFL旗舰店	3	2521
	XYBC旗舰店	2	1932
总计		12	12213

（3）对数据按照季度月份进行组合，如下图所示。

店铺名称	订单号	用户ID	金额	日期	省份	城市
LZ旗舰店	295354500706522	wsxhm111	1552	2017/1/5	河北省	唐山市
MBL旗舰店	295545182040632	dyygwg	786	2017/2/2	江苏省	苏州市
NWY旗舰店	295407961500070	xhz941227	1381	2017/3/2	广东省	深圳市
NWY旗舰店	293286311175449	bae胡阿梅	1334	2017/3/30	山东省	济南市
NWY旗舰店	295544682517010	卢峰lf	727	2017/4/27	江苏省	苏州市
NWY旗舰店	293253449233796	zjing_212	476	2017/5/25	上海	上海市
NWY旗舰店	293073928443608	卢佳1994	1504	2017/6/22	安徽省	铜陵市
SFL旗舰店	242642616370863	小孩子186	600	2017/7/20	浙江省	绍兴市
SFL旗舰店	252342441370863	qqql	588	2017/8/17	江苏省	苏州市
SFL旗舰店	263342616345863	xaskk	1333	2017/9/14	江苏省	扬州市
XYBC旗舰店	293253269239577	啦咯地k线	1641	2017/10/12	湖北省	荆门市
XYBC旗舰店	293073048912749	王千予99	291	2017/11/9	云南省	曲靖市

行标签	计数项:店铺名称	求和项:金额
⊟ 第一季	4	5053
1月	1	1552
2月	1	786
3月	2	2715
⊟ 第二季	3	2707
4月	1	727
5月	1	476
6月	1	1504
⊟ 第三季	3	2521
7月	1	600
8月	1	588
9月	1	1333
⊟ 第四季	2	1932

（4）组建日期维度，如下图所示。

行标签	计数项:店铺名称	求和项:付费金额
⊟ 第一季	4	5053
1月	1	1552
2月	1	786
3月	2	2715
⊟ 第二季	3	2707
4月	1	727
5月	1	476
6月	1	1504
⊟ 第三季	3	2521
7月	1	600
8月	1	588
9月	1	1333
⊟ 第四季	2	1932
10月	1	1641
11月	1	291

（5）添加计数字段，如下图所示。

大区	门店ID	成本	收入
区域1	MD-1	1890	2329
区域1	MD-2	1771	2831
区域2	MD-3	1438	2358
区域2	MD-4	1596	2644
区域3	MD-5	1755	2563
区域3	MD-6	1147	2416
区域4	MD-7	1775	2593
区域4	MD-8	1670	2061

行标签	求和项:成本	求和项:收入	求和项:成本收入比
区域1	3661	5160	1.41
区域2	3034	5002	1.65
区域3	2902	4979	1.72
区域4	3445	4654	1.35
总计	13042	19795	1.52

第5章 实操必懂的数据分析工具 　085

（6）做切片器，如下图所示。

大区	门店ID	成本	收入
区域1	MD-1	1890	2329
区域1	MD-2	1771	2831
区域2	MD-3	1438	2358
区域2	MD-4	1596	2644
区域3	MD-5	1755	2563
区域3	MD-6	1147	2416
区域4	MD-7	1775	2593
区域4	MD-8	1670	2061

行标签	求和项:成本	求和项:收入	求和项:成本收入比
区域1	3661	5160	1.41
区域2	3034	5002	1.65
总计	6695	10162	1.52

（7）构建数据透视表，如下图所示。

2017/1/9	华东	10839
2017/1/10	华东	13852
2017/1/11	华东	13838
2017/1/12	华东	11634
2017/1/13	华东	14849
2017/1/14	华东	11753
2017/1/15	华东	13399
2017/1/16	华东	14987
2017/1/17	华东	10387
2017/1/18	华东	13190
2017/1/19	华东	12676
2017/1/20	华东	13367
2017/1/21	华东	14601
2017/1/22	华东	11173
2017/1/23	华东	11236
2017/1/24	华东	14481
2017/1/25	华东	11107
2017/1/26	华东	14959
2017/1/27	华东	14221
2017/1/28	华东	14244
2017/1/29	华东	14400
2017/1/30	华东	14951
2017/1/31	华东	11550
2017/2/1	华东	13577

5月	379154	407584	389270	383543	1559551
6月	373249	378405	387082	363979	1502715
7月	398156	382653	379538	383118	1543465
8月	390898	383746	397728	381863	1554235
9月	389609	378638	381200	365110	1514557
10月	397005	399507	370999	380157	1547668
11月	378577	381300	371427	378257	1509561
12月	373980	377041	383834	391135	1525990
总计	4568140	4578339	4542593	4556206	18245278

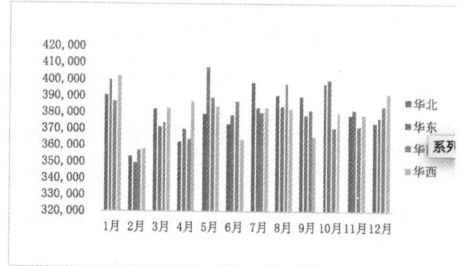

2. 数据模型的建立——PowerPivot

PowerPivot 是 Excel 的特色功能。它可以作为 Excel 2010/2013 中的外接程序单独下载，也可以作为 Excel 2016 附带的外接程序使用。PowerPivot 扩展了 Microsoft Analysis Services 表格的本地实例，该实例直接嵌入 Excel 工作簿中。这使用户可以在 PowerPivot 中构建 ROLAP 模型，并在构建模型后使用数据透视表浏览模型。这使 Excel 可以充当自助服务 BI 平台，实现通过专业的表达语言来查询模型和计算高级度量的操作。

如下图所示，实操数据见本书附赠资源，并请读者对照已经实现的数据操作过程进行练习。

stuSeat	stuName	stuNo	stuAge	stuID	stuAddress	sex		
51	st_1	160101	22	321283199611259423	地址不详	女	1) 不同性别不同科目的平均分	
52	st_2	160102	20	321283199702085161	地址不详	女	2) 不同年龄段不同科目的平均分（5岁向上取整）	
53	st_3	160103	22	321283199505111276	地址不详	男		
54	st_4	160104	25	321283199203275403	地址不详	女		
55	st_5	160105	18	321283199901133276	地址不详	男		
56	st_6	160106	25	321283199205171863	地址不详	女		
57	st_7	160107	19	321283199801069027	地址不详	女		
58	st_8	160108	17	321283200002087010	地址不详	男		
59	st_9	160109	21	321283199603127248	地址不详	女		
60	st_10	160110	22	321283199510145489	地址不详	女		
61	st_11	160111	17	321283200002255056	地址不详	男		
62	st_12	160112	27	321283199006175754	地址不详	男		
63	st_13	160113	27	321283199002129701	地址不详	女		
64	st_14	160114	24	321283199301172078	地址不详	男		
65	st_15	160115	23	321283199410035116	地址不详	男		
66	st_16	160116	26	321283199109268350	地址不详	男		
67	st_17	160117	27	321283199001073772	地址不详	男		
68	st_18	160118	20	321283199711152586	地址不详	女		
69	st_19	160119	22	321283199503135186	地址不详	女		
70	st_20	160120	26	321283199110101627	地址不详	女		
71	st_21	160121	26	321283199110192649	地址不详	男		
72	st_22	160122	17	321283200002103977	地址不详	男		
73	st_23	160123	24	321283199301062102	地址不详	女		
74	st_24	160124	18	321283199910253306	地址不详	女		

3. 数据透视表案例——字段去重

对数据中的重复字段进行去重是数据工作中最常见的需求之一，有日期去重、用户名去重、销量去重等，如下图所示。

日期	用户	商品名称	单价	数量	金额
2018/3/18	张三	大米	81	4	324
2018/3/18	李四	衣服	51	5	255
2018/3/18	张三	毛巾	67	5	335
2018/3/18	张三	裤子	99	1	99
2018/3/19	李四	鞋子	89	4	356
2018/3/19	王五	苹果	88	4	352
2018/3/20	王五	剃须刀	65	2	130
2018/3/20	王五	洗脸盆	49	3	147
2018/3/21	张三	拖把	90	2	180
2018/3/21	张三	茶杯	37	5	185

日期、用户字段去重后的数据

日期	用户
2018/3/18	张三
2018/3/18	李四
2018/3/19	李四
2018/3/19	王五
2018/3/20	王五
2018/3/21	张三

日期	消费人数	消费次数	消费金额
2018/3/18	2	4	1013
2018/3/19	2	2	708
2018/3/20	1	2	277
2018/3/21	1	2	365

▶ 方法一 方法二 方法三 ＋

5.2.2 描述性统计分析

描述统计，又称叙述统计，是统计学中用来描绘或总结观察量的基本情况的统计总称。简单来说，描述性统计就是利用手里已有的数据，分析数据的集中趋势和离散趋势，偶尔配图作为参考，如下图所示。

第5章　实操必懂的数据分析工具　　087

日期	登录用户数	付费金额/元
2018-09-01	179791	195972
2018-09-02	175119	176870
2018-09-03	154236	169660
2018-09-04	162980	171129
2018-09-05	184327	195387
2018-09-06	175137	176888
2018-09-07	186083	199109
2018-09-08	153129	168442
2018-09-09	152825	168108
2018-09-10	143715	152338

反应数据离散程度

登录用户数		付费金额/元	
平均	166734.2	平均	177390.3
标准误差	4800.491317	标准误差	4754.177169
中位数	169049.5	中位数	173999.5
众数	#N/A	众数	#N/A
标准差	15180.48645	标准差	15034.02825
方差	230447168.8	方差	226022005.6
峰度	-1.659662278	峰度	-0.667393348
偏度	-0.131590035	偏度	0.185655387
区域	42368	区域	46771
最小值	143715	最小值	152338
最大值	186083	最大值	199109
求和	1667342	求和	1773903
观测数	10	观测数	10
最大(1)	186083	最大(1)	199109
最小(1)	143715	最小(1)	152338
置信度(95.0%)	10859.46582	置信度(95.0%)	10754.69594

- 平均值：一组数据之和除以数据的个数。
- 标准误差：通过标准差除以样本容量的开平方来计算的。
- 中位数：排序后位于中间的数据的值。
- 众数：出现次数最多的值。
- 标准差：各个数据分别与其平均数之差的平方的和的平均数的平方根。标准差是反映一组数据离
- 方差：各个数据分别与其平均数之差的平方的和的平均数。
- 峰值：衡量数据分布起伏变化的指标，以正态分布为基准，比其平缓时值为正，反之则为负；
- 偏度：衡量数据峰值偏移的指数，根据峰值在均值左侧或者右侧分别为正值或负值；
- 区域：最大值与最小值的差值。
- 最小值：一组数据中的值最小的数据。
- 最大值：一组数据中的值最大的数据。
- 求和：一组数据中所有数据的和。
- 观测数：一组数据中所有数据的个数。
- 第k大(小)值：输出表的某一行中包含每个数据区域中的第k个最大(小)值。
- 置信度：总体均值区间估计的置信度。95%指的是总体均值有95%的可能性在计算出的区间内。

5.2.3 相关系数与协方差

在概率论和统计学中，协方差（Covariance）用于衡量两个随机变量的联合变化程度。而方差是协方差的一种特殊情况，即变量与自身的协方差。协方差表示的是两个变量的总体的误差，这与只表示一个变量的误差的方差不同，如下图所示。

SUM ⇕ ✕ ✓ *fx* =VARP(协方差!$A$2:$A$11)

	A	B	C	D	E	F
1	游戏时间/分钟	学生成绩				
2	15	90			游戏时间/分钟	学生成绩
3	30	85		游戏B=VARP(协方差!$A$2:$A$11)		
4	45	87		学生成绩	-385.5	100.36
5	60	70				
6	75	72				
7	90	68				
8	105	73				
9	120	73				

相关系数也可以看成协方差：一种剔除了两个变量量纲影响、标准化后的特殊协方差，如下图所示。

游戏时间/分钟	学生成绩
15	90
30	85
45	87
60	70
75	72
90	68
105	73
120	73
135	62
150	58

	游戏时间/分钟	学生成绩
游戏时间/分钟	1	
学生成绩	-0.893152921	1

5.2.4 线性回归预测模型

在统计学中，线性回归（Linear Regression）是利用称为线性回归方程的最小二乘函数，对一个或多个自变量和因变量之间关系进行建模的一种回归分析。这种函数是一个或多个称为回归系数的模型参数的线性组合。只有一个自变量的情况称为简单回归，大于一个自变量的情况叫作多元回归（Multivariable Regression）。

下图所示为对女性身高与体重的预测。

id	height	weight
1	156	86.1
2	157	89.7
3	158	90.0
4	159	92.5
5	160	93.0
6	161	95.0
7	162	95.3
8	163	98.0
9	164	99.0
10	165	101.6
11	166	102.2
12	167	103.1
13	168	106.2
14	169	107.7
15	170	108.0

女性身高与体重回归分析

$y = 1.5329x - 152.03$
$R^2 = 0.99003$

5.2.5 移动平均预测模型

不同于使用预测变量的历史值来进行回归，移动平均预测模型（Moving Average Forecasting Model）使用历史预测误差来建立一个类似回归的模型，如下图所示。

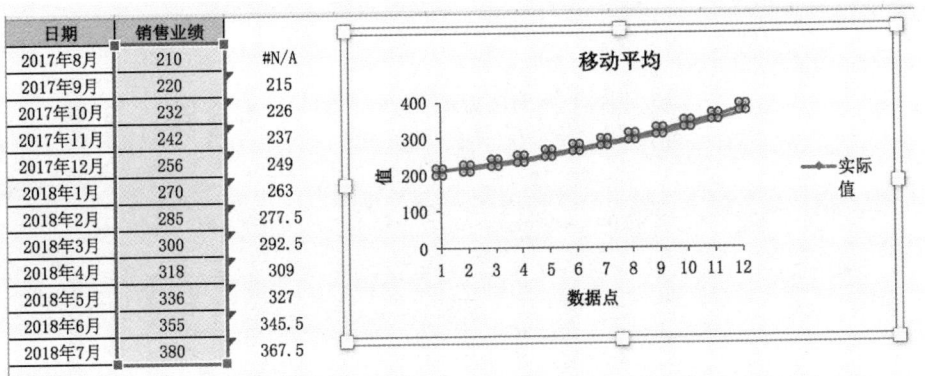

日期	销售业绩	
2017年8月	210	#N/A
2017年9月	220	215
2017年10月	232	226
2017年11月	242	237
2017年12月	256	249
2018年1月	270	263
2018年2月	285	277.5
2018年3月	300	292.5
2018年4月	318	309
2018年5月	336	327
2018年6月	355	345.5
2018年7月	380	367.5

5.3 Excel 可视化数据

数据可视化有许多工具，其中 Excel 可视化是较常用的一种。数据可视化（Data Visualization）被许多学科视为与视觉传达含义相同的现代概念，它涉及数据可视化表示的创建和研究。

为了清晰、有效地传递信息，数据可视化使用统计图形、图表、信息图表和其他工具。可以使用点、线或条对数字数据进行编码，以便在视觉上传达定量信息。

有效的可视化可以帮助用户分析和推理数据和证据，它使复杂的数据更容易理解和使用。用户可能有特定的分析任务（如进行比较或理解因果关系），以及该任务要遵循的图形设计原则。表格通常用于用户查找特定的度量，而各种类型的图表用于显示一个或多个变量的数据中的模式或关系。

数据可视化既是一门艺术也是一门科学。有些人认为它是描述统计学的一个分支，也有些人认为它是一个扎根理论开发工具。互联网活动产生的数据量的增加和环境中传感器数量的增加被称为"大数据"或物联网。处理、分析和交流这些数据，对数据可视化来说是道德和分析方面的挑战，数据科学领域和被称为数据科学家的从业人员可以帮助应对这一挑战。

5.3.1 Excel 基础图表可视化

用 Excel 做基础的图表可视化，如下图所示，常见的有柱形图、折线图、饼图、条形图、面积图、散点图、股价图、雷达图、热力图和曲面图等。

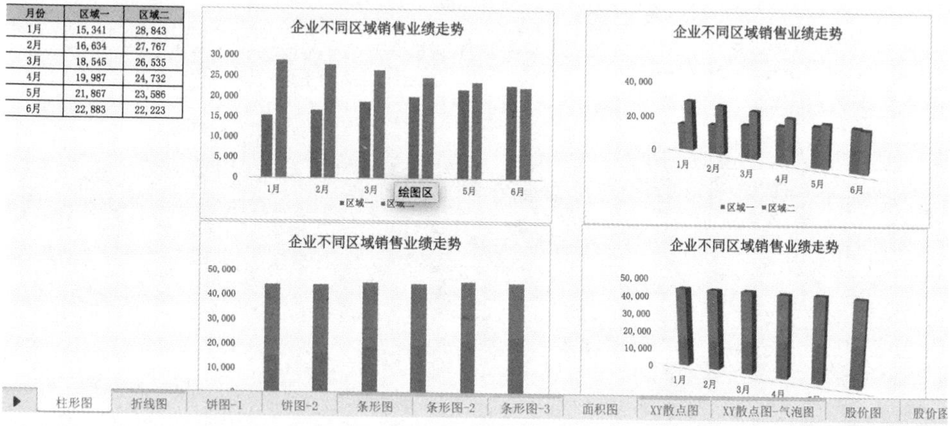

5.3.2 Excel 高级图表可视化

做产品运营，常用的 Excel 高级图表可视化功能有树状图、阳光图、直方图、排列图、箱形图、瀑布图、漏斗图、Map 地图及动态图表等，部分如下图所示。

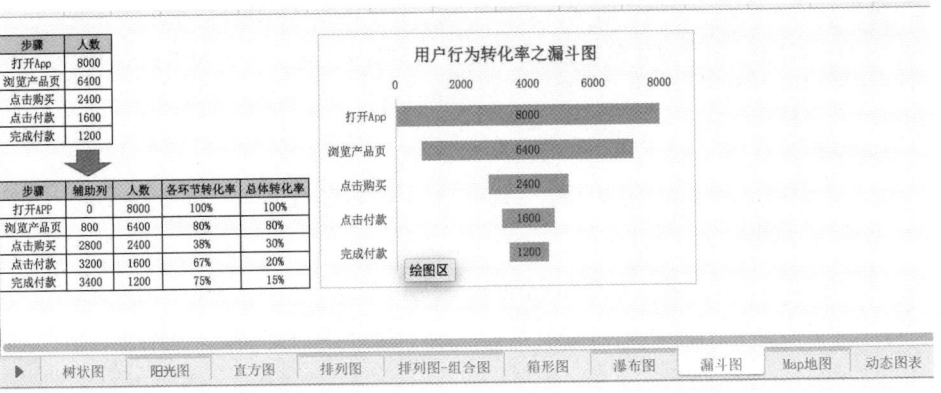

5.3.3 Excel 合并报表

日常工作中会接触到很多数据记录表，例如运营公众号，每天都要去看看粉丝关注人数。如果纯粹地看密密麻麻的静态的 Excel 表数据，看起来没有一点意思。能够切换统计类型，在折线图等数字与图形能同步发生变化的情况下会呈现更好的效果。

笔者为读者准备了下图所示的数据集和做好的训练结果供读者参考练习，读者可自行下载使用。

📄 19.4.1 VBA基础语法.xlsm	2019年4月7日 下午9:40	24 KB	Micros...(.xlsm)
📄 19.4.2 录制宏，解放你的双手.xlsm	2019年4月7日 下午8:02	14 KB	Micros...(.xlsm)
📄 19.4.3 学生成绩信息统计.xlsm	2018年11月1日 下午4:29	14 KB	Micros...(.xlsm)
📄 19.4.4 报表发送前的一键优化.xlsm	2018年11月1日 下午4:45	16 KB	Micros...(.xlsm)
📄 19.4.5 数据库字典的超链接.xlsm	2019年4月7日 下午9:44	21 KB	Micros...(.xlsm)
📄 19.4.6 一键合并拆分工作簿.xlsm	2019年6月12日 下午4:10	26 KB	Micros...(.xlsm)
📄 19.4.7 从数据库获取并更新数据.xlsm	2019年6月12日 下午4:34	21 KB	Micros...(.xlsm)
▶ 📁 城市报表合并	2020年3月23日 下午11:24	--	文件夹

综上所述，熟练使用 Excel 是数据产品经理的核心技能，另外，数据产品经理还要会写 SQL。

5.4 实战使用 SQL

◇◇◇◇◇◇◇

SQL（Structured Query Language，结构化查询语言）是一种特定目的的编程语言，用于管理关系数据库管理系统（RDBMS），或在关系流数据管理系统（RDSMS）中进行流处理。

SQL 基于关系代数和元组关系演算，包括数据定义语言和数据操纵语言。SQL 的范围

第5章 实操必懂的数据分析工具 　091

包括数据插入、查询、更新、删除、数据库模式创建和修改，以及数据访问控制。尽管 SQL 经常被描述为（而且很大程度上是）一种声明式编程（4GL），但是其也含有过程式编程的元素。

在基础理论方面，主要应了解以下几点。

◆ 了解建立数据库的意义，为什么不能用 Excel 而需要用数据库，以及它有哪些方面的应用。

◆ 数据库系统在整个网站中处于什么位置，在数据后台如何调用数据库的数据。

◆ 数据库的应用范围，什么时候才不得不使用数据库，什么时候数据库也不灵了。

◆ 表与表之间存在怎样的逻辑，理解实体、关系、主键、外键的意义。

◆ 结构化数据、非结构化数据、半结构化数据各是什么，SQL 能直接处理的主要是结构化数据。

本书主要展示 SQL 的实际运用方法，感兴趣的读者可以对照练习。

下面演示一遍对应的 SQL 练习题，只要练习得足够多，熟能生巧，总会掌握 SQL 的用法。

5.4.1 SELECT 查询

要从 SQL 数据库检索数据，我们需要编写 SELECT 语句，这些语句通常被称为查询。查询本身只是一条语句，它声明我们要查找的数据在数据库中的查找位置，和如何在返回数据之前对其进行转换（可选）。它具有特定的语法，下面在练习中进行学习。

选择查询特定列。

```
SELECT column, another_column, …
FROM mytable;
```

例子如下图所示。

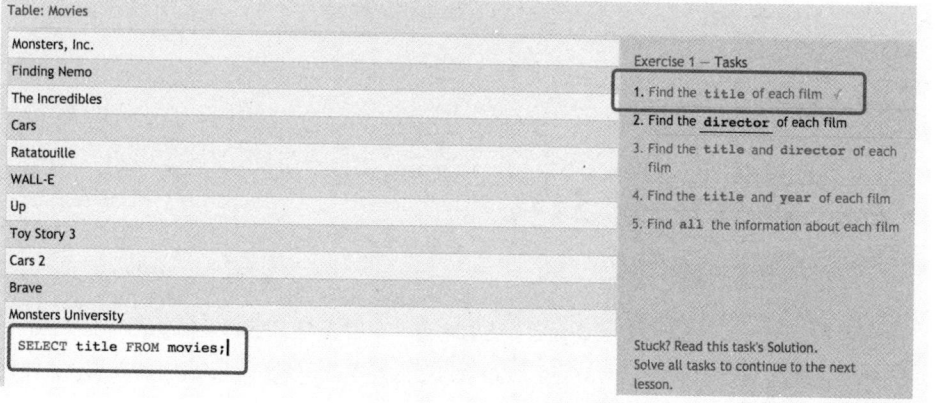

5.4.2 带有约束的查询

知道了如何从表中选择特定的数据列，接下来设想如果你的表有一亿行数据，那么读取所有行将是低效率的，甚至是不可能的。

为了过滤返回的某些结果，我们需要在查询中使用 WHERE 子句。通过检查特定的列值以确定是否应将其包含在结果中，将该子句应用于数据的每一行。

选择有约束条件的查询。

```
SELECT column, another_column, …
FROM mytable
WHERE condition
    AND/OR another_condition
    AND/OR …;
```

例子如下图所示。

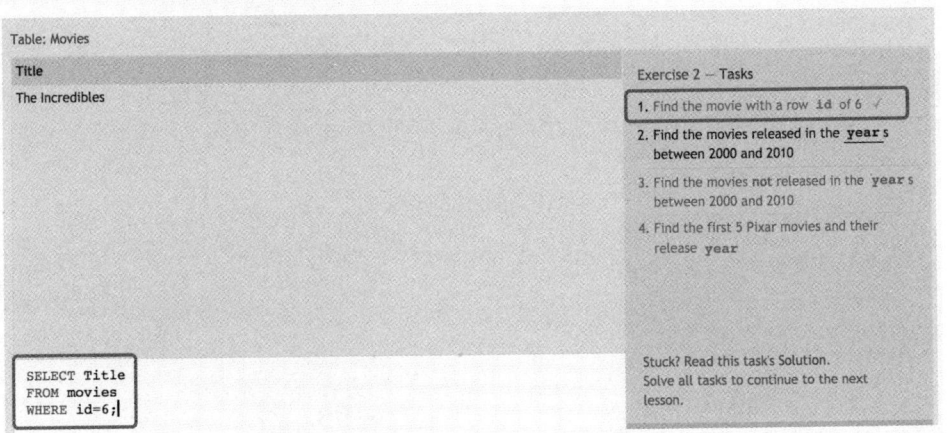

在编写包含文本数据列的 WHERE 子句时，SQL 支持许多有用的运算符来执行诸如不区分大小写的字符串比较和通配符模式匹配之类的操作。下图列举一些常见的文本数据特定运算符。

操作员	状况	例
=	区分大小写的精确字符串比较（注意单个等于）	col_name = "abc"
! =或<>	区分大小写的精确字符串不等式比较	col_name ! = "abcd"
喜欢	不区分大小写的精确字符串比较	col_name 喜欢 "ABC"
不喜欢	不区分大小写的精确字符串不等式比较	col_name 不喜欢 "ABCD"
%	在字符串中的任意位置使用以匹配零个或多个字符的序列（仅适用于LIKE或NOT LIKE）	col_name LIKE "%AT%" （匹配"AT"，"AT TIC"，"C AT"甚至"B AT S"）
_	在字符串中的任意位置使用以匹配单个字符（仅适用于LIKE或NOT LIKE）	COL_NAME LIKE "AN_" （匹配"AN d"，而不是"AN"）
IN (…)	字符串存在于列表中	col_name IN（"A"，"B"，"C"）
不在 (…)	列表中不存在字符串	col_name NOT IN（"D"，"E"，"F"）

例子如下图所示。

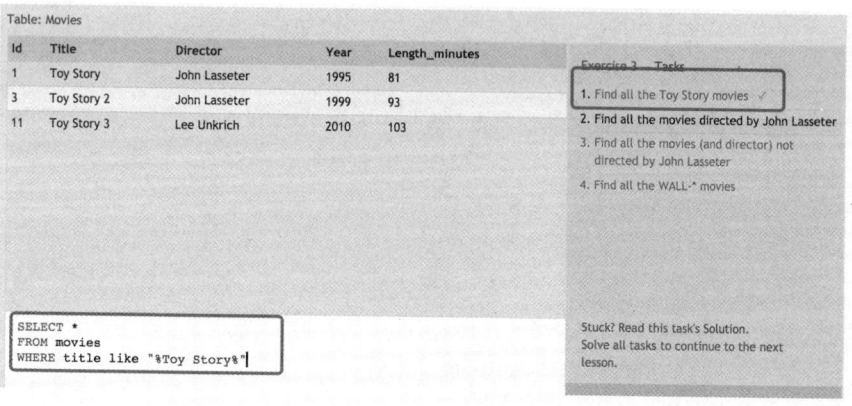

5.4.3 过滤和排序查询

即使数据库中的数据可能是唯一的，但任何特定查询的结果都可能不是唯一的，以上面的电影表为例，同一年可以发行许多不同的电影。在这种情况下，SQL 提供了一种便捷的方法，可以通过使用 DISTINCT 关键字来丢弃具有重复列值的行。

选择具有唯一结果的查询。

```
SELECT DISTINCT column, another_column, …
FROM mytable
WHERE condition(s);
```

举例如下。

提炼和排序，例如挑出年份。

掌握关键词：DISTINCT(区分)/ASC（上升、升序排列）/DESC（降序排列）/LIMIT（限制）/OFFSET，如下图所示。

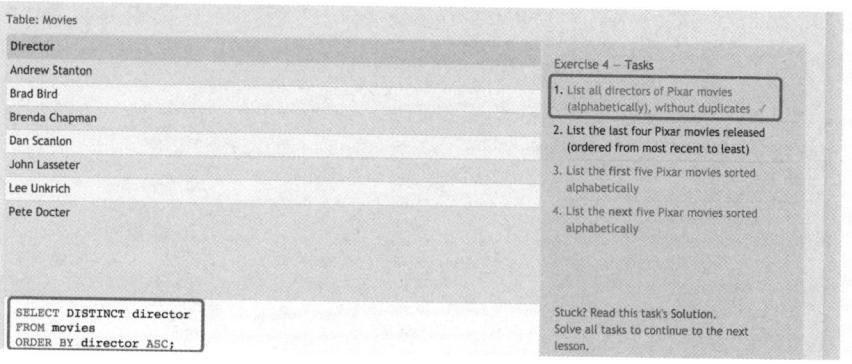

5.4.4 使用 JOIN 的多表查询

到现在为止，我们一直在处理单个表，但是实际工作中的实体数据通常被分解为多个部分，并使用称为标准化的过程存储在多个正交表中。

共享有关单个实体的信息的表需要有一个主键，该主键可以在数据库中唯一标识该实体。一种常见的主键类型是自动递增的整数（因为它们节省空间），但也可以是字符串、哈希值，只要它是唯一的即可。

使用 JOIN 查询中的子句，我们可以使用此唯一键在两个单独的表中合并行数据。我们将介绍的第一个连接是 INNER JOIN。

在多个表上使用 INNER JOIN 选择查询。

```
SELECT column, another_table_column, …
FROM mytable
INNER JOIN another_table
    ON mytable.id = another_table.id
WHERE condition(s)
ORDER BY column, … ASC/DESC
LIMIT num_limit OFFSET num_offset;
```

例子如下图所示。

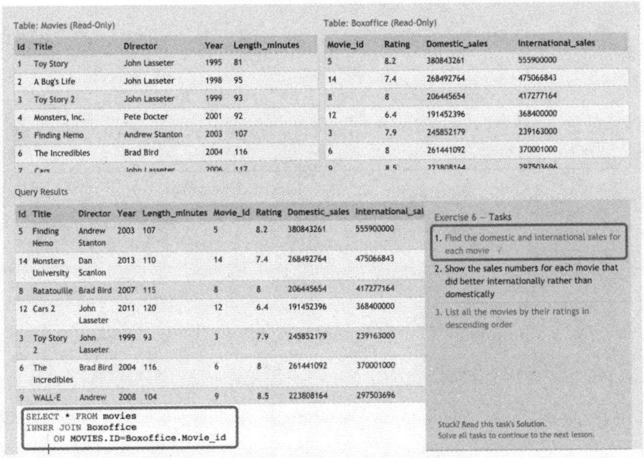

5.4.5 外部关联

根据需要如何分析数据，INNER JOIN 可能不够用，因为结果表仅包含两个表中的数据。

如果两个表具有非对称的数据，在不同的阶段输入数据，会很容易地发生数据落下的情况，那么就必须使用 LEFT JOIN、RIGHT JOIN 或 FULL JOIN 代替，以确保所需要的数据没有被落下。

第5章　实操必懂的数据分析工具　　095

使用多个表上的 LEFT / RIGHT / FULL JOIN 选择查询。

```
SELECT column, another_column, …
FROM mytable
INNER/LEFT/RIGHT/FULL JOIN another_table
    ON mytable.id = another_table.matching_id
WHERE condition(s)
ORDER BY column, … ASC/DESC
LIMIT num_limit OFFSET num_offset;
```

和 INNER JOIN 一样，这 3 个新连接必须指定要在其上连接数据的列。将表 A 连接到表 B 时，LEFT JOIN 无论是否在 B 中找到匹配的行，A 都会简单地包含 A 中的行。RIGHT JOIN 是无论在 A 中是否找到匹配项，都将行保留在 B 中。FULL JOIN 则是保留两个表中的行，而不管另一个表中是否存在匹配的行。

使用这些新连接中的任何一个时，可能必须编写其他逻辑来处理 Null 结果和约束中的 Nulls。

你可能会看到查询这些连接写成 LEFT OUTER JOIN、RIGHT OUTER JOIN 或 FULL OUTER JOIN，但 OUTER 关键字是真正保持了 SQL-92 兼容性的，并且这些查询分别简单地等同于 LEFT JOIN、RIGHT JOIN 和 FULL JOIN。

在这个练习中将有一个新的表，该表存储了有关虚构的数据——在电影制片厂工作的员工和分配给他们的办公建筑。一些建筑是新的，因此它们中还没有任何员工，但是无论如何我们都需要找到一些有关这些空建筑的信息。

例子如下图所示。

数据产品经理或者运营人员从底层数据取源数据的时候，常用到以上的几种 SQL 语法。

想学好 SQL 语言，重点就在于学会使用 SQL，毕竟语法是固定的，用得多了才能记得住。

5.5 学会综合运用 Python

5.5.1 Python 定义

Python 是一种广泛使用的解释型、通用型、高级编程语言，与 Scheme、Ruby、Perl、Tcl 等动态类型编程语言一样，Python 拥有动态类型系统和垃圾回收功能，能够自动管理内存使用，并且支持多种编程范式，包括面向对象、命令式、函数式和过程式编程。其本身拥有一个巨大而广泛的标准库。

Python 解释器本身几乎可以在所有的操作系统中运行。Python 的其中一个解释器 CPython 是用 C 语言编写的，是一个由社群驱动的自由软件，目前由 Python 软件基金会管理。

5.5.2 规划 Python 学习路径

想学习 Pyhton，必须先建立自己的学习路径。这个路径是一个系统性的逻辑主线，这个主线会让我们知道每个部分需要完成的目标是什么，需要学习哪些知识点，哪些知识是暂时不必要的。然后每学习一个部分，就能够有一些实际的成果输出，利用成果产出来形成正向刺激，激励后续的学习。

而且，如果我们身在职场，大多时候是没有集中的时间来学习的。我们的学习被分割在一些碎片化的时间里。在碎片化的时间里，系统地学习一门知识，更需要有一个贯穿前后的、系统的逻辑主线，来串联所有碎片化的学习。

当你确定要学习 Python 的数据分析知识时，就按照数据分析的流程"数据获取→数据处理→数据分析→数据可视化"，给自己建立学习地图，学习 Python 的路径规划如下图所示。

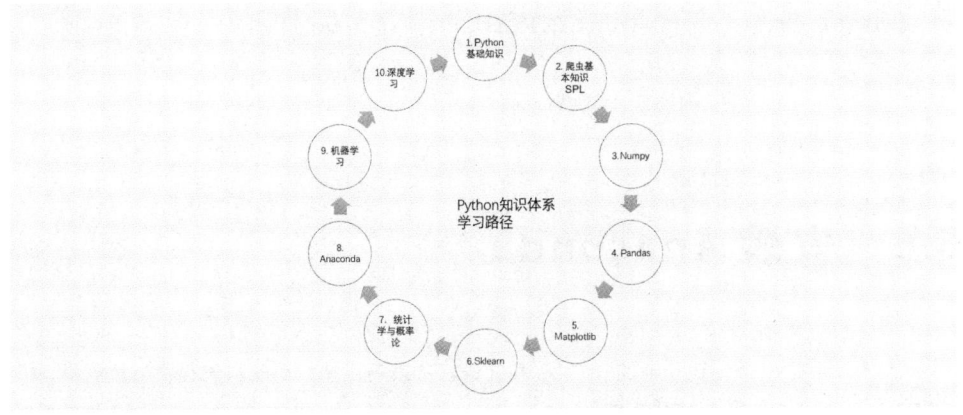

上图规划的学习路径，一是系统，二是从易到难，逐层递进。

5.5.3 用 Python 可以解决什么问题

可以做日常任务，例如自动爬取淘宝上商品的信息；可以做网站，很多著名的网站都是用 Python 写的；可以做网络游戏的后台，很多在线游戏的后台都是用 Python 开发的。总之，Python 能干很多事！Python 当然也有不能干的事情，例如不能写操作系统，这个只能用 C 语言写；不能写手机应用，这个只能用 Objective-C（针对 iOS）和 Java（针对 Android）写；不能写 3D 游戏，这个最好用 C 语言或 C++ 写。

学 Python 到底能干什么？可以运维、进行 Web 开发和应用开发、搜集大数据、进行数据挖掘和科学计算、训练机器学习和人工智能、进行自然语言处理等。

5.5.4 新手学 Python 要准备什么

学习 Python 必不可少的工具一种是编码器，另一种是解释器。

编码器就是 Python。目前，Python 有两个版本，一个是 2.x 版，一个是 3.x 版，这两个版本是不兼容的。因为现在 Python 正在朝着 3.x 版本进化，在进化过程中，大量的针对 2.x 版本的代码要修改后才能运行，所以目前有许多第三方库还暂时无法在 3.x 上使用。

IDE 工具就是解释器。IDE 集成开发环境（简称 IDE）软件用于程序开发，一般包括代码编辑器、编译器、调试器和图形用户界面工具。

常见的 IDE 工具如下。

PyCharm。PyCharm 是一种 Python IDE，带有一整套可以帮助用户在使用 Python 语言开发时提高其效率的工具，例如调试、语法高亮、Project 管理、代码跳转、智能提示、代码自动补全、单元测试、版本控制。

IDLE。IDLE 是一个纯 Python 下使用 Tkinter 编写的相当基本的 IDE。

IPython。IPython 是一个 Python 的交互式 Shell，比默认的 Python Shell 好用得多。

5.6　安装 Anaconda

Anaconda 是一个免费开源的 Python 和 R 语言的发行版本，用于科学计算（数据科学、机器学习、大数据处理和预测分析），Anaconda 致力于简化包管理和部署。

Python 作为一种面向对象的解释型计算机程序设计语言，网上有很多 Python 的发行版本，作为初学者可以不管第三方库，先学习基础语法和自带的常用库。建议初学者用 Python 的 Anaconda 版本。简单来说，Anaconda 就是一个 Python 的包管理工具，使用 Anaconda 会省去以后安装各种包的困扰，更值得一提的是 Anaconda 自带 Python2 和 Python3，推荐读者直接学习 Python3。同时，Anaconda 自带一个 IDE，也就是编译环境 Jupyter Notebook，使用 Jupyter Notebook 练习 Python 十分方便。

Anaconda 是跨平台的，有 Windows、Mac OS、Linux 的版本。

双击下载好的 Anaconda 文件，出现一个界面，点击 Next 按钮即可完成安装。

在已安装的应用程序里启动 Anaconda 会显示下图所示界面。

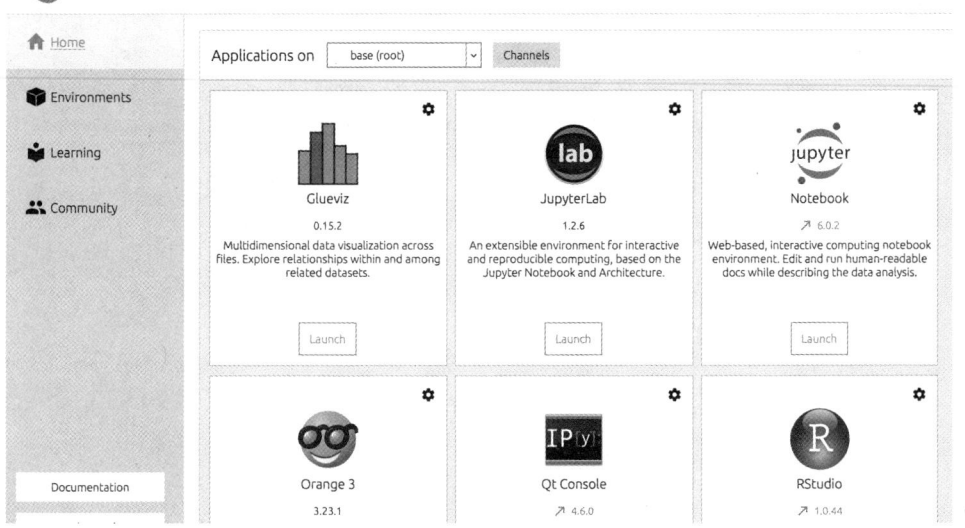

启动 Jupyter Notebook 进行编码，如下图所示。

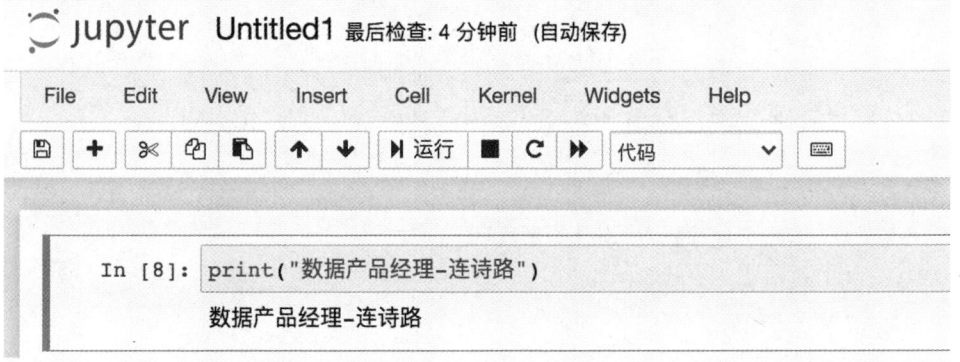

第5章 实操必懂的数据分析工具 099

5.7　案例：用 Python 分析新零售

本案例涉及的数据集来自 Kaggle。工具采用 Anaconda 的 Jupyter Notebook。

第一步：导入数据，如下图所示。

```
In [1]:  #导入pandas包
         import numpy as np
         import pandas as pd

In [2]:  #读取数据
         data=pd.read_excel('/Users/LineLian/Documents/数据书籍-人邮/第 章数据配套/第五章第23节用Python做数据分析实例/superstore_dataset

In [3]:  #查看数据集信息，输出前5行，总共有24列，由于数据太多，中间部分省略未显示
         data.head()
```

Out[3]:

	Row ID	Order ID	Order Date	Ship Date	Ship Mode	Customer ID	Customer Name	Segment	City	State	...	Product ID	Category	Sub-Category	Product Name	Sa
0	42433	AG-2011-2040	1/1/2011	6/1/2011	Standard Class	TB-11280	Toby Braunhardt	Consumer	Constantine	Constantine	...	OFF-TEN-10000025	Office Supplies	Storage	Tenex Lockers, Blue	408.
1	22253	IN-2011-47883	1/1/2011	8/1/2011	Standard Class	JH-15985	Joseph Holt	Consumer	Wagga Wagga	New South Wales	...	OFF-SU-10000618	Office Supplies	Supplies	Acme Trimmer, High Speed	120.
2	48883	HU-2011-1220	1/1/2011	5/1/2011	Second Class	AT-735	Annie Thurman	Consumer	Budapest	Budapest	...	OFF-TEN-10001585	Office Supplies	Storage	Tenex Box, Single Width	66.

第二步：浏览了解所要分析的数据，如下图所示。

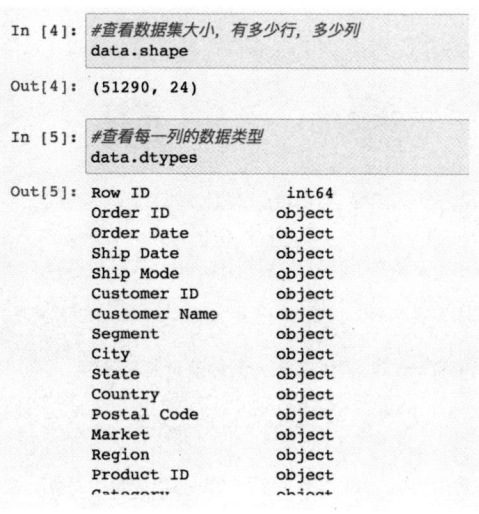

```
In [4]:  #查看数据集大小，有多少行，多少列
         data.shape

Out[4]:  (51290, 24)

In [5]:  #查看每一列的数据类型
         data.dtypes

Out[5]:  Row ID          int64
         Order ID        object
         Order Date      object
         Ship Date       object
         Ship Mode       object
         Customer ID     object
         Customer Name   object
         Segment         object
         City            object
         State           object
         Country         object
         Postal Code     object
         Market          object
         Region          object
         Product ID      object
         Category        object
```

第三步：整理并清洗数据，如下页图所示。

100　　数据增长模型　数智时代的全栈产品运营思维、算法与技术

```
In [6]:  #20066行数据前后的日期格式不一样，故先拆分为2个dataframe：data1和data2
         data1=data.loc[0:20066,:]
         data2=data.loc[20067:51289,:]

         #对data1中Order Date数据进行时间格式转换
         data1.loc[:,'Order Date']=pd.to_datetime(data.loc[:,'Order Date'],format='%d/%m/%Y',errors='coerce')
         #对data2中Order Date数据进行时间格式转换
         data2.loc[:,'Order Date']=pd.to_datetime(data.loc[:,'Order Date'],format='%d-%m-%Y',errors='coerce')

         #合并data1和data2为一张表
         data=data1.append(data2)

         /Users/LineLian/opt/anaconda3/lib/python3.7/site-packages/pandas/core/indexing.py:965: SettingWithCop
         A value is trying to be set on a copy of a slice from a DataFrame.
         Try using .loc[row_indexer,col_indexer] = value instead

         See the caveats in the documentation: https://pandas.pydata.org/pandas-docs/stable/user_guide/indexin
         -a-view-versus-a-copy
           self.obj[item] = s

In [7]:  #对data进行按Order Date日期进行排序
         data_new=data.sort_values(by='Order Date',ascending=True,na_position='first')

In [8]:  #截取Order Date中的年和月成为新的列，方面后续进行年度和月度销售分析
         from datetime import datetime  #导入datetime模块
         dt=data_new['Order Date'].astype(str)  #转换成字符串格式
         dt = dt.apply(lambda x:datetime.strptime(x, '%Y-%m-%d'))
         data_new['month'] = dt.map(lambda x: x.month)  #获取月份，并添加列month
```

第四步：可视化分析数据，如下图所示。

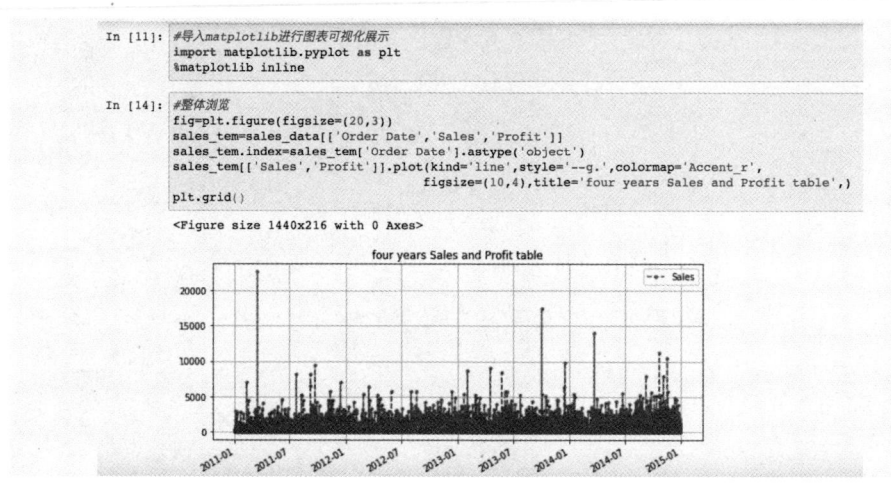

主要分析思路小结如下。

（1）企业整体运营情况。运用多维度拆解法，从企业销售额、利润、利润率、增长率、不同门店销售情况、促销活动销售情况进行分析，综合了解企业运营现状。

（2）商品结构分析。运用对比分析法分别从销售额、销量前 10 名与后 10 名对商品进行分析，同时对每类商品进行价格区间分析与关联销售分析，以及客户价值分析，从整体角度了解企业客户结构，然后从新、老客户数量及占比情况分析新客户获取率与老客户留存、复购情况，并运用 RFM 模型对客户进行价值分类。

用 Python 做数据分析要抓住两点：其一为对 Python 工具的熟练应用，其二为分析要具有商业化思路。

第 6 章

巧用 A/B 测试

◆ 6.1 打破传统的 A/B 测试观念
◆ 6.2 什么是 A/B 测试
◆ 6.3 系统地设计 A/B 测试
◆ 6.4 A/B 测试工具
◆ 6.5 A/B 测试不一定是万能的
◆ 6.6 案例：A/B 测试完整产品

CHAPTER

SIX

A/B 测试（A/B test）是许多网站，尤其是具备电子商务功能的网站拿来快速测试改版、微调效果并协助进行设计与商业决策的方法之一。简单来说就是将欲测试的变因（或假说）分别做成 A 版与 B 版（甚至 C 版、D 版等），利用一些工具，将造访网站的人流随机均分成两个版本，最后选择效果较好的版本，如下图所示。

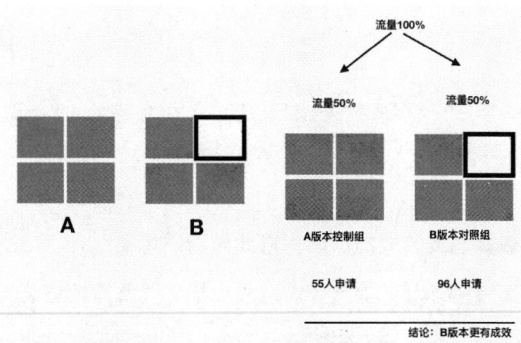

A/B 测试可简单分为以下几个步骤。

第 1 步：制定测试目标。

第 2 步：建立目标达成方式的假设，以此为测试专案。

第 3 步：进行测试、收集资料。

第 4 步：得出结果后将表现较好的版本上线，可加入新假设持续测试。

下面分别介绍。

第 1 步：制定测试目标

首先需清楚定义测试欲达成的目标，如提升转换率、降低脱离率等。

通常测试目标来自网站目标，而网站目标又与事业目标连接。制定目标是为了能使测试的规划更聚焦，同时也有可量化的数值来检视是否达成效果。

A/B 测试的目标通常分为两类。

（1）提升 X，如：

提升转换率 (CV)，

提升页面浏览率 (PV)，

提升页面浏览时间，

提升分享人数，

提升影片点击率……

（2）减少 Y，如：

减少脱离率，

减少跳出率……

TIPS

目标应尽量设得简洁明了，为了有效计测目标是否达成，在开始 A/B 测试前记得先用网站数据统计工具（如 Google Analytics）设定转化目标的计算。

第 2 步：建立目标达成方式的假设，以此为测试专案

基于对目标使用者的理解，提出可能达成目标的调整方案假设，将各方案依优先度排列，依序作为测试变数，如下图所示。

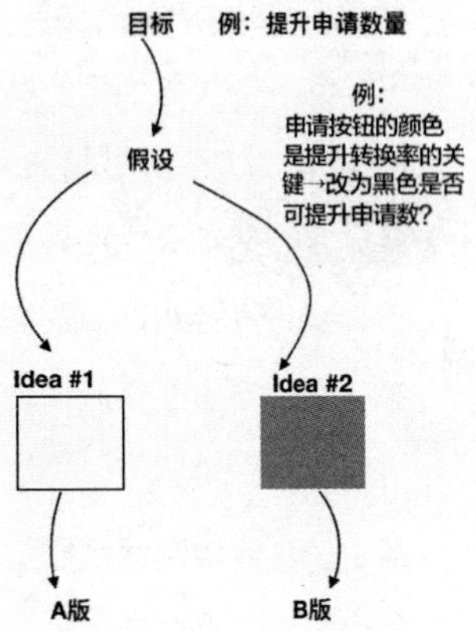

调整方案的假设大多是页面内容的改变，以下为 A/B 测试常见的测试变数。

行动按钮 (Call-To-Actions) ——位置、用字、尺寸、颜色……

文案——标题、价值传达、商品描述、内容多寡……

表单 ——长度、类型、用字……

版面配置 ——页面长短、板块位置……

促销方案 ——不同商品组成、不同价位……

图片——位置、内容、尺寸……

比较 ——图片视频、图片 vs. 文字、图片 A vs. 图片 B、文案 A vs. 文案 B、行动按钮 A vs. 行动按钮 B……

TIPS

每次的测试必须是单变数；有时不同设计稿可能会有很大的差异，这样的情况一般不太适合做 A/B 测试，因为变数太多了，变数之间会有较多的干扰，难以通过 A/B 测试的方法找出各个变数对结果的影响程度以衡量各方案的成效。如果用一个页面测试多个变量，则需使用多元测试（Multivariate Testing），这是同 A/B 测试在概念上不太相同的测试方法，同时需要足够大的流量方能较有效地进行测试。

第 3 步：进行测试、收集资料

完成不同版本的制作后，利用线上工具将 A、B 版本的页面挂到网上，并进行资料的收集；不少线上工具可协助 A/B 测试的进行，下图所示为一些常见工具。

Google Analytics	Visual Website Optimizer	unbounce
免费 功能较为基础	需付费 附点击图、访客分群、多版本测试 等功能，包含A/B测试外的行销成效检测与追踪	需付费 结合登录页制作功能，以执行A/B测试为主

TIPS

若同时进行线上活动或搜索词广告操作，需注意避免让活动或搜索词广告流量都导入特定版本；尽量将不同来源的访问者平均分配到各个版本上。

不同的用户在一次浏览过程中，看到的应该一直是同一个方案。例如用户一开始看到的是 A 方案，则在此次会话中应该一直向他展示 A 方案，而不能一会儿让他看 A 方案，一会儿让他看 B 方案，否则无法进行比较。

第 4 步：得出结果后将表现较好的版本上线，可加入新假设持续测试

依据当初设定的测试目标衡量结果，选择表现较好的版本；若仍有其他欲测量的变数，或在新版上线后发现其他改善假设，则继续进行测试。

TIPS

为避免偏误，一般测试上线后等待约 2~3 周，或达到平时某时间内可达到的 UV 或 PV 量后，可结束测试；网站流量越小，所需时间越多。

若测试结果显示两版的表现并无太大差异，则通常代表该变动方案并不会造成显著影响。此时需要提出另外的假设来进行测试。

A/B 测试是很多国外电商用来优化网站的工具；据说谷歌有 1% 的流量永远都拿来测试新的调整、想法；而很多大型旅游网站，更是持续在进行线上的 A/B/C/D 测试，每个使用者看到的页面都不完全一样。A/B 测试的结果，即便仅有 1% 的差别，考量到整体销售量 1% 的提升，也是相当可观的。

6.1 打破传统的 A/B 测试观念

在传统认知里，A/B 测试仅用于同一拨用户测试不同的界面设计，实际上 A/B 测试的应用领域更广、更深。

A/B 测试可以应用于界面交互、页面配色、活动运营、推荐算法、硬件的工业设计、软件或硬件、所有的产品和所有的服务。

6.2 什么是 A/B 测试

A/B 测试一般有两个目的：目的一是判断哪个更好，例如，有两个 UI 设计，究竟是 A 更好一些，还是 B 更好一些，我们需要实验判定；目的二是计算收益，例如，最近新上线了一个直播功能，那么直播功能究竟给平台带了来多少额外的 DAU（每日活跃用户），多少额外的使用时长，多少直播以外的视频观看时长等。

根据各种实战经验，A/B 测试为一种随机测试，它将两个不同的东西（即 A 和 B）进行假设比较。该测试运用统计学上的假设检定和双母体假设检定。A/B 测试可以用来测试某一变量两个不同版本的差异，一般是让 A 和 B 只有该变量不同，再测试其他人对于 A 和 B 的反应差异，再判断 A 和 B 的方式哪种更佳。

下面举例说明。一个公司拥有一个覆盖 200 万名消费者的数据库，公司现在决定创建一个带有折扣代码的邮件广告以提高销售额。为此，公司创建了两个版本的邮件广告并分别发给 100 万人：第一种内容为"本周六优惠结束！请用优惠代码 A！"，第二种内容为"优惠即将结束，请用优惠代码 B"。两种广告除此段广告词外其他所有元素均相同。然后公司通过分析两种优惠码的使用情况来研究广告词的影响。统计结果表明，使用代码 A 的电子邮件的响应率为 5%，使用代码 B 的电子邮件的响应率为 3%。因此，公司确定在这种情况下，第一种用语方式会更有效，并将在以后的销售中使用类似的说辞。当然，更精确的做法还应检查 A 和 B 的响应率差异是否在统计上显著，以排除随机误差的影响。

上述示例中，测试的目的是确定哪种方法更能鼓励客户购物。但是，如果测试的目的是研究哪个电子邮件将产生更高的点击率（即收到电子邮件后实际点击该网站的人数），那么结果可能会有所不同，例如，也许有更多收到代码 B 的客户访问了该网站，但由于广告中没有说明促销的结束日期，因此他们中的许多人可能并不急于立即购买。

A/B 测试通常随机、均匀地选取受试群体，然而受试群体对其的反应可能是非均匀的。例如在用于测试 A 版本的群体 a 中的平均反馈为 x，而在用于测试 B 版本的群体 b 中的某一部分人 b' 的平均反馈高于 x，而 b 群体的整体平均反馈低于 x。

仍使用前文中的例子。假设收到优惠代码 A 的人中，男性的平均购买率为 2%，女性的平均购买率为 8%，总体的平均购买率为 5%；而在收到优惠代码 B 的人中，男性的平均购买率为 5%，女性的平均购买率为 1%，总体的平均购买率为 3%。这样的结果说明应对不同性别的用户使用不同的广告词。

简单来说，A/B 测试是一种用于提升各种产品转化率、优化获客成本的数据决策方法。在对产品进行 A/B 测试时，我们可以为同一个优化目标制定两套方案，对一部分用户使用 A 方案，对另一部分用户使用 B 方案，统计并对比不同方案的转化率、点击量、留存率等指标，以判断不同方案的优劣并进行决策，从而提升转化率。

6.3 系统地设计 A/B 测试

在确定需要进行 A/B 测试后，需要做的就是设计当前方案的替代方案，当然可以设计多个方案，同时测试。方案的设计必须是有数据、逻辑支持的。例如固定栏目曝光点击率偏低，如果是在拼多多，你给固定栏目的图片上了一张奢侈品包包，那么就出现了用户定位失误，如果一定要放包包，建议放置实用的包包图片；如果是在网易考拉，那么放置奢侈品包包是相对合适的，只是需要测试是放哪个品牌的包包好，还是执行个性化更好。

产品经理在设计 A/B 测试方案时，需要根据历史经验，有一个实验预期，即预期改版的效果（当然 A/B 测试的效果经常出人意料）。

产品经理确认需要优化的对象，提出诉求；分析师要给出合理的评估指标与评估方案。

产品经理设计产品埋点方案，保证可以获取数据。分桶一般是在服务端或客户端（根据设备号或账号随机分桶，或者根据 hash 值分桶）。

A/B 测试的方法如下。

（1）单变量测试。这种测试每次只测试一个变量，例如测试页面顶部 banner 的颜色，可以同时做红、黄、蓝等多种测试（选择测试方案时请注意样本量的控制）。

（2）多变量测试。这种测试同时测试多个变量，例如测试顶部 banner 颜色的同时还测试 banner 的高度。那么根据正交规则来算，至少有 4 种组合：颜色 1+ 高度 1、颜色 1+ 高度 2、颜色 2+ 高度 1、颜色 2+ 高度 2。

多变量测试需要更多的流量，并且呈指数级增长。例如，如果要测试 4 个变量，那么至少有 $2^4=16$ 种方案，因此进行多变量测试时，请注意每个分组（分桶）样本量的控制，保证大于最小样本量。

A/B 测试可以多方案同时测试，但是每个方案只能有一个变量。

为了保证一次 A/B 测试实验是有统计学意义的，需要确定一个实验的最小样本量（需要说明的是，实际工作一般采取更大的样本量以保证统计结果显著，例如整体流量的 2% 或者直接要求 10%，以让各方安心），即 A/B 测试的最小样本量，计算公式如下。

$$n \approx \frac{Z_{a/2}^2 \times \sigma^2}{E^2}$$

其中，n 为样本量；σ^2 为方差，用于衡量样本波动情况，方差越大，需要的采样量越多；E 为抽样误差，用于衡量所抽样本偏离均值的程度，试验能够容忍的抽样误差越大，需要的样本越少；$Z_{a/2}$ 为可靠性系数，当置信度为 95%（此时 $a=5\%$）时，其值为 1.96，置信度越高、其值越大，所需样本越多。

A/B 测试时长。一般来说建议先进行 A/A 测试（A/A 测试的目的在于测试分组是否随机、计算出来的最小样本量是否足够），在很多实际工作中要求为 3 天（这个数据是可以变通的）。

如 A/A 测试的数据正常，会切入 A/B 测试，在样本量足够的情况下，建议测试 7 天，否则请延长时间。目前大多数在城市工作、生活的人受"周"的影响较大，因此建议周期为 7 天。当然，如果测试对象是对"周"不敏感，对"月"非常敏感的人，建议周期为一个月。

如果只是判断当天应该在一个固定的资源位投放哪个活动，那么可以选择在上午 9 点、10 点进行 A/B 测试，投放资源时，全量投放到胜出的活动上。

A/B 测试的暂停。对于重要的 A/B 测试，需要实时跟进，不能等到 A/B 测试结束后再查看结果。

如果是在 App 首页第一屏或者第二屏的重要位置做了 A/B 测试，那么在上线几个小时后，如果发现新版效果极差，不在预期之内，建议暂停 A/B 测试，找出原因，否则不能继续上线。如果分析出原因后，可以进行改版，那么再次进行 A/B 测试。

A/B 测试结果分析是建立在前面流程正确的基础上的，如果前面出现了错误，那么测试的数据将有可能不能使用，或者需要经过特殊处理后才能使用。

需要对 A/B 测试结果进行假设检验，如果做了一周或者两周的测试，需要观察结果是否每天保持稳定，就需要用到如下公式。

$$z = \frac{\bar{x}_1 - \bar{x}_2}{\sqrt{\dfrac{S_1^2}{n_1} + \dfrac{S_2^2}{n_2}}}$$

其中，$\bar{x}_1$ 为样本 1 的均值；$\bar{x}_2$ 为样本 2 的均值，S_1 为样本 1 的均方差（标准差），S_2 为样本 2 的均方差，n_1 为样本 1 的数量，n_2 为样本 2 的数量。然后根据 Z，计算 P 值（R 语言中使用 pnorm 函数），与"1- 置信度"进行比较，如果 P 小于"1- 置信度"，则拒绝原假设，即认为实验组与对照组不同。

实际应用中，A/B 测试重在业务分析，知其然并知其所以然，方可总结规律，更好地做产品迭代、优化。

6.4　A/B 测试工具

A/B 测试工具的选择要根据公司产品业务场景的具体场景和具体条件来具体分析。

例如你做的是 Web 网页 A/B 测试产品，使用谷歌的 A/B 测试工具就很方便。

如果公司技术人才资源比较紧张又需要快速地投入 A/B 测试，这个时候可以选择几家做定制化开发的 A/B 测试公司，对比服务后可以做 A/B 测试。

6.5　A/B 测试不一定是万能的

为什么 A/B 测试并不总是行之有效？

用 A/B 测试来推动大规模的改进是很有吸引力的，尤其是当利益相关者步步紧逼的时候。建立实验文化理念，有助于企业健康发展。但是一味采用 A/B 测试也会带来一些问题，这就需要理解为什么 A/B 测试并不总是行之有效。

首先，A/B 测试可能需要很长时间。根据你的进度，你可能几周都看不到结果。这段时间你也可以尝试其他备用方法，同时，也需要思考 A/B 测试的机会成本。

大多数时候，选择什么方法都是基于你自己的考虑。还是回归到最初问题：想想你在测试什么，以及为什么要做这个测试。如果不是在测试某种具体的输入信息，如用户测试，

第6章　巧用A/B测试　　109

那么，很有可能你只是在测试你自己的偏见。当然严格来讲，这也没什么不对，但认识到这一点是很重要的。

许多人不知道如何正确地执行测试。一个好的管理优化者在这种时候便能凸显他的价值，如果团队中有一个不太熟练的程序运行者，他所犯的小错误很有可能导致严重的后果。执行错误的测试，过早结束测试或者不恰当的分段测试，都有可能毁掉整个测试。

不能为了测试而测试，这一点至关重要。你不能提供两种完全不同的方案，然后试图找出导致结果的原因，因为导致这个结果不同的原因很可能多种多样。欠缺经验的团队在做 A/B 测试时经常会犯这类错误，至于结果，很多都是猜测而已。

不合理的 A/B 测试还会成为你做好产品的绊脚石。它的诱人之处在于，你可以一直测试，看起来像是在探索，但你从未实际探索到任何有用的东西。持续等待直到百分之百确认完美，其实是一个 UX 团队经常陷入的陷阱，而这一陷阱通常会带来很大的损失。

那么，其他类型的测试还有什么呢？根据你所处的环境、设计团队以及你的商业需求，下文提及的这些测试方法都可以使用。

1. β 环境测试（Beta Environment Testing）

A/B 测试的弊端之一在于，你无法真正做范围很广的测试，你所做的测试越多，意味着你后期分析要承担的风险就越大，β 环境测试能提供一个更广范围的测试工具。

理解你在测试什么并且明白为什么，以及将会输出什么样的结果。

对于设计师和文案来说，这简直就是梦想成真：你可以尽情创造真正想要的设计和文案语言，而不用担心同类测试的问题。

如果你在测试之前告诉用户这是一个 β 环境，并且给他们选择的机会，用户往往会变得更加宽容。另外，你可以明确要求用户反馈：请填写这个表格，把任何可能出现的错误都展示出来。这可是其他测试获取不到的。

当然，这一测试方法也有局限的地方，这个测试方法并不是对所有人都适用，但如果可以用它来做测试，你应该尝试。

2. 多臂老虎机测试（Multi-Armed Bandit Testing）

如果你之前并没有听过这个方法，那你可能需要花费一点时间去理解。摒弃之前的特定页面相同流量下的两个或多个不同版本间测试，取而代之的是接纳各种各样的挑战者，然后挑出流量最多的那一个赢家。

这一测试相当于一个更聪明的 A/B 测试版本。你不需要浪费时间在那些不起作用的创新点上，而是把精力放在最有成就感的挑战者身上，你的工作更高效了，同时，也需要更多地探索和学习。只需几周，就可以得到一个最终胜出的版本。

不过它有一点缺陷——技术复杂。当然，也有一些方法可以通过优化服务来运行测试机制，但是这一过程相对比较复杂，你需要一个真正懂行的人。

另外，重要的是要理解这些类型的测试之所以有效或行不通的原因：多版本测试并不是必经之路，这种方法只对不同的文章标题样式或行动（Call -to- Actions）按钮怎样设计这类问题有所帮助。

3. 可用性测试

很多人认为可用性测试不能替代 A/B 测试，但其实在一定程度上是可以的。

有所区别的是，可用性测试并不是通过大量的测试后基于设计进行 A/B 测试，它只是延伸了一下用户研究，即招募更多的用户，然后循序渐进地开展研究。你很难直接定义出哪个版本在技术方面更有优势，但是你能得到针对每个版本更为具体的反馈。

那么，可以把可用性测试理解为一个类似的替代物吗？我们都知道，很多时候，测试可行的设计方案不一定在实际使用中也表现良好，但如果你希望获得比较深入的用户反馈，那这也不失为一种可行之法。

4. 投票打分

"投票打分"像是可用性测试的一个近亲，它也能给你提供一些有用的信息。当用户想要离开你的新体验的时候，紧跟上去询问"你喜欢哪一部分？不喜欢哪一部分？""从1到10打分的话，能打几分？"

显然，这存在一些问题：选择偏好也可能意味着，持负面意见的人会更愿意站出来评论，当然这也是不科学的。

但是如果你把它和其他一些方法相结合，例如截屏和热点图等，它就可以为你的下一个设计提供指导。

是不是觉得 A/B 测试好像没有什么用武之地了？当然不是，当你需要对网点设计做出重大调整时，当你需要变更价格的时候，还有当你想要知道一个微小但具体的调整是如何影响转化率的时候，A/B 测试还是十分有效的。

你只是需要更有洞察力、更果断、更深思熟虑。搞清楚你在测试什么，为什么测试，以及你想要得到的结果。一旦你有了这些概念，就可以挑选出最能准确测量预期结果的测试方法。

6.6 案例：A/B 测试完整产品

案例名称：某某网 A/B 测试。

（1）A/B 测试产品的需求边界。

单纯的用户分流，根据 uid（用户 ID）等，单纯地对比 A/B 方案。

A/B 与灰度发布，蓝绿部署、A/B 测试以及灰度发布。

任意维度的 A/B，例如地域、性别、新老用户等。

（2）实验的两个要素。

流量，其实就是 Selector(筛选)，如何分流。

参数，其实就是 Bucket/Action（数据分桶 / 动作），分流后的动作。

（3）流量模型的几个基本概念。

域，流量的一个划分，例如日语用户。

层，不同实验层间进行独立的流量划分和独立的实验，互不影响。

（4）不同终端采用不同的用户标识 ID 来 hash（哈希，一类数据）分流。

Web 端采用 cookieID。

App 端采用设备 ID。

小程序端采用 openID。

（5）实现正交性的两种方式。

具体进行流量划分时，为了实现实验层之间流量划分的正交性，会将流量标识信息和实验层标识一起进行实验流量 bucket 划分，实验层标识 salt 称为离散因子，公式为 bucket id = hash(uid,salt) % 100。

对于不同的测试，最好使用独立的、各不相同的 hash 函数，以保持正交性。

TIPS

为了便于内测等，网站也实现了白名单功能，运营或产品可以通过后台配置某用户名中某个特定的实验参数。

在实际线上运行 A/B 测试的时候，经常需要针对某个实验参数做流量的扩量或缩量，如下表所示。

实验变量	A	B	C
切换前 bucket 区间	0~79	80~89	90~99
将 C 扩容 10 个百分比	0~74	75~79	80~99

切换之后实际上 A、B 和 C 覆盖的用户人群都发生了变化。其实更佳的扩缩量方案是 B 流量不变，C 从 A 切换 10% 流量过去，这样可以尽量减少覆盖的用户人群参与实验的变化。

（6）实验平台架构。

实验管理，允许用户对实验进行配置和管理。

流量管理，对实验参数分配流量配置。

数据收集，客户端上报数据，最终落到 BI 部门 Hadoop 集群。

数据分析，对上报的数据进行分析并计算置信区间等，最后通过报表的形式进行展示。

从中可以猜到这家网站的实验管理和流量管理是分开的。实验更多是参数的集合，作为流量划分、报表生成的单位存在。这家网站的 A/B 测试并没有向客户端打 tag，整个过程基本上都是在服务端完成的。

（7）蓝绿部署、A/B 测试以及灰度发布。

A/B 测试的目的在于通过科学的实验设计、采样样本代表性、流量分割与小流量测试等方式来获得具有代表性的实验结论，并确保该结论推广到全部流量可信；蓝绿部署的目的是安全、稳定地发布新版本应用，并在必要时回滚。A/B 测试是精确的流量分发控制，有监控系统的支撑和灵活的发布系统。

设计 A/B 测试系统，其实最关键的就是定义 A/B 测试系统的边界：是单纯的流量分割还是夹带灰度下发，是单纯面向客户端还是面向服务端，是全新开发还是依赖配置中心等组件来做。一个清晰的产品需求非常重要。

CHAPTER SEVEN

第 7 章 数据挖掘常用模型

- 7.1 时间序列之指数平滑法与长期趋势预测
- 7.2 ARIMA 时间序列
- 7.3 AARRR 模型
- 7.4 AHP 层次分析法
- 7.5 RFM 模型分析法
- 7.6 LTV 用户生命周期价值模型
- 7.7 基于大数据的个性化推荐算法

数据模型是定义数据如何输入和输出的一种模型。其主要作用是为业务产品提供数据分析挖掘和明确下一个阶段的产品决策。

数据模型能够为业务提供支持,实现更好的商业分析,实现商业增长,如下图所示。

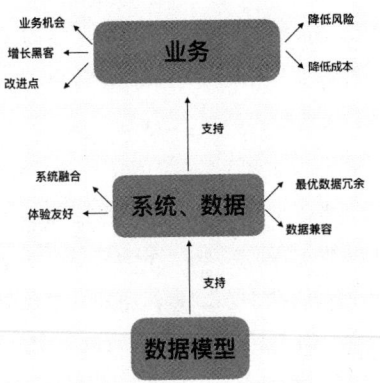

7.1　懂模型就是懂高级数据分析方法

数据分析中的高级数据分析就是数据建模部分,本节主要讲解数据模型的内核,包含数据模型智能化趋势,数据产品常用的 ARIMA(时间序列模型)、AARRR(海盗模型)、AHP(层次分析法模型)、RFM(客户价值计算模型)等模型,下面不仅讲解模型的重要性,更多会介绍模型化解决问题的能力建设途径和方法。

7.1.1 数据智能化趋势

随着 2012 年舍恩伯格《大数据时代》一书的出版,“大数据”这一概念在全球掀起了新一波信息化浪潮。舍恩伯格在其书中指出,大数据包括 3 个核心要素:技术、数据和思维。数据往往被看作 21 世纪最重要的“石油”,而大数据技术也可以被看作提炼这种“石油”的设备和技术。事实上,随着互联网、移动互联网、无线通信技术、传感器技术以及人工智能算法的快速发展,“数据”和“技术”本身都已具备充分的条件。尤其是“技术”领域,例如 Hadoop 技术,在这个数据大爆炸的时代,企业需要对海量数据进行存储、快速处理和分析,Hadoop 正是为此而生。在很长一段时期内,Hadoop 几乎成了大数据的代名词。

第7章　数据模型驱动增长　　115

然而，尽管大数据的宣传科普迅速，其技术发展也如火如荼，但其在面向各行业、各领域"攻城略地"的过程中却显得后劲不足。首先，大数据的价值被夸大，在投入产出比上差强人意。其次，大数据的落地应用有限，缺乏被高度认可的示范性应用。最后，大数据管理难度大，数据开放共享、数据质量、数据安全、个人隐私信息保护等已经成为大数据管理面临的重要难题。能否解决以上问题将直接关乎大数据的未来发展。

人工智能（AI）是研究用于模拟与延伸扩展人的智能的理论、方法、技术及应用系统的一门新的技术科学，目前在商业和生活中已有大量应用场景，被业界寄望为下一轮技术革命，它的关注热度已经超过大数据。

AI 技术体系一般分为基础层、技术层和应用层，在 AI 大发展的浪潮中，AI 技术体系中的各模块发展特点各不相同。基础层对应着算法（包括回归、分类、聚类、深度学习算法等）、算力（即 AI 芯片）和软件框架（实现对 AI 算法的封装）。技术层负责解决具体类别的 AI 技术问题，其中语音识别技术负责将语音转换为文本或命令，自然语言处理技术实现人和机器之间的自然语言通信，计算机视觉技术用于处理图形图像和视频内容的识别。应用层立足于解决各行业领域实际场景问题：如安防场景下，用于警讯发现、人脸识别、道路监控等；金融场景下，可用于资产异动监测、征信风控和智能投顾等；医疗场景下，可应用于对医学影像、电子病例处理的辅助诊疗；还有目前火热的自动驾驶场景。

大数据为人工智能发展提供了基础资源，人工智能技术的核心就在于通过计算找寻大数据中的规律，对具体场景问题进行预测和判断。由于创新的大数据思维不易获得，人工智能技术某种意义上恰恰可以弥补舍恩伯格提出的大数据三要素中的"思维"要素。

大数据的未来何去何从，与人工智能技术如何完美结合以实现共同驱动数字经济发展？数据智能或将成为新的热点和大趋势。

"数据智能"是百度公司在 2014 年提出的概念，百度对数据智能的定义是基于大数据引擎，通过大规模机器学习和深度学习等技术，对海量数据进行处理、分析和挖掘，提取数据中所包含的有价值的信息和知识，使数据具有"智能"，并通过建立模型寻求现有问题的解决方案或实现预测等。

2018 年 10 月，第五届中国国际大数据大会上发布的《2018 年数据智能生态报告》提出，在机器学习、分布式计算等技术发展的基础上，数据逐渐呈现出高维度、高阶态、异构性的特点，把能够对海量数据进行分析、处理和挖掘，并且通过建模、工程等方式来解决实际预测问题并最终实现决策的行动称之为数据智能。

对数据智能的信息化落地，业界一般称之为数据智能平台或数据中台。

2015 年，阿里巴巴首次提出数据中台战略。该战略旨在对内提供数据基础建设和统一的数据服务，对外提供服务商家的统一化数据产品，基于阿里数据中台输出的生意参谋产品，是阿里巴巴首个统一的商家数据产品平台，为中小企业和商家提供数据披露、分析、诊断、建议、优化、预测等多项数据服务。

百度也在 2018 年整合了旗下各类大数据和人工智能应用，推出了百度数智平台。该平台定位为提供大规模机器学习、深度学习、数据分析及展示、数据应用等产品与服务，百度公司将其数智平台定位为 AI 时代的企业数据管家，服务于公司内部和各行业合作伙伴。

大数据进入下半场，人工智能已然崛起，现有的大数据技术亟须和人工智能技术结合，孕育新的产业生态。从百度、阿里的做法可以看出，向数据智能型企业转型正在成为大型科技企业新的行动方向。阿里巴巴提出的"大中台、小前台"的做法已经成为业界主流数字化转型思路，企业通过建设数据智能平台或数据中台，打破内部数据壁垒、盘活数据资产、提升数据价值，对外提供统一的智能化数据服务，有望再次重构大数据产业生态环境，进一步深挖和释放大数据的价值红利。

7.1.2 数据分析与高级分析流程

提到数据分析，这里先介绍两类数据相关的职位。

第一类一般指业务分析师（Business Analysis，BA，需要了解行业，快速理解业务痛点，能够进行基础的统计数据分析类工作，某些高级一点的岗位需要掌握一些 SQL 技能）通过掌握一些基础数据处理分析技能，做商业信息分析报告。

第二类是高级统计分析建模师（一般数据科学家会拥有高级统计分析建模经验，熟悉一些统计或者机器学习算法，能够编码实现一些模型分析应用项目），高级统计分析建模师需要熟悉一些工作中用到的算法，如非监督学习、监督学习及聚类等。

上面两类数据分析岗位中的技能要求不是做数据产品的人员必须具备的，或者说不是必须熟练掌握的，但是得懂其间的流程。

在企业中，数据分析覆盖了企业经营的方方面面。互联网公司由于业务变化快，业务的规划及生意的增长都非常迅速，因此需要实时持续地通过数据分析，发现企业业务存在的问题，并且根据数据提出改进的措施及方法，帮助企业做相应业务部分的提升。

在企业的数据分析项目中，一般会经历以下几个步骤。

第一步，定义商业目标。有清晰的商业目标是分析项目启动的关键点，没有围绕核心商业问题的分析不容易落地。

第二步，定义解决该问题所需要的数据、技术、能力。

第三步，定义使用基本数据分析还是高级分析建模。

第四步，数据准备、数据预处理、数据建模、数据分析并得出结果。

第五步，PPT 材料准备。

第六步，业务解释结果及应用。

高级分析建模部分，主要介绍传统的机器学习（Machine Learning）中涉及的一些算法。下面介绍在日常工作中常用的机器学习算法，监督学习包括的算法有逻辑回归、贝叶斯、决策树、SVM；非监督学习包括的算法有 KNN、 PCA、K-Means。

下面重点看一下监督学习（通过已知变量 x_1、x_2、x_3、推导出 y）是如何工作的。

监督学习模型原理如右图所示。

图中显示的是一个监督学习模型，表示企业采集文本、文档相关数据，并将数据转化为特征向量，通过相应的机器学习模型，对特征变量进行训练，最终进行分类预测，得到期望的类型标签。

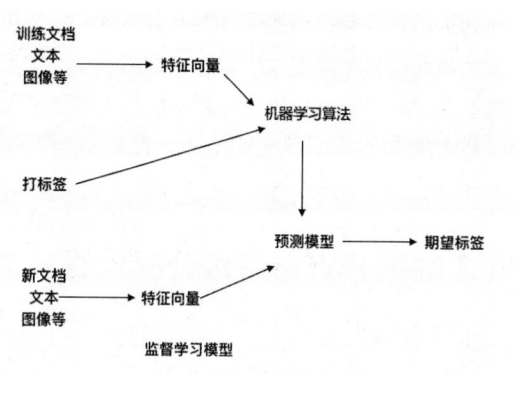

监督学习模型

在具体实践过程中，高级数据分析用到的技术如下。

数据存储处理：Hadoop、Spark、Sqoop、Scalar、 Oracle、MySQL、ETL（Kettle、Datastage、ODI）等。

数据分析相关：Python、R 语言、SAS、SparkML。

数据可视化技术：D3.js、Bootstrap、ECharts、JavaScripts（Tableau、BIEE、Cognos TM1）。

一般数据科学包含的相关知识有统计学相关知识、数据处理相关技术，还有模型参数（机器学习基础算法）相关知识。

当企业有大量数据之后，跟随其后的还会涉及数据的高级分析。

右图展示了一个成熟的大数据领域人才需要具备的核心能力素质：数理知识（含传统研究）、业务能力（行业领域经验）、黑客探索精神（数据领域尤其数据科学家，需要通过寻找变量之间各类关系，不断进行假设 / 验证，喜欢与数据打交道，并热衷于研究数据，所以需要黑客探索的精神）、机器学习。可以看到，这些能力基本覆盖了商业、计算机编程及数理统计大部分学科。

大数据领域人才核心能力素质

在高级数据分析的具体实践过程中，不同的算法有不同的优缺点和各自适应的场景。面对不同的问题，我们应该陪伴团队筛选不同的机器学习算法，而什么情况下选择什么算法，该从什么角度去思考这个问题是值得团队中每个成员深思的，这也是在一线的数据产品人才必备的核心能力。

7.2　ARIMA 时间序列模型

7.2.1 ARIMA 时间序列模型定义

ARIMA 模型的全称为整合移动平均自回归模型（Autoregressive Integrated Moving Average Model），也记作 ARIMA(p,d,q)，是统计模型（Statistic Model）中常见的一种用来进行时间序列预测的模型。

1.ARIMA 模型的优缺点

ARIMA 模型的优点是模型十分简单，只需要内生变量而不需要借助其他外生变量。

ARIMA 模型的缺点如下。

（1）要求时序数据是稳定的（Stationary），或者通过差分化（Differencing）后是稳定的。

（2）只能捕捉线性关系，不能捕捉非线性关系。

TIPS

采用 ARIMA 模型预测时序数据时，数据必须是稳定的，不稳定的数据无法捕捉到规律。例如股票数据用 ARIMA 模型无法预测的原因就是股票数据是非稳定的，常常受政策和新闻的影响而波动。

2. 判断时序数据稳定性的方法

一个时间序列的随机变量稳定的条件是，当且仅当它的所有统计特征都是独立于时间的（是关于时间的常量）。

稳定的数据是没有趋势 (Trend) 和周期性 (Seasonality) 的，即它的均值在时间轴上拥有常量的振幅，并且它的方差在时间轴上是趋于同一个稳定的值。

另外，时间序列的平稳性可以使用 ADF 检验（Augmented Dickey-Fuller Test）。

ARIMA 模型有 3 个参数 :p、d、q。p 代表预测模型中采用的时序数据本身的滞后数（lags），也叫作 AR/Auto-Regressive（自动回归）项。d 代表时序数据需要进行几阶差分化，

第7章　数据模型驱动增长　　119

才是稳定的,也叫 Integrated（集成）项。q 代表预测模型中采用的预测误差的滞后数（lags），也叫作 MA/Moving Average（移动平均）项。

先解释一下差分：假设 y 表示 t 时刻的 Y 的差分（Y 为目标值）。

$if\ d=0, t=Yt$

$if\ d=1,\ yt=Yt-Yt-1$

$if\ d=2,\ yt=(Yt-Yt-1)-(Yt-1-Yt-2)$

$=Yt-2Yt-1+Yt-2$

ARIMA 预测模型可以表示为如下。

Y 自回归综合移动平均模型的预测值等于预测的对象随时间推移而形成的数据序列，可以用一定的数学模型来近似描述这个序列。

其中 ARIMA(p,d,q) 由三个部分组成：

AR(p)：AR 是 Autoreg Ressive 的缩写，表示自回归模型，含义是当前时间点的值等于过去若干个时间点的值的回归——因为不依赖于别的解释变量，只依赖于历史值，故称为自回归；如果依赖过去最近的 p 个历史值，称阶数为 p，记为 AR(p) 模型。

I(d)：I 是 Integrated 的缩写，含义是模型对时间序列进行了差分；因为时间序列分析要求平稳性，不平稳性的序列需要通过一定手段转化为平稳序列，一般采用的手段是差分；d 表示差分的阶数，t 时刻的值减去 $t-1$ 时刻的值，得到新的时间序列称为 1 阶差分序列；1 阶差分序列的 1 阶差分序列称为 2 阶差分序列，以此类推；另外，还有一种特殊的差分是季节性差分 S，即一些时间序列反映出一定的周期 T，让 t 时刻的值减去 t-T 时刻的值得到季节性差分序列。

MA(q)：MA 是 Moving Average 的缩写，表示移动平均模型，含义是当前时间点的值等于过去若干个时间点的预测误差的回归；预测误差 = 模型预测值 - 真实值；如果序列依赖过去最近的 q 个历史预测误差值，称阶数为 q，记为 MA(q) 模型。

假设 p、q、d 已知，ARIMA 模型用数学形式表示为如下。

$\hat{y}_t=\mu+\phi_1 \times y_{t-1}+\cdots+\phi_p \times y_{t-p}+\theta_1 \times e_{t-1}+\cdots+\theta_q \times e_{t-q}$

其中，ϕ 表示 AR 的系数，θ 表示 MA 的系数；AR 表示 Auto-Regressive（自动回归）项；MA 表示 Moving Average（移动平均）项。

7.2.2 ARIMA 时间序列模型的运用流程

ARIMA 时间序列模型的运用流程如下页图所示。

1.根据时间序列的散点图、自相关函数和偏自相关函数图识别其平稳性。

2.对非平稳的时间序列数据进行平稳化处理，直到处理后的自相关函数和偏自相关函数的数值非显著非零。

3.根据所识别出来的特征建立相应的时间序列模型。平稳化处理后，若偏自相关函数是截尾的，而自相关函数是拖尾的，则建立AR模型；若偏自相关函数是拖尾的，而自相关函数是截尾的，则建立MA模型；若偏自相关函数和自相关函数均是拖尾的，则序列适合ARMA模型。

4.参数估计，检验是否具有统计意义。

5.假设检验，判断（诊断）残差序列是否为白噪声序列。

6.利用已通过检验的模型进行预测。

7.3　AARRR 模型

数据岗有很多模型，其中 AARRR 模型较为出名，可谓已历经 3 个时代：PC 时代的 AARRR 模型，移动互联网时代的 AARRR 模型、物联网数字智能化时代的 AARRR 模型。

7.3.1 AARRR 模型定义

AARRR 模型因其掠夺式的增长方式也被称为海盗模型或漏斗模型，是 Dave McClure 2007 提出的，核心就是 AARRR 模型，对应客户生命周期帮助大家更好地理解获取客户和维护客户的原理。

AARRR 分别代表了 5 个单词，又分别对应了产品生命周期中的 5 个阶段，如右图所示。

◆ 获取（Acquisition）：用户如何发现（并来到）你的产品。

◆ 激活（Activation）：用户的第一次使用体验如何。

◆ 留存（Retention）：用户是否还会使用产品（重复使用）。

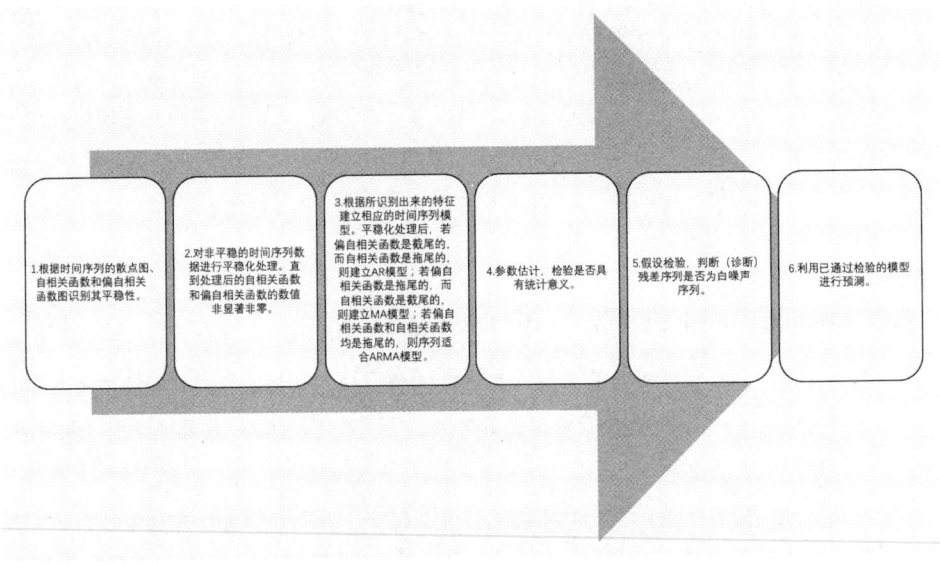

◆ 收入（Revenue）：产品怎样（通过用户）赚钱。

◆ 推荐（Referral）：用户是否愿意将产品推荐给其他用户。

AARRR 模型指出了两个核心点：第一个是以用户为中心，以完整的用户生命周期为线索；第二个是把控产品整体的成本 / 收入关系，用户生命周期价值 (LTV) 远大于用户获取成本 (CAC) 与用户经营成本（COC）之和就意味着产品的成功。

AARRR 模型的数据指标和分析如下。

1. 获取（Acquisition）和激活（Activation）

获取阶段即产品的推广阶段，也是产品运营的第一步。运营者通过各种推广渠道，以各种方式获取目标用户，并对各种营销渠道的效果进行评估，从而更加合理地确定投入策略，最小化用户获取成本 (CAC)。

紧跟获取的阶段是激活，它们共同需要关注的指标主要为日新登用户数（DNU）、日活跃用户数（DAU）、周活跃用户数（WAU）、月活跃用户数 (MAU)、日均使用时长 (DAOT)、日活跃用户数（DAU）/ 月活跃用户数（MAU），下面分别介绍。

（1）日新登用户数（DNU）。

定义：每日注册并登录 App 的用户数。

此处的注册为广义概念，对于一些 App 而言，则是首次启动进入 App 的用户，所以对于 DNU 的定义也可以是首次登录或启动 App 的用户。需要说明的是，在移动统计中，有时候用户也特指设备。

该指标解决以下问题。

◆ 渠道贡献的用户份额。

◆ 宏观走势，确定投放策略。

◆ 是否存在大量垃圾用户。

◆ 注册转化率分析。

（2）日活跃用户数（DAU）。

定义：每日登录过游戏的用户数。

对于某些 App 而言，只要用户下载并启动就算一个活跃用户，而另一些则要通过账号注册，形成一个网络账号，才算作一个活跃用户。活跃用户的计算是排重的。

该指标解决以下问题。

◆ 核心用户规模。

◆ 产品生命周期分析。

◆ 产品活跃用户流失，分解活跃用户。

◆ 用户活跃率，活跃用户量。

（3）周活跃用户数（WAU）。

定义：最近 7 日（含当日）登录过 App 的用户数，一般按照自然周计算。

该指标解决以下问题。

◆ 周期性用户规模。

◆ 周期性变化趋势，主要是推广期和非推广期的比较。

（4）月活跃用户数（MAU）。

定义：最近一个月，即 30 日（含当日）登录过 App 的用户数，一般按照自然月计算。

MAU 变化幅度较小，就产品用户规模稳定性来说，MAU 是风向标。但在推广时期，版本更新、运营活动的调整，对于 MAU 的冲击非常明显。

此外，产品的生命周期阶段不同，MAU 的趋势变化也不同。

该指标解决以下问题。

◆ 用户规模稳定性。

◆ 推广效果评估。

◆ 总体用户规模变化。

（5）日均使用时长（DAOT）。

定义：日均使用时长 = 每日总计在线时长 ÷ 日活跃用户数。

关于使用时长，可以分为单次使用时长、日使用时长和周使用时长等指标，通过对这些指标做区间分布和平均计算，了解用户参与黏性。

该指标解决以下问题。

◆ 分析产品的质量问题。

◆ 观察不同时间维度的平均使用时长，了解不同用户群的习惯。

◆ 渠道质量衡量标准之一。

◆ 留存即流失分析的依据。

（6）日活跃用户数（DAU）/月活跃用户数（MAU）。

通过 DAU/MAU，可以看出用户每月访问 App 的平均天数是多少，例如某个 App 拥有 50 万 DAU，100 万 MAU，其 DAU/MAU 就是 0.5，即用户每月平均访问的时间是 30 × 0.5=15 天。这也是评估用户黏性的一个比较重要的指标。

DAU/MAU 通常介于 3.33% 到 100% 之间，但显然这两种情况在现实中基本不可能出现。在不同领域的 App 会有不同的基准值可参考，例如移动游戏以 20% 为基线，王者荣耀在 2017 年 6 月和 9 月的值基本都在 31% 左右，而工具类 App 以 40% 为基线。

DAU/MAU 的值越高，App 的黏性越强，表示有更多的用户愿意使用 App；反之，如果 DAU/MAU 的值很低，但并不能直接说这个 App 是失败的。我们还需要结合产品属性（例如定期理财、求职、买房、租房的 App，可能天然属性 DAU 会相对低）、时间考量（工作日 / 假期等）、版本更新、运营活动、用户维度的 ARPU 值等多个条件进行多维分析，才能得出结论。所以，正确理解 DAU/MAU 的意义很重要。

2. 留存（Retention）

解决了活跃度的问题，又发现了另一个问题，"用户来得快、走得也快"。有时候我们也说是游戏没有用户黏性或留存。

我们需要可以用于衡量用户黏性和质量的指标，这是一种评判 App 初期能否留下用户和活跃用户规模增长的手段，留存（Retention）是手段之一。

某段时间的新增用户数记为 A，经过一段时间后，仍然使用的用户占新增用户 A 的比例即为留存率。

（1）次日留存率 (Day 1 Retention Ratio)

定义：日新增用户在第 1 日登录的用户数占新增用户的比例。

次日留存率：在次日至少登录过一次的用户数 / 当天新增的用户数。

（2）三日留存率 (Day 3 Retention Ratio)

定义：日新增用户在第 3 日登录的用户数占新增用户的比例。

（3）七日留存率 (Day 7 Retention Ratio)

定义：日新增用户在第 7 日登录的用户数占新增用户的比例。

留存率逐渐演变为评判产品质量的重要标准。

在关注留存率的同时，也要关心流失率的分析。留存率更加关心的是从用户获取的角度综合分析获取用户的渠道方式是否合理，产品用户规模是否能够增长。而流失率则关心为什么有些用户离开 App，这可能是在用户获取阶段就存在的问题，但是当 App 存在稳定用户规模后，一个付费用户的流失，可能让 App 收入大幅下滑。

留存率的计算可以按照统计的时间区间来划定，例如在计算周留存时，计算新增用户周留存则是一周总计的新增量在随后每周的留存情况。

上面提到的第 3 日或第 7 日，意在着重强调第 3 日和第 7 日的概念。注意，计算留存率时，新增当日是不被计入天数的，也就是说我们提到的留存用户，指的是新增用户新增后的第 1 天留存、第 3 天留存和第 7 天留存。

该指标解决以下问题。

◆ App 质量评估。

◆ 用户质量评估。

◆ 用户规模衡量。

◆ 流失：统计时间区间内，用户在不同的时期离开 App 的情况。

（4）日流失率 (Day 1 Churn Ratio)

定义：当日登录 App，但随后 7 日未登录 App 的用户占当日活跃用户的比例。

（5）周流失率 (Week Churn Ratio)

定义：上周登录过 App，但是本周未登录过 App 的用户占上周周活跃用户的比例。

（6）月流失率 (Month Churn Ratio)

定义：上月登录过 App，但是本月未登录过 App 的用户占上月月活跃用户的比例。

流失率是在 App 进入稳定期需要重点关注的指标。如果说关注留存是关注 App 用户前期进入 App 的情况，那么关注流失率则是在产品中期和后期关心产品的用户稳定性和收益转化能力。稳定期的收益和活跃都很稳定，如果存在较大的流失率，则需要通过该指标起到警示作用，并逐步查找哪部分用户离开了 App，问题出在哪里。尤其是对付费用户流失率的分析，更需要重点关注。

该指标解决以下问题。

◆ 活跃用户生命周期分析。

◆ 渠道的变化情况。

◆ 拉动收入的运营手段，版本更新对于用户的流失影响评估。

◆ 什么时期的流失率较高。

◆ 行业比较和产品中期评估。

3. 收入（Revenue）

收入的来源有很多种，主要包括应用付费、应用内功能付费、广告收入、流量变现等，主要考核的指标例如客单价（ARPU）。

主要关注的指标如下。

（1）付费率 (PR 或者 PUR)

定义：付费用户数占活跃用户的比例。

通俗来说，付费率也称作付费渗透率，在移动 App 市场，多数企业只关心日付费率，即 Daily Payment Ratio。

付费率的高低不代表产品的付费用户在增加或减少，付费率在不同类型的 App 产品中的表现也是不同的。

该指标解决以下问题。

◆ 产品的收益转化能力标准。

◆ 用户付费关键点和转化周期。

◆ 付费转化效果评估。

（2）活跃付费用户数 (APA)

定义：在统计时间区间内，成功付费的用户数。一般按照月计，在国际市场也称作 MPU（Monthly Paying Users）。

在数据分析中，更加切实地关注日付费用户和周付费用户，主要原因是用户的生命周期短暂，故短期付费成为关注焦点。

活跃付费用户数的计算公式为 APA ＝ MAU × MPU（活跃付费用户数＝月活跃用户数 × 月付费率）

该指标解决以下问题。

◆ 产品的付费用户规模。

◆ APA 的构成情况，"鲸鱼用户（高消费者）""海豚用户（中等消费者）""小鱼用户（低消费者）"的比例以及收益能力。

◆ 付费群体的价值，即整体稳定性分析。

（3）平均每用户收入 (ARPU)

定义：在统计时间内，活跃用户产生的平均收入，一般以月计。

平均每个用户收入的计算公式如下。

ARPU ＝ Revenue ÷ User

Monthly ARPU ＝ Monthly Revenue ÷ MAU

即总收入除以总活跃用户数，一般按照月计。

严格定义的 ARPU 不同于国内所认识的 ARPU，国内的 ARPU＝总收入 ÷ 付费用户数。所以，很多时候会强调付费 ARPU，此处有专门的术语 ARPPU。ARPU 用于产品定位初期的不同规模下的收入估计，也是 LTV 的重要参考依据。

该指标解决以下问题。

◆ 不同渠道用户质量的判断。

◆ 产品收益贡献分析。

◆ 活跃用户人均收入与投放成本的关系。

（4）平均每付费用户收入（ARPPU）

定义：在统计时间内，付费用户产生的平均收入，一般以月计。

平均每付费用户收入的计算公式如下。

ARPPU = Revenue ÷ Payment User（平均每付费用户收入 = 收入 ÷ 付费用户数）

Monthly ARPPU = Monthly Revenue ÷ APA（月每用户平均收入 = 月收入 ÷ 月活跃付费用户数）

即总收入除以总付费用户数，一般以月计。

ARPPU 容易受到"鲸鱼用户"和"小鱼用户"的影响，分析时需谨慎。ARPPU 与 APA、MPR 的结合可以分析付费用户的留存情况，对特定付费群体的流失进行深度分析，保证付费质量和规模。

该指标解决以下问题。

◆ 付费用户的付费能力和梯度变化。

◆ 付费用户的整体付费趋势和不同付费阶层之间的差异。

◆ 对"鲸鱼用户"的价值挖掘。

（5）生命周期价值（LTV）

定义：用户在生命周期内为 App 创造的收入总和，可以看成一个长期累积的 ARPU。

对每个用户的平均 LTV 计算的公式如下。

LTV = ARPU × LT（按月或天计算平均生命周期）

其中，LT 为 Life Time（生命周期），即一个用户从第一次启动 App，到最后一次启动 App 的时间，一般计算平均值，LT 以月计，即留存在 App 的平均月的数量。例如，一款 App 的 ARPU = 2 元，LT = 5，那么 LTV = 2 × 5 = 10 元。

以上的计算方式在理论上是可行的，在实际中我们采取以下的 LTV 计算方法。

跟踪某日或者某周的新增用户，计算该批用户在随后的 7 日、14 日、30 日的累积收入贡献，然后除以该批新增用户数，即累积收入 ÷ 新增用户 = 累积 ARPU（LTV）。此种方式可计算该批新增用户在不同生命周期阶段的粗略生命周期价值。

该指标解决以下问题。

◆ 用户收益贡献周期，用户群与渠道的利润贡献，LTV 与 CPA 的衡量。

◆ LTV 不区分付费与非付费用户，看待整体的价值。

4. 推荐（Referral）

推荐也叫作口碑传播或者病毒式传播，其中有一个重要的指标 K 因子。

K 因子的计算公式不算复杂，过程如下。

K = 每个用户向他的朋友们发出的邀请的数量 × 接收到邀请的人转化为新用户的转化率

假设平均每个用户会向 20 个朋友发出邀请，而平均的转化率为 10%，则 K = 20 × 10% = 2。

当 K > 1 时，用户群就会像滚雪球一样增大。

当 K < 1 时，用户群通过自传播增长到某个规模时就会停止。

绝大部分 App 还不能完全依赖于自传播，还必须和其他营销方式结合。但是，在产品设计阶段就加入有利于自传播的功能还是有必要的，毕竟这种免费的推广方式可以部分减少 CAC。

以上是 AARRR 模型的数据指标体系。建立完善的数据指标体系，后续才可以对用户行为进行更全面的分析。

7.3.2 搭建和计算海盗模型的思维方法和案例

海盗模型的思维方式是一种结果驱动的思维方式，AARRR 模型中的 5 个指标代表了所有客户的行为模式，通过对客户行为的划分可以帮助运营者更好地了解这些数据背后的含义，并为运营者进行优化提供了可以量化的指标。

AARRR 模型计算方法过程示例如下。

一般产品是由渠道推广页面到首页，再到详情页，再到加入购物车，再到支付，最后完成交易。

例如，我们构造一个下表所示的数据图表。

一	渠道落地页	首页	详情页	加入购物车	支付	完成交易
UV 人数	5002	3831	2003	893	887	882
上一步转化率	100.0%	76.6%	52.3%	44.6%	99.3%	99.4%
总体转化率	100.0%	76.6%	40.0%	17.9%	17.7%	17.6%

由上表可见，从渠道过来的 UV 人数是 5002，到首页后的 UV 人数是 3831，到详情页的 UV 人数是 2003，支付结算的 UV 人数是 887，最终完成交易的人数是 882。

第一步，计算总体转化率和上一步转化率。

计算上一步的漏斗转化率公式是上一步漏斗转化率 = 首页的数据 ÷ 渠道落地页的数据。其他页面依次类推。

计算总体转化率的公式是总转化率 = 当前页转化率数据 ÷ 固定的渠道落地页数据。

第二步，构造漏斗模型数据，如下表所示。

环节	占位数据	UV 人数	总体转化率
渠道落地页	0	5002	100.0%
首页	585.5	3831	76.6%
详情页	1499.5	2003	40.0%
加入购物车	2054.5	893	17.9%
支付	2057.5	887	17.7%
完成交易	2060	882	17.6%

第三步，可视化展示漏斗模型，如下图所示。

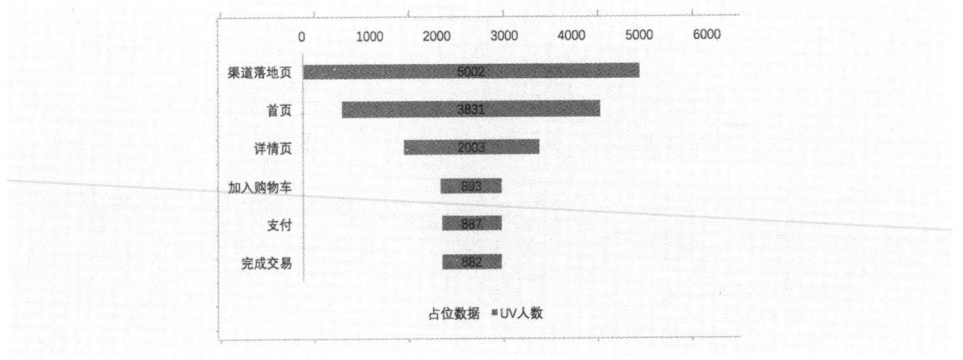

7.4　AHP 搭建风控模型

◇◇◇◇◇◇◇

在数据产品项目建模中，经常会遇到需求模糊、模块不清晰，以及具体需求权重不清晰和内容重点不突出的问题，使用 AHP 模型就可以逻辑清晰地解决这类问题。

7.4.1 AHP 模型的含义

AHP（Analytic Hierarchy Process，层次分析法）模型是美国运筹学家 Saaty 教授于 20 世纪 80 年代提出的一种实用的多方案或多目标的决策方法。其主要特征是，它合理地将定性与定量的决策结合起来，按照思维、心理的规律把决策过程层次化、数量化。

该方法以其定性与定量相结合地处理各种决策因素的特点，以及其系统灵活、简洁的优点，迅速在我国社会经济各个领域，如能源系统分析、城市规划、经济管理、科研评价等，得到了广泛的重视和应用。

层次分析法的基本思路是先分解后综合，如下页图所示。

第7章　数据模型驱动增长　　129

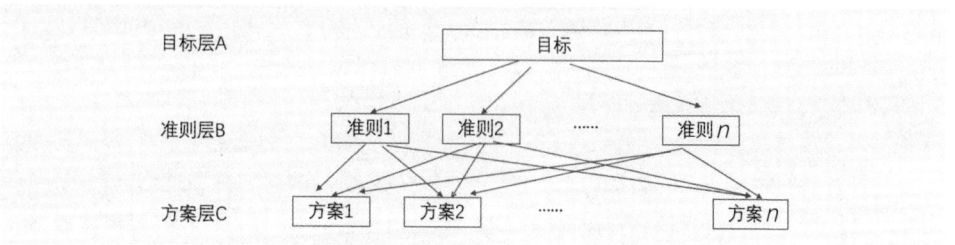

从上图可见，首先将所要分析的问题层次化，根据问题的性质和要达到的总目标，将问题分解成不同的组成因素准则，按照因素间的相互关系及隶属关系，将因素按不同层次聚集组合，形成一个多层分析结构模型，最终归结为最低层（方案、措施、指标等）相对于最高层（总目标）相对重要程度的权值或相对优劣次序的问题。

运用层次分析法建模，大体上可按照下面4个步骤进行，构建AHP的4步流程如下图所示。

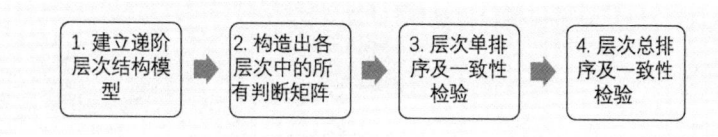

7.4.2 AHP 层次分析法实例

根据层次分析法的定义，AHP 是将与决策总是有关的元素分解成目标、准则、方案等层次，并在此基础之上进行定性和定量分析的决策方法。

下面以构建用户综合评分 AHP 模型为例介绍 AHP 模型的完整实现流程。

1. 从短期和中长期两个角度考虑用户综合评分模型

想象以下场景：一个用户经常光顾你的网站，有时只是来看看，有时候顺便买点东西，在计算这个用户的价值的时候，应该怎么做？是看他最近一次购买行为，还是考虑用户在整个时间段内的表现？显然，用户行为错综复杂，一次网站会话行为可能只是管中窥豹，观察期留得长一些，才能建立更合理的评分模型。

本小节旨在为电商网站的用户建立起一个评分模型，动态计算出每个用户（User）的价值得分。我们从目标—用户评分出发，综合短期和中长期两个角度抽象出影响用户得分的因素作为准则层，然后选择准则层相应的指标层数据，建立一套科学的评分模型。

从短期来看，我们会关注用户活跃在网站/App上发生的一系列细致动作，浏览重点页面，点击预购等。因此，我们将影响目标层用户得分的第一个因素称之为"活跃度"。从中长期角度来看，用户的"忠诚度"和"购买能力"对用户得分影响至关重要。至此，我们确定了目标层为"用户价值得分"，影响目标层的准则层包含"活跃度""忠诚度"和"购买能力"。

2. 用户综合评分指标选择

准则层确定后，就涉及选择衡量"活跃度""忠诚度"和"购买能力"的关键指标。有几个重要的原则可以参考。

- ◆ 可量化。能被衡量的，才能被改进，目前电商网站大多通过 JS、SDK 埋点或者服务器日志进行分析，所以能够拿到基本的量化数据。
- ◆ 有效性。要覆盖重要的数据维度，且在可以调控的合理范围内。
- ◆ 相互独立。指标间尽量保持不相关。

适合电商用户的指标内容如下：浏览页面数、停留时间、浏览商品数、主动下单数，一些真正购买前的微转化，如点击"立即购买""立即开团"等按钮等动作，最近访问时间、用户访问频率、主动评价数、单次最高购买金额、平均每次购买金额，以及购买次数。

3. 适合于电商网站的用户综合评分模型

时间选择上，我们选取近 3 个月的用户行为数据进行研究，因此"活跃度"对应的时间是近三个月最后一次活跃的时候，即最近 1 天，"忠诚度"和"购买能力"看的是最近 3 个月这个中长期时间段。在实际业务中，按照已有的规则建立好数据表，每一天的数据自动入库，用户的评分呈现随日期滑窗积累的效果，因此我们前面提到的是动态计算用户得分。至此，我们的用户综合评分模型如下图所示。

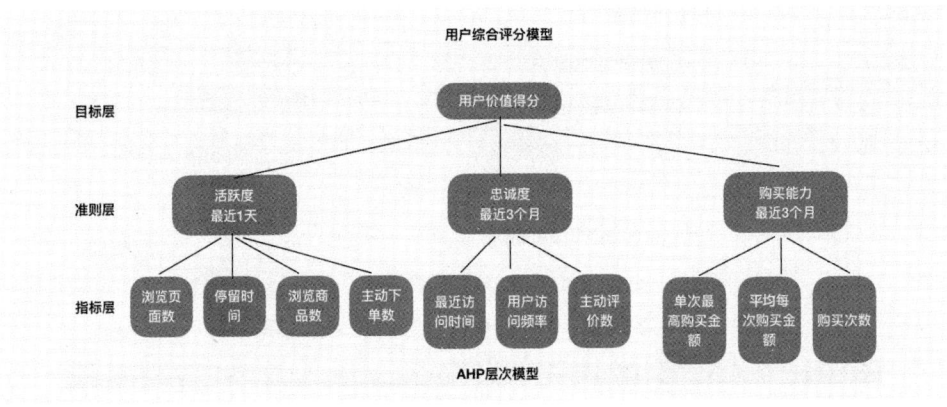

层次分析法（AHP）确定权重。目前，市面上可以搜到很多解决层次分析问题的软件，但是思维比工具更重要，因此这里采用 Excel 来解决这个问题，这样我们能把主要精力集中在实现方法而不是工具操作上。在用 Excel 实现 AHP 模型的时候，有以下重要问题需要解决。

第一步：设定因素并排序，如下图所示。

名称	⊕		
活跃度	⊖	↑	↓
忠诚度	⊖	↑	↓
购买能力	⊖	↑	↓

第二步：构造判断矩阵，如下图所示。

常见方法是小组投票或者专家访谈打分，给出两因素（例如 A 和 B）间的比较值，1 表示 A 和 B 一样重要；3 表示 A 比 B 重要一些；5 表示 A 比 B 重要；7 表示 A 比 B 重要得多；9 表示相比 B，A 极其重要。这样，通过两两比较给出比较值，判断矩阵就出来了，如下表所示，可以看到"A1- 活跃度""A2- 忠诚度"和"A3- 购买能力"的判断矩阵。

#	A1- 活跃度	A2- 忠诚度	A3- 购买能力
A1- 活跃度	1	3	5
A2- 忠诚度	1/3	1	2
A3- 购买能力	1/5	1/2	1

第三步：进行一致性检验，如下图所示。

一致性检验

一致性检验通过，您可以使用以下权重用于层次分析法计算。最大特征根为3.00369459806364，CI值为0.0018472990318199045，CR值为0.003552498138115201

因素	几何平均值	权重
A1-活跃度	2.46621207433047	0.6483290138222367
A2-忠诚度	0.8735804647362988	0.2296507940626371
A3-购买能力	0.4641588833612779	0.12202019211512623

什么是一致性检验？举个例子，当两两比较认为 A 比 B 重要、B 比 C 重要时，轮到 A 和 C 比较了，你给出 C 比 A 重要的比较值，此时就叫作"不一致"。层次分析法的计算不是简单得到一个结果，而是要得到一个令人满意的具有一致性的结果。

一致性检验是通过计算一致性比例 CR 来进行的，其中 CR=CI÷RI，当 CR ≤ 0.1 时，认为判断矩阵的一致性是可以接受的，否则应对判断矩阵做适当修正，甚至推倒重做。

另外，公式中另外两个参数中 CI 是一致性指标，RI 是随机一致性指标，通过查一致性检验表可以找到三阶矩阵的 RI 为 0.5149，四阶矩阵的 RI 为 0.8931。

在实际工作中一致性检验工具很多，输入即可验证判断。

第四步：指标数据标准化、归一化运算。

（1）计算项和，如下表所示。

	活跃度	忠诚度	购买能力
活跃度	1	3	5
忠诚度	0.3333	1	2
购买能力	0.2000	0.5000	1
	1.5333	4.5000	8.0000

（2）计算每项／项和，如下表所示。

	活跃度	忠诚度	购买能力
活跃度	0.6522	0.6667	0.6250
忠诚度	0.2174	0.2222	0.2500
购买能力	0.1304	0.1111	0.1250
	1.0000	1.0000	1.0000

（3）算出权值，如下表所示。

	权值
活跃度	0.64795
忠诚度	0.22987
购买能力	0.12218

（4）得出最大权值项值，如下图所示。

0.64795

即可证明"活跃度"是在"活跃度""忠诚度""购买能力"里最重要的权值。

上面的归一化运算是数理知识，在实际工作中会运算即可，并不需要深入研究数理知识。

7.4.3 AHP 层次分析法小结

AHP 层次分析法有很多优点，其中最重要的一点就是简单明了。AHP 层次分析法不仅适用于存在不确定性和主观信息的情况，还允许以合乎逻辑的方式运用经验、洞察力和直觉。也许层次分析法最大的优点是提出了层次本身，它使得买方能够认真地考虑和衡量指标的相对重要性。

AHP 层次分析法的缺陷也比较明显，一是打分者主观的信息和经验，二是层次分析法单独操作较少，常常与其他模型联合运用，例如与 RFM 模型共同使用来影响用户行为因素以做出科学的判断。

7.5 RFM 客户价值计算和分层运营模型

随着流量越来越贵,产品运营越来越需要精细化,RFM 模型被使用的频率将会越来越高。

7.5.1 RFM 模型定义

根据美国数据库营销研究所 Arthur Hughes 的研究,客户数据库中有 3 个神奇的要素,这 3 个要素构成了数据分析最好的指标:最近一次消费(Recency)、消费频率(Frequency)、消费金额(Monetary)。

最近一次消费意指上一次购买的时候——顾客上一次是几时来店里、上一次根据哪本邮购目录购买东西、什么时候买的车,或在你的超市最近一次买早餐是什么时候。

理论上,上一次消费时间越近的顾客应该是比较好的顾客,对提供即时的商品或是服务也最有可能会有反应。营销人员若想业绩有所增长,只能靠"偷取"竞争对手的市场占有率,而如果要密切地注意消费者的购买行为,那么最近的一次消费就是营销人员第一个要利用的工具。历史显示,如果我们能让消费者购买,他们就会持续购买。这也就是为什么 0 至 6 个月的顾客收到营销人员的沟通信息多于 31 至 36 个月的顾客。

最近一次消费的过程是持续变动的。在顾客距上一次购买时间满一个月之后,在数据库里就成为最近一次消费为两个月的客户。同一天,最近一次消费为 3 个月前的客户进行其下一次的购买,他就成为最近一次消费为一天前的顾客,也就有可能在很短的期间内就收到新的折价信息。

最近一次消费的功能不仅在于提供的促销信息,营销人员的最近一次消费报告可以监督事业的健全度。优秀的营销人员会定期查看最近一次消费分析,以掌握趋势。月报告如果显示上一次购买时间很近(最近一次消费为 1 个月)的客户人数增加,则表示该公司是个稳健成长的公司;反之,如果上一次消费为一个月的客户越来越少,则是该公司迈向不健全之路的征兆。

最近一次消费报告是维系顾客的一个重要指标。最近才买你的商品、服务或是光顾你商店的消费者,是最有可能再次向你购买东西的顾客。再则,要吸引一个几个月前上门的顾客再次购买,比吸引一个一年多以前来过的顾客要容易得多。营销人员如果能够接受这种强有力的营销哲学——与顾客建立长期的关系而不仅是卖东西,要与顾客持续保持往来,并赢得他们的忠诚度。

消费频率是顾客在限定期间内所购买的次数。我们可以说最常购买的顾客,也是满意度最高的顾客。如果相信品牌及商店忠诚度的话,最常购买的消费者,忠诚度也就最高。增加顾客购买的次数意味着从竞争对手处"偷取"市场占有率,从别人的手中赚取营业额。

根据这个指标，我们又把客户五等分，这个五等分分析相当于是一个"忠诚度的阶梯"（Loyalty Ladder），其诀窍在于让消费者一直顺着阶梯往上爬，把销售想象成是要将两次购买的顾客往上推成 3 次购买的顾客，把一次购买者变成两次的。

消费金额是所有数据库报告的支柱，也可以验证"帕雷托法则"(Pareto's

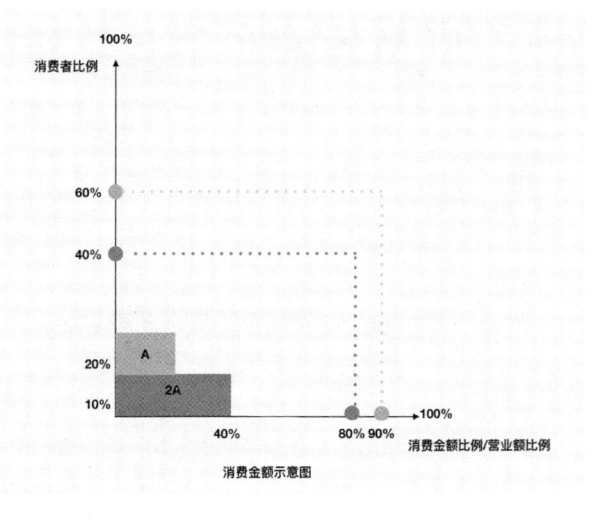

消费金额示意图

Law)——公司 80% 的收入来自 20% 的顾客。它显示出排名前 10% 的顾客所花费的金额比下一个等级者多出至少两倍，占公司所有营业额的 40% 以上。如上图所示，我们会发现有 40% 的顾客贡献公司总营业额的 80%；而有 60% 的顾客贡献营业额的 90% 以上。

结合这 3 个指标，我们就可以把顾客分成 5 × 5 × 5 = 125 类，对其进行数据分析，然后制定我们的营销策略。

通过最近一次消费、消费频率、消费金额测算消费者价值是最重要也是最容易的方法之一，这充分的表现了这 3 个指标对营销活动的指导意义。其中，最近一次消费是最有力的预测指标。

7.5.2 RFM 模型计算方法流程案例

RFM 模型一般是从数据库取出需要的数据，然后进行一定的数理运算，得出客户的分层数据，具体步骤如下。

第一步：取数。

右图所示的数据案例很容易从自己产品的数据库中取得，例如用户 ID、下单日期、消费金额等。

第二步：清洗数据。

缺失值的处理，包括行缺失值的处理，列缺失值的处理，异常值的处理等。

1	行标签	计数/用户ID	最大值/下单日期	求和/消费金额
2	51220	2	2016/9/20	151.9
3	51221	1	2016/5/16	29.9
4	51224	2	2016/7/24	12.9
5	51225	1	2016/9/7	9.8
6	51226	1	2016/2/1	19.9
7	51227	1	2016/4/2	9.9
8	51229	1	2016/6/19	69
9	51230	1	2016/2/18	299
10	51231	1	2016/7/2	2288
11	51232	2	2016/12/9	2028.9
12	51235	1	2016/1/17	59
13	51243	1	2016/9/11	23.9
14	51244	2	2016/12/23	358
15	51245	3	2016/8/10	170.9
16	51246	2	2016/9/17	213.8
17	51248	1	2016/8/4	49
18	51250	1	2016/8/9	999
19	51251	1	2016/12/1	55
20	51255	1	2016/12/25	3999
21	51258	1	2016/3/6	295
22	51259	2	2016/11/13	238.9
23	51260	2	2016/7/21	33.8
24	51263	1	2016/9/25	39
25	51264	1	2016/9/13	2999
26	51267	1	2016/12/20	2599
27	51273	1	2016/9/16	72
28	51274	1	2016/12/4	19.8
29	51275	1	2016/4/14	9.9

第7章　数据模型驱动增长　　135

第三步：数据分析，如下图所示。

最大值/下单时间	参考时间	R	F	M	R-SCORE	F-SCORE	M-SCORE	R1	F1	M1	客户类型	
2016/9/20	2017/1/1	103.00	2	151.9	-1	-1	-1	0	1	0	流失客户	
2016/5/16	2017/1/1	230.00	1	29.9	1	-1	-1	1	0	0	新客户	
2016/7/24	2017/1/1	161.00	2	12.9	1	-1	-1	1	1	0	新客户	121
2016/9/7	2017/1/1	116.00	1	9.8	-1	-1	-1	0	0	0	流失客户	
2016/2/1	2017/1/1	335.00	1	19.9	2	-1	-1	1	0	0	新客户	
2016/4/22	2017/1/1	254.00	2	9.9	2	-1	-1	1	1	0	新客户	
2016/6/19	2017/1/1	196.00	1	69	1	-1	-1	1	0	0	新客户	
2016/2/8	2017/1/1	318.00	1	299	2	-1	-1	1	0	0	新客户	
2016/7/2	2017/1/1	183.00	1	2288	1	-1	-1	1	0	0	新客户	
2016/12/9	2017/1/1	23.00	2	2028.9	-1	-1	-1	0	1	0	流失客户	
2016/1/17	2017/1/1	350.00	1	59	2	-1	-1	1	0	0	新客户	
2016/9/11	2017/1/1	112.00	1	23.9	-1	-1	-1	0	0	0	流失客户	
2016/12/23	2017/1/1	9.00	2	358	-1	-1	-1	0	1	0	流失客户	
2016/8/10	2017/1/1	144.00	3	170.9	-1	-1	-1	0	1	0	新客户	

经过对 R 值、F 值、M 值进行运算得出具体数值。

第四步：构造客户映射矩阵，如下图所示。

R	F	M	客户类型
1	1	1	重要价值客户
0	1	1	重要唤回客户
1	0	1	重要耕耘客户
0	0	1	重要挽留客户
1	1	0	潜力客户
1	0	0	新客户
0	1	0	一般客户
0	0	0	流失客户

第五步：根据 RFM 判断矩阵和 RFM-SCORE 得分输出结果，如下图所示。

f_x =(MAX(D2:D59677)-MIN(D2:D59677))/3

M	F	R-SCORE	F-SCORE	M-SCORE	R1	F1	M1	客户类型	N	O	P	Q	R
2	151.9	-1	-1	-1	0	0	0	流失客户					
1	29.9	-1	-1	-1	1	0	0	新客户					
2	12.9	-1	-1	1	1	0	0	新客户			121	4.333333	29921.6667
1	9.8	-1	-1	-1	0	0	0	流失客户					
1	19.9	-1	-1	-1	1	0	0	新客户					
2	9.9	2	-1	-1	1	0	0	新客户					
1	69	2	-1	-1	1	0	0	新客户					
1	299	2	-1	-1	1	0	0	新客户					
1	2288	1	-1	-1	1	0	0	新客户					
2	2028.9	-1	-1	-1	0	0	0	流失客户					
1	59	-1	-1	-1	1	0	0	新客户					
1	23.9	-1	-1	-1	0	0	0	流失客户					
2	358	-1	-1	-1	0	0	0	流失客户					
3	170.9	1	-1	-1	0	0	0	新客户					

第六步：可视化，如下图所示。

客户类型	计数项:客户类型	计数项:客户类型2	求和项:M	求和项:M2
流失客户	24892	41.79%	30214400.9	47.43%
新客户	34671	58.21%	33366459.2	52.38%
重要耕耘客户	1	0.00%	31010.9	0.05%
重要唤回客户	1	0.00%	89766.8	0.14%
总计	59565	100.00%	63701637.8	100.00%

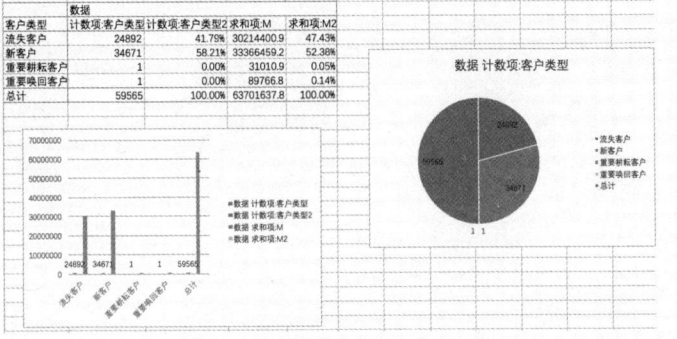

至此，可以将 RFM 模型分层得出的用户进行下一步的细化运营。

7.5.3 RFM 模型的意义

在众多的客户关系管理（CRM）的分析模式中，RFM 模型是被广泛提到的。RFM 模型是衡量客户价值和客户创利能力的重要工具和手段。该模型通过一个客户的近期购买行为、购买的总体频率以及花了多少钱 3 项指标来描述该客户的价值状况。

RFM 模型较为动态地展示了一个客户的全部轮廓，这对个性化的沟通和服务提供了依据。同时，如果与该客户打交道的时间足够长，也能够较为精确地判断该客户的长期价值（甚至是终身价值），通过改善上述 3 项指标的状况，从而为更多的营销决策提供支持。

在 RFM 模型中，R（Recency）表示客户最近一次购买的时间有多远，F（Frequency）表示客户在最近一段时间内购买的次数，M（Monetary）表示客户在最近一段时间内购买的金额。一般的分析型 CRM 着重于客户贡献度的分析，RFM 模型则强调以客户的行为来区分客户。

RFM 模型非常适用于生产多种商品的企业，而且这些商品单价相对不高，如消费品、化妆品、小家电等；它也适合一个只有少数耐久商品的企业，但是该商品中有一部分属于消耗品，如复印机、打印机、汽车维修等消耗品；RFM 对于加油站、旅行保险公司、运输公司、快递、快餐店、KTV 等也很适合。

RFM 模型可以用来提高客户的交易次数。业界常用的 DM（直接邮寄），常常一次寄发成千上万封邮购清单，其实这是很浪费钱的。根据统计（以一般邮购日用品而言），如果将所有 R（Recency）的客户分为 5 级，最好的第五级回函率是第四级的 3 倍，因为这些客户刚完成交易不久，所以会更注意同一公司的产品信息。如果用 M（Monetary）来把客户分为 5 级，最好与次好的平均回复率几乎没有显著差异。

有些人会用客户绝对贡献金额来分析客户是否流失，但是绝对金额有时会曲解客户行为。因为每个商品价格可能不同，对不同产品的促销有不同的折扣，所以采用相对的分级（例如 R、F、M 都各分为 5 级）来比较消费者在级别区间的变动，更可以显现出相对行为。企业用 R、F 的变化，可以推测客户消费的异动状况，根据客户流失的可能性列出客户，再从 M（消费金额）的角度来分析，就可以把重点放在贡献度高且流失机会也高的客户上，重点拜访或联系，以最有效的方式挽回更多的商机。

RFM 模型也不可以用过头，否则会造成高交易的客户不断收到信函。每一个企业应该设计一个客户接触频率规则，如购买 3 天或一周内应该发出一个感谢的电话或 E-mail，并主动关心消费者是否有使用方面的问题，一个月后发出使用是否满意的询问，而 3 个月后则提供交叉销售的建议，并开始注意客户的流失可能性，不断地创造主动接触客户的机会。这样一来，客户再次购买的机会也会大幅提高。

企业在推行 CRM 时，就要根据 RFM 模型的原理，了解客户差异，并以此为主轴进行企业流程重建，才能创造好的业绩与可观的利润。否则，企业将无法在新世纪的市场立足。

7.6 LTV 用户生命价值周期模型

7.6.1 LTV/CLTV 的含义

LTV 是 Life Time Value 的缩写。CLTV 是 Customer Life Time Value 的缩写。两者多数情况下指用户生命周期和价值。LTV 通常被应用于营销领域，用来衡量用户在其生命周期内为企业贡献了多少收入或利润（根据算法微调可分别计算收入或毛利）。收入口径的 LTV 大于用户获取成本，或利润口径的 LTV 大于 0，则代表在测算模型中，我们能够从用户处赚到钱。

7.6.2 LTV 的作用

以利润为导向，综合考虑渠道留存率、收入、维护成本、获客成本，作为判断渠道质量的重要依据。了解不同渠道在各项指标上的差异，有针对性地改善，并观测及预估用户的成本回收情况。

LTV 的计算方法和相关参数估算可参照 2.4 节内容，此处不再赘述。

7.6.3 LTV 的计算方法案例

例如，某平台平均获客成本为 500，平均每客利润为 1000，客户留存率为 75%，客户流失率为 25%，年客户生命周期为 4。可以得出下图所示的 LTV 为 3500。计算公式为平均获客成本乘以平均每客利润所得结果减去年客户生命周期（此处仅用数值举例说明）。

简约 CLV/LTV		
平均获客成本	500	
平均每客利润	1000	
客户留存率	75%	1 单位时间内留下的比上新增的
客户流失率	25%	
年客户生命周期	4	
简约 CLV/LTV	3500	

7.7 其他常见的大小数据分析模型

统计数据视角的实体模型通常指的是统计分析或大数据挖掘、深度学习、人工智能技术等种类的实体模型，这些模型是从科学研究视角去界定的。

1. 降维

对大量的数据和大规模的数据进行数据挖掘时，往往会面临"维度灾害"。数据集的维度在无限增加，但计算机的处理能力和速度有限，此外，数据集的多个维度之间可能存在共同的线性关系。这会立即造成学习模型的可扩展性不足，导致许多优化算法得出的结果无效。因此，人们必须减少层面总数以减少层面间的共线性危害。

数据降维也称为数据归约或数据约减，它的目的就是减少数据计算和建模中涉及的维数。有两种数据降维思想：一种是基于特征选择的降维，另一种是基于维度变换的降维。

2. 回归

回归是一种数据分析方法，它是研究自变量 x 对因变量 y 的数据分析。我们了解的最简单的回归模型就是一元线性回归（只包含一个自变量和因变量，并且它们的关系可以用一条直线表示）。

回归分析根据自变量的数量分为简单回归模型和多元回归模型；根据影响是否是线性的，可以分为线性回归和非线性回归。

3. 聚类

我们都听过"物以类聚，人以群分"，这也是聚类分析的基本思想。聚类分析法是大数据挖掘和测算中的每日基础任务，聚类分析法是将很多统计数据集中化，将具备"类似"特点的统计数据点区划为一致类型，并最后转化成好几个类的方式。大量数据集中必须有相似的数据点。基于这一假设，可以区分数据，并且可以找出每个数据集（分类）的特征。

4. 分类

分类算法是根据对已知类型训练集的测算和剖析，从中发觉类型标准，为此分析新统计数据的类型的类别优化算法。分类算法是解决分类问题的一种方法，是数据挖掘、机器学习和模式识别的一个重要研究领域。

5. 关联

关联规则学习根据寻找最能解释数据变量之间关系的规则，在大量多元数据集中找到有用的关联规则。这是一种从大量数据中找出各种数据之间关系的方法。此外，它还可以挖掘基于时间序列的各种数据之间的关系。

6. 时间序列

时间序列是一种用于研究数据随时间变化的算法，是一种常用的回归预测方法，原则是事物的连续性。所谓连续性，是指客观事物的发展具有规律性的连续性，事物的发展是按照其内在规律进行的。在一定的条件下，只要规则作用的条件不发生质的变化，事物的基本发展趋势就会持续到未来。

7. 异常数据检测

在大多数数据挖掘或数据工作中，异常值将被视为"噪声"，并在数据预处理过程中被消除，以避免其对整体数据评估和分析挖掘造成影响。然而，在某些情况下，如果数据工作的目标是关注异常值，这些异常值将成为数据工作的焦点。

数据集中的异常数据通常被称为异常点、异常值或孤立点等，典型的特征是这些数据的特征或规则与大多数数据不一致，表现出"异常"的特征。检测这些数据的方法称为异常检测。

8. 行为事件分析

行为事件分析法主要用于研究某行为事件的发生对企业组织价值的影响，以及影响程度。企业借此来追踪或记录用户行为及业务过程，如用户注册、浏览产品详情页、成功投资、提现等，通过研究与事件发生关联的所有因素来挖掘用户行为事件背后的原因、交互影响等。

行为事件分析法具有强大的筛选、分组和聚合能力，逻辑清晰且使用简单，已被广泛应用。行为事件分析法一般包含事件定义与选择、下钻分析、解释与结论等环节。

用户画像

第 8 章

用户画像对企业来说是打通企业全渠道用户数据，对用户进行全域画像分层定义，实现"千人千面"的精准个性化营销的工具。对于消费者来说，用户画像能使网站的推荐越来越符合自己的需求。

CHAPTER

EIGHT

8.1 用户画像

8.2 用户画像的方法

8.3 案例：淘宝用户画像应用

8.1 用户画像

未来各企业对用户画像的需求不仅不会减弱，反而会加强，因为企业存在的核心意义是服务好用户和客户，用户画像的完善程度就是衡量自己企业懂用户和客户的程度。下面介绍阿里巴巴集团公司的用户画像案例和用户画像的定义、方法、构建等内容。

8.1.1 用户画像定义

用户画像，即用户信息标签化，企业通过收集与分析消费者的社会属性、生活习惯、消费行为等主要信息数据，抽象出一个用户的商业全貌，这是企业应用大数据技术的基本方式。用户画像为企业提供了足够的信息基础，能够帮助企业快速找到精准用户群体和用户需求等更广泛的反馈信息。

8.1.2 用户画像的作用

用户画像的作用主要有以下几个方面。

精准营销，分析产品潜在用户，针对特定群体，利用短信、邮件等方式进行营销。

用户统计，例如我国大学购买书籍人数 TOP10，全国城市"奶爸指数"等。

数据挖掘，构建智能推荐系统，例如利用关联规则计算喜欢红酒的人通常喜欢什么运动品牌，利用聚类算法分析喜欢红酒的人年龄段分布情况等。

进行效果评估，完善产品运营，提升服务质量，相当于通过市场调研、用户调研，迅速定位服务群体，提供高水平的服务。

对服务或产品进行私人定制，即个性化地服务某类群体，甚至每一位用户。例如，某公司想推出一款面向 5~10 岁儿童的玩具，通过用户画像进行分析，发现形象为"喜羊羊"、价格区间为"中等"的偏好比重最大，这样就给新产品提供了非常客观有效的决策依据。

用户画像的目标是通过分析用户行为，最终为每个用户打上标签和该标签的权重，如红酒 0.8、李宁 0.6。

标签，表明用户对该内容有兴趣、偏好、需求等。

权重，表明用户的兴趣、偏好指数，也可能表征用户的需求度，可以简单地理解为可信度、概率。

打标签是为了让人能够理解并且方便计算机处理，如分类统计、数据挖掘。

分类统计，如统计喜欢红酒的用户有多少，喜欢红酒的人群中男、女比例是多少等。

标签提供了一种便捷的方式，方便计算机程序化处理与人相关的信息，甚至通过算法、模型能够"理解"人。

当计算机具备这样的能力后,搜索引擎、推荐引擎、广告投放等各种应用领域,都将进一步提升精准度,提高信息获取的效率。

标签通常是人为规定的高度精练的特征标识,如年龄段标签——25~35岁,地域标签——北京。

标签呈现出两个重要特征:语义化(便于理解)和短文本(不可拆分)。

语义化,即人能很方便地理解每个标签的含义。能够较好地满足业务需求,如判断用户偏好。

短文本,即每个标签通常只表示一种含义,标签本身无须再做过多文本分析等预处理工作,为利用机器提取标准化信息提供了便利。

8.2　用户画像的方法

构建用户画像有4个阶段。

第一个阶段是需求解读,明确用户画像的需求必要性,用户画像建设目标和效果预期。

第二个阶段是建立模型,结合实际需求,构建实体和关系。

第三个阶段是维度分解,根据相关性原则,对用户、商品、渠道3类数据实体进行数据维度分析和列举。

第四个阶段是设计应用,针对不同人员角色需求(市场、销售、研发),设计用户画像平台的使用功能和应用功能。

构建用户画像的难点是将非结构化的数据处理成结构化的数据。

用户画像构建流程如下图所示。

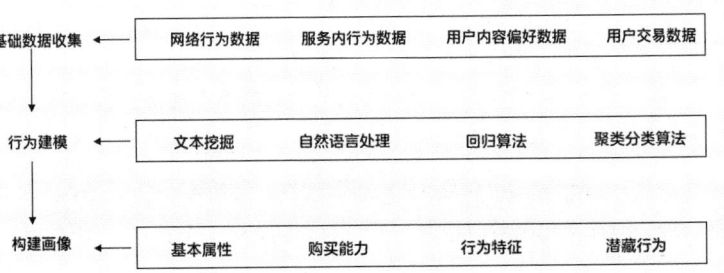

第一步，数据收集。

该阶段要收集的数据大致分为网络行为数据、服务内行为数据、用户内容偏好数据、用户交易数据这 4 类。

◆ 网络行为数据。活跃人数、页面浏览量、访问时长、激活率、外部触点、社交数据等。

◆ 服务内行为数据。浏览路径、页面停留时间、访问深度、唯一页面浏览次数等。

◆ 用户内容偏好数据。浏览 / 收藏内容、评论内容、互动内容、生活形态偏好、品牌偏好等。

◆ 用户交易数据（交易类服务）。贡献率、客单价、连带率、回头率、流失率等。

当然，收集到的数据不会是 100% 准确的，都具有不确定性，这就需要在后面的阶段中通过建模来再次判断，例如某用户在性别一栏填的"男"，但通过其行为偏好可判断其性别为"女"的概率为 80%。

还值得一提的是，储存用户行为数据时最好同时储存发生该行为的场景，以便更好地进行数据分析。

第二步，行为建模。

该阶段对上阶段收集到的数据进行处理，并进行行为建模，以抽象出用户的标签。这个阶段注重的应是大概率事件，通过数学算法模型尽可能地排除用户的偶然行为。

这时也要用到机器学习，对用户的行为、偏好进行猜测，好比一个 $y=kx+b$ 的算法，x 代表已知信息，y 是用户偏好，通过不断的精确 k 和 b 来精确 y。

在这个阶段，需要用到很多模型来给用户贴标签。

例如用户汽车模型，根据用户对"汽车"话题的关注或购买相关产品的情况来判断用户是否有车、是否准备买车；再如用户忠诚度模型，通过"判断 + 聚类算法"判断用户的忠诚度；还有消费能力、违约概率、流失概率等多个模型。

第三步，用户画像基本成型。

该阶段可以说是上一阶段的深入，要把用户的基本属性（如年龄、性别、地域）、购买能力、行为特征、兴趣爱好、心理特征、社交网络大致地标签化。

为什么说是基本成型？因为用户画像无法百分之百地描述一个人，只能做到不断地去逼近一个人。因此，用户画像既应根据变化的基础数据不断修正，又要根据已知数据来抽象出新的标签，使用户画像越来越立体。

关于"标签化"，一般采用多级标签、多级分类。例如第一级标签是基本信息（姓名、性别），第二级是消费习惯、用户行为；第一级分类有人口属性，人口属性又有基本信息、地理位置等二级分类，地理位置又分工作地址和家庭地址的三级分类。

第四步，数据可视化分析。

这是把用户画像真正利用起来的一步，在此步骤中一般针对群体进行分析，例如可以根据用户价值来细分出核心用户、评估某一群体的潜在价值空间，以做出针对性的运营。

8.3　案例：淘宝用户画像应用

大多数淘宝用户都能收到这样的广告推送，如右图所示。

根据右图里的推送可以总结出如下的用户画像要素。

◆ 地域。属于该用户的"基本属性"，通过 App 的定位及收货地址来确定。

◆ 店铺拉新或复购。属于"交易属性"，对于此标签应该有不同的定义，从字面意义来看属于淘宝的优惠活动，暂时定为"交易属性"。

◆ 潜客。属于"潜力特征"，推测通过该用户在淘宝上的浏览商品内容来进行潜力预测（购物车、收藏夹也是相关的维度）。

◆ 高频消费。属于"消费特征"，根据淘宝平台上的订单来进行划分。

◆ 男性。属于该用户的"基本属性"，根据账户注册时的信息获得。

◆ 写字楼。属于"基本属性"，推测是根据收货地址来确定的。

当淘宝对用户建立了一个维度覆盖面相对较广的用户画像后，便可以针对特定用户人群指定营销活动，以找到运营老用户和获取新用户的机会。

推荐系统

第 9 章

- 9.1 实战推荐系统产品
- 9.2 推荐系统应用场景
- 9.3 推荐系统未来必须关注的七大热点
- 9.4 案例：今日头条和抖音短视频产品推荐系统

CHAPTER

NINE

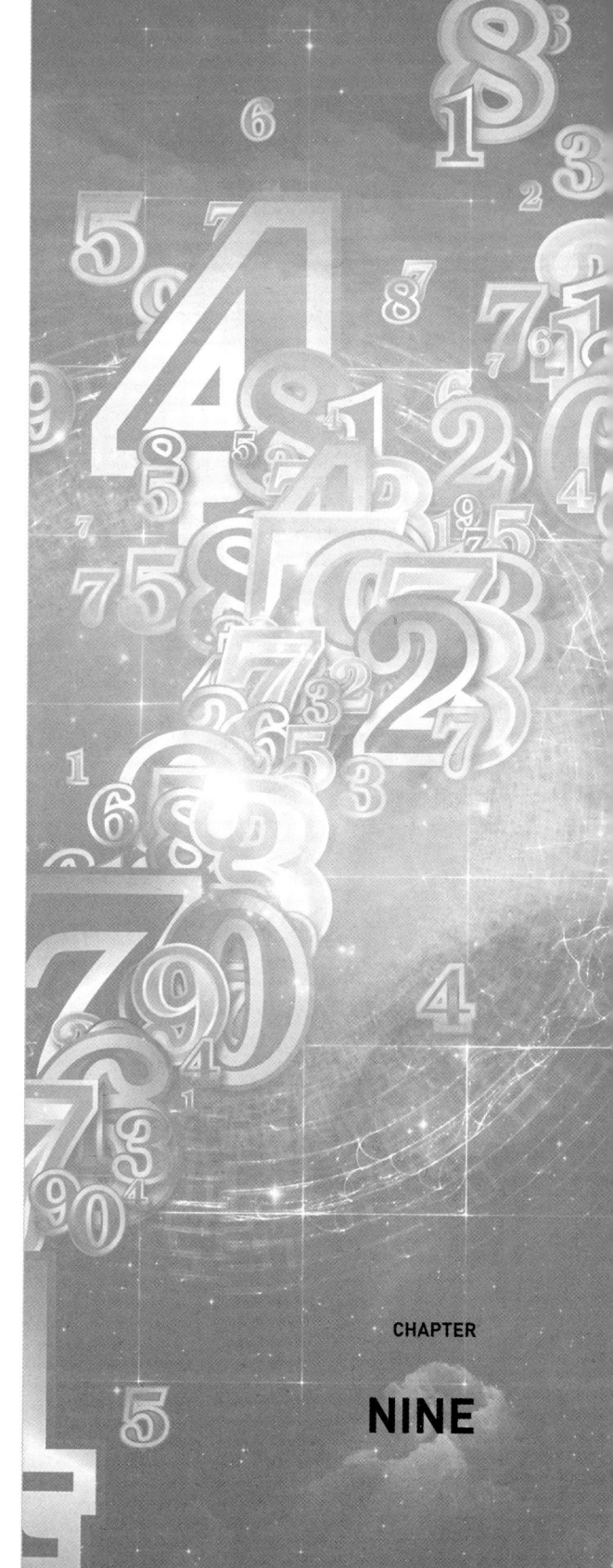

推荐系统是一种信息过滤系统，用于预测用户对物品的"评分"或"偏好"。

推荐系统近年来非常流行，应用于各行各业。推荐的对象包括电影、音乐、新闻、书籍、学术论文、搜索查询、分众分类，以及其他产品。也有一些推荐系统专门为寻找专家、合作者、笑话、餐厅、美食、金融服务、生命保险、网络交友，以及新浪微博、头条、抖音页面设计。

推荐系统产生推荐列表的方式通常有两种：协同过滤，基于内容推荐或基于个性化推荐。协同过滤方法根据用户历史行为（例如其购买的、选择的、评价过的物品等）结合其他用户的相似决策建立模型。这种模型可用于预测用户对哪些物品可能感兴趣（或用户对物品的感兴趣程度）。基于内容推荐，利用一系列有关物品的离散特征，推荐出具有类似性质的相似物品。两种方法经常互相结合，作为混合推荐系统。

9.1 实战推荐系统产品

推荐系统是做数字化增长的有力引擎，下面介绍几种推荐系统产品，以及评价指标和优、缺点等。

9.1.1 基于用户的推荐系统

基于用户的推荐系统是属于协同过滤（Collaborative Filtering，CF）的推荐。

关键的问题是如何找出和待推荐用户爱好相似的用户。主要是根据用户的历史行为记录，如果两个人的历史记录里有非常多共同的部分，那么大概率他们的爱好是相似的，所以可以通过余弦相似度进行计算。

直观来看，在具体推荐过程中对用户做两层嵌套的循环就可以算出来，但事实上在海量用户的情况下，这样的复杂度是很难接受的，那么可优化的空间在哪里呢？其实用户的交互是稀疏的，所以很多（用户 $=v$，物品 $=u$）关系对并没有计算的必要。可以选择做一个"物品 – 用户"倒排表，用一个矩阵 $C[u][v]$ 来表示用户之间相同的交互数量，对于倒排表中的每个物品对应的用户，两两之间在 C 中加 1，通过这种方式即可得到所有交互不为 0 的用户相似度。

有了相似度矩阵之后就可以进行推荐，首先找出和用户相似度最高的 K 个用户，然后

得到这 K 个用户发生交互商品的集合，去除用户原本已经发生交互的商品，就得到了带推荐的集合。如何去衡量这些待推荐商品的优先级呢？很容易想到，如果它来自和用户相似度非常高的用户，那么它的优先级应该高一点。

与某用户最相似的 K 个用户中，如果用户 v 与待推荐商品发生过交互，则该用户对该商品的兴趣等于这两个用户的相似度和该用户对该商品的兴趣的乘积，如果只是单纯的行为数据，则兴趣为 1。有了用户对待推荐商品的兴趣之后，可以选择一个阈值 N，将用户兴趣度最高的 N 个商品作为最后的推荐集合。

到了这里，已经完成了基于用户的协同过滤（User-based CF）算法。

9.1.2 推荐效果评价指标

推荐效果评价指标一共有 4 个，下面分别讲解一下。

（1）召回率（Recall）

召回率是指实际发生交互的商品中被预测出来部分的比例。

$$召回率 = 提取出的正确信息条数 \div 样本中的信息条数$$

（2）准确率（Precision）

准确率是指实推荐的商品中用户真正发生交互商品的比例。

$$准确率 = 提取出的正确信息条数 \div 提取出的信息条数$$

（3）覆盖率（Coverage）

覆盖率，这算是推荐系统中独有的指标了，指推荐的商品占总商品数的比例。这个比例越高，表明推荐系统发掘长尾的能力越强。

（4）流行度（Popularity）

流行度，推荐商品的平均流行度，该值高表明推荐的商品大多是比较热门的内容，推荐系统发掘长尾的能力较差，可以和覆盖率联合起来看，表征推荐的新颖度。

9.1.3 基于内容的推荐系统

基于内容的推荐算法（Content-Based Recommendations，CB）非常古老，应该是最早被使用的推荐算法。虽是年代久远，但即便放在深度学习十分火热的当下，基于内容的推荐算法依然被业界广泛使用，足以证明其具有不可替代的优势，也经受了时间的检验。

基于内容的推荐算法最早主要应用在信息检索系统中，所以很多信息检索及信息过滤的方法都能用于基于内容的推荐。而用于个性化推荐领域的内容推荐，本质上就是一个包装成推荐系统的信息检索系统。

业界成熟的推荐系统往往是多个推荐算法策略的组合使用，因此基于内容的推荐很少会独立支撑整个推荐系统，但通常一个复杂的推荐系统很可能是从基于内容推荐成长起来的，基于内容的推荐系统是一个推荐系统的雏形。

根据用户过去喜欢的物品，为用户推荐相似的物品。这个过程中最重要的是通过用户的历史行为来学习用户的偏好，刻画出用户画像，然后通过相似性度量找出与用户偏好最接近的 N 个物品。

举个简单的例子，在京东上购物的小伙伴们应该都知道，每当你进入任何一个物品页面的时候都会有一个 "猜你喜欢" 的栏目，这时候系统会根据你经常购买的物品给你推荐相似的物品。例如笔者经常购买互联网类书籍，所以系统就会给我推荐类似的书籍（当然这里只是举个例子，京东的推荐算法不可能那么单一，但是可以肯定的是它一定会用到最基础的内容推荐算法）。

一个完整的基于内容或物品的推荐系统架构如下图所示。

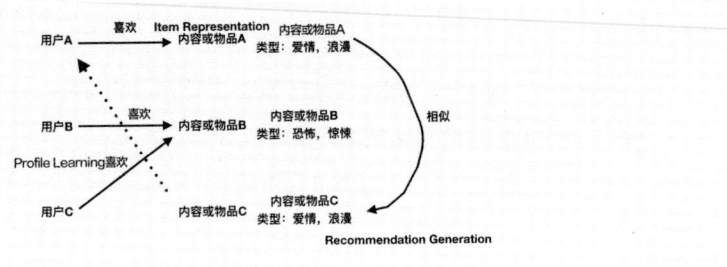

上图主要流程说明如下。

（1）物品表示（Item Representation）。为每个 Item 抽取出一些特征（也就是 Item 的 Content）来表示此 Item。

（2）用户偏好学习（Profile Learning）。利用一个用户过去喜欢（或不喜欢）的 Item 的特征数据，来学习出此用户的偏好特征（Profile）。

（3）生成推荐列表（Recommendation Generation）。通过比较上一步得到的用户 Profile 与候选 Item 的特征，为此用户推荐一组相关性最大的 Item。

下面举个例子说明这 3 个步骤。随着今日头条的崛起，基于内容的文本推荐就盛行起来了。

第一步，从文章内容中抽取出代表它们的属性。常用的方法就是利用出现在一篇文章中的词来代表这篇文章，而每个词对应的权重往往使用信息检索中的 TF-IDF 来计算。利用这种方法，一篇抽象的文章就可以使用一个具体的向量来表示了。

第二步，根据用户过去喜欢什么文章来产生刻画此用户喜好的特征向量，最简单的方法是可以把用户喜欢的所有文章对应的向量的平均值作为此用户的特征向量。例如用户经常在今日头条阅读科技相关的文章，那么今日头条的算法可能会把用户偏好特征中的 "互联网" "大数据" "机器学习" "数据挖掘" 等关键词的权重设置得比较大。

第三步，当用户登录或刷新头条客户端的时候，推荐系统会根据用户 ID 获取到相应的用户特征，然后利用内容推荐算法与未读的较新文章进行相似度计算（相似度的衡量可以用余弦相似度），然后取相似度最大的前 N 篇文章作为推荐结果返回用户的推荐列表。

物品表示，更形象的说法是物品画像（Item Profile）的构建，是相对于用户画像（User Profile）来说的。不管是物品画像的构建，还是用户画像的构建，有一个非常重要的步骤，那就是内容的挖掘和分析。

内容的挖掘和分析实际上是基于内容的推荐系统最关键的一个步骤，相当于机器学习任务中特征工程的环节。实际上，基于内容推荐算法中所谓的"内容"，表现在结构化数据中，就是指想尽各种办法提取关键特征，在数据资源固定的情况下，特征提取的质量直接影响推荐效果。因此，基于内容的推荐，最重要的不是推荐算法，而是内容挖掘和分析。内容挖掘越深入，哪怕早期推荐算法仅有非常生硬的规则，也能取得不俗的效果。随着内容分析的逐步深入，能抓住的用户群体越细致，推荐的转化率就越高，用户对产品的好感度也就增加了。

例如短视频的推荐，内容挖掘由浅至深可能有以下几个过程，推荐效果也会更加精细化。

短视频本身没有任何结构化信息，如果不挖掘内容，那么除了强推或者随机小流量，没有其他合理曝光逻辑了；如果对视频的文本描述，例如标题等能够有内容分类，如娱乐类，那么对于喜欢娱乐的用户来说就很合理；如果能够进一步分析文本的主题，那么就有可能展示给对类似主题感兴趣的用户；如果还能识别出内容中主角是某位演员，那就能更精准地锁定一部分用户了；如果再对内容本身做嵌入分析，那么潜藏的语义信息也就能全部抓住，也就更能表达内容了。

既然是特征工程，那么前置预处理必不可少，因此要想将物品特征做好，需要做好"抓"（丰富内容库，提高推荐多样性）、"洗"（洗掉垃圾内容，保留有用信息）、"挖"（挖掘有用信息）、"算"（计算相关性，确定筛选合理属性特征）4 门功课。

在内容挖掘和分析的过程中，挖掘侧重于信息的探索和发现，分析侧重于信息的提炼和转化。在这里，内容分析往往指关键词的提取，涉及非结构化文本内容的结构化处理。我们拿到的文本常常是用自然语言描述的，也就是"非结构化"的，为了便于计算机处理和计算，把对非结构化文本内容的处理简化为向量空间中的向量运算，这个过程常常伴随着文本特征提取。向量化的表示方法最早也是来自信息检索系统，称为 VSM（Vector Space Model，向量空间模型）。

非结构化文本内容的结构化处理和文本特征提取，可用的算法和模型众多，各有特点，大都属于 NLP（自然语言处理）领域。

结构化内容库和物品结构化的内容库最重要的用途是结合用户反馈行为去学习用户画像（用户对物品的偏好特征）。

在内容结构化处理过程中，可能会用到多种模型来实现，例如分类器模型、主题模型、实体识别模型、嵌入模型等，这些模型在之后的场景中依然可堪大用。例如当新的物品刚刚进入市场时，需要实时地被推荐出去，这时候可用这些模型对新物品的内容信息进行实时分析，提取结构化内容，之后便可直接与旧物品一样毫无差别地进入推荐候选列表，获得推荐和曝光机会，很好地解决了新物品的冷启动问题。

相对于物品画像的说法，用户偏好学习（Profile Learning）这个过程实际上就是用户画像的构建（User Profile）。用户画像这个词相比物品画像来说被流传得更加广泛，一些企业内部也习惯把用户画像简称 UP。实际上个性化推荐系统中的用户画像，并不是单纯的人口统计学信息构建的标签云，还有一些特征可能是一些抽象的隐含语义，无法被人直观理解，因为它不是给人看的，而是给机器看的。用户画像并不是推荐系统的目的，而是在构建推荐系统的过程中产生的一个关键环节的产品。

一个推荐系统只有一个使命，就是要在用户（User）和物品（Item）之间建立连接。内容的挖掘和分析就是为了更好地识物断人，从而更高效地完成用户与物品之间的对接，而特征学习就是完成连接的关键步骤。

用户画像由两个部分构成，一部分是对用户端内容挖掘分析后的用户的属性特征，另一部分是根据用户行为数据统计或学习到的对物品端结构化属性的偏好度量。

用户端的内容分析一般可以从人口统计学信息入手（如性别、年龄、婚姻状况、职业等），还可以对用户的个人签名、发表的评论、动态、日记等内容进行分析，提炼关键特征。

用户对物品的偏好特征是基于内容推荐的重要一环，这个过程体现了基于内容推荐的核心思想，也就是通过用户的历史行为来了解用户的兴趣偏好。此时我们已经拿到了用户喜欢的多个物品的向量化表示，那么，如何计算用户的喜好特征呢？相关的算法有很多，主要分非机器学习算法和机器学习算法。

非机器学习算法主要有平均法、时间衰减法、Rocchio 算法等，都是先通过历史行为数据统计计算出用户偏好特征，然后与候选物品对应的属性特征计算相似度，再按照相似度打分进行排序推荐。这种特征学习方法得到的是用户的平均偏好特征，因此推荐精度可能没那么高，不过算法简单，可快速实现、快速上线，还可以对用户的偏好特征进行实时更新。

平均法是最简单的方法，基于统计直接把用户所有喜欢的物品对应的向量的平均值作为此用户的偏好特征向量。

在某些推荐场景下，会考虑到时间效应，用户的兴趣迁移比较快，其中的某个兴趣点可能会随着时间变化不断衰减，因此在计算用户偏好特征的时候会增加时间因子。这就是时间衰减法。

Rocchio 算法是信息检索中处理相关反馈（Relevance Feedback）的一个著名算法。例如在搜索引擎里搜"苹果"，最开始搜这个词时，搜索引擎不知道用户到底是要能吃的水果，还是要不能吃的苹果品牌，所以它往往会尽量呈现各种结果。当看到这些结果后，用户会点击一些觉得相关的结果（这就是所谓的相关反馈了）。当用户翻页查看第二页的结果时，搜索引擎可以通过刚才收集到的相关反馈修改查询向量取值，重新计算网页得分，把跟用户刚才点击的结果相似的结果排到前面。例如最开始搜索"苹果"时，对应的查询向量是{"苹果"：1}，而当用户点击了一些与 Mac、iPhone 相关的结果后，搜索引擎会把查询向量修改为{"苹果"：1，"Mac"：0.8，"iPhone"：0.7}，通过这个新的查询向量，搜索引擎就能比较明确地知道用户要找的是不能吃的苹果了，Rocchio 算法就是用来修改查询向量的。

另外一类就是机器学习算法。如果细心的话，你会发现非机器学习算法只需要用到用户的偏好特征就能进行相似度计算，然后进行召回推荐。而用户画像的另一部分，即用户本身的属性特征，其实更多用在机器学习算法中，这样可以提高推荐精度。

机器学习算法更加强调目标思维，通常会把推荐问题转化为有监督的分类问题。

一种最典型的场景：提高某种行为的转化率，如点击、收藏、转发等。那么标准的做法是收集这类行为的日志数据，转换成训练样本，训练预估模型。

每一条样本由两部分构成：一部分是特征，包含用户端的画像内容，物品端的结构化内容，可选的还有日志记录时一些上下文场景信息，如时间、地理位置、天气、设备等；另一部分就是用户行为，作为标注信息，包含"有反馈"和"无反馈"两类。

用这样的样本训练一个二分类器，常用模型是对数几率回归（Logistic Regression）和梯度提升树（Gradient Boosting Decision Tree，GBDT）或者两者的结合。在推荐匹配时，预估用户行为发生的概率，按照概率排序。这样更合理、更科学，而且可以一直迭代优化下去。

需要注意的是，采用机器学习思路训练预估模型，必须有大量的用户行为数据做保证。

另外，相对于物品画像，用户画像算法之外就是生成推荐排序列表类的算法。

生成推荐列表（Recommendation Generation）的过程其实是一个打分、召回、排序的过程。如果上一流程中偏好特征学习使用的是机器学习算法，那么用户与物品间连接的紧密程度使用预测概率值度量。使用机器学习算法会为用户训练出一个二分类模型，该模型可对每个候选物品进行预测并输出一个相应的预测概率值，概率值越高表明该物品与用户连接越紧密，因此从候选物品中选出概率值最大的 N 个物品排序推荐即可。

如果偏好特征学习使用的是非机器学习算法，那么用户与物品间连接的紧密程度的度量需要一个相关度打分的算法，因为是计算两个向量的相关度，一般使用余弦相似度（Cosine Similarity）进行计算打分。此外，还有一种算法叫 BM25F 算法，可以实现更好的打分。

BM25F 算法来源于搜索领域，在商业搜索引擎的网页排序中被广泛使用，属于效果比较好的概率检索模型。在机器学习盛行的时代，BM25F 算法相对复杂，而且有很多经验参数需要人为配置，因此在基于内容的推荐算法中，使用 BM25F 算法的很少，这里仅简单介绍，作为一种知识储备，可能会在特殊场景下用到。

BM25F 算法在搜索领域的主要用途就是计算一个查询语句里面所有词和文档的相关度，在推荐系统中，我们可以拿来计算用户偏好特征和物品属性特征的相关性，可以得到比余弦相似度更合理的打分。例如 BM25F 算法中有一个 "域"（Field）的概念，一个文档由多个域构成，不同的域需要不同的权值，例如一篇新闻，正文和标题中分析出一个人物名，评论中也分析出其他用户讨论提及的一些人物名，都可以用于推荐，直观来看，新闻的正文和标题中的信息更重要。

9.1.4 基于内容推荐系统的优点和缺点

1. 基于内容推荐算法的优点

（1）原理简单，易于实现，可以快速上线，且易于定位问题，常用于推荐系统起步阶段。

（2）可解释性非常强，因为给用户推荐的是和他过去喜欢的物品相似的物品。

（3）用户之间具有独立性。这是与协同过滤截然不同的一点，基于内容的推荐算法都是依据他自身的历史数据来推荐的，自然就与他人的行为无关。而协同过滤算法刚好相反，它需要利用很多人的数据，基于内容的这种用户独立性也为推荐系统带来了一个显著好处，就是别人不管对物品如何作弊（例如利用多个账号把某个产品的排名刷上去）都不会影响到自己。

（4）物品没有冷启动问题。因为物品的内容特征不依赖于用户数据，新的物品可以立刻得到推荐，具有和老物品相同的曝光机会；同时推荐出的物品不会存在过于热门的问题。相对而言，基于协同过滤的新物品必须要有用户行为才能被推荐给其他用户。

2. 基于内容推荐算法的缺点

（1）物品的特征抽取一般很难。基于内容的推荐算法的前提是必须能够抽取出有意义的特征，且要求这些特征内容有良好的结构。这一步非常重要，因为特征质量决定了推荐系统性能的上限。如果系统中的 Item 是文档（如个性化阅读中），那么我们现在可以比较容易地使用信息检索里的方法来 "比较精确地" 抽取出 Item 的特征。但很多情况下我们很难从 Item 中抽取出准确刻画 Item 的特征，例如电影推荐中 Item 是电影，社会化网络推荐中 Item 是人，这些 Item 属性都不好抽取。其实，几乎在所有实际情况中，我们抽取的 Item 特征都仅能代表 Item 的一些方面，不可能代表 Item 的所有方面。这样带来的一个问题就是可能从两个 Item 抽取出来的特征完全相同，这种情况下基于内容的推荐系统就完全无法区分这两个 Item 了。例如如果只能从电影里抽取出演员、导演，那么两部有相同演员和导演的电影对于基于内容的推荐系统来说就完全不可区分了。因此，必须从各个方面想办法去丰富内容，例如我们说到的 "抓、洗、挖、算"，另外就是从各个可能的区域信息中去尝试挖掘有意义的信息。

第9章　推荐系统　　153

（2）无法挖掘出用户的潜在兴趣，推荐精度较低。因为内容推荐只依赖于用户过去对某些物品的喜好，它产生的推荐也都会和用户过去喜欢的物品相似。如果一个人以前只看与推荐有关的文章，则只会给他推荐更多与推荐相关的文章，它不会知道用户可能还喜欢数码，推荐的都是相似物品，差异性不大，无法给用户带来惊喜感。

（3）无法为新用户产生推荐，无法解决用户的冷启动问题。新用户没有喜好历史，自然无法获得他的偏好特征，所以也就无法为他产生推荐了。当然，这个问题协同过滤也有。

9.2　推荐系统应用场景

基于内容的推荐系统因为相对简单、易于实现，再加上没有物品的冷启动问题，非常适合推荐系统的起步阶段。在推荐系统建设的成熟阶段，推荐系统依然可以持续存在，此时多与其他推荐算法共同存在，可应用于独特的场景，例如物品的冷启动阶段，例如有时候用基于内容的推荐算法来过滤其他算法的候选集，把一些不太合适的候选项去掉，又如不要给小孩推荐偏成人的书籍。

另外，推荐系统虽然简单且古老，但实际上后来发展的一些与深度学习结合的算法都有借鉴推荐系统，或是以基于内容推荐系统为理论基础来实现的。

9.3　推荐系统未来必须关注的七大热点

"猜你喜欢""购买过此商品的用户还购买过"……对于使用社交平台、电商平台、新闻阅读、生活服务的互联网用户来说，个性化推荐已经不是什么新鲜事儿。

随着信息技术和互联网行业的发展，信息过载成了一个严重的问题。对于用户而言，如何在以指数增长的资源中快速、准确地定位到自己需要的内容是一个非常重要且极具挑战的事情。对于商家而言，如何把恰当的物品及时呈现给用户，从而促进交易量和经济增长，也是一件颇有难度的事情。推荐系统的诞生极大地缓解了这个问题。

推荐系统是一种信息过滤系统，能根据用户的档案或者历史行为记录，学习用户的兴趣爱好，预测出用户对给定物品的评分或偏好。它改变了商家与用户的沟通方式，加强了和用户之间的交互性。

因此，如何搭建有效的推荐系统意义深远。我们将从深度学习的应用、知识图谱的应用、强化学习的应用、用户画像、可解释推荐等几个方面，一起看看推荐系统的未来。

1. 热点一：未来的产品无处不推荐

产品底层有基础配置，例如，电商产品标配有订单系统、支付系统、登录系统等。未来推荐系统将会如登录注册一样成为几乎所有产品的标配。

2. 热点二：推荐系统与深度学习

近几年，深度学习的技术应用在语音识别、计算机视觉和自然语言理解等领域，取得了巨大的成功。如何将其应用到推荐系统是当前的研究热点。深度推荐系统现阶段的应用主要体现在如下 3 个层面。

◆ 提升表征学习能力。深度神经网络的优势在于其强大的表征学习能力。因此，一种最直接的应用是利用深度学习技术从复杂的内容数据中学习出有效的隐因子特征表示，从而后续可以很方便地为推荐系统所用。

◆ 深度协同过滤。经典的矩阵分解模型可以被描述为一种非常简单的神经网络。我们可以通过拓展其中的结构，引入更多的非线性单元来加强推荐模型的功能。有学者提出了加强版的矩阵分解模型。一方面，它弥补了两个隐向量的朴素点积操作不能区分各维度之间重要性差别的弱点；另一方面，它额外引入了一个多层感知机模块，用来引入更多的非线性操作。除此之外，自动编码机、卷积神经网络、记忆网络、注意力网络等深度学习相关技术也分别被应用在改进传统的协同过滤模型中，取得了不错的效果。

◆ 特征间的深度交互。企业级的推荐系统为了尽量提高模型的准确性，往往会使用丰富的甚至异构的内容数据。这些特征从不同的维度展现了不同的信息，而且特征间的组合通常是非常有意义的。传统的交叉特征是由工程师手动设计的，有很大的局限性，成本很高，并且不能拓展到未曾出现过的交叉模式中。因此学者们开始研究用神经网络去自动学习高阶的特征交互模式，弥补人工特征工程带来的种种局限性。这个层面相关的模型包括 Wide&Deep、PNN、DeepFM、DCN，以及有学者提出的 xDeepFM 模型等。

深度学习技术在推荐系统中的应用前景很广阔。下面简要介绍几个未来可能的研究方向。

（1）效率与可拓展性

对于工业界推荐系统而言，不仅需要考虑模型的准确度，运行效率和可维护性也是非常重要的方面。运行效率指的是当用户发来一个请求时，推荐系统能够以接近实时的速度返回结果，而不会让用户等待；可维护性指系统的部署简便，能够支持定期更新，或者增量式更新。众所周知，复杂神经网络的计算量是庞大的，如何将它们更高效地应用在超大规模的推荐平台上，是亟须解决的技术难点。

（2）多样化数据融合

现实平台中，用户或者物品的数据往往是复杂多样的。物品的内容可以包括文本、图像、类别等数据；用户的行为数据可以来自多个领域，例如社交网络、搜索引擎、新闻阅读应用等；用户的行为反馈也可以是丰富多样的，例如电商网站中，用户的行为可能有搜索、浏览、点击、收藏、购买等。不仅如此，在这些不同的维度中，不同用户或物品的数据分布也千差万别；用户在不同的行为反馈上的数据量也不同，点击行为的数据量往往远大于购买行为的数据量。因此，单一、同构的模型是不能有效地处理这些多样化的数据的。如何深度融合这些复杂数据是一个技术难点。

（3）捕捉用户长短期偏好

用户的偏好大致可以分为长期和短期两类。长期偏好往往指用户的兴趣所在，例如用户是五月天的歌迷，那么未来很长时间都会对五月天的歌曲、演唱会门票感兴趣；短期偏好指的是用户在当前环境下的即时兴趣，例如最近一周用户比较喜欢听抖音上的热门歌曲，那么推荐系统也应该捕捉到用户的这个兴趣，或者用户在未来一个月有搬家的打算，那么推荐系统可以适当地推送一些搬家公司的广告。目前一些流行的做法是将循环神经网络与深度协同过滤技术结合，从而达到兼顾长短期记忆的功能。如何结合情境因素的影响，将用户的长期偏好与短期需求更紧密、有效地结合起来，也是一个研究热点。

3. 热点三：推荐系统与知识图谱

在多数推荐场景中，物品可能包含丰富的知识信息，而刻画这些知识的网络结构被称为知识图谱。物品端的知识图谱极大地扩展了物品的信息，强化了物品之间的联系，为推荐提供了丰富的参考价值，更能为推荐结果带来额外的多样性和可解释性。

和社交网络相比，知识图谱是一种异构网络，因此针对知识图谱的推荐算法设计要更复杂和精巧。近年来，网络特征学习（Network Representation Learning）逐渐成为机器学习中的一个热门的研究方向。

引入网络特征学习的方法处理推荐系统中知识图谱的相关信息，有助于增强推荐系统的学习能力，提高精确度和用户满意度。

将知识图谱引入推荐系统，主要有如下两种不同的处理方式。

第一，基于特征的知识图谱辅助推荐，核心是知识图谱特征学习的引入。一般而言，知识图谱是一个由三元组＜头节点，关系，尾节点＞组成的异构网络。由于知识图谱天然的高维性和异构性，因此首先使用知识图谱特征学习对其进行处理，从而得到实体和关系的低维稠密向量表示。这些低维的向量表示可以较为自然地与推荐系统进行结合和交互。

在这种处理框架下，推荐系统和知识图谱特征学习事实上就成为两个相关的任务。而依据其训练次序不同，又有以下两种结合形式。

◆ 知识图谱特征与推荐系统依次进行学习，即先学习特征，再将所学特征用于推荐。

◆ 交替学习法。将知识图谱特征学习和推荐系统视为两个相关的任务，设计一种多任务学习框架，交替优化二者的目标函数，利用知识图谱特征学习任务辅助推荐系统任务的学习。

第二，基于结构的推荐模型，更加直接地使用知识图谱的结构特征。具体来说，对于知识图谱中的每一个实体，我们都进行宽度优先搜索来获取其在知识图谱中的多跳关联实体，从中得到推荐结果。根据利用关联实体的技术的不同，可分向外传播法和向内聚合法两种方法。

◆ 向外传播法模拟了用户的兴趣在知识图谱上的传播过程。有学者将每个用户的历史兴趣作为知识图谱上的种子集合，沿着知识图谱中的链接迭代地向外扩展。

◆ 向内聚合法在学习知识图谱实体特征的时候聚合了该实体的邻居特征表示。通过邻居聚合的操作，每个实体的特征的计算都结合了其邻近结构信息，且权值是由链接关系和特定的用户决定的，这同时刻画了知识图谱的语义信息和用户的个性化兴趣。

将推荐算法与知识图谱的图计算方法相结合已逐渐成为学术热点，前景广阔。然而现有方法仍有一定局限，有充分的研究空间。首先，现有模型都属于统计学习模型，即挖掘网络中的统计学信息并以此进行推断。一个困难但更有研究前景的方向是在网络中进行推理，将图推理与推荐系统相结合。其次，如何设计出性能优秀且运行效率高的算法，也是潜在的研究方向。现有模型并不涉及计算引擎层面、系统层面甚至硬件层面的考量，如何将上层算法和底层架构进行联合设计和优化，是实际应用中一个亟待解决的问题。最后，现有的模型网络结构都是静态的，在真实场景中，知识图谱具有一定的时效性。如何刻画这种时间演变的网络，并在推荐时充分考虑时序信息，也值得我们研究。

4. 热点四：推荐系统与强化学习

通过融合深度学习与知识图谱技术，推荐系统的性能得到了大幅的提升。然而，多数的推荐系统仍是以一步到位的方式建立的。它们有着类似的搭建方式，即在充分获取用户历史数据的前提下，设计并训练特定的监督模型，从而得到用户对于不同物品的喜好程度。这些训练好的模型在部署上线后可以为特定用户识别出最具吸引力的物品，为其做出个性化推荐。人们往往假设用户数据已充分获取，且其行为会在较长时间之内保持稳定，使得上述过程中所建立的推荐模型得以应付实际中的需求。然而对于诸多现实场景，例如电子商务或者在线新闻平台，用户与推荐系统之间往往会发生持续密切的交互行为。在这一过程中，用户的反馈将弥补可能的数据缺失，同时有力地揭示其当前的行为特征，从而为系统进行更加精准的个性化推荐提供重要的依据。

强化学习为解决这个问题提供了有力支持。依照用户的行为特征，我们将涉及的推荐场景划分为静态与动态，并分别对其进行讨论。

（1）静态场景下的强化推荐

在静态场景之下，用户的行为特征在与系统的交互过程中保持稳定不变。对于这一场景，一类有代表性的就是多臂老虎机（MAB 算法）的推荐系统，它的发展为克服推荐场景中的冷启动问题提供了行之有效的解决方案。在许多现实应用中，用户的历史行为往往服从特定的长尾分布，即大多数用户仅产生规模有限的历史数据，而极少的用户则会生成较为充足的历史数据。这一现象所带来的数据稀疏问题使得传统模型在很多时候难以得到令人满意的实际效果。

为此，一个直接的应对方法是对用户行为进行主动式的探索，即通过对用户发起大量尝试性的推荐，以充分地获得其行为数据，从而保障推荐系统的可用性。然而不幸的是，这一简单的做法需要极高的探索成本，使得它在现实中并不具备可行性。为使主动式探索具备可接受的效用成本，人们尝试借助多臂老虎机问题所带来的启发。多臂老虎机问题旨在于"探索－利用"间做出最优的权衡，为此诸多经典算法被相继提出。尽管不同的算法有着不同的实施机制，它们的设计都本着一个共同的原则。

具体说来，系统在做出推荐的时候会综合考虑物品的推荐效用和累积尝试。较高的推荐效用预示着较低的探索成本，而较低的累积尝试则表明较高的不确定性。为此，不同的算法都会设计特定的整合机制，使得具备较高推荐效用的同时不确定性物品可以得到优先尝试。

（2）动态场景下的强化推荐

在多臂老虎机的设定场景下，用户的实时特征被假设为固定不变的，因此算法并未涉及用户行为发生动态迁移的情况。然而对于诸多现实中的推荐场景，用户行为往往会在交互过程中不断变化。这就要求推荐系统依照用户反馈精确估计其状态发展，并为之制定优化的推荐策略。具体来讲，一个理想的推荐系统应满足如下双方面的属性。一方面，推荐决策需要充分基于用户过往的反馈数据；另一方面，推荐系统需要优化整个交互过程之中的全局收益。强化学习为实现上述目标提供了有力的技术支持。

在强化学习的框架之下，推荐系统被视作一个智能体（Agent），用户当前的行为特征被抽象成状态（State），待推荐的对象（如候选新闻）则被当作动作（Action）。在每次推荐交互中，系统依据用户的状态，选择合适的动作，以最大化特定的长效目标（如点击总数或停留时长）。推荐系统与用户交互过程中所产生的行为数据被组织成经验（Experience），用以记录相应动作产生的奖励（Reward）和状态转移（State-Transition）。基于不断积累的经验，强化学习算法得出策略（Policy），用以指导特定状态下最优的动作选取。

有学者近期将强化学习成功应用于必应个性化新闻推荐。得益于算法的序列化决策能力及其对长效目标的优化，强化学习必将服务于更为广泛的现实场景，从而极大地改善推荐系统的用户感知与个性化能力。

强化学习推荐算法尚有诸多富有挑战性的问题亟待解决。现行主流的深度强化学习算法都试图避开了对环境的建模，而直接进行策略学习（Model-Free）。这就要求海量的经验数据以获取最优的推荐策略。然而，推荐场景下的可获取的交互数据往往规模有限且奖励信号稀疏（Reward-Sparsity），这就使得简单地套用既有算法难以取得令人满意的效果。如何运用有限的用户交互得到有效的决策模型将是算法进一步提升的主要方向。

此外，现实中人们往往需要对不同推荐场景进行独立的策略学习。不同场景下的策略互不相同，这就使得人们不得不花费大量精力以对每个场景都进行充分的数据采集。同时，由于不具备通用性，既有策略难以迅速适应新的推荐场景。面对这些挑战，人们需要尽可能地提出通用策略的学习机制，以打通算法在不同推荐场景间的壁垒，并增强其在变化场景中的稳定性。

5. 热点五：推荐系统中的用户画像

构建推荐系统的核心任务之一在于如何准确地分析出用户的兴趣特点，也就是我们常说的用户画像。

简单说来，用户画像指从用户产生的各种数据中挖掘和抽取用户在不同属性上的标签，如年龄、性别、职业、收入、兴趣等。完备且准确的属性标签将有力地揭示用户本质特征，因而极大地促进精准的个性化推荐。

目前，主流用户画像方法一般是基于机器学习，尤其是有监督学习的技术。这类方法从用户数据中抽取特征来作为用户的表示向量，并利用有用户属性标签的数据作为有标注数据来训练用户画像预测模型，从而对更多的没有标签的用户的属性进行预测。

尽管目前的用户画像方法已经取得了不错的效果，并被广泛应用于实际推荐系统中，但是这些方法仍然存在一定的问题和挑战。

首先，这些已有的方法大多数都基于手工抽取的离散特征，这些特征无法刻画用户数据的上下文信息，因此对于用户的表征能力较为有限。

其次，现有的用户画像方法通常基于简单的线性回归或分类模型，无法从用户数据中自动学习高层次抽象特征，也无法对特征之间的交互关系进行建模。另外，已有的用户画像方法往往基于单一类型和单一来源的数据，这些数据对于用户的表征不够丰富。而实际上，用户数据往往是多来源和多类型的。

最后，已有的用户画像方法大都没有考虑用户属性标签的时效性，因此很难刻画用户动态变化的属性，如兴趣等。

为了从多源异构用户数据中构建深度、统一和动态的用户画像，可以从以下方面展开研究。

（1）构建具有更强表征能力的用户表示模型。随着深度学习技术的发展和成熟，利用深层神经网络从用户原始数据中自动抽取深层次的、有信息量的特征来构建用户的特征表示，能够有助于更加充分地利用用户数据并有效提升用户画像的精度。使用基于深层神经网络的用户表示模型能够有效克服目前已有的基于特征工程和线性模型的用户画像方法的不足。

（2）基于多源异构数据的用户画像。用户产生的数据往往分布在不同的平台，并且具有不同的结构（如无结构的社交媒体文本数据和有结构的电商网站购买记录等）和不同的模态（如文本数据和图像数据），给用户画像带来了很大的挑战。如何设计一个深度信息融合模型来利用不同来源、不同结构和不同模态的用户数据进行用户建模，是未来用户画像领域的一个重要研究方向。基于深度神经网络的协同学习和多通道模型可能是值得尝试的技术。

（3）不同平台用户画像数据的共享和用户隐私保护。目前，很多用户数据存在于不同的平台当中，例如搜索引擎拥有用户的搜索和网页浏览记录，电商网站拥有用户的商品浏览、购物、收藏和购买信息。这些不同平台的用户数据对于用户画像都具有重要的价值，互相之间可以提供互补信息，有助于构建更加丰富全面的用户表示。然而，平台之间直接共享用户信息可能会使用户的隐私受到泄露和损害。如何在不转移和不共享用户数据的情况下，充分利用不同平台的用户信息实现协同用户画像和建模是值得研究的一个方向。

（4）面向用户画像的统一用户表示模型。已有的用户画像方法在实际的应用中往往会涉及大量模型的训练、存储和调用，时间和空间的复杂度都比较高，使用起来也比较烦琐。另外，不同的用户属性之间潜在的联系也无法充分挖掘。如何基于多源异构的用户数据构建一个统一的用户表示模型，使得该模型尽可能全面而准确地包含一个用户在不同属性和维度的特征信息，并能够应用于多个用户画像任务，是一个非常值得研究的方向。基于深层神经网络的多任务学习技术和类似词嵌入的用户嵌入技术有希望应用于这个问题。

6. 热点六：推荐系统的可解释性

近期，学者们开始关注推荐是否能够以用户容易接受的方式，充分抓住用户心理，给出适当的例子与用户沟通。研究发现，这样的系统不仅能够提升系统透明度，还能够提高用户对系统的信任和接受程度、用户选择推荐产品的概率以及用户满意程度。设计这样一个可解释的推荐系统是我们的终极目标。

作为推荐领域被探索得较少的一个方向，可解释推荐的很多方面值得研究与探索。目前，我们在考虑从下面 3 个方面进行研究。

（1）利用知识图谱增强算法解释能力。知识图谱作为可读性高的外部知识载体，给提高算法解释能力提供了极大的可能性。现有的可解释推荐所生成的推荐往往只局限于以物品为媒介、以用户为媒介或者以特征为媒介中的某一种，对这三类媒介之间的关联挖掘得还不够。我们希望能够利用知识图谱，打通这三类媒介之间的关联，根据具体情况灵活选择其中最合适的媒介对用户进行推荐与解释。另外，我们还可能利用 Microsoft Concept

Graph 这类概念图谱，建立特征之间的可读深度结构，从而用来代替目前解释性极弱的深度学习网络，在提高可读性的同时保证算法的准确性。

（2）在可解释人工智能越来越重要的时代，将知识图谱这类符号知识（Symbolic Knowledge）和深度学习结合，会是极有前景的方向。

（3）模型无关的可解释推荐框架。目前可解释推荐系统大多针对特定的推荐模型设计，可拓展性较弱，对于新兴的推荐模型，例如含有深度神经网络的复杂、混合模型的解释能力还不够。如果有一个模型无关的可解释推荐框架，就可以避免针对每个推荐系统分别设计解释方案，从而提高方法的可拓展性。在这一工作中，我们提出用强化学习来对任何推荐模型进行解释，同时确保可拓展性、解释能力以及解释质量。

7. 热点七：参数越多不确定性越高，推荐系统越好

不确定性是"逆人性"的，参数越多往往不确定性越高，不确定性越高往往越能推荐用户惊喜度较高的商品或者服务。

9.4 案例：今日头条和抖音短视频产品推荐系统

字节跳动给人的印象是以算法推荐系统见长，其旗下今日头条有一系列内容分析、特征提取过程，推荐系统由多种推荐算法混合构成，基于内容的推荐是其中的一部分。

字节跳动旗下短视频产品抖音、西瓜视频通过抖音 XDeepFM 模型，字节跳动实现了对短视频内容的理解和推荐。

"一图胜千言"，仅一张图片就包含大量信息，难以用几个词来描述，更何况是短视频这种富媒体形态。面对短视频内容理解的难题，字节跳动作为一家拥有海量短视频素材和上亿级用户行为数据的公司，通过视频内容特征和用户行为数据，可以有充足的数据来预测用户对短视频的喜好。

以下为抖音 XDeepFM 等模型实现短视频理解和推荐的过程介绍。

1.Track 1 Method

（1）XDeepFM-Based Method

该方法基于 XDeepFM 模型，具体特征工程和模型描述如下。

第9章 推荐系统   161

特征工程

①计数特征。

文件：count_feats_series_1.py，count_feats_series_1.py，count_feats_series_1.py。

描述：计算单个类别特征和多个类别特征共现的次数。

②人脸特征。

文件：003_face_feats_1.py，003_face_feats_1_2.py。

描述：人脸的数目、男性数目和女性数目、人脸位置、高度和宽度、面积，颜值。

③标题特征。

文件：004_title_feats.py。

描述：题目长度，题目中包含的词的数目。

④比例特征。

文件：005_ratio_feat.py。

描述：在当天和当前小时下，'uid'（用户名），'item_id'（物品名），'item_city'（物品城市），'author_id'（创作者名），'duration_time'（时间段），'music_id'（音乐名），'device'（设备）的出现次数和比例。

模型描述

文件：model.py，train_fm.py。

描述：模型使用 XDeepFM，其中 'uid'（用户名），'item_id'（物品名），'author_id'（创作者名），'item_city'（物品城市），'channel'（频道），'music_id'，'device' 作为稀疏特征，其余特征作为 Dense Feature 输入模型。

（2）预测结果

基于上述模型，对 Track1 线上数据进行预测，最优结果为 0.777015024545725。

2. Track 2 Method

（1）LGB-Based Method

该方法基于 LGB（Light Gradient Booting Machine，LGB）模型，具体特征工程和模型描述如下。

特征工程

①基础特征：原始特征。

②统计特征：我们用的都是常规操作，如 count、ratio、nunique 和 ctr 相关特征。count 表示统计一维特征、二维特征和交叉特征。

③ ratio：类别偏好的 ratio 比例特征。

④ nunique：类别变量的 nunique 特征。

⑤ face 相关的特征：图像的位置（width, height, x, y），颜值的统计特征（max, avg），男性数量，女性数量。数量不仅包括是否有男性或者女性，还有 face 的数量等 ['face_nums', 'x', 'y', 'width', 'height', 'size', 'male_cnt', 'female_cnt', 'avg_beauty', 'max_beauty', 'author_male_cnt', 'author_female_cnt', 'uid_female_ratio']。

⑥ title 相关的特征：title 中不同词的数量（Unique）以及 title 的长度。

⑦在该条样本时间前，针对 uid, authorid, musicid 等组合的正负样本数量统计特征。

模型描述

最终使用了基础特征，count 特征、ratio 特征、face 特征、title 特征、正负样本数量统计特征——针对 finish 和 like 采用上述的同一套特征，使用 LGB 模型，对两个任务分别预测如下。

```
- clf = lgb.LGBMClassifier(
boosting_type='gbdt', num_leaves=100, reg_alpha=0.0, reg_lambda=1, max_
depth=-1, n_estimators=args.num_trees, objective='binary',
subsample=0.7, colsample_bytree=0.7, subsample_freq=5,
learning_rate=0.05, min_child_weight=100, random_state=2018, n_jobs=6,
verbose=1
)
```

（2）XDeepFM-Based Method

该方法基于 XDeepFM 模型，基于不同的特征输入，训练了两个 XDeepFM 模型，该方法主要考虑了行为特征和受众特征，它们起到了协同过滤作用。具体特征工程和模型如下。

特征工程

①基本特征：uid, user_city, item_id, item_city, author_id, channel, device_id, music_id。

②行为特征:（训练集 + 测试集）中浏览过的视频、音乐、作者、城市列表，计算 TF 值（取前 500 维）。

③受众特征：（训练集+测试集）中视频、音乐、作者的用户 uid 列表，计算 TF-IDF 值（取前 400 维）。

④标题特征：计算 TF-IDF 值。

⑤脸部特征：["num_face": " 人脸数目 ", "female_ratio": " 女性比例 ", "max_beauty": "beauty 最大值 ", "min_beauty": "beauty 最小值 ", "avg_beauty": "beauty 平均值 ", "max_area": " 最大人脸面积 ", "avg_area": " 平均人脸面积 "]。

⑥时间特征：通过时间戳获取年、月、日、时、分，以及工作日特征，月-日交叉表示节日特征。

⑦ video 嵌入：128 维原始特征。

⑧ audio 嵌入：128 维原始特征。

⑨ count 特征：计算单个类别特征和多个类别特征共现的次数。

模型 1

```
model: XDeepFM 输入特征:特征 1-8 模型文件: XDeepFM.py result:
public finish auc: 0.7366 public like auc: 0.728
```

模型 2

```
model: XDeepFM 输入特征:特征 1-9 模型文件: XDeepFM.py result:
public finish auc: 0.7367 未训练 like 任务
```

模型 1 和模型 2 超参数是一致的，隐藏单元数为 [200,100,75,50,25], CIN 单元数为 [50,50,50,50]。 训练超参数为 batch_size=32, learning_rate=0.005, dropout_rate=0.0。

此外，模型 1 与模型 2 的精度不一样，前者是 float64，后者是 float32。

模型训练过程

①构建统计特征：用户行为特征、物品受众特征。

②构建标题特征。

③构建时间特征。

④调用 DataParser.py 生成特征文件：对 Track2 数据进行分块，并行构造特征，生成 tf_record 记录 。

⑤调用 Main.py 进行训练。

具体运行命令，请参见模型目录下的 build_features.sh 和 run_model.sh 文件。

3. 模型融合

Track2 线上最优结果是通过模型融合获得的，融合方式是根据经验启发式地设计各模型结果权重，具体计算公式如下。

```
finish=(0.5*xdeepfm1_finish+0.5*xdeepfm2_finish)*0.7 + 0.3*lgb_finsh
like=0.4*xdeepfm1_like+0.6*lgb_like
```

根据上述方式融合之后，Track2 线上 private 最终得分为 0.799658049326414。

164   数据增长模型　数智时代的全栈产品运营思维、算法与技术

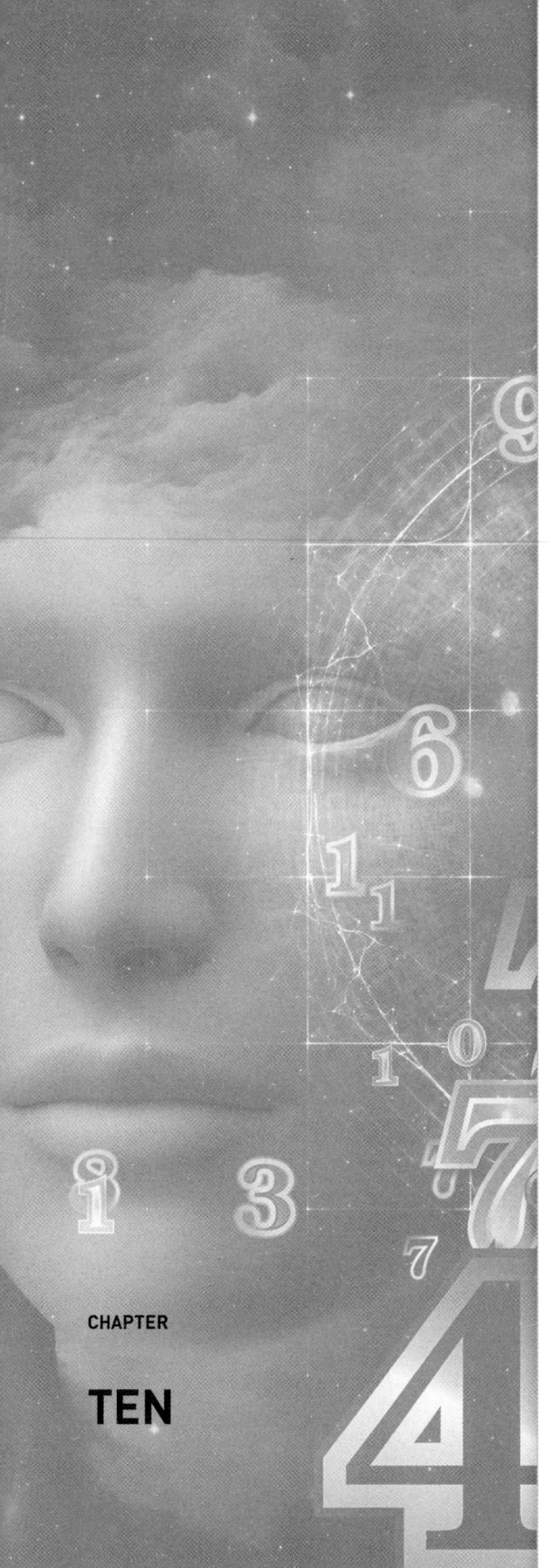

第 10 章

从 0 到 1 新建数据仓库

10.1 什么是数据仓库

10.2 从 0 到 1 构建数据仓库

10.3 Hadoop 生态系统

10.4 案例：数据仓库产品的建设和应用

CHAPTER

TEN

10.1 什么是数据仓库

近年来，数据中台概念被大家广泛关注。事实上，要建设各种中台，先要建设数据仓库。

10.1.1 数据仓库的含义

简单来说，数据仓库是一种信息系统的数据存储理论，此理论强调利用某些特殊数据存储方式，让所包含的数据特别有利于分析处理，以产生有价值的信息并依此做决策。

一般来说，数据仓库可由关系数据库，或专为数据仓库开发的多维度数据库创建，若由多维度数据库创建而成，其架构可分为星状及雪花状架构，包含几个维度数据表和一个事实数据表。

数据仓库的建设不仅是信息工具技术的运用，在规划和运行方面更需对产业知识、营销管理、市场定位、策略规划等相关条件有深入的了解，才能真正发挥数据仓库和后续分析工具的价值，提升组织竞争力。

用数据仓库方式存放的数据，具有一旦存入便不随时间而变动的特性，同时存入的数据必定包含时间属性。通常，一个数据仓库会含有大量的历史性数据，并利用特定分析方式，从其中发掘出特定信息。

在计算机领域，数据仓库（Data Warehouse）也被称为企业数据仓库，是用于报告和数据分析的系统，被认为是商业智能的核心组件。数据仓库是来自一个或多个不同源的集成数据的中央存储库。数据仓库将当前和历史数据存储在一起，用于为整个企业的员工创建分析报告。

10.1.2 数据仓库的特点

数据仓库主要有以下特点。

第一个特点是主题导向（Subject-Oriented）。

有别于一般 OLTP 系统，数据仓库的数据模型设计，着重将数据按其意义归类至相同的主题区（Subject Area），因此称为主题导向。例如 Party、Arrangement、Event、Product 等。

第二个特点是集成性（Integrated）。

数据来自企业各 OLTP 系统，在数据仓库中是集成且一致的。

第三个特点是时间差异性（Time-Variant）。

数据的变动，在数据仓库中是能够被记录和追踪的，有助于反映随着时间变化的数据轨迹。

第四个特点是不变动性（Nonvolatile）。

数据一旦确认写入后是不会被取代或删除的，即使数据是错误的也一样。（如进行了错误的后续修正，便可因上述时间差异性而被追踪。）

10.1.3 数据库与数据仓库的关系

传统的关系数据库的主要应用是基本的、日常的事务处理，例如银行交易。

数据仓库系统的主要应用是 OLAP（On-Line Analytical Processing），支持复杂的分析操作，侧重决策支持，并且提供直观、易懂的查询结果。

数据库（如 Oracle、MySQL、PostgreSQL）主要用于事务处理，数据仓库（如 Amazon Redshift、Hive）主要用于数据分析。用途上的不同决定了这两种架构的特点不同。

数据库的特点如下：相对复杂的表格结构，存储结构相对紧致，冗余数据较少；读和写都有优化；相对简单的 Read/Write Query，单次作用于相对少量的数据。

数据仓库的特点如下：相对简单的（Denormalized）表格结构，存储结构相对松散，冗余数据较多；一般只是读优化；相对复杂的 Read Query，单次作用于相对大量的数据（历史数据）。

下面举个常见的例子，电商行业。

基本每家电商公司都会经历从只需要业务数据库到需要数据仓库的阶段。电商早期启动非常容易，入行门槛低。找个外包团队，做了一个可以下单的"网页前端 + 几台服务器 + 一个 MySQL"，就能开始投入使用了。这好比手工作坊时期。第二阶段，流量来了，客户和订单都多起来了，普通查询已经有压力了，这个时候就需要升级架构，变成多台服务器和多个业务数据库（量大 + 分库分表），这个阶段的业务数字和指标还可以勉强从业务数据库里查询。第三阶段，一般需要 3~5 年的时间，随着业务指数级的增长，数据量会陡增，公司职务也开始多了起来，大家需要面临的问题越来越复杂，越来越深入。高管们关心的问题，从最初非常粗放的"昨天的收入是多少""上个月的 PV、UV 是多少"，逐渐演化到非常精细化和具体的用户的集群分析，特定用户在某种使用场景中的行为习惯，例如"20~30 岁女性用户在过去 5 年的第一季度化妆品类商品的购买行为与公司进行的促销活动方案之间的关系"。这类非常具体、且能够对公司决策起到关键性作用的问题，基本很难从业务数据库中调取出来。原因在于，业务数据库中的数据结构是为了完成交易而设计的，不是为了查询和分析的便利设计的。业务数据库大多是读写优化的，即要读（查看商品信息），也要写（产生订单，完成支付）。因此对于大量数据的读（查询指标，一般是复杂的只读类型查询）操作是无法支持的。怎么解决这个问题？此时我们就需要建立一个数据仓库，这样一来公司也算开始进入信息化阶段了。数据仓库的作用如下：数据结构为了分析和查询的便利；只读优化的数据库，即不需要它写入速度多么快，只要做大量数据的复杂查询的速度足够快就行了。那么在这里，前一种数据库（读写都优化）的是业务型数据库，后一种是分析型数据库，即数据仓库。

最后总结一下，数据库比较流行的有 MySQL、Oracle、SqlServer 等。数据仓库比较流行的有 IBM、AWS Redshift、Greenplum、Hive 等，这样把数据从业务型的数据库中提取、加工，再导入分析型的数据库就是传统的 ETL 工作。

数据仓库和数据库的对比如下表所示。

特性	数据仓库	数据库
适合的工作负载	分析、报告、大数据	事务处理
数据源	从多个来源收集和标准化数据	从单个来源（例如事务系统）捕获的数据
数据捕获	批量写入操作通常按照预定的批处理计划执行	针对连续写入操作进行了优化，因为新数据能够最大限度地提高事务吞吐量
数据标准化	非标准化 Schema，例如星形 Schema 或雪花 Schema	高度标准化的静态 Schema
数据存储	使用列式存储进行了优化，可实现轻松访问和高速查询性能	针对在单行型物理块中执行高吞吐量写入操作进行了优化
数据访问	对最小化 I/O 和最大化数据吞吐量进行了优化	大量小型读取操作

用一句话概括数据仓库与数据库的关系就是：数据仓库是专门为数据分析设计的，涉及读取大量数据以了解数据之间的关系和趋势；数据库用于捕获和存储数据，例如记录事务的详细信息。

10.1.4 数据湖与数据仓库

什么是数据湖？数据湖是一种在系统或存储库中以自然格式存储数据的方法，它有助于以各种模式和结构形式配置数据，通常是对象块或文件。数据湖的主要思想是对企业中的所有数据进行统一存储，从原始数据（源系统数据的精确副本）转换为用于报告、可视化、分析和机器学习等各种任务的目标数据。

数据湖中的数据包括结构化数据（关系数据库数据），半结构化数据（CSV、XML、JSON 等），非结构化数据（电子邮件、文档、PDF）和二进制数据（图像、音频、视频），从而形成一个容纳所有形式数据的集中式数据存储。

数据湖从本质上来讲是一种企业数据架构方法，物理实现上则是一个数据存储平台，用来集中化存储企业内海量的、多来源、多种类的数据，并支持对数据进行快速加工和分析。从实现方式来看，目前 Hadoop 是最常用的部署数据湖的技术，但并不意味着数据湖就是指 Hadoop 集群。为了应对不同业务需求的特点，"MPP 数据库 +Hadoop 集群 + 传统数据仓库"这种"混搭"架构的数据湖也越来越多出现在企业信息化建设规划中。

数据湖就是原始数据保存区。虽然这个概念国内谈得少，但绝大部分互联网公司都已经有所了解。国内一般把整个 HDFS 叫作数据仓库（广义），即存放所有数据的地方，而国外一般叫数据湖（Data Lake）。

与数据仓库不同，数据湖是所有数据（包括结构化和非结构化数据）的中央存储库。数据仓库利用针对分析进行了优化的预定义 Schema，而数据湖中未定义 Schema，支持其他类型的分析，例如大数据分析、全文搜索、实时分析和机器学习。

数据仓库与数据湖的对比如下表所示。

特性	数据仓库	数据湖
数据	来自事务系统、运营数据库和业务线应用程序的关系数据	来自 IoT 设备、网站、移动应用程序、社交媒体和企业应用程序的非关系和关系数据
Schema	设计在数据仓库实施之前（写入型 Schema）	在分析时写入（读取型 Schema）
性价比	更快查询结果会带来较高存储成本	更快查询结果只需较低存储成本
数据质量	可作为重要事实依据的高度监管数据	任何可以或无法进行监管的数据（例如原始数据）
用户	业务分析师、数据科学家和数据开发人员	数据科学家、数据开发人员和业务分析师（使用监管数据）
分析	批处理报告、BI 和可视化	机器学习、预测分析、数据发现和分析

10.1.5 数据仓库与数据集市

数据集市（Data Mart），也叫数据市场，是指为满足特定的部门或者用户需求，将数据按照多维的方式进行存储，包括定义维度、需要计算的指标、维度的层次等，并能生成面向决策分析需求的数据立方体。

数据集市迎合了专业用户群体的特殊需求，包括分析、内容、表现，以及易用性方面。数据集市是企业级数据仓库的一个子集，主要面向部门级业务，只面向某个特定的主题。

数据集市有如下特征：规模小；特定的应用；面向部门；由业务部门定义、设计和开发，也由业务部门管理和维护；快速实现；购买较便宜；投资快速回收；工具集的紧密集成；提供更详细的、预先存在的、数据仓库的摘要子集；可升级到完整的数据仓库。

数据集市的数据结构通常为星形结构或雪花结构，一个星形结构包括事实表和维度表。

事实表描述数据集市中最密集的数据。例如，呼叫中心的呼叫数据；银行中自动柜员机的数据；零售业的销售数据、库存数据等。

维度表围绕着事实表建立，通过外键与事实表相连。

数据集市的主要类型如下。

（1）独立型。独立型数据集市的数据来自操作型数据库，是为了满足特殊用户而建立的一种分析型环境。

优点：开发周期较短、比较灵活。

缺点：脱离数据仓库、容易形成信息孤岛、不能以全局的视角去分析数据。

（2）从属型。从属型数据集市的数据来自企业的数据仓库。

优点：体系结构比独立型数据集市更稳定，提高了数据分析的质量，保证了数据一致性。

缺点：开发周期较长。

第10章 从0到1新建数据仓库　　169

数据集市是一种数据仓库，用于满足特定团队或业务部门（例如财务、营销或销售）的需求。它更小、更集中，并且可能包含最适合其用户社区的数据汇总。

数据仓库与数据集市的对比如下表所示。

特性	数据仓库	数据集市
范围	集中的多个整合主题领域	分散的特定主题领域
用户	组织级	某个社区或部门
数据源	多个来源	单个或多个来源，或数据仓库中已经收集的部分数据
大小	较大，可达数百 GB，甚至到数 PB	较小，一般不超过数十 GB
设计	自上而下	自下而上
数据详细信息	完整且详细的数据	可能包含汇总数据

10.1.6 离线数据仓库与实时数据仓库

1. 数据仓库的发展趋势

根据前面的介绍，我们已经知道数据仓库是一个面向主题的（Subject Oriented）、集成的（Integrate）、相对稳定的（Non-Volatile）、反映历史变化（Time Variant）的数据集合，用于支持管理决策。

数据仓库是伴随着企业信息化发展起来的，在企业信息化的过程中，随着信息化工具的升级和新工具的应用，数据量变得越来越大，数据格式越来越多，决策要求越来越苛刻，数据仓库技术也在不停发展。

数据仓库的趋势是实时数据仓库以满足实时化和自动化决策需求，通过大数据和数据湖支持大量且复杂的数据类型（文本、图像、视频、音频），也就是说实时数仓是数据仓库的发展趋势之一。

数据仓库有两个环节：数据仓库的构建与数据仓库的应用。

早期数据仓库构建主要指的是把企业的业务数据库（如 ERP、CRM、SCM 等）数据按照决策分析的要求建模，并汇总到数据仓库引擎中，其应用以报表为主，目的是支持管理层和业务人员决策（中长期策略型决策）。

随着业务和环境的发展，这两方面都在发生剧烈变化。随着 IT 技术走向互联网、移动化，数据源变得越来越丰富，在原来业务数据库的基础上出现了非结构化数据，如网站 Log，IoT 设备数据，App 埋点数据等，这些数据量比以往结构化的数据大了几个量级，对 ETL 过程、存储都提出了更高的要求。互联网的在线特性也将业务需求推向了实时化，随时根据当前客户行为调整策略变得越来越常见，例如大促过程中的库存管理、运营管理等（既有中远期策略型，也有短期操作型）。同时，公司业务互联网化之后导致同时服务的客户剧增，有些情况人工难以完全处理，这就需要机器自动决策，例如欺诈检测和用户审核。

总结来看，对数据仓库的需求可以抽象成两方面：实时产生结果；处理和保存大量异构数据。

2. 数据仓库建设

下面介绍数据仓库建设方法论。

（1）面向主题

从公司业务出发，是分析的宏观领域，例如供应商主题、商品主题、客户主题和仓库主题。

（2）为多维数据分析服务

数据报表；数据立方体，上卷、下钻、切片、旋转等分析功能。

（3）反范式数据模型

以事实表和维度表组成的星形数据模型。

数据仓库概念是 Inmon 于 1990 年提出的，并给出了完整的建设方法。随着互联网时代的来临，数据量暴增，开始使用大数据工具替代经典数据仓库中的传统工具。此时只是工具的取代，架构上并没有根本的区别，可以把这个架构叫作离线大数据架构。

后来随着业务实时性要求的不断提高，人们开始在离线大数据架构基础上加了一个加速层，使用流处理技术直接完成那些实时性要求较高的指标计算，这便是 Lambda 架构。

再后来，实时的业务越来越多，事件化的数据源也越来越多，实时处理从次要部分变成了主要部分，架构也做了相应调整，出现了以实时事件处理为核心的 KAppa 架构。

离线大数据架构是指数据源通过离线的方式导入离线数据仓库中。下游应用根据业务需求选择直接读取 DM 或加一层数据服务，例如 MySQL 或 Redis。

数据仓库从模型层面分为 3 层：ODS，操作数据层，保存原始数据；DWD，数据仓库明细层，根据主题定义好事实与维度表，保存最细粒度的事实数据；DM，数据集市/轻度汇总层，在 DWD 层的基础之上根据不同的业务需求做轻度汇总。典型的数仓存储是 HDFS/Hive，ETL 可以是 MapReduce 脚本或 HiveSQL。

3. 实战案例

实时数据仓库案例——菜鸟仓配实时数据仓库。

本案例参考自菜鸟仓配团队的分享，涉及全局设计、数据模型、数据保障等几个方面。

实时数据仓库整体设计如右图所示。

数据应用	活动计划	活动备货	活动直播	活动售后	活动复盘	
数据服务	Hbase	MySQL	ADS			数据仓库
数据计算	实时计算(Flink)					
数据模型	DWD实时明细层	DWD轻度汇总层	DWS高度汇总层			
业务系统	业务系统1	业务系统2	……	业务系统 N		

基于业务系统的数据，数据模型采用中间层的设计理念，建设仓配实时数据仓库；选择更易用、性能表现更佳的实时计算作为主要的计算引擎；数据服务，选择天工数据服务中间件，避免直连数据库，且基于天工可以做到主备链路灵活配置、秒级切换；数据应用，围绕大促全链路，从活动计划、活动备货、活动直播、活动售后、活动复盘 5 个维度，建设仓配大促数据体系。

数据模型不管是从计算成本，还是从易用性、复用性、一致性……都必须避免"烟囱式"的开发模式，而应以中间层的方式建设仓配实时数据仓库。与离线中间层基本一致，将实时中间层分为两层，如下图所示。

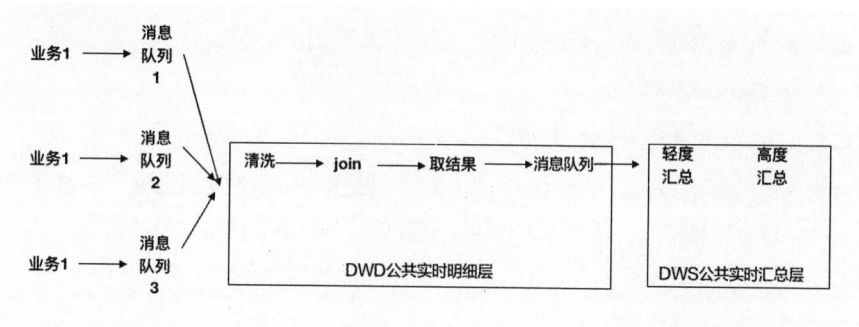

第一层，DWD 公共实时明细层，实时计算订阅业务数据消息队列，然后通过数据清洗、多数据源 join、流式数据与离线维度信息等的组合，将一些相同粒度的业务系统、维度表中的维度属性全部关联到一起，增加数据易用性和复用性，得到最终的实时明细数据。这部分数据有两个分支，一部分直接落地到 ADS，供实时明细查询使用，另一部分再发送到消息队列中，供下层计算使用。

第二层，DWS 公共实时汇总层，以"数据域 + 业务域"的理念建设公共汇总层。与离线数据仓库不同的是，这里汇总层分为轻度汇总层和高度汇总层，并同时产出。轻度汇总层写入 ADS，用于前端产品复杂的 OLAP 查询场景，满足自助分析和产出报表的需求；高度汇总层写入 Hbase，用于前端比较简单的 KV 查询场景，提升查询性能，例如实时大屏等。

TIPS

① ADS 是一款提供 OLAP 分析服务的引擎。开源提供类似功能的有 Elastic Search、Kylin、Druid 等。

②案例中选择把数据写入 Hbase 供 KV 查询，也可根据情况选择其他引擎，如数据量不多，查询压力也不大的话，可以用 MySQL。

③因主题建模与业务关系较大，这里不做描述。

在看过前面的叙述与菜鸟案例之后，我们看一下实时数据仓库与离线数据仓库在几方面的对比。

首先，从架构上，实时数据仓库与离线数据仓库有比较明显的区别，实时数据仓库以KAppa 架构为主，而离线数据仓库以传统大数据架构为主。Lambda 架构可以认为是两者的中间态。

其次，从建设方法上，实时数据仓库和离线数据仓库基本还是沿用传统的数据仓库主题建模理论，产出事实宽表。另外实时数据仓库中实时流数据的 join 有隐藏时间语义，在建设中需注意。

最后，从数据保障看，实时数据仓库因为要保证实时性，所以对数据量的变化较为敏感。在大促等场景下需要提前做好压测和主备保障工作，这是与离线数据仓库的一个较为明显的区别。

10.2　从 0 到 1 构建数据仓库

实际工作中，不论是数据仓库工程师还是传统产品经理都希望了解如何从 0 到 1 构建数据仓库，下面就介绍如何从 0 到 1 搭建数据仓库。

10.2.1 产品视角从 0 到 1 搭建数据仓库

数据仓库是所有产品的数据中心，公司体系下的所有产品产生的所有数据最终都流向数据仓库，可以说数据仓库不产生数据，也不消费数据，只是数据的搬运工。

在实际环境中，往往我们一条业务线会由多个不同的系统组成（例如很多电商后端业务线都区分为库存系统、售后系统、采购系统、CRM 系统等）。这些系统由于本身设计的缺陷或业务流程变更等问题，所产生的数据往往都是有缺失、冗余的，如果直接使用这些数据进行数据分析，那最后分析出来的结论多半也不正确。因此需要有个数据产品对数据进行整合加工，而数据仓库就是这样一款产品。

基于以上几点，需要将数据分层次管理，每一层分工合作，对数据进行不同程度的处理，如同工厂里的流水线一般，从而确保数据的有效性、生态性。

要想了解怎么搭建数据仓库，首先需要明白数据仓库的作用：存储数据、维护数据、输出数据。

数据仓库并不是独立存在的个体，而是与整个大数据体系融为一体的——换句话说，数据仓库就像人的心脏，人只有心脏而没有其他器官也是无法存活的。

大数据体系架构如下图所示。

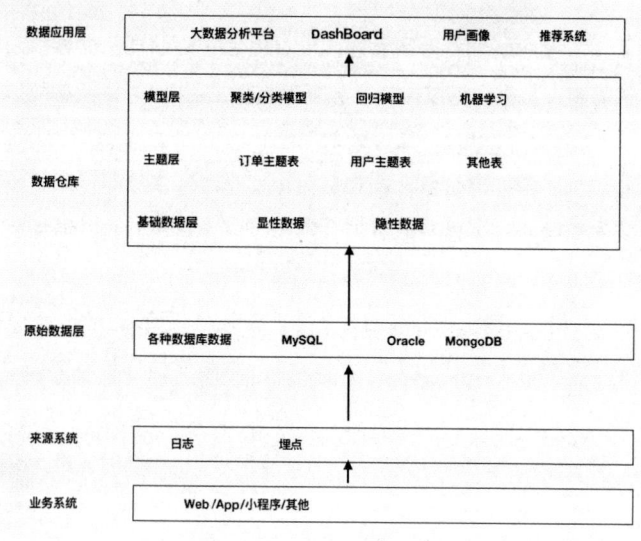

数据的来源系统，可以理解为数据的收集系统。上图所示为基于电商业务下的大数据体系，因此数据大体可分为业务数据和用户行为数据，其来源系统更多是与电商业务相关的后端订单、库存等业务系统以及前端商城带来的用户行为数据。

原始数据层即存放从来源系统过来的原始数据的层，所谓原始数据即未经任何加工处理的数据。

这一层次乍看之下有点多余，但实际上是有所考量的。

1. 将数据仓库与业务系统分隔开

数据仓库的数据，对实时性要求不高，而对准确性、清洁性的要求较高，因此清洗的脚本繁多。如果每条数据都实时传送到数据仓库的话，那脚本执行的频率将非常高，所占用的系统资源也随之增加。

2. 分担业务系统的报表任务

众所周知，搭建大数据体系架构所使用的硬件资源是相对较高的，而业务系统往往只是支撑业务持续开展，从性能上无法支撑大量报表导出。原始数据层可以承载此项功能，业务系统数据传输的实时性也保证了从原始数据层导出的数据符合业务人员对报表实时性的需求。

一般来说，数据仓库可区分为 3 层：基础数据层、主题层、模型层。

基础数据层。原始数据层以天为时间周期，将每天的数据传输到数据仓库，数据仓库通过 ETL（抽取、转化、加载）的方式，将数据按照设定的数据表格式存储好，形成基础数据层的数据。

ETL，即 Extra、Transfer、Load 数据的抽取，数据的转化和加载——简单来说，即数据清洗。先将数据抽取出来，将冗余数据、错误数据、有歧义的数据按照既定的规则进行删减、填充、修改，再填充入已设定好的表结构的数据库表中。

例如从订单系统过来的订单数据上，客户名称多种多样，相同一个客户，有大写的名称、小写的名称，有些订单甚至没有客户的相关信息（这当然是业务系统本身的历史遗留问题导致的）。此时，作为数据产品经理，必须和对应业务系统的产品经理共同商讨如何处理这批数据，确定好清洗逻辑（例如，所有名称统一转化为小写，如果客户名称、地址、电话号码都是同一个的，归为同一个客户），程序员们根据数据产品经理的清洗规则写好脚本进行清洗。

主题层。数据清洗就像打扫卫生一样，将不要的东西扔掉，将破旧的东西擦拭干净，但并不代表数据是完整的。主题层的构建相对复杂，搭建的规则主要是看未来的需要和产品经理对业务的理解。

例如有一家大型零售分销公司，往往一张订单卖给零售商，零售商再下一张订单给零售店，零售店再下一张订单给终端用户。此时，每一级订单是断层的，且来源于不同的系统，因此每一级订单的表结构完全不同。

这样导致的结果是无法从全链条上看到每一个商品在渠道中的流转，也无法实时跟踪每个商品的具体转化效率。所以，需要把每一级的订单按照主题分门别类（一级订单、二级订单、三级订单），并且建立一种关联关系，使这三者能串联起来，形成一整个渠道流程。

模型层。数据来到模型层，也就意味着它们要成为"炮弹"，"发射"到数据分析平台了，因此模型层的最主要作用是将主题数据组合成数据分析模型。

假设我们需要在数据分析平台上体现出"不同商品在不同区域不同客户的热销情况"，那在模型层就需要以订单表作为最基础的表，关联区域表、客户表、商品表，关联出一个以"区域＋商品＋客户特征"维度划分的明细数据。每个区域、每个商品、每个客户对应一行销售数据，根据这份数据汇总出一个按"区域＋商品＋客户特征"的模型，输出到数据分析平台，展示出不同区域、不同商品的客户特征是怎样的。

需要注意的是，模型层的数据都是呈现出星形结构和高度索引化的。因为在大数据平台上，数据与数据之间往往存在联系，运营人员看到商品在不同区域上的销量分布，往往也想进一步看一看在不同区域上的商品有什么特征，客户有什么特征，这些都需要和区域强关联。

数据应用层。数据应用层严格意义上不属于大数据架构，因为它除了涉及各式各样的数据分析平台，还涉及业务系统。

数据反哺。上文提到过，业务系统对于数据仓库而言更多是作为数据收集工具，但同时业务系统也存在着数据的需求，我把这样的过程称为数据反哺。

往往支撑公司业务开展下去的业务系统不止一个，很可能是有多个，而各式各样的业务系统之间也需要数据交互。例如，一般电商公司会有一套前端商家平台，也会有一套后端的管理平台，这两套平台使用的往往不是同一套 SKU，因此需要将后端 SKU 同步到前端来进行映射（Mapping）。

那么为什么不能让这两套系统直接进行数据交互呢？因为数据已经不再干净，需要数据仓库进行清洗并将冗余的数据去除后方可推送至前端商家平台。

分析模型输出。数据仓库的数据，最终除了会流向业务系统以外，更多的会流向各大数据应用系统，即数据大屏、大数据分析平台等

此时的数据，已经过层层清洗加工、模型搭建，形成一个个"炮弹"，通过接口的形式推送至各大数据平台。对于这些数据分析、数据展示平台而言，需要更多考虑的是如何直观展示数据。

10.2.2 技术视角从 0 到 1 搭建数据仓库

下面利用 Kimball 生命周期方法从技术角度看数据仓库的搭建。

第一，定义业务需求。

第二，技术路径，包含技术架构设计，产品的选择和安装。

第三，数据路径、维度建模、物理设计、ETL 设计和开发。

第四，BI 应用路径、BI 应用设计、BI 应用开发。

数据仓库的搭建过程如下图所示。

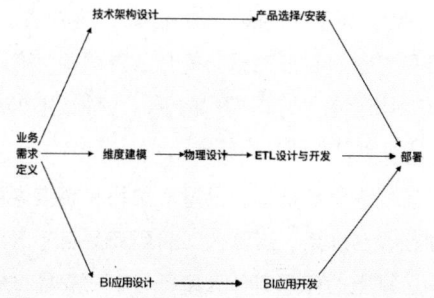

其中第一部分业务需求定义是后面的 3 种路径的前提，但是跟数据路径更加紧密。

数据仓库的总体架构如下图所示。

数据应用层	分析和应用

数据仓库层	元数据管理、调度和监控、数据质量管理

数据源层	ERP/CRM/Web/小程序

底层是数据源层，一般是在线的数据库或者文件系统，包括 ERP、CRM、Web、小程序等。对于在线数据库，一般是操作型数据库，例如 MySQL、Oracle 等，存在主库和从库，从库用来做备份，主库出现问题时切换到从库，从而尽可能地避免影响线上的应用。从库的数据是从主库使用工具同步过来的，例如 Oracle 的 shareplex 等，所以从库有一定的延迟。文件系统一般使用的格式是 CSV 或者 TST。不推荐 Excle 格式的文件，容易出现格式问题。

数据仓库层包含 ODS、EDW、DM、接口数据、归档数据以及调度监控、元数据管理、主数据管理和数据质量监控。

ODS 层是从数据源抽取（E），经过格式的转换（T），最后加载（L）到数据仓库中的。

ETL 过程中数据的粒度不会变化，一般除了简单的格式变化，跟线上的数据库的表基本一致。

抽取是对从库的表的数据进行抽取，抽取的时候需要对主、从库是否存在延迟进行监测。

有的时候是加载操作在转换操作之前，也就是 ELT，这取决于转换操作在数据仓库中是否更加容易操作。在一般的 TB、PB 的数据仓库中，数据的转换函数并不是很丰富，即便是有，有时性能也不是很好，所以都是在抽取数据到文件之后，对文件进行转换操作处理。

抽取的时候一般可以选择增量抽取或全量抽取，增量抽取一般需要根据时间戳，全量抽取的时候可以通过 ROW NUM 字段进行批量式的抽取。

加载的目标表可以是临时表 staging table，全量 ODS 表，分区 ODS 表。加载到临时表一般是针对增量抽取而言的，通过将增量数据全部加载到临时表之后，通过合并操作更新 ODS 表。加载到全量 ODS 表，如果是增量抽取，那么就用新增数据合并历史全量数据，此

第10章 从0到1新建数据仓库 177

时应确保没有删除操作；如果是全量抽取，那么直接用新抽取的数据覆盖历史数据即可。分区 ODS 表分为增量分区（每个分区是增量数据）和全量分区（每个分区是历史全量数据），增量分区表可以选择增量抽取，全量分区在没有硬删除的时候可以采用增量抽取，然后合并前一个分区的数据生成最新的分区，有硬删除的情况下只能采用全量抽取，然后直接生成最新的分区。

EDW 层是将 ODS 层的数据按照主题生成基础数据。EDW 之上的是 DM 层。针对特殊的 App 应用或者部门等，可以通过 EDW 的数据生成接口数据，专门服务于应用软件等。

从数据源→ODS→EDW→DM/接口层的数据流的计算都需要使用工具或者编写脚本来执行，执行的过程需要调度系统来安排，过程中需要管理任务的执行频率、优先级、任务的依赖，以及任务运行时的监控（失败或者延迟）等。

元数据和主数据的管理，这一块是比较难于管理的部分。

数据应用层主要是数据的分析、挖掘和展示。从系统角度来看，影响建设数据仓库的解决方案的因素为操作出现的频率，即业务部门每隔多长时间做一次查询分析。

在系统中的数据需要保存多久，是一年、两年还是五年、十年？用户查询数据的主要方式，如在时间维度上是按照自然年，还是财政年？用户所能接受的响应时间是多长，是几秒，还是几小时？

产品选择角度上，影响建设数据仓库的解决方案的因素为厂商的背景和支持能力，以及能否提供全方位的技术支持和咨询服务。如数据库对大数据量（TB 级）的支持能力，数据库是否支持并行操作，能否提供数据仓库的建模工具，是否支持对元数据的管理，能否提供支持大数据量的数据加载、转换、传输工具（ETT），能否提供完整的决策支持工具集，以满足数据仓库中各类用户的需要。

在了解了整个数据仓库自上而下的框架之后，数据的同步、数据的存储计算、数据的计算、数据的分析、数据的展现，在这些阶段建设数据仓库有什么样的解决方案呢？

首先是数据同步（数据源－ODS 层）。在 ETL 工具的选择上，主流的 ETL 工具有 Informatica、Datastage、Kettle，其他的 ETL 工具有 ODI、Beenload、Cognos 等。

其次是数据的存储计算（EDW-DM）。在数据仓库的选择上，主流数据仓库有 Teradata、Exadata、GreenPlum、SybaseIQ、Hive。

数据的分析和报表展示。OLAP 四大主流 BI 工具及对比如下表所示。

产品功能 \ 项目	MSTR	BO	Oracle BIEE	Cognos 8
安装部署	客户端无任何安装；服务端的安装全程自动化，没有专用的设置参数的输入，较容易安装	安装前需要改区域设置和本地安全策略，否则容易安装失败，并且不支持	安装过程类似于安装 Oracle 数据库，且需要设置配置文件 NQSConfig.ini，在安装向导较方便安装成功	安装需要经过指导，安装后的配置较烦琐，容易安装失败
	支持 Windows、UNIX 等主流 OS 平台	支持 Windows、UNIX 等主流 OS 平台	支持 Windows、UNIX 等主流 OS 平台	支持 Windows、UNIX 等主流 OS 平台
兼容性	MSTR 不能连接第三方的 OlapServer 生成的分析模型数据。不能被第三方工具访问	BO5 中文版不能在 B/S 方式下对 Essbase 进行自由钻取	支持即席查询、OLAP 分析、仪表盘等分析使用共用的企业语义模型，并提供开放的接口给其他分析工具；支持 Essbase	Cognos 连接 Essbase 在 UNIX 下有版本限制，不支持 Essbase 6.2 以后版本
	支持主要 OS 数据库系统：主流的 RDBMS		技术主流数据库	Cognos 不支持复合数据，不支持"多对多"关联
数据容量	特有的 ROLAP 引擎，针对 1G 以上数据模型有专项优化，支持 100GB 以上的数据模型分析；支持到 TB 级的数据分析，对大数据量的 SQL 提供优化。大数据量查询效率不高	单个数据模型 60～70GB（Essbase）；根据 OLAP 服务器的性能决定，搭配 Essbass 时支持 10GB 左右数据模型，无 OLAP 服务器时，显示效率较低	MOLAP 单个数据模型没有限制（Essbase），随 Cube 体积增大，性能不会明显下降 ROLAP 数据模型，支持 100GB 以上数据量，没有限制，对查询效率会有较大影响	单个数据模型 ROLAP 50~80 GB 以上，但查询效率比较慢 MOLAP 支持大数据量有困难，难以支持维度层次和成员数太多的模型，超过 2~4GB 以上的 MDC 的 Cube 能够分成较小的 MDP 文件
产品线完整程度	缺乏 ETL 和数据挖掘工具	缺乏数据挖掘工具，拥有 ETL 工具 DI	BIEE 没有 ETL 工具；但 Oracle BI 产品线丰富，能提供 ETL 工具	拥有全面的 BI 产品线，功能较丰富，拥有 ETL 工具，Cognos Data Manager
产品集成	集成度较高，提供集成的数据连接、模型制作、报表发布、权限管理的界面	集成度中等，Web 功能同传统 C/S 模式差距较大	集成度较高，统一的技术架构平台	C8.3 之前的版本集成度一般，多种应用对应单独的使用界面，例如 TRANSFORMER、POWERPLAY 有独立的界面；C8.4 有一定的改变
SDK 开放程度	开放程度较高，提供全面的 SDK 开发包	开放程度较低，功能封装在 OCX 中，支持维度参数的输入等二次开发函数，尤其不提供权限接口，提供数据更新、启动服务等简单操作的命令行模式	开放程度较高，提供丰富的 API	开放程度较低，许多功能二次开发无法实现，提供初步的用户功能权限操作的函数；提供的 Web API 非常有限，而且没有真正的 Web 客户化能力，也不能嵌入现有应用系统中

续表

产品功能 项目	MSTR	BO	Oracle BIEE	Cognos 8
快速开发	有相应的快速开发模板，客户开发的模板可复用；可以按照模板，在现有报表上创建适合自己的新报表	有丰富的快速开发参考模型，实现一般性的需求较容易；由于有获得了专利的"语义层"，用户可以快捷地写出功能强大的财务、销售和其他含有表格、图表、超级链接和图像的报表	支持对象方式的报表设计与制作，支持不同语义模型之间对象的直接复制粘贴	不提供开发模板，可以在分析的基础上添加表头构成报表，B/S 下可将分析结果作为报表保存
二次开发	工作量较大，但理论上可以重新开发除了服务器和部分功能权限外的任何功能；开发量主要集中于基本功能的应用上	主要集中于界面的美观程度	若开发涉及模型变化，则报表需做相应的修改	主要集中于界面的美观程度；若开发涉及模型变化，则报表需做相应的修改
模型或报表的数据源	支持多种类型的数据源。但在一个项目中只能使用一个数据源	BUSINESSOBJECTS 允许在同一报表中合并来自不同源的数据。例如单个 Excle 表，支持混合显示，较强大	支持多种类型的数据源，如支持 XMLA、MS 分析服务、SAP BW	部分支持（模型中只支持单一数据源）
支持的数据库和 OLAP	主流数据库；只使用自己的 OLAP 服务器	主流数据库和主流 OLAP 服务器（不支持 Cognos 和 MSTR）；其本身没有真正 OLAP 服务器，需要第三方 OLAP 服务器	只使用自己的 OLAP 服务器	主流数据库和主流 OLAP 服务器
元数据管理	具有统一的元数据库。元数据通过 Desktop 集成界面进行管理，可以方便地实现元数据的迁移、复制等工作	有元数据库存储用户信息，但必须在 C/S 模式下制作 UNV 文件和 REP（Repository）报表文件实现，在 Web 方式下保存为 WQY 文件则可以编辑，但功能弱	提供 BI 元数据管理模型，无须专业 IT 技术人员也可以进行灵活的查询、报表分析和仪表盘的发布	采用文件和内容库（Content Store）方式，可以通过管理工具备份
建模工具	提供 Architect 作为建模工具，另外在应用服务器 Intelligence Server 中可以提供智能立体	不提供，需要单独购买 OLAP 服务器	提供管理工具（Administration Tool），实现物理层－逻辑层－展现层的建模，建模时层次清晰	提供 Transform 作为建模和生成可分析立方体的工具，OLAP 服务器为 Enterprise Server，制作的立方体效率很高，分析立方体的数据经过压缩，容量为同条件下的 ESSBASE 的 1/4~1/20 Framework 建模略显复杂
权限管理	提供功能权限、数据权限，权限的二次集成度高，但开发量也大	提供功能权限和数据权限，但只提供简单的用户权限操作的二次集成能力	提供功能权限和数据权限，数据权限：对数据按行、列进行用户赋权，并能够控制用户查询的访问时间	提供功能权限和数据权限，权限的二次开发量很小

180　　数据增长模型　数智时代的全栈产品运营思维、算法与技术

续表

产品功能 \ 项目	MSTR	BO	Oracle BIEE	Cognos 8
操作易用性	报表展现方便，但 OLAP 操作感较差	由于采用 OCX 的插件方式，OLAP 的显示方式较像 Excel，操作较直观，给用户的初次印象较好，但报表感较差；单一界面可以满足查询、报表和分析；通过 INFOVIEW BI 接口单一进入点，BUSINESSOBJECTS 还能让用户快速、简单地存取报表	操作灵活方便，支持用户鼠标拖曳设计	OLAP 功能很强大，操作反应速度较快，支持用户通过鼠标拖曳进行设计；上手较难；Web 页面访问条件查询报表时操作不便
旋转、切片、钻取操作	提供旋转、切片、钻取、自定义小计等 OLAP 分析	支持旋转、切片、钻取操作	支持钻取、旋转、切片	支持旋转、切片、钻取操作，Web 方式下分析功能最强大，使用熟练后可做的分析很多，支持任意角度的分析操作
钻透到详单	ROLAP 可以钻取详单数据，查询速度较慢	BO 的基于桌面的 cube 方式先天受到 cube 中包含的数据量和在有限的数据集上进行的分析的限制 在用户的钻取操作发生后并没有提供相应的数据限制，因此在查询详单时，数据呈爆炸式增长	基于 ROLAP 查询详单数据，查询较慢	ROLAP 可以钻取详单数据，查询速度会比较慢 MOLAP 也可以钻取详单数据，数据量有限
刷新数据	提供定时更新的工具，也提供 SDK 函数控制更新；提供调度机制，可以按照灵活的时间设置或者事件触发报表刷新数据	命令行方式更新（用第三方调度程序调度）	—	提供定时更新的工具，也有相应的命令行程序更新；cube 比较大时，刷新数据耗时比较长，但支持增量刷新数据
多种文件格式导出	常用的格式都支持（PDF、Excel 等）	同 MSTR	常用的格式都支持（PDF，Excel 等）	同 MSTR
报表展示	支持列表、交叉表、图表（90 多种）图形美观，图表多为 FLASH，动态立体感强	提供常规应用图表，图表样式较少	提供常规应用图表，图表较美观	提供常规应用图表，但图表样式较少、报表及图形不美观
灵活的查询参数设置	参数设置较为烦琐，属于条件过滤性质，查询界面也不友好	在新的 6.x 版本下查询时可构造较复杂的 SQL 语句，并且能包含动态的查询函数，但 6.x 还未推出中文版	BIEE 在变量方面有 session 和资料库变量，并且提示可以引入资料库变量，因此在实现页面初始化时设定窗口时间（默认当天）等功能非常有用	只能进行简单条件的过滤，复杂查询需要 JavaScript 脚本，使用也有限

第10章 从0到1新建数据仓库　　181

续表

项目 产品功能	MSTR	BO	Oracle BIEE	Cognos 8
计算列设计	提供强大的统计运算函数功能，计算列是报表层设计；维度成员间的计算设计较麻烦	能提供丰富的运算函数	BIEE 都是在 Administration Tool 中完成，建立好星形关系后，在逻辑层增加一个计算列，添加一个函数（时间轴函数）就可以完成	MOLAP 计算列可以分别在模型层和报表层设计，有较丰富的函数 ROLAP 的 REPORT NET，在报表层添加计算列比较麻烦，如环比，同比等计算，需要建立多层小的查询
负载平衡	支持多种层面的负载平衡，有 Intelligence Server and Broad Cast 的分布式负载平衡，并且提供相应的优化工具（另外付费），支持大量并发用户请求，并发数的处理效率很高	同 Cognos 类似	支持集群功能	提供应用服务器的负载均衡，支持集群
报表刷新的速度（10 万条数据）	提供报表缓存机制（报表、对象、元素、XML）以提升效率。有缓存时访问速度在 1 分钟以内；无缓存时，在 SQL 查询时间基础上增加 10 ~ 30 秒	15 秒 ~ 2 分钟	提供报表缓存机制，能一定程度提升效率。有缓存时访问速度在 1 分钟以内；无缓存稍慢点访问 Essbase 时，性能要好些	REPORT NET 没有提供报表缓存机制；MOLAP 6 秒 ~30 秒
并发访问	单 CPU 可以支持 50 个并发操作用户	单 CPU 最多支持 25 个并发操作用户	—	单 CPU 最多支持 50 个并发操作用户
系统可维护性	元数据、权限集中管理。较容易管理维护，但新的实体的制作需要专门人员		有元数据管理工具，权限集中管理，易管理，迁移时需要修改相应的配置文件	有元数管理工具，易管理
价格	按用户数和组件报价，有最低用户数据限制，总体价格在 100 万元	—	2,000 美元 / 用户，295,000 美元 / 处理器	IBM Cognos 在 IBM Cognos 8 商业智能（BI）上执行基于任务的定价机制。不同的任务价格不同，取决于是否需要为用户授权，或是否需要管理员的任务授权。授权费在批量上有折扣，所以产品的价格会因为客户的安装规模而所有差别 总体价格与 MicroStrategy 相近

　　数据仓库作为一种产品，在不同的公司或者部门设计出来是不一样的。但是设计的思想是相通的。按照层次关系划分，数据路径上包括业务建模、概念模型设计、逻辑模型设计和物理模型设计。

　　业务建模针对公司或者部门级的业务进行全方位的梳理和分解。概念建模是对业务模型进行抽象出来的实体以及实体与实体之间的关系。逻辑模型的作用是对概念模型进行具体的设计，实体的属性、主键、外键等。物理模型的作用是将逻辑模型具体实施，考虑各种具体的技术实现因素，进行数据仓库体系结构设计，真正实现数据在数据仓库中的存放。

业务建模。数据仓库的构建离不开业务场景，构建数据仓库的第一步就需要通过与业务部门的充分交流，了解建立数据仓库所要解决的问题的真正含义，并确定各个主题下的查询分析要求。业务建模是一种理解公司业务的很好的方式，通过业务建模可以深入了解各个业务部门内的具体业务流程，界定数据仓库建模的范围。

业务建模也是按照层级逐层展开的，依次是顶层模型、业务域、业务流程、业务环节。

顶层模型从公司整体业务的角度，划分业务模块，以及各个业务模块之间的交互关系。例如公司有交易、财务、营销模块，财务模块跟营销之间的关系有营销活动发起之前要申请预算，采取需要统计营销活动的成本，交易可以配置营销活动。

业务域把划分的模块逐一分解为业务用例。例如营销活动模块可分解为运营人员配置活动信息、用户购买产品使用优惠等。

业务流程将业务用例做具体的流程分解，具体到每一步操作是怎么样的，以及操作之间的次序和依赖关系。

业务环节就是写SOP，把一个环节的作业内容再标准化，实际上就是作业标准化的过程。主要涉及流程中每一步的正常情况、异常情况的结果是怎样的等。

概念模型把业务建模的各个业务流程抽象出实体和关系（ER）。概念模型关注的是实体和实体之间的关系，对于实体的属性没有做过多的考虑。概念模型的设计结果将直接指导接下来的逻辑模型和物理模型设计，可以说概念模型是整个模型设计过程中最重要的一环。

概念模型的设计可以适当地参考 ER 模型设计，当然也有很多成熟的方法论，例如DWER 等。概念模型主要有以下几个方面。

（1）针对关键业务环节部分，抽象出实体。确定实体之间的关系，一对一，一对多，还是多对多。不断地迭代所有的业务环节，将所有抽象出来的实体和关系进行总结，统一的实体汇集在一起，将所有相关的实体关联起来。因为业务建模和概念建模都比较抽象，不同的人抽象出来的结果也不尽相同，抽象出来的更合理的模型会给后续的数据建模打下更好的基础。业务建模的主要工作在于划分整个单位的业务，理清各业务部门之间的关系，界定建模的范围，深入了解各个业务部门内的具体业务流程。

概念模型的主要工作在于将关键业务流程抽象出实体和实体之间的关系，将所有抽象出来的实体和关系进行汇集，相同的实体关联在一起。

（2）LDM（Logical Data Model，逻辑数据建模）的阶段，这个阶段可以说是建模最重要的一环（也就是维度建模）。

那么具体需要做些什么呢？逻辑建模内容包括分析主题域、确定要装载到铸具仓库的主题名称，以及各自主题的码键和属性组；主题内的实体，及其容量和更新频率；实体的列的属性等。

粒度模型的设计。通过粗略估算数据量来确定粒度层次的划分，是单一粒度还是多重粒度（例如1年内的数据是天粒度的，历史记录是月粒度的）。

数据分割设计，针对某一实体的数据应该按怎样的方式来分割，一般按照时间来分割，例如每天的数据放在一个分区里面。

元数据模型的建立。在各种转换和汇总的过程中建立好元数据模型能更好地维护和理解数据。

维度建模原则。逻辑数据模型设计是数据仓库项目的核心基础。为什么这样讲呢，因为逻辑数据模型设计是有原则的，满足了这些原则，能够保证整个数据仓库的稳定性，同时让数据需求方使用起来很容易理解数据。此外，处理数据的效率也会很高。

逻辑数据建模有如下原则。

其一，粒度性。数据仓库不同的层次具有的粒度是不同的：DW层的数据是原子粒度的数据，例如交易数据的原子粒度是订单，记录也包括购买的用户和商家；DM层的数据是面向主题按一定的维度进行汇总的数据，例如商户集市计算当天出售的订单量。

其二，共享性。在数据仓库中，通过抽象和集成，把一些（维度）信息汇总起来，并做全局的一致化，使其在整个数据仓库中处于共享状态，任何用户都可以使用，例如一致性维度。

其三，历史性。针对业务分析的需求，需要从历史信息中获取有用的信息，例如评估客户生命周期价值。

其四，一致性。逻辑数据模型必须在设计过程中保持一个统一的业务定义，例如渠道的定义、团体的分类等应该在整个企业内部保持一致。将来各种分析应用都使用同样的数据，这些数据应按照预先约定的规则进行刷新，保证同步和一致。

其五，扩展性。当有新的需要和改变的时候，逻辑数据模型结构要能够做到可扩展，并能对用户透明。

当然还有一些其他的原则，这些原则的最终目标是更好地满足用户的使用。

逻辑模型设计是实践维度建模的重要组成部分，维度建模的3个核心是总线架构，一致性维度，一致性事实。

（3）如何利用Inmon和Kimball数据仓库的理论一步一步地建设数据仓库的模型。

Inmon最初的建模理论是，通过构建一个符合三范式的集中式的数据中心DW层，此层次的表一般不对 BI 和应用开放，而是基于 DW 的数据构建数据集市 DM 层来对外服务。DM 层的数据一般也采用范式建模，不过随后融入了维度建模的思想，把 DM 层建设成星形模型。但是并未提出使用一致性维度。

提起数据仓库建模，谁都会知道 Inmon 的以范式建模为理论基础的集线器式建模和 Kimball 的以维度建模为理论基础的总线式建模，关于这两者谁更好的争论就不在这里展开了。实际上，随着数据仓库的发展，现在两种模型都在原来的基础上往同一个方向发展，最终都比较相似，甚至出现了复合式的数据仓库理论，将这两种架构整合在一起，充分利用了两者的优点。

范式建模有维护数据的一致性、稳定性、可扩展性、减少冗余的优点，同时也有规范化但是不利于分析理解数据等缺点。这样一来，完全可以把范式建模利用在 ODS 和 DW 层之间的中间层数据模型，因为这一层数据承载着 DW 层的数据，但又不会对用户开放，范式建模可以较好地匹配这一需求。

范式建模采用的是第三范式，而大多数的线上业务数据库也遵循第三范式的规范，所以范式建模是推荐贴源（ODS）的，甚至简单的业务情况下不需要中间层，直接使用 ODS 层即可。

当然，对于如下情况我们还是建议通过范式建模来重新组织数据。

◆ 业务数据库的表没有遵循第三范式。

◆ 有复杂的字段（例如 JSON 字段）需要解析。

◆ 业务维度比较复杂，很难直接关联取出所需的数据。

通过范式建模，可以保证数据的一致性（因为采用完全不冗余的方式，避免了数据的不一致）。

范式建模解耦方便维护，也提高了运行效率。针对复杂字段的解析和复杂业务的分解，有利于 DW 层的直接使用。

范式建模不仅在线上业务数据库中展现了强劲的风采，也在数据仓库侧发挥着重要的作用。范式建模的难度在于如何抽象业务，以进行 DW 建设的准备工作。建好了这一层的数据模型，对于 DW 层数据的建设，将会大大提高效率和大大降低复杂性。

维度建模是 Kimball 提出的经典的数据仓库建模思想。维度建模提倡针对某一主题，通过建设维度和事实来快速建设数据仓库。与维度建模相对应的自然是 Inmon 的范式建模。在上面也提到范式建模非常适合应用于中间明细层的建设，那么在 DW/DM 层为什么选择使用维度建模呢？这是第一个问题。维度建模的核心是总线架构、一致性维度、一致性事实。这里的主题是总线架构，那为什么说维度模型是总线式架构？这是第二个问题。

下面通过维度建模和星形模型来分别解释这两个问题。

维度模型之所以被选择在 DW/DM 层上来实现，是因为维度建模具有如下特点。

◆ 易用性。数据仓库的目的是 DSS，即决策支持系统（Decision Support System，DSS）。既然面向的是分析用户，那么数据越容易理解，越受用户欢迎。维度建模包含的具有描述特性的维度表可以让用户很容易理解数据，不像范式建模，由于太过规范化而导致用户对数据的理解有一定的难度，需要对业务有很深、很细的了解。

◆ 性能高。通过数据的处理、排序和整合构建出来的维度表，不仅能够让用户很方便地理解数据、使用数据，而且在计算所需要的数据的时候，不需要关联太多的表，从而使计算的性能很高。

◆ 扩展性。维度建模具有非常好的可扩展性，以便容纳不可预知的新数据源和新的设计决策。可以很方便地在不改变模型粒度的情况下，增加新的分析维度和事实，不需要重载数据，也不需要为了适应新的改变而重新编码。

提起维度建模就不得不提星形模型和雪花模型之争。在 Kimball 的理论中，星形模型备受推崇，原因有以下几点。

◆ 星形模型更易理解，毕竟维度模型都是直接挂在事实表，没有额外的关联，所有的维度信息都汇集在维度表中了。

◆ 星形模型性能更高。只需要一次的关联就能获取这一维度的所有描述信息。

◆ 星形模型冗余程度更高。所有有层次关系的维度，都被设计成扁平化，有一定的冗余。但是维度表的冗余相比事实表却不是一个数量级的。

星形模型是针对单一事实表的情形，当有多个事实表通过维度关联在了一起就形成了星座模型。星座模型可以是同一主题但不同粒度的事实表之间的关联，也可以是不同主题的事实表共用同一维表。毕竟是有全局的一致性维度。

维度建模适合于 DW/DM 层建模，通过使用维度建模，用户可以得到很好的效果，只有用户满意了，数据仓库才能实现更大的价值。可以说维度建模的核心是星形模型，星形模型所拥有的特点正是用户方便使用的根源。

当然维度模型也有一些缺点，例如数据的一致性很难保证，数据的冗余，大量的维度信息处理等，但这些都是可以通过其他方式避免和简化的。

事实表以维度表为基础的总线矩阵，意味着建设出来的架构正是总线式架构。

上面提到了数据仓库建设中的维度建模方法，总线架构的基础是一致性维度。下面将具体地总结一致性维度的"4W1H"问题。

What，一致性维度。维度一直是大家所熟知的，但是前面加上了"一致性"之后便成了数据仓库特有的一类维度表，其实一致性维度在表结构和属性上都没有本质的区别，有一点差异是数据仓库的星形模型会使得维度表有一定的冗余。那么一致性体现在哪里呢？

维度共享性。共享性体现在整个平台或整个部门共用维度，而不仅是某个业务单独使用。一般的维度并没有把共享性作为一个共性的标准。然而在维度建模中，一致性维度将作为重心来做。数据仓库 70% 的工作量和复杂度是用在构建一致性维度上的。一致性维度作用于数据仓库和数据集市，甚至是 OLAP。

When，一致性维度。一致性维度的构建是先于事实表的构建的，但又不是在构建完成一致性维度之后才开始构建事实表，在构建的过程中会有一定的调整。当在构建事实表的时候，如果遇到了比较复杂和困难的问题，也要考虑一致性维度构建得是不是合理。

Where，一致性维度。90% 以上的维度表是直接从 ODS 层进行 ETL 建设的，一般都是业务的基本描述信息，这一过程在数据缓冲区来做，输出在数据仓库 DW 层的最底部。还有一些维度的信息或者属性需要建立在数据集市的基础上，一般是用来做分析的指标或者标签，这个时候需要用集市层的汇总数据来打维度的标签，例如商户的标签。这样的维度信息需要回传到原有的维度表。

Why，一致性维度。首先是容易管理，一致性维度不仅规范化，而且大大减少了维度表的数量。其次是容易使用，同一主题或者实体的维度表单一，容易获取和使用。所有的事实共享同样的维度，容易进行交叉计算。

How，一致性维度。首先对业务过程进行梳理，将业务过程所携带的维度信息整理出来生成总线矩阵。一般情况下，同属一个价值链的业务过程的维度信息大致相同。然后针对每个维度逐一审核相关的业务过程，对各个业务过程的维度值进行标准化。之后是对不同业务的维度信息进行汇总，选择或者生成主键。最后设计维度表，并进行适当的迭代更新。

也许大家会认为维度表都是小表，随便创建没有关系。想想公司里面无穷无尽的维度表出现在你面前，且同一个实体的名字出现在很多很多的维度表中的时候，是不是感觉根本不知道这么多维度表是干什么用的，怎么来用的。

一致性维度的建设不仅能够规范化维度模型，大大减少凌乱的维度表，而且一旦建设好了一致性维度，后面的 DW 和 DM 层的建设将游刃有余。

10.3　Hadoop 生态系统

Hadoop 生态系统是所有数据科学和大数据领域相关从业者必须了解和熟悉的内容，很多数据岗位都需要深度理解甚至应用 Hadoop 生态框架。

不过，对于数据产品运营管理岗位来说，了解 Hadoop 生态系统即可。

10.3.1 Hadoop 发展历程

Hadoop 于 2006 年 1 月 28 日诞生，它改变了企业对数据的存储、处理和分析的过程，加速了大数据的发展，形成了自己的技术生态圈，并受到非常广泛的应用。这里为大家梳理 Hadoop 的发展历程，技术圈的生态状况，回顾以前，激励以后。了解 Hadoop 的过去和未来，有利于我们做好数据产品。

十几年前，国内 IT 圈还不知道什么是 Hadoop，而现在几乎所有大型企业的 IT 系统中都已经有了 Hadoop 的集群在运行各式各样的任务。

2006 年项目成立之初，"Hadoop"这个单词只代表了两个组件——HDFS 和 MapReduce。到现在，这个单词代表的是"核心"（即 Core Hadoop 项目）和与之相关的一个不断成长的生态系统。这一点和 Linux 操作系统非常类似，都是由一个核心和一个生态系统组成。

现在 Hadoop 俨然成为企业数据平台的"新常态"。我们很荣幸能够见证 Hadoop 从无到有、不断壮大的过程。在我们感动于技术的日新月异时，希望能通过文字为 Hadoop 的昨天、今天和明天做出一点自己的解读。

Hadoop 发展历程如下。

2002 年 10 月，Doug Cutting 和 Mike Cafarella 创建了开源网页爬虫项目 Nutch。

2003 年 10 月，谷歌发表 *Google File System* 论文。

2004 年 7 月，Doug Cutting 和 Mike Cafarella 在 Nutch 中实现了类似 GFS 的功能，即后来 HDFS 的前身。

2004 年 10 月，谷歌发表了 *MapReduce* 论文。

2005 年 2 月，Mike Cafarella 在 Nutch 中实现了 MapReduce 的最初版本。

2005 年 12 月，开源搜索项目 Nutch 移植到新框架，使用 MapReduce 和 NDFS（Nutch Distributed File System）来运行，在 20 个节点稳定运行。

2006 年 1 月，Doug Cutting 加入雅虎（Yahoo!），雅虎提供一个专门的团队和资源将 Hadoop 发展成一个可在网络上运行的系统。

2006 年 2 月，Apache Hadoop 项目正式启动以支持 MapReduce 和 HDFS 的独立发展。

2006 年 2 月，雅虎的网格计算团队采用 Hadoop。

2006 年 3 月，雅虎建设了第一个 Hadoop 集群用于开发。

2006 年 4 月，第一个 Apache Hadoop 发布。

2006 年 4 月，在 188 个节点上（每个节点 10GB）运行排序测试集需要 47.9 个小时。

2006 年 5 月，雅虎建立了一个 300 个节点的 Hadoop 研究集群。

2006 年 5 月，在 500 个节点上运行排序测试集需要 42 个小时（硬件配置比 4 月的更好）。

2006 年 11 月，研究集群增加到 600 个节点。

2006 年 11 月，谷歌发表了 *Bigtable* 论文，这最终激发了 HBase 的创建。

2006 年 12 月，排序测试集在 20 个节点上运行 1.8 个小时，100 个节点上运行 3.3 小时，500 个节点上运行 5.2 小时，900 个节点上运行 7.8 个小时。

2007 年 1 月，研究集群增加到 900 个节点。

2007 年 4 月，研究集群增加到两个 1000 个节点的集群。

2007 年 10 月，第一个 Hadoop 用户组会议召开，社区贡献开始急剧上升。

2007 年，百度开始使用 Hadoop 做离线处理。

2007 年，中国移动开始在"大云"研究中使用 Hadoop 技术。

2008 年，淘宝开始投入研究基于 Hadoop 的系统——云梯，并将其用于处理电子商务相关数据。

2008 年 1 月，Hadoop 成为 Apache 顶级项目。

2008 年 2 月，雅虎运行了世界上最大的 Hadoop 应用，宣布其搜索引擎产品部署在一个拥有 1 万个内核的 Hadoop 集群上。

2008 年 6 月，Hadoop 的第一个 SQL 框架——Hive 成了 Hadoop 的子项目。

2008 年 7 月，Hadoop 打破 1TB 数据排序基准测试记录。

2008 年 8 月，第一个 Hadoop 商业化公司 Cloudera 成立。

2008 年 10 月，研究集群每天装载 10TB 的数据。

2008 年 11 月，Apache Pig 的最初版本发布。

2009 年 3 月，17 个集群总共 24000 台机器。

2009 年 3 月，Cloudera 推出世界上首个 Hadoop 发行版——CDH（Cloudera's Distribution including Apache Hadoop）平台，完全由开放源码软件组成。

2009 年 4 月，59 秒内排序 500GB 数据（在 1400 个节点上）和 173 分钟内排序 100TB 数据（在 3400 个节点上）。

2009 年 5 月，雅虎的团队使用 Hadoop 对 1 TB 的数据进行排序只花了 62 秒。

2009 年 6 月，Cloudera 的工程师 Tom White 编写的《Hadoop 权威指南》初版出版，后被誉为"Hadoop 圣经"。

2009 年 7 月，Hadoop Core 项目更名为 Hadoop Common。

2009 年 7 月，MapReduce 和 Hadoop Distributed File System（HDFS）成为 Hadoop 项目的独立子项目。

第10章 从0到1新建数据仓库　　189

2009 年 7 月，Avro 和 Chukwa 成为 Hadoop 新的子项目。

2009 年 8 月，Hadoop 创始人 Doug Cutting 加入 Cloudera 担任首席架构师。

2009 年 10 月，首届 Hadoop World 大会在纽约召开。

2010 年 5 月，Avro 脱离 Hadoop 项目，成为 Apache 顶级项目。

2010 年 5 月，HBase 脱离 Hadoop 项目，成为 Apache 顶级项目。

2010 年 5 月，IBM 提供了基于 Hadoop 的大数据分析软件——InfoSphere BigInsights，包括基础版和企业版。

2010 年 9 月，Hive（Facebook）脱离 Hadoop，成为 Apache 顶级项目。

2010 年 9 月，Pig 脱离 Hadoop，成为 Apache 顶级项目。

2010~2011 年，扩大的 Hadoop 社区忙于建立大量的新组件（如 Crunch、Sqoop、Flume、Oozie 等）来扩展 Hadoop 的使用场景和可用性。

2011 年 1 月，ZooKeeper 脱离 Hadoop，成为 Apache 顶级项目。

2011 年 3 月，Platform Computing 宣布在它的 Symphony 软件中支持 Hadoop MapReduce API。

2011 年 4 月，SGI（Silicon Graphics International）基于 SGI Rackable 和 CloudRack 服务器产品线提供 Hadoop 优化的解决方案。

2011 年 5 月，Mapr Technologies 推出分布式文件系统和 MapReduce 引擎——MapR Distribution for Apache Hadoop。

2011 年 5 月，HCatalog 1.0 发布。该项目由 Hortonworks 在 2010 年 3 月提出，HCatalog 主要用于解决数据存储、元数据的问题，主要解决 HDFS 的瓶颈，它提供了一个地方来存储数据的状态信息，这使得数据清理和归档工具可以很容易地进行处理。

2011 年 5 月，EMC 为客户推出一种新的基于开源 Hadoop 解决方案的数据中心设备——GreenPlum HD，以助其满足客户日益增长的数据分析需求并加快利用开源数据分析软件。GreenPlum 是 EMC 在 2010 年 7 月收购的一家开源数据仓库公司。

2011 年 5 月，在收购了 Engenio 之后，NetApp 推出与 Hadoop 应用结合的产品 E5400 存储系统。

2011 年 6 月，Calxeda 公司发起了"开拓者行动"，一个由 10 家软件公司组成的团队将为基于 Calxeda 即将推出的 ARM 系统上芯片设计的服务器提供支持，并为 Hadoop 提供低功耗服务器技术。

2011 年 6 月，数据集成供应商 Informatica 发布了其旗舰产品，产品设计初衷是处理当今事务和社会媒体所产生的海量数据，同时支持 Hadoop。

2011 年 7 月，雅虎和硅谷风险投资公司 Benchmark Capital 创建了 Hortonworks 公司，旨在让 Hadoop 更加可靠，并让企业用户更容易安装、管理和使用 Hadoop。

2011 年 8 月，Cloudera 公布了一项有益于合作伙伴生态系统的计划——创建一个生态系统，以便硬件供应商、软件供应商和系统集成商可以一起探索如何使用 Hadoop 更好地利用数据。

2011 年 8 月，戴尔与 Cloudera 联合推出 Hadoop 解决方案——Cloudera Enterprise。Cloudera Enterprise 基于 Dell PowerEdge C2100 机架服务器和 Dell PowerConnect 6248 以太网交换机。

2012 年 3 月，企业必需的重要功能 HDFS NameNode HA 被加入 Hadoop 主版本。

2012 年 8 月，一个重要的企业适用功能 YARN 成为 Hadoop 子项目。

2012 年 10 月，第一个 Hadoop 原生 MPP 查询引擎 Impala 加入了 Hadoop 生态圈。

2014 年 2 月，Spark 逐渐代替 MapReduce 成为 Hadoop 的缺省执行引擎，并成为 Apache 顶级项目。

2015 年 2 月，Hortonworks 和 Pivotal 提出 "Open Data Platform" 的倡议，受到传统企业如微软、IBM 等的支持，但其他两大 Hadoop 厂商 Cloudera 和 MapR 拒绝参与。

2015 年 10 月，Cloudera 公布继 HBase 以后的第一个 Hadoop 原生存储替代方案——Kudu。

2015 年 12 月，Cloudera 发起的 Impala 和 Kudu 项目加入 Apache 孵化器。

2016 年 7 月 29 日，召开 Hadoop 亚太峰会，主要议题如下。

◆ 传统数据模式如何向 Hadoop 模式平滑转变。

◆ 基于 Hadoop 平台的 OpenVMC（开放视频管理框架）。

◆ Hadoop 环境下三维模型的存储及形状分布特征提取。

◆ OpenStack 云平台和 Hadoop 平台的融合。

◆ 提高虚拟化 Hadoop 系统数据本地性的资源调度方法。

◆ 海量并行内存数据仓库的发展及实现。

◆ NoSQL 和 Hadoop/Spark 结合的特点与用途。

◆ Hadoop 上的大规模联机分析平台。

◆ 大数据上基于 Hadoop 的不一致数据检测与修复算法。

◆ Hadoop 在金融、电信等行业大数据业务系统中的应用。

2017 年，Hadoop 框架之 Hive 分布式数据仓库得到普遍应用。Hadoop 软件厂商 Hortonworks 表示，从 2017 年第三季度开始，它将转售 AtScale 的软件，作为围绕

Hortonworks Data Platform 的打包软件产品的一部分。AtScale 开发了 AtScale Intelligence Platform，这个平台允许常用的业务分析工具访问保存在 Hadoop 集群中的数据。

2017 年 12 月 13 日，在 4 个 alpha 版本和一个 beta 版本之后，通常可以使用 3.0.0 版。3.0.0 版修复了一些错误、进行了一些改进和其他增强功能。建议用户阅读 3.0.0 中主要更改的概述，GA 发布说明和更新日志详细说明了自 3.0.0 版至 beta1 以来的更改。

2018 年，Apache Hadoop 社区面对更加激烈的公有云供应商的威胁，包括像 Databricks 等的竞争。

2018 年 8 月 8 日，3.1.1 版本可用。这是 Apache Hadoop 3.1 系列的第一个稳定版本，它包含自 3.1.0 版以来的 435 个错误修复、改进和增强功能。建议用户阅读自 3.1.0 版以来的主要变化概述。有关自上一个 3.1.0 版本以来的 435 个错误修复、改进和其他增强功能的详细信息，请查看发行说明和更新日志，其中详细说明了自 3.1.0 版以来的更改。

2019 年，Cloudera 作为主要发布 Hadoop 商业版和商用工具的单位，其核心组件 CDH 开源免费。

2019 年 6 月 6 日，Hadoop 商业公司 Cloudera 的股价突然暴跌了 40%，一时间引发激烈的讨论。在这些讨论之中，最具代表性的观点便是 Cloudera 股价的暴跌代表着 Hadoop 的陨落。

2019 年年初，Apache Hadoop 3.2.0 发布了，这是 Hadoop 3.x 系列中最大的一个版本，带来了许多新功能和 1000 多个更改，通过 Hadoop 3.0.0 的云连接器的增强功能进一步丰富了平台，并服务于深度学习用例和长期运行的应用。2019 年 Hadoop 发布的版本亮点如下。

◆ ABFS 文件系统连接器：支持最新的 Azure Datalake Gen2 Storage。

◆ 增强 S3A 连接器：对 AWS S3 和 DynamoDB IO 更好的弹性节流。

◆ YARN 中的节点属性支持：有助于根据节点的属性标记节点上的多个标签，并支持根据这些标签的表达式放置容器。

◆ 存储策略变化：在文件 / 目录上设置存储策略，支持 HDFS（Hadoop 分布式文件系统）应用程序在存储类型之间移动块。

◆ Hadoop Submarine：使数据工程师能够在同一个 Hadoop YARN 集群上轻松开发、训练和部署深度学习模型（TensorFlow 中）。

◆ C++ HDFS 客户端：有助于对 HDFS 执行异步 I/O，对下游项目有利，如 Apache ORC。

◆ 长期运行服务升级支持：通过 YARN Native Service API 和 CLI，可以对长时间运行的容器进行就地无缝升级。

2020 年，Apache Hadoop 最新版本为 3.2.1。

10.3.2 Hadoop 生态

自 2006 年问世至今，Hadoop 已从传统的"三驾马车"HDFS、MapReduce 和 HBase 社区，发展为上百个相关组件组成的庞大生态。

Hadoop 部分生态系统如下图所示。

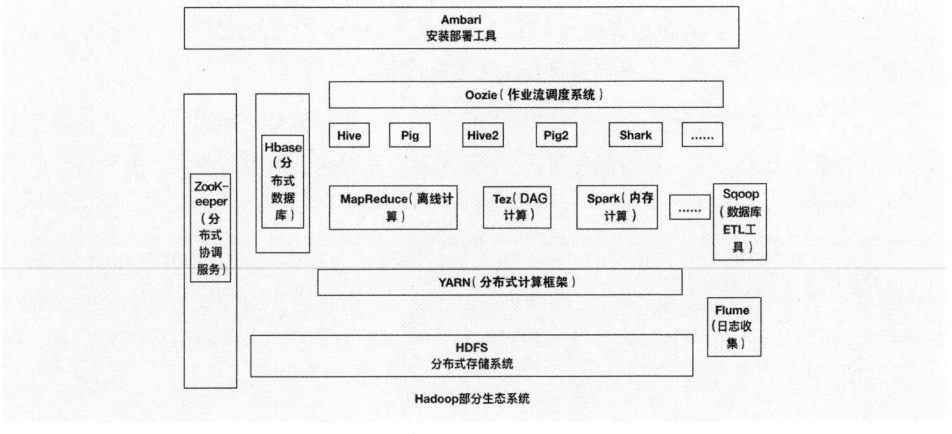

HDFS 是谷歌于 2003 年发表的分布式文件系统 *Google File System* 论文的开源实现版本，主要目的是使用普通商业计算机解决大量数据的存储和读取速度问题，在 HDFS 出现之前一般主要在单台计算机用 RAID 来提高数据存储量和读取速度。但是采用 RAID 一方面成本比较高（需求太高时可能只有超级计算机才能满足），另一方面数据量过大时可能连超级计算机也无法满足需求。所以这个时候就需要采取分布式的方式来满足扩大存储（多台机器多个磁盘）和增加读取速度的需求（多台机器可以同时读）。

MapReduce 是一个分布式的计算框架，在 MapReduce 出现之前就已经有了分布式计算这个概念。但是大多数分布式计算只能专门用于处理一类运算，而谷歌在大量实践中总结出了一个通用的编程模型：Map 和 Reduce。其中 Map 是指分开计算的过程，而 Reduce 是指合并结果的过程。而在这一编程模型添加的一系列机制和操作构成了 MapReduce。MapReduce 大大降低了分布式计算的门槛，开发人员只需要编写一系列 Map 和 Reduce 函数即可完成所需的分布式计算过程。

YARN 是一个资源管理框架，主要作用是负责集群的资源调度和作业任务管理。YARN 的出现源于 Hadoop 不能满足统一使用集群资源的需求，Hadoop1 中集群的资源调度和任务管理与 MapReduce 的执行过程是耦合在一起的，而后续出现的 Spark、Storm 等分布式计算系统，其架构和执行过程与 MapReduce 不同，无法直接向 Hadoop 申请集群资源。为了实现集群资源的统一管理，Hadoop2 对 MapReduce 进行了一个解耦，抽离出了 YARN 框架。

关于 ZooKeeper 的介绍如下。

ZooKeeper 的主要作用是提供一个分布式、高度可用的协调服务，解决分布式环境下的数据管理问题，包括统一命名、状态同步、集群管理、配置同步等。

虽然 MapReduce 极大地简化了分布式计算编程的门槛，但是雅虎的工程师依然觉得 MapReduce 编程太过麻烦，所以他们便开发了 Pig 这个脚本语言用于描述对大数据集的操作。这样就可以通过编译 Pig 脚本，生成对应的 MapReduce 程序。

为了方便使用 SQL 的工程师使用 MapReduce，Facebook 的工程师开发了 Hive，通过 Hive 熟悉数据库的工程师可以无门槛地使用 MapReduce。

Mahout 的主要目标是完成一些可扩展的机器学习领域经典算法的实现，旨在帮助开发人员更加方便快捷地创建智能应用程序。Mahout 现在已经包含聚类、分类、推荐引擎（协同过滤）和频繁集挖掘等广泛使用的数据挖掘方法。

Tez 是 Apache 最新开源的支持 DAG 作业的计算框架，它直接源于 MapReduce 框架，核心思想是将 Map 和 Reduce 两个操作进一步拆分。Map 被拆分成 Input、Processor、Sort、Merge 和 Output，Reduce 被拆分成 Input、Shuffle、Sort、Merge、Processor 和 Output 等。

HBase 是一个建立在 HDFS 之上，面向列的，针对结构化数据的可伸缩、高可靠、高性能、分布式的动态模式数据库。

Flume 是 Cloudera 开源的日志收集系统，具有分布式、高可靠、高容错、易于定制和可扩展的特点。

Sqoop 是 SQL-to-Hadoop 的缩写，主要用于传统数据库和 Hadoop 之间传输数据。数据的导入和导出本质上是 MapReduce 程序，充分利用了 MorpReduce 的并行化和容错性。

Ambari 就是创建、管理、监视 Hadoop 的集群，是为了让 Hadoop 和相关的大数据软件更容易使用的一个 Web 工具。

总的来说，HDFS、MapReduce，以及 YARN 是 Hadoop 的核心源组件，而我们学习 Hadoop 最好从核心组件开始，先学习其原理机制，再逐渐往上层进行学习。

10.3.3 Hadoop 的优势

Hadoop 是一个能够让用户轻松架构和使用的分布式计算平台。用户可以轻松地在 Hadoop 上开发和运行处理海量数据的应用程序。它主要有以下几个优点。

◆ 高可靠性。Hadoop 按位存储和处理数据的能力值得人们信赖。

◆ 高扩展性。Hadoop 是在可用的计算机集簇间分配数据并完成计算任务的，这些集簇可以方便地扩展到数以千计的节点中。

◆ 高效性。Hadoop 能够在节点之间动态地移动数据，并保证各个节点的动态平衡，因此其处理速度非常快。

◆ 高容错性。Hadoop 能够自动保存数据的多个副本，并且能够自动将失败的任务重新分配。

10.3.4 Hadoop 的发展趋势

从数据存取到赋能数智化是 Hadoop 发展的一个趋势。

另外，由于 Hadoop 优势突出，基于 Hadoop 的应用已经遍地开花，尤其是在互联网领域。雅虎通过集群运行 Hadoop，以支持广告系统和 Web 搜索的研究；Facebook 借助集群运行 Hadoop，以支持其数据分析和机器学习；百度则使用 Hadoop 进行搜索日志的分析和网页数据的挖掘工作；淘宝的 Hadoop 系统用于存储并处理电子商务交易的相关数据；中国移动基于 Hadoop 的"大云"（BigCloud）系统用于对数据进行分析和对外提供服务。

2008 年 2 月，Hadoop 的贡献者雅虎构建了当时规模最大的 Hadoop 应用，它们在 2000 个节点上面执行了超过 1 万个 Hadoop 虚拟机器来处理超过 5PB 的网页内容，分析大约 1 兆个网络连接之间的网页索引资料。这些网页索引资料压缩后超过 300TB。雅虎正是基于这些为用户提供了高质量的搜索服务。

Hadoop 目前已经取得了非常突出的成绩。随着互联网的发展，新的业务模式还将不断涌现，Hadoop 的应用也会从互联网领域向电信、电子商务、银行、生物制药等领域拓展。相信在未来，Hadoop 将会在更多的领域中扮演幕后英雄，为我们提供更加快捷、优质的服务。

10.4　案例：数据仓库产品的建设和应用

数据中台落地的地方在于数据仓库，下面来看一些落地部署数据仓库的过程。

10.4.1 美团点评用 Flink 做实时数据仓库建设

这里选择美团点评的数据仓库建设案例，一方面是因为美团点评读者平时或多或少接触过，比较熟悉，另一方面是因为 Flink 才是真的实时。

1. 数据仓库产品架构

企业对数据实时化服务的需求日益增多。下面从常见实时数据组件的性能特点和适用场景出发，介绍美团如何通过 Flink 引擎构建实时数据仓库，从而提供高效、稳健的实时数据服务。下面主要阐述使用 Flink 在实际数据生产上的内容。

在实时数据系统建设初期，由于对实时数据的需求较少，形成不了完整的数据体系，此时美团采用的是"一路到底"的开发模式：通过在实时计算平台上部署 Storm 作业处理实时数据队列来提取数据指标，直接推送到实时应用服务中，如下图所示。

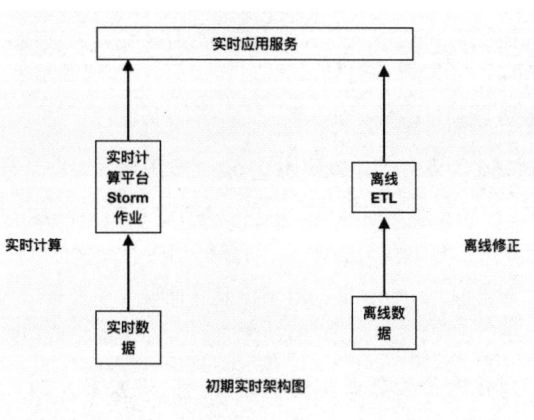

初期实时架构图

随着产品和业务人员对实时数据需求的不断增多，新的挑战也不断发生。

数据指标越来越多，"烟囱式"的开发导致代码耦合问题严重。

需求越来越多，有的需要明细数据，有的需要 OLAP 分析，单一的开发模式难以应付多种需求。

缺少完善的监控系统，无法在对业务产生影响之前发现并修复问题。

为解决以上问题，美团根据生产离线数据的经验，选择使用分层设计方案来建设实时数据仓库，其分层架构如下图所示。

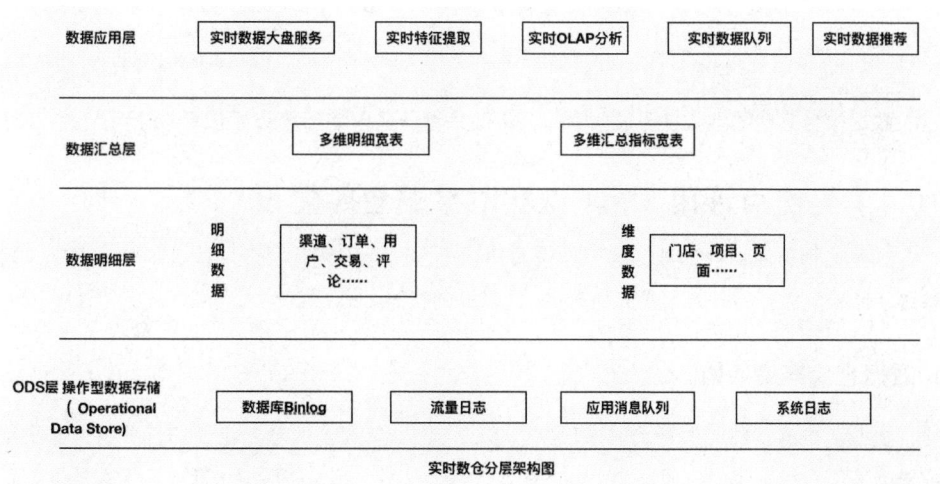

实时数仓分层架构图

196　　数据增长模型　数智时代的全栈产品运营思维、算法与技术

该方案由以下 4 层构成。

◆ ODS 层：Binlog 和流量日志，以及各业务实时队列。

◆ 数据明细层：业务领域整合提取事实数据，离线全量和实时变化数据构建实时维度数据。

◆ 数据汇总层：使用宽表模型对明细数据补充维度数据，对共性指标进行汇总。

◆ 数据应用层：为了具体需求而构建的应用层，通过 RPC 框架对外提供服务。

通过多层设计，美团可以将处理数据的流程沉淀在各层完成。例如在数据明细层统一完成数据的过滤、清洗、规范、脱敏流程；在数据汇总层加工共性的多维指标汇总数据，提高了代码的复用率和整体生产效率。同时，各层级处理的任务类型相似，可以采用统一的技术方案优化性能，使数据仓库技术架构更简洁。

2. 技术选型及存储引擎的调研

实时数据仓库在设计中不同于离线数据仓库在各层级使用同种储存方案，例如都存储在 Hive 、DB 中的策略。首先对中间过程的表，采用将结构化的数据通过消息队列存储和高速 KV 存储混合的方案。实时计算引擎可以通过监听消费消息队列内的数据进行实时计算，而在高速 KV 存储上的数据则可以用于快速关联计算，例如维度数据。其次在应用层上，针对数据使用特点配置存储方案直接写入，避免了离线数据仓库应用层同步数据流程带来的处理延迟。为了解决不同类型的实时数据需求，合理的设计各层级存储方案，美团内部使用下表所示的几种存储方案。

方案	优势	劣势
MySQL	具有完备的事务功能，可以对数据进行更新；支持 SQL，开发成本低	横向扩展成本大，存储容易成为瓶颈；实时数据的更新和查询频率都很高，线上单个实时应用请求就有 1000+ QPS；使用 MySQL 成本太高
Elasticsearch	吞吐量大，单个机器可以支持 2500+ QPS，并且集群可以快速横向扩展；Term 查询时响应速度很快，单个机器在 2000+ QPS 时，查询延迟在 20 ms 以内	没有原生的 SQL 支持，查询 DSL 有一定的学习门槛；进行聚合运算时性能下降明显
Druid	支持超大数据量，通过 Kafka 获取实时数据时，单个作业可支持 6W+ QPS；可以在数据导入时通过预计算对数据进行汇总，减少数据存储；提高了实际处理数据的效率；有很多开源 OLAP 分析框架实现，如 Superset	预聚合导致无法支持明细的查询；无法支持 Join 操作；Append-Only 不支持数据的修改。只能以 Segment 为单位进行替换
Cellar	支持超大数据量，采用内存加分布式存储的架构，存储性价比很高；吞吐性能好，经测试处理 3W+ QPS 读写请求时，平均延迟在 1ms 左右；通过异步读写线上最高支持 10 万多 QPS	接口仅支持 KV、Map、List 以及原子加减等；单个 Key 值不得超过 1KB，而 Value 的值超过 100KB 时则性能下降明显

根据不同业务场景，实时数据仓库各个模型层次使用的存储方案大致如下图所示。

第10章 从0到1新建数据仓库　　197

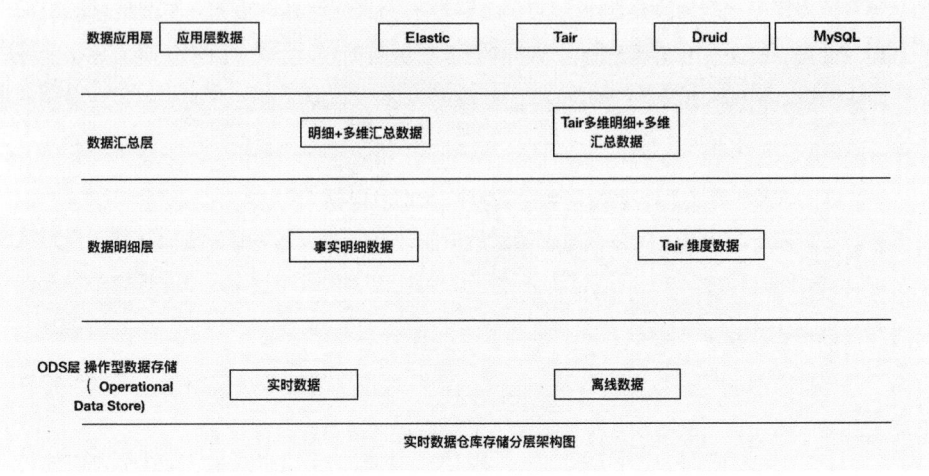

实时数据仓库存储分层架构图

数据明细层。对于维度数据部分场景下关联的频率可达 10 万多 TPS，美团选择 Cellar（美团内部存储系统）作为存储，封装维度服务为实时数据仓库提供维度数据。

数据汇总层。对于通用的汇总指标，需要进行历史数据关联的数据，采用和维度数据一样的方案通过 Cellar 存储，用服务的方式进行关联操作。

数据应用层。应用层设计相对复杂，在对比了几种不同存储方案后，美团制定了以数据读写频率 1000 QPS 为分界的判断依据。对于读写平均频率高于 1000 QPS 但查询不太复杂的实时应用，例如商户实时的经营数据，采用 Cellar 存储，提供实时数据服务。对于一些查询复杂和需要明细列表的应用，使用 Elasticsearch 作为存储则更为合适。而一些查询频率低，例如一些内部运营的数据，Druid 通过实时处理消息构建索引，并通过预聚合可以快速地提供实时数据 OLAP 分析功能。对于一些历史版本的数据产品进行实时化改造时，也可以使用 MySQL 存储，便于产品迭代。

3. 计算引擎的调研

在实时平台建设初期，美团使用 Storm 引擎进行实时数据处理。Storm 引擎虽然在灵活性和性能上都表现不错，但是由于 API 过于底层，在数据开发过程中需要对一些常用的数据操作进行功能实现，例如表关联、聚合等，产生了很多额外的开发工作，不仅引入了很多外部依赖例如缓存，而且实际使用时性能也不是很理想。同时，Storm 内的数据对象 Tuple 支持的功能也很简单，通常需要将其转换为 Java 对象处理。对于这种基于代码定义的数据模型，通常美团只能通过文档进行维护，这不仅需要额外的维护工作，同时在增改字段时也很麻烦。综合来看，使用 Storm 引擎构建实时数据仓库难度较大。美团需要一个新的实时处理方案，要能够实现以下要求。

提供高级 API，支持常见的数据操作例如关联聚合，最好能支持 SQL；具有状态管理和自动持久化方案，减少对存储的依赖；便于接入元数据服务，避免通过代码管理数据结构；处理性能至少要和 Storm 一致。

美团对主要的实时计算引擎进行了技术调研。总结的各类引擎特性和计算方案如下表所示。

项目 / 引擎	Storm	Flink	Spark-Streaming
API	灵活的底层 API 和具有事务保证的 Trident API	流 API，更加适合数据开发的 Table API 和 Flink SQL 支持	流 API 和 Structured-Streaming API，同时也可以使用更适合数据开发的 Spark SQL
容错机制	ACK 机制	State 分布式快照保存点	RDD 保存点
状态管理	Trident State 状态管理	Key State 和 Operator State 两种 State 可以使用，支持多种持久化方案	有 UpdateStateByKey 等 API 进行带状态的变更，支持多种持久化方案
处理模式	单条流式处理	单条流式处理	Mic batch 处理
延迟	毫秒级	毫秒级	秒级
语义保障	At Least Once，Exactly Once	Exactly Once，At Least Once	At Least Once

从调研结果来看，Flink 和 Spark Streaming 的 API、容错机制与状态持久化机制都可以解决一部分美团目前使用 Storm 中遇到的问题，而 Flink 在数据延迟上和 Storm 更接近，对现有应用影响最小。在公司内部的测试中，Flink 的吞吐性能对比 Storm 有 10 倍左右的提升。综合考量，美团选定 Flink 引擎作为实时数据仓库的开发引擎。

更加引起美团注意的是 Flink 的 Table 抽象和 SQL 支持。虽然使用 Strom 引擎也可以处理结构化数据。但毕竟依旧是基于消息的处理 API，在代码层层面上不能完全享受操作结构化数据的便利。而 Flink 不仅支持大量常用的 SQL 语句，基本覆盖了美团的开发场景，而且 Flink 的 Table 可以通过 TableSchema 进行管理，支持丰富的数据类型和数据结构以及数据源，可以很容易地和现有的元数据管理系统或配置管理系统结合。通过下图，可以清晰地看出 Storm 和 Flink 在开发系统过程中的区别。

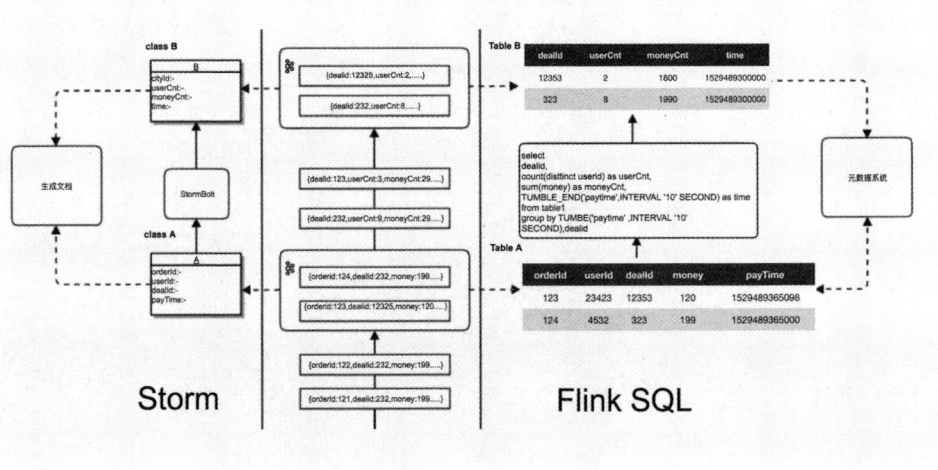

在使用 Storm 开发时，处理逻辑与实现需要固化在 Bolt 的代码中。Flink 则可以通过 SQL 进行开发，代码可读性更高，逻辑的实现由开源框架来保证可靠高效，对特定场景的优化只要修改 Flink SQL 优化器功能实现即可，而不影响逻辑代码。这使美团可以把更多的精力放到数据开发中，而不是逻辑的实现。当需要离线数据和实时数据口径统一的场景时，美团只需对离线口径的 SQL 脚本稍加改造即可，极大地提高了开发效率。同时，对比图中 Flink 和 Storm 使用的数据模型，Storm 需要通过一个 Java 的 Class 去定义数据结构，Flink Table 则可以通过元数据来定义，可以很好地和数据开发中的元数据、数据治理等系统结合，提高开发效率。

4. Flink 使用经验

在利用 Flink-Table 构建实时数据仓库的过程中，美团针对一些构建数据仓库的常用操作，例如数据指标的维度扩充、数据按主题关联，以及数据的聚合运算，通过 Flink 来实现，并总结了一些使用心得。

（1）维度扩充

数据指标的维度扩充，美团采用的是通过维度服务获取维度信息。虽然基于 Cellar 的维度服务通常的响应延迟可以在 1ms 以下，但是为了进一步优化 Flink 的吞吐，美团对维度数据的关联全部采用了异步接口访问的方式，避免了使用 RPC 调用影响数据吞吐。对于一些数据量很大的流，例如流量日志数据量在 10 万条 / 秒这个量级。在关联 UDF 的时候内置了缓存机制，可以根据命中率和时间对缓存进行淘汰，配合关联的 Key 值进行分区，显著减少了对外部服务的请求次数，有效地降低了处理延迟，减小了对外部系统的压力。

（2）数据关联

数据主题合并本质上是多个数据源的关联，简单来说就是 Join 操作。Flink 的 Table 是建立在无限流这个概念上的，在进行 Join 操作时并不能像离线数据一样对两个完整的表进行关联，其采用的是在窗口时间内对数据进行关联的方案，相当于从两个数据流中各自截取一段时间的数据进行 Join 操作，有点类似于离线数据通过限制分区来进行关联。同时，需要注意 Flink 关联表时必须有至少一个 "等于" 关联条件，因为等号两边的值会用来分组。

由于 Flink 会缓存窗口内的全部数据来进行关联，缓存的数据量和关联的窗口大小成正比，因此 Flink 的关联查询更适合处理一些可以通过业务规则限制关联数据时间范围的场景。例如关联下单用户购买之前 30 分钟内的浏览日志。过大的窗口不仅会消耗更多的内存，同时会产生更大的 Checkpoint，导致吞吐下降或 Checkpoint 超时。在实际生产中，可以使用 RocksDB 和启用增量保存点模式，减少 Checkpoint 过程对吞吐产生的影响。对于一些需要关联窗口期很长的场景，例如关联的数据可能是几天以前的数据，对于这些历史数据，美团可以将其理解为是一种已经固定不变的 "维度"。可以将需要被关联的历史数据采用和维度数据一致的处理方法"缓存 + 离线"数据方式存储，用接口的方式进行关联。另外需要注意Flink 对多表关联是按直接顺序链接的，因此需要注意先进行结果集小的关联。

（3）聚合运算

使用聚合运算时，Flink 对常见的聚合运算如求和、极值、均值等都有支持。美中不足的是对于 Distinct 的支持，Flink-1.6 之前采用的方案是通过先对去重字段进行分组，再聚合实现的。对于需要对多个字段去重聚合的场景，只能分别计算再进行关联处理，效率很低。为此美团开发了自定义的 UDAF，实现了 MapView 精确去重、BloomFilter 非精确去重、HyperLogLog 超低内存去重方案应对各种实时去重场景。但是在使用自定义的 UDAF 时，需要注意 RocksDBStateBackend 模式对于较大的 Key 进行更新操作时序列化和反序列化耗时会很长，可以考虑使用 FsStateBackend 模式替代。另外要注意的一点是，Flink 框架在计算例如 Rank 这样的分析函数时，需要缓存每个分组窗口下的全部数据才能进行排序，这会消耗大量内存。建议在这种场景下优先转换为 TopN 的逻辑，看是否可以解决需求。

下图展示了一个完整的使用 Flink 引擎生产一张实时数据表的过程。

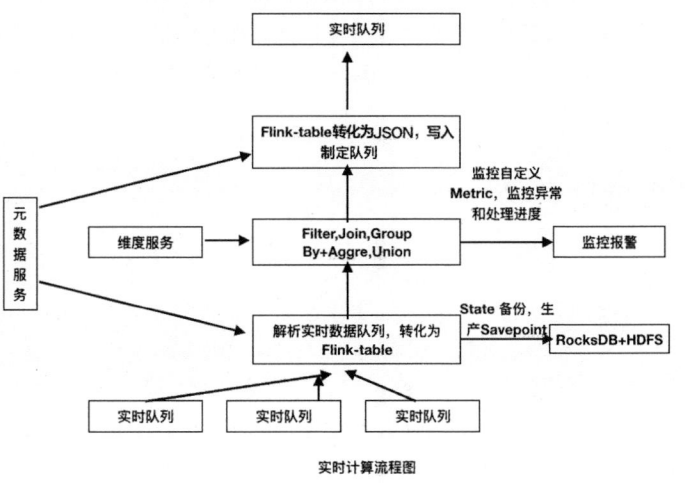

实时计算流程图

5. 实时数据仓库成果

通过使用实时数仓代替原有流程，美团将数据生产中的各个流程抽象到实时数仓的各层当中。实现了全部实时数据应用的数据源统一，保证了应用数据指标、维度的口径的一致。在几次数据口径发生修改的场景中，美团通过对仓库明细和汇总进行改造，在完全不用修改应用代码的情况下就完成全部应用的口径切换。在开发过程中，通过严格地把控数据分层、主题域划分、内容组织标准规范和命名规则，数据开发的链路更为清晰，减少了代码的耦合。

再配合 Flink SQL 进行开发，代码更加简洁，单个作业的代码量从平均 300+ 行的 Java 代码缩减到几十行的 SQL 脚本。项目的开发时长也大幅减短，一人单日开发多个实时数据指标情况也不少见。

除此以外，美团通过针对数据仓库各层级工作内容的不同特点，可以进行针对性的性能优化和参数配置。例如 ODS 层主要进行数据的解析、过滤等操作，不需要 RPC 调用和聚合运算。美团针对数据解析过程进行优化，减少不必要的 JSON 字段解析，并使用更高效的 JSON 包。在资源分配上，单个 CPU 只配置 1GB 的内存即可满足需求。而汇总层主要进行聚合与关联运算，可以通过优化聚合算法、内外存共同运算提高性能、减少成本。资源配置上也会分配更多的内存，避免内存溢出。通过这些优化手段，虽然相比原有流程实时数据仓库的生产链路更长，但数据延迟并没有明显增加。同时，实时数据应用所使用的计算资源也有明显减少。

美团的目标是将实时数据仓库建设成可以和离线数据仓库的准确性、一致性媲美的数据系统，为商家、业务人员以及美团用户提供及时可靠的数据服务。同时，作为到餐实时数据的统一出口，为集团业务部门助力。未来，美团将更加关注数据可靠性和实时数据指标管理，建立完善的数据监控、数据血缘检测、交叉检查机制，及时对异常数据或数据延迟进行监控和预警。同时优化开发流程，降低开发实时数据学习成本，让更多有实时数据需求的人可以自己动手解决问题。

10.4.2 数据仓库总结

1. 数据仓库的概念

（1）什么是数据仓库

数据仓库，英文名称为 Data Warehouse，可简写为 DW 或 DWH。数据仓库是为企业所有级别的决策制定过程，提供所有类型数据支持的战略集合。它出于分析性报告和决策支持的目的而创建，为需要业务智能的企业提供指导业务流程改进、监视时间、成本、质量和控制等服务。

（2）数据仓库能干什么

年度销售目标的制定，需要根据以往的历史报表进行决策。

如何优化业务流程？例如，一个电商网站订单的完成包括浏览、下单、支付、物流，其中物流环节可能和中通、申通、韵达等快递公司合作。快递公司每派送一个订单，都会有订单派送的确认时间，可以根据订单派送时间来分析哪个快递公司比较快捷高效，从而选择与哪些快递公司合作，剔除那些不符合要求的快递公司，以增加友好型用户。

（3）数据仓库的特点

①数据仓库的数据是面向主题的。与传统数据库面向应用进行数据组织的特点相对应，数据仓库中的数据是面向主题进行组织的。什么是主题呢？首先，主题是一个抽象的概念，是较高层次上企业信息系统中的数据综合、归类并进行分析利用的抽象表达。在逻辑意义上，它是对应企业中某一宏观分析领域所涉及的分析对象。面向主题的数据组织方式，就是在较高层次上对分析对象的数据的一个完整、一致的描述，能完整、统一地刻画各个分析对象所涉及的企业的各项数据，以及数据之间的联系。所谓较高层次是相对于面向应用的数据组织方式而言的，是指按照主题进行数据组织的方式具有更高的数据抽象级别。

②数据仓库的数据是集成的。数据仓库的数据是从原有的分散的数据库抽取来的。操作型数据与 DSS 分析型数据之间差别甚大。第一，数据仓库的每一个主题所对应的源数据在原有的各分散数据库中有许多重复和不一致的地方，且源于不同的联机系统的数据都和不同的应用逻辑捆绑在一起；第二，数据仓库中的综合数据不能从原有的数据库系统直接得到。因此在数据进入数据仓库之前，必然要经过统一与综合，这一步是数据仓库建设中最关键、最复杂的一步，所要完成的工作如下。

◆ 要统一源数据中所有矛盾之处，如字段的同名异义、异名同义、单位不统一、字长不一致等。

◆ 进行数据综合和计算。数据仓库中的数据综合工作可以在从原有数据库抽取数据时生成，但许多是在数据仓库内部生成的，即进入数据仓库以后综合生成的。

③数据仓库的数据是不可更新的。数据仓库的数据主要供企业决策分析之用，所涉及的数据操作主要是数据查询，一般情况下并不进行修改操作。数据仓库的数据反映的是一段相当长的时间内历史数据的内容，是不同时间点的数据库快照的集合，以及基于这些快照进行统计、综合和重组的导出数据，而不是联机处理的数据。数据库中进行联机处理的数据经过集成输入数据仓库，一旦数据仓库存放的数据超过数据仓库的数据存储期限，这些数据将从当前的数据仓库中删去。因为数据仓库只进行数据查询操作，所以数据仓库管理系统比数据库管理系统要简单得多。数据库管理系统存在许多技术难点，如完整性保护、并发控制等，这些在数据仓库的管理中几乎可以省去。但是，因为数据仓库的查询数据量往往很大，所以就对数据查询提出了更高的要求。它要求采用各种复杂的索引技术；同时由于数据仓库面向的是商业企业的高层管理者，他们会对数据查询的界面友好性和数据表示提出更高的要求。

④数据仓库的数据是随时间不断变化的。数据仓库中的数据不可更新是针对应用来说的，也就是说，数据仓库的用户进行分析处理时是不进行数据更新操作的。但并不是说，在从数据集成输入数据仓库开始到最终被删除的整个数据生存周期中，所有的数据仓库数据都是永远不变的。这一特征表现在以下 3 方面。

◆ 数据仓库随时间变化不断增加新的数据内容。数据仓库系统必须不断捕捉 OLTP 数据库中变化的数据，追加到数据仓库中去，也就是要不断地生成 OLTP 数据库的快照，经统一集成后增加到数据仓库中去。但对于确实不再变化的数据库快照，如果捕捉到新的变化数据，则只会生成一个新的数据库快照增加进去，而不会对原有的数据库快照进行修改。

◆ 数据仓库随时间变化不断删去旧的数据内容。数据仓库的数据也有存储期限，一旦超过了这一期限，过期数据就要被删除。只是，数据仓库内的数据时限要远远长于操作型环境中的数据时限。在操作型环境中，数据一般只保存 60~90 天，而在数据仓库中则需要保存较长时限（如 5~10 年）的数据，以适应 DSS 进行趋势分析的要求。

◆ 数据仓库中包含大量的综合数据，这些综合数据中很多跟时间有关，如数据经常按照时间段进行综合，或隔一定的时间进行抽样等。这些数据要随着时间的变化不断地重新综合，因此数据仓库的数据特征都包含时间项，以标明数据的历史时期。

2. 数据仓库发展历程

数据仓库的发展大致经历了这样的 3 个过程。

（1）简单报表阶段

这个阶段，系统的主要目标是解决一些日常工作中业务人员需要的报表，并生成一些简单的能够帮助领导进行决策所需要的汇总数据。这个阶段的大部分表现形式为数据库和前端报表工具。

（2）数据集市阶段

这个阶段，主要根据某个业务部门的需要，进行一定的数据的采集、整理，按照业务人员的需要，进行多维报表的展现，能够提供对特定业务进行指导的数据，并且能够提供特定的指导领导决策的数据。

（3）数据仓库阶段

这个阶段，主要按照一定的数据模型，对整个企业的数据进行采集、整理，并且能够按照各个业务部门的需要，提供跨部门的、完全一致的业务报表数据，能够通过数据仓库生成对业务具有指导性的数据，同时为领导决策提供全面的数据支持。

通过数据仓库建设的发展阶段，我们能够看出，数据仓库的建设和数据集市的建设的重要区别就在于数据模型的支持。因此，数据模型的建设，对于数据仓库的建设有着决定性的意义。

3. 数据库与数据仓库的区别

了解数据库与数据仓库的区别之前，首先掌握3个概念：数据库软件、数据库、数据仓库。

数据库软件是一种软件，可以看得见，可以操作，用来实现数据库逻辑功能，属于物理层。

数据库是一种逻辑概念，用来存放数据的仓库。通过数据库软件来实现。数据库由很多表组成，表是二维的，一张表里可以有很多字段。字段一字排开，对应的数据就一行一行写入表中。数据库的表能够用二维表现多维关系，目前市面上流行的数据库都是二维数据库，如 Oracle、DB2、MySQL、Sybase、MS SQL Server 等。

数据仓库是数据库概念的升级。从逻辑上理解，数据库和数据仓库没有区别，都是通过数据库软件实现的存放数据的地方，只不过从数据量来说，数据仓库要比数据库多得多。数据仓库主要用于数据挖掘和数据分析，辅助领导做决策。

在 IT 的架构体系中，数据库是必须存在的，必须要有地方存放数据。例如现在的网购平台，物品的存货数量、货品的价格、用户的账户余额之类的数据都存放在后台数据库中。又如微博、QQ 等账户的用户名和密码，在后台数据库必然有一张 user 表，字段起码有两个，即用户名和密码，然后数据就一行一行地存储在表上面。当我们登录的时候，我们填写了用户名和密码，这些数据就会被传回到后台去，去跟表上面的数据匹配，匹配成功了，用户就能登录了，匹配不成功就会报错。这就是数据库，数据库在生产环境中就是用来干活的。凡是跟业务应用挂钩的，我们都使用数据库。

数据仓库则是 BI 下的一种技术。由于数据库是跟业务应用挂钩的，因此一个数据库不可能装下一家公司的所有数据。数据库的表往往是针对某一个应用进行设计的。例如登录的功能，这张 user 表上就只有用户名和密码这两个字段，没有别的字段了。但是这张表符合应用，没有问题，只不过这张表不符合分析。如果想知道在哪个时间段用户登录的量最多，哪个用户一年购物最多，诸如此类的指标，那就要重新设计数据库的表结构了。为了进行数据分析和数据挖掘，我们引入数据仓库概念。数据仓库的表结构是依照分析需求、分析维度、分析指标进行设计的。

数据库与数据仓库的区别本质上是 OLTP 与 OLAP 的区别。

操作型处理，即 OLTP（On-Line Transaction Processing, 联机事务处理），也称面向交易的处理系统，它是针对具体业务在数据库联机的日常操作，通常对少数记录进行查询、修改。用户较为关心操作的响应时间、数据的安全性、完整性和并发支持的用户数等问题。传统的数据库系统作为数据管理的主要手段，主要用于操作型处理。

分析型处理，即 OLAP（On-Line Analytical Processing，联机分析处理）一般针对某些主题的历史数据进行分析，支持管理决策。

表操作型处理与分析型处理的比较如下表所示。

操作型处理	分析型处理
细节的	综合的或提炼的
实体—关系（E-R）模型	星形模型或雪花模型
存取瞬间数据	存储历史数据，不包含最近的数据
可更新的	只读、只追加
一次操作一个单元	一次操作一个集合
性能要求高，响应时间短	性能要求宽松
面向事务	面向分析
一次操作数据量小	一次操作数据量大
支持日常操作	支持决策需求
数据量小	数据量大
客户订单、库存水平和银行账户查询等	客户收益分析、市场细分等

4.数据仓库架构分层

（1）数据仓库架构

数据仓库从标准上可以分为 4 层：ODS（临时存储层）、PDW（数据仓库层）、DM（数据集市层）、App（应用层），如下图所示。

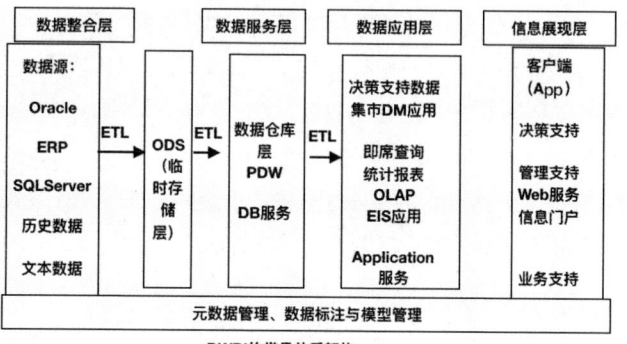

DWBI的常见体系架构

ODS 层为临时存储层，是接口数据的临时存储区域，为后一步的数据处理做准备。一般来说，ODS 层的数据和源系统的数据是同构的，主要目的是简化后续数据加工处理的工作。从数据粒度上来说，ODS 层的数据粒度是最细的。ODS 层的表通常包括两类，一个用于存储当前需要加载的数据，一个用于存储处理完后的历史数据。历史数据一般保存 3~6 个月后就要清除，以节省空间。但不同的项目要区别对待，如果源系统的数据量不大，可以保留更长的时间，甚至全量保存。

PDW 层为数据仓库层，PDW 层的数据应该是一致的、准确的、干净的，即对源系统数据进行了清洗（去除了杂质）后的数据。这一层的数据一般是遵循数据库第三范式的，其数据粒度通常和 ODS 的粒度相同。在 PDW 层中会保存 BI 系统中所有的历史数据，例如保存 10 年的数据。

DM 层为数据集市层，这层数据是面向主题来组织数据的，通常是星形或雪花结构的数据。从数据粒度来说，这层的数据是轻度汇总级的数据，已经不存在明细数据了。从数据的时间跨度来说，通常是 PDW 层的一部分，主要目的是满足用户分析的需求，而从分析的角度来说，用户通常只需要分析近几年（如近 3 年的数据）的数据即可。从数据的广度来说，仍然覆盖了所有业务数据。

App 层为应用层，这层数据完全是为了满足具体的分析需求而构建的，也是星形或雪花结构的数据。从数据粒度来说是高度汇总的数据。从数据的广度来说，则并不一定会覆盖所有业务数据，而是 DM 层数据的一个真子集，从某种意义上来说是 DM 层数据的一个重复。从极端情况来说，可以为每一张报表在 App 层构建一个模型来支持，达到"以空间换时间"的目的。

数据仓库的标准分层只是一个建议性质的标准，实际实施时需要根据实际情况确定数据仓库的分层，不同类型的数据也可能采取不同的分层方法。

（2）为什么要对数据仓库分层

用空间换时间，通过大量的预处理来提升应用系统的用户体验（效率），因此数据仓库会存在大量冗余的数据。

如果不分层，源业务系统的业务规则发生变化将会影响整个数据清洗过程，工作量巨大。

通过数据分层管理可以简化数据清洗的过程，因为把原来一步的工作分成了多个步骤去完成，相当于把一个复杂的工作拆成了多个简单的工作，把一个大的黑盒变成了一个白盒。每一层的处理逻辑都相对简单和容易理解，这样我们比较容易保证每一个步骤的正确性。当数据发生错误的时候，往往我们只需要局部调整某个步骤即可。

（3）元数据介绍

①元数据简介。当需要了解某地企业及其提供的服务时，电话黄页的重要性就体现出来了。元数据（Metadata）类似于这样的电话黄页。

数据仓库的元数据是关于数据仓库中数据的数据。它的作用类似于数据库管理系统的数据字典，保存了逻辑数据结构、文件、地址和索引等信息。广义上讲，在数据仓库中，元数据是描述了数据仓库内数据的结构和建立方法的数据。

元数据是数据仓库管理系统的重要组成部分，元数据管理器是企业级数据仓库中的关键组件，贯穿数据仓库构建的整个过程，直接影响着数据仓库的构建、使用和维护。

构建数据仓库的主要步骤之一是 ETL。这时元数据将发挥重要的作用，它定义了源数据系统到数据仓库的映射、数据转换的规则、数据仓库的逻辑结构、数据更新的规则、数据导入历史记录，以及装载周期等相关内容。数据抽取和转换的专家以及数据仓库管理员正是通过元数据高效地构建数据仓库。

用户在使用数据仓库时，通过元数据访问数据，明确数据项的含义并定制报表。

想要控制数据仓库的规模及复杂性，必须依靠正确的元数据管理方法，包括增加或移除外部数据源、改变数据清洗方法、控制出错的查询以及安排备份等。

元数据可分为技术元数据和业务元数据。技术元数据为开发和管理数据仓库的IT人员使用，它描述了与数据仓库开发、管理和维护相关的数据，包括数据源信息、数据转换描述、数据仓库模型、数据清洗与更新规则、数据映射和访问权限等。而业务元数据为管理层和业务分析人员服务，从业务角度描述数据，包括商务术语、数据仓库中有什么数据、数据的位置和数据的可用性等，帮助业务人员更好地理解数据仓库中哪些数据是可用的和如何使用。

由上可见，元数据不仅定义了数据仓库中数据的模式、来源、抽取和转换规则等，它还是整个数据仓库系统运行的基础，元数据把数据仓库系统中各个松散的组件联系起来，组成了一个有机的整体，如下图所示。

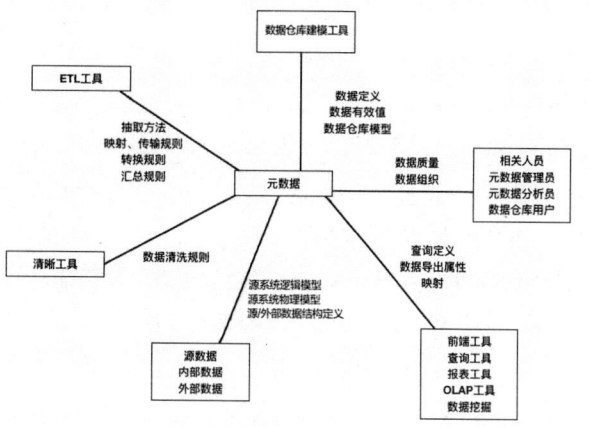

②元数据的存储方式。元数据有两种常见存储方式：一种是以数据集为基础，每一个数据集有对应的元数据文件，每一个元数据文件包含对应数据集的元数据内容；另一种存储方式以数据库为基础，即元数据库，其中，元数据文件由若干项组成，每一项表示元数据的一个要素，每条记录为数据集的元数据内容。上述存储方式各有优缺点，第一种存储方式的优点是调用数据时相应的元数据也作为一个独立的文件被传输，相对数据库有较强的独立性，在对元数据进行检索时可以利用数据库的功能实现，也可以把元数据文件调到其他数据库系统中操作；缺点是如果每一个数据集都对应一个元数据文档，在规模巨大的数据库中则会有大量的元数据文件，管理不方便。在第二种存储方式下，元数据库中只有一个元数据文件，管理比较方便，要添加或删除数据集，只要在该文件中添加或删除相应的记录项即可。在获取某数据集的元数据时，因为实际得到的只是关系表格数据的一条记录，

所以要求用户系统可以接受这种特定形式的数据。综上所述，推荐使用元数据库的方式。

元数据库用于存储元数据，因此元数据库最好选用主流的关系数据库管理系统。元数据库还包含用于操作和查询元数据的机制。建立元数据库的主要好处是提供统一的数据结构和业务规则，易于把企业内部的多个数据集市有机地集成起来。目前，一些企业倾向建立多个数据集市，而不是一个集中的数据仓库，这时可以考虑在建立数据仓库（或数据集市）之前，先建立一个用于描述数据、服务应用集成的元数据库。做好数据仓库实施的初期支持工作，对后续开发和维护有很大的帮助。元数据库保证了数据仓库数据的一致性和准确性，为企业进行数据质量管理提供基础。

③元数据的作用。在数据仓库中，元数据的主要作用如下。

第一，描述哪些数据在数据仓库中，帮助决策分析者对数据仓库的内容定位。

第二，定义数据进入数据仓库的方式，作为数据汇总、映射和清洗的指南。

第三，记录随业务事件发生进行的数据抽取工作的时间安排。

第四，记录并检测系统数据一致性的要求和执行情况。

第五，评估数据质量。

5. 星形模型和雪花模型

在多维分析的商业智能解决方案中，根据事实表和维度表的关系，可将常见的模型分为星形模型和雪花模型。在设计逻辑型数据的模型的时候，就应考虑数据是按照星形模型还是雪花模型进行组织。

（1）星形模型

当所有维度表都直接连接到事实表上时，整个图形就像星星一样，故将该模型称为星形模型，如下图所示。

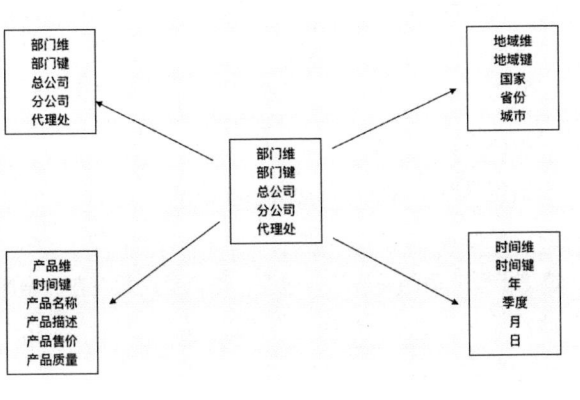

第10章　从0到1新建数据仓库　　　209

星形架构是一种非正规的结构，多维数据集的每一个维度都直接与事实表相连接，不存在渐变维度，所以数据有一定的冗余。如在地域维度表中，存在国家 A 省 B 的城市 C 以及国家 A 省 B 的城市 D 两条记录，那么国家 A 和省 B 的信息分别存储了两次，即存在冗余。

（2）雪花模型

当有一个或多个维度表没有直接连接到事实表上，而是通过其他维度表连接到事实表上时，其图解就像多个雪花连接在一起，故称雪花模型。雪花模型是对星形模型的扩展。它对星形模型的维度表进一步层次化，原有的各维度表可能被扩展为小的事实表，形成一些局部的"层次"区域，这些被分解的表都连接到主维度表而不是事实表。如下图所示，将地域维度表又分解为国家、省份、城市等维度表。它的优点是通过最大限度地减少数据存储量和联合较小的维度表来改善查询性能，雪花结构去除了数据冗余。

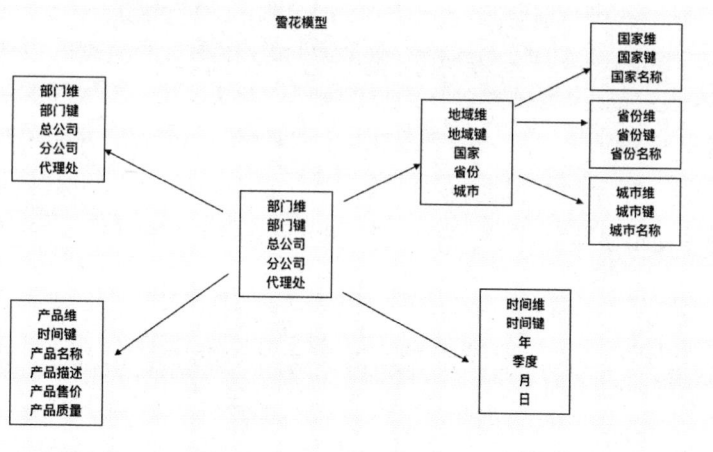

星形模型因为数据的冗余所以很多统计查询不需要做外部的连接，因此一般情况下效率比雪花模型要高。星形结构不用考虑很多正规化的因素，设计与实现都比较简单。雪花模型由于去除了冗余，有些统计就需要通过表的连接才能产生，所以效率没有星形模型高。正规化也是一种比较复杂的过程，相应的数据库结构设计、数据的 ETL，以及后期的维护都要复杂一些。因此，在冗余可以接受的前提下，星形模型在实际运用中使用更多，也更有效率。

（3）星形模型和雪花模型对比

星形模型和雪花模型是数据仓库中常用的两种方式，而它们之间的对比要从以下 4 个角度来进行讨论。

①数据优化。雪花模型使用的是规范化数据，也就是说数据在数据库内部是组织好的，以便消除冗余，因此能够有效地减少数据量。通过引用完整性，其业务层级和维度都将存储在数据模型之中，如下图所示。

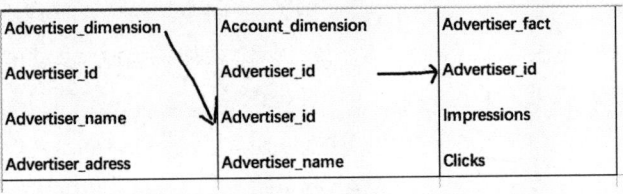

相比较而言，星形模型使用的是反规范化数据。在星形模型中，维度直接指的是事实表，业务层级不会通过维度之间的参照完整性来部署，如下图所示。

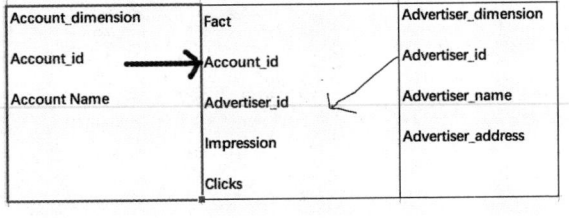

②业务模型。主键是一个单独的唯一键（数据属性），为特殊数据所选择。在上面的例子中，Advertiser_id 就将是一个主键。外键（参考属性）仅是一个表中的字段，用来匹配其他维度表中的主键。在我们所引用的例子中，Advertiser_id 将是 Account_dimension 的一个外键。

在雪花模型中，数据模型的业务层级是由一个不同维度表主键—外键的关系来代表的。而在星形模型中，所有必要的维度表在事实表中都只拥有外键。

③性能。雪花模型在维度表、事实表之间的连接很多，因此性能方面会比较低。举个例子，如果你想要知道 Advertiser 的详细信息，雪花模型就会请求许多信息，例如 Advertiser Name、ID，以及那些广告主和客户表的地址需要连接起来，然后再与事实表连接。

而星形模型的连接就少得多，在这个模型中，如果你需要上述信息，你只要将 Advertiser 的维度表和事实表连接即可。

④ ETL。雪花模型加载数据集市，因此 ETL 操作在设计上更加复杂，而且由于附属模型的限制，不能并行化。

星形模型加载维度表，不需要在维度之间添加附属模型，因此 ETL 就相对简单，而且可以实现高度的并行化。

雪花模型使得维度分析更加容易，例如分析针对特定的广告主，有哪些客户或者公司是在线的。星形模型用来做指标分析更适合，例如分析给定的一个客户他们的收入是多少。

第10章 从0到1新建数据仓库 211

第 11 章

数据平台

- ◆ 11.1 数据平台产品
- ◆ 11.2 常用的成熟数据平台
- ◆ 11.3 数据平台产品架构
- ◆ 11.4 搭建大数据平台
- ◆ 11.5 案例：数据平台应用

本章介绍的数据平台从技术上来讲包含对数据仓库的应用，但应注意数据平台不完全等同于数据仓库。

CHAPTER

ELEVEN

11.1 数据平台产品

狭义的数据平台产品可以理解为做一个或多个跟数据应用相关的产品，例如搭建一个数据仓库。广义的数据平台产品既可以包括跟数据应用紧密相关的产品，也可以包括跟数据应用无关的产品，例如数智决策产品、可视化产品、用户画像等。

另外，我们还要弄清楚数据平台与数据中台的关系。数据平台是在大数据基础上出现的融合了结构化和非结构化数据的数据基础平台，为业务提供服务的方式主要是直接提供数据集。数据中台聚合和治理跨域数据，并将数据抽象封装成服务提供给前台以实现业务价值。数据中台强调业务变现，数据平台强调基础数据。

11.1.1 数据平台的理解

什么是数据平台？前面讲过，数据平台是在大数据基础上出现的融合了结构化和非结构化数据的数据基础平台。从应用层来讲，数据平台属于针对 B 端设计，但是面向 C 端应用的企业内部产品。

数据平台字面的意思是"数据 + 平台"，实则不然。数据源于业务又作用于业务，平台基于数据也服务于数据。

从整体看，数据平台是由数据流程和业务流程两大主体共同构成的解决方案，两大主体相辅相成、互相依赖、密不可分。

从数据流程的视角看，不同业务类型企业的解决方案大同小异，目的都是保证数据的完整性、准确性、时效性。

从业务流程的视角看，不同业务类型企业的解决方案各有不同，本书中涉及的业务类型偏电商类。

11.1.2 数据平台的一般功能

数据平台的一般功能包含如下部分：分布式文件系统（HDFS）、插件式的分布式计算资源管理平台（YARN）、分布式计算引擎、安全管理（证书、账户、访问控制）、数据整合、运维管理。

11.1.3 数据平台的技术视角

数据从生产到应用的整体流程是任何一个数据从业者都要面对的问题，即便从事非数据领域的产品和运营工作，同样也应该对业务中数据的流向有个初步的认识。要展开讨论数据流程，我们必须先从数据的技术视角出发，思考以下两个问题。

1. 需要解决的问题是什么？

数据供给。提供便捷的数据生产方案，以数据产生为起点，规范数据整个主体的供给，为夯实数据平台的基础提供保障。

数据产出。保证数据在产出层面的普遍适用性。该阶段包括分析报表、自动化分析工具、查询入口等的建设。

过程管理。保证数据的完整性、准确性、时效性，实现数据从产生到应用全流程的高效管理。

2. 数据流的不同阶段如何保证最优解？

这个问题的答案，一言以蔽之就是"立足现状，具体问题具体分析"。不同企业所处的业务发展阶段不同，所面对的问题也不一样。同样，业务本身的特性及企业对数据建设的资源倾斜程度不同，也会直接影响数据全流程处理。因此最重要的还是立足于现状，站在更高的战略视角去思考整体的解决方案。下面从技术视角出发，以"数据流"为骨架，展开讲解数据从产生至应用各环节中我们分别需要做什么。

（1）数据产生

数据产生阶段是最适合向业务方宣贯数据生产应用流程的阶段，因为该阶段的优劣将会直接影响之后的各个环节。该阶段的关键是"规范输入"，需要给数据上游的业务方提供可行的数据埋点规范（业务团队自身业务库除外）。在此阶段应注意以下问题。

数据接入流程。需要对业务数据的接入流程进行全面了解，重点从数据认知层面规避"不合理的输入"。

上报地址及 API 应用方法。确定 API 应用规范，保证数据上报位置准确，上报信息不被丢弃。

埋点规范及内容。在遵循数据接入埋点规范的前提下，保证各业务中具有差异性部分数据的完整性，通常会基于事件模型中的 Who、When、How、Where、What 几个关键要素设计埋点。

数据测试方法。数据测试方法也会依据埋点形式的不同而不同，一般分为前端和后端数据测试。前端常见测试抓包工具如 Fiddler，后端通常将数据上报至测试服务器，抓取日志观察其完整性、实时性。

（2）数据采集

数据采集阶段是一个既主动又被动的环节。我们偶尔会收到业务方的疑问"为什么业务上线了却没有看到数据"，排查后才发现是因为模块日志并没有被采集。该环节的关键便是"让日志被正确地采集"，在此阶段应注意以下问题。

针对现有业务。数据部门会向业务方提供不同场景下的模块日志采集方案清单，业务方只需按照现有清单选择模块上报，数据部门会自动收集。

针对新业务。数据部门会提供模块日志注册系统，形成良性注册机制，让数据部门提前准备，自动化收集模块数据。

（3）数据清洗

数据清洗是数据输入仓库的前置阶段，该阶段的关键是"建立清洗规则"，即建立符合业务需要的数据清洗方案。例如什么格式的数据该被过滤，在广告投放中用户符合哪种条件算是作弊用户，在用户行为数据中符合哪种特征的行为算是爬虫用户等。

（4）建立数据仓库

数据仓库面向应用而生，该阶段的关键是"分层、建模"。为了保证数据的普遍适用性及拓展性，会对数据仓库进行分层，通常分为源数据层、数据仓库层、数据集市层、数据应用层。常见数据仓库模型为星形模型，它是一种典型的维度模型。我们在进行维度建模的时候会创建一张事实表，这个事实表就是星形模型的中心，然后会有一堆维度表，这些维度表就是向外发散的"星星"。

（5）数据计算

数据计算是使数据"变活"的过程，主要分为离线和实时计算，该阶段的关键是"准确、稳定"。该阶段会按照不同业务单元的需要，设计数据指标，并按照不同场景中的业务逻辑确定统计规则，最终由系统实现例行计算。数据本身并不具备任何价值，但是一旦我们将它变为衡量事情的标准、洞察业务的眼睛，它就有了不可估量的作用。

（6）数据应用

数据的应用是数据最终产生价值的过程，该阶段的关键是"完善、洞察"。基于前面的流程处理，该环节最终会提供给应用方业务报表、数据访问、自动化工具、统计模型等应用。以下描述了数据平台和数据应用方在应用阶段需要长期持续关注的问题。

数据平台。是否能提供完善的业务分析指标体系，是否能提供完善的精细化运营工具。

数据应用方。现有数据是否足够支撑业务分析，是否能依据现有数据发现更多的业务问题，是否能洞察潜在的商业机会。

（7）元数据管理

元数据管理贯穿整个数据流程的始终，这是一个较为宽泛的概念，元数据管理的好坏将直接决定整个数据平台的品质高、低。元数据管理主要分为3部分：技术元数据、业务元数据、过程元数据。

技术元数据。如日志文件的路径/格式、仓库表结构、数据表"血缘"关系等。

业务元数据。如指标归属业务单元、业务描述、计算逻辑、业务类型等。

过程元数据。如表更新规则（增量 / 全量）、更新频率、更新时间、量级等。

综上所述，我们可以从技术视角总结出数据平台需要哪些东西，下图是参考示例。

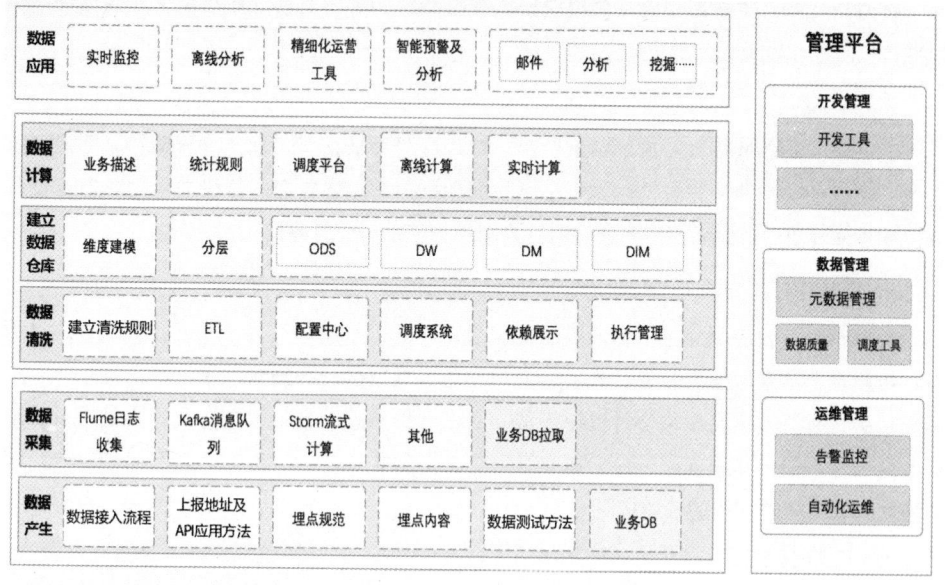

11.1.4 数据平台的业务视角

立场的不同导致了从业务视角与从技术视角看到的表现层内容不一样，但其本质是相似的。无论数据在应用层面以何种方式呈现，最终都是为了解决问题。参考"黄金圈法则"，我们同样也需要从数据的业务视角去思考下面 3 个问题。

1. 为什么需要数据团队解决？（Why）

业务技术团队的定位是服务于业务一线，数据团队的定位是提供专业性的数据解决方案，两者分工上的差异决定了解决问题的最佳路径。以下列举了需要数据团队解决的几类问题。

数据类型。数据产生场景复杂、数据类型多（行为、交易、用户、商品等）、数据结构复杂（结构化 / 非结构化 / 半结构化数据）。

数据量级。存储量级大，传统关系数据库不能解决。

数据处理。清洗规则多，计算任务流程长，计算"血缘"关系复杂等。

216　　数据增长模型　数智时代的全栈产品运营思维、算法与技术

数据应用。行为分析、多维交叉分析、实时多维分析、丰富的可视化等。

2. 需要解决的问题是什么？（What）

（1）我的业务是什么

不同业务单元依据自身业务属性，需要数据团队解决的数据问题也不一样。如市场团队关注应用市场投放相关的数据，客户端团队关注设备／应用版本／用户转化相关的属性数据，运营团队关注活动相关数据，风控团队关注风控相关数据等。

（2）我该如何衡量它们

团队属性的不同，决定了量化到数据指标的衡量标准不同。各业务团队拥有自己的关键、唯一指标和对应拆解／下钻的指标体系。

（3）如何让数据驱动业务

市场团队通过衡量不同渠道用户的质量，评估渠道 ROI，优化投放策略；客户端团队通过观察不同产品方案的转化效果，改进注册及其他核心行为发生的主流程设计；运营团队通过用户细分，评估不同用户群对活动的转化效果，进行精细化运营等。

3. 通过什么方式解决？（How）

下面从以下从业务视角拆解数据平台产品解决方案。

（1）实时监控

实时看板。专注于关键核心指标的实时表现，如用户、商品、订单等。视具体情况会将关键指标维度下钻后进行实时监控。

实时电视监控。依据平台数据源，适用于电视投屏、监控看板展现等。

红包／促销监控。关于红包主题的实时监控，观察业务中的红包发放／红包使用等波动情况，判断业务健康度。

用户监控。监控用户活跃／用户新增的表现，对推送服务、品牌投放等业务动作进行相关分析，判断效果是否符合预期，及时优化策略动作。

（2）离线分析

核心看板。企业业务发展所处阶段不同，所关注的核心指标也不同，核心看板着重关注公司战略层核心指标在核心维度上的趋势及构成表现。

业务看板。业务看板服务于不同业务团队，亦可视作各业务单元的核心看板。

流量分析。描述用户从哪里来，不同渠道用户的后续核心业务表现。同时也承载渠道数据管理的工作（如渠道分组／渠道关系维护等）。

用户分析。用户构成、用户留存、用户转化、用户行为、用户生命周期等场景的分析。

商品分析。商品构成、库存、售出、质量、商品生命周期等场景的分析。

交易分析。主要用于交易主题的多维交叉分析，用户与商品在交易链路上的分析，具体表现如"曝光→浏览→咨询→下单→支付→售后"等链路的分析。

专题分析。搜索推荐分析、风控分析、竞争对手分析、垂类分析、运营位分析、垂类专区分析、活动分析等。

（3）精细化运营工具

事件分析。基于事件模型的自动化分析工具，可依据行为埋点查询不同行为事件的用户表现。

事件漏斗分析。基于事件模型的自动化漏斗分析工具，可自行设置业务转化漏斗，观测各精细分类业务流程中的转化效果，拆解转化问题。

留存分析。按照留存模型、起始行为对用户群体进行细分，依据细分用户群不同行为频次的表现，观测各层次用户的留存。

画像分群。按照不同主体拆分属性，通过属性组合，筛选目标分群，进行精细化运营。可以分为以下 3 种：用户分群，以唯一用户 ID 为主体，组合用户的不同分类属性，筛选目标用户群，做差异化运营或用户分析；商品分群，以唯一商品 ID 为主体，组合商品的不同分类属性，筛选目标商品群，做精细化商品分析；订单分群，以唯一订单 ID 为主体，组合订单的不同分类属性，筛选目标订单群，做精细化交易分析。

SQL 查询工具。可视化 SQL 查询。

（4）智能预警及分析

实时异常分析。实时异常分析基于历史数据，获取当前时间点的可能数值范围，当实际值在该范围以外时即认为数据异常，关键要求及时和准确。

智能分析。具体策略是对关键核心指标进行维度拆解，寻找出影响核心指标波动中不同维度值的"贡献度"，最终定位问题。

（5）其他解决方案

自动邮件。通过配置化的方案，实现数据报表的自动邮件推送。也可以在离线报表上设置开关，发送具体页面数据表到指定邮箱。

专题分析。如商品分析、交易分析、用户转化分析、DAU 预测、订单预测等。

数据挖掘。通过聚类、回归、关联规则等常见挖掘算法分析问题，发现机会。

外部数据。竞争对手数据抓取及分析。

综上所述，我们可以从业务视角总结出数据平台产品矩阵，下图为参考示例。

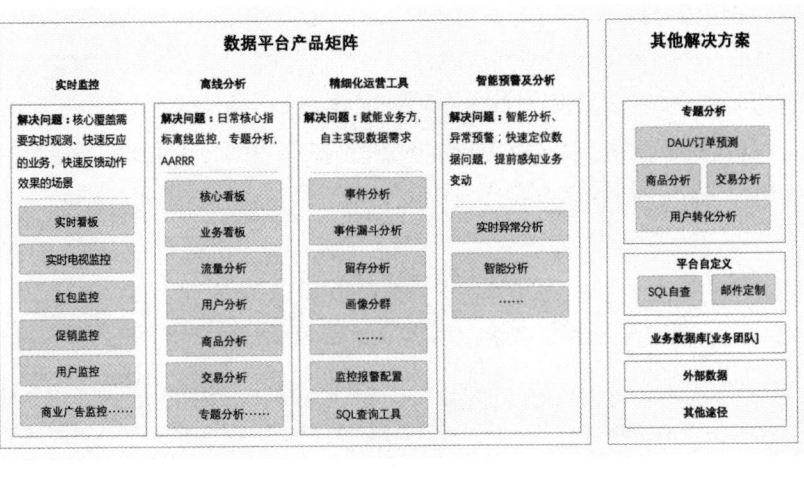

在实际工作中，技术视角和业务视角应该是交叉共存的。在沿着技术视角开展数据流链路上的工作时，需要同时关注业务本身的情况，设计出更优雅的解决方案；在沿着业务视角应用数据手段推进工作时，需要同时关注数据流中各阶段潜在的问题与风险。

11.2　常用的成熟数据平台

第三方数据平台成熟的标志是提供各领域的数据服务，输出成熟的数据领域功能服务，包括网络趋势分析、行业趋势分析、移动端数据报告以及产业研究分析报告等。

1. 网络趋势分析类

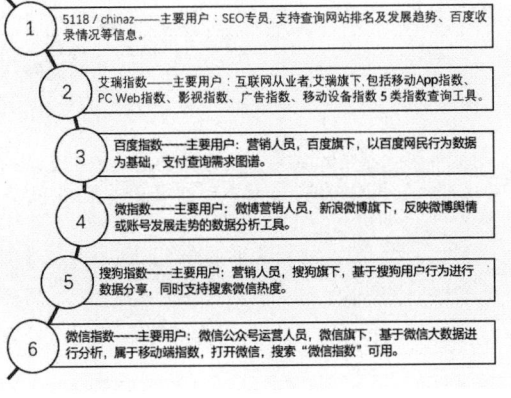

第11章　数据平台　　219

2. 细分行业趋势分析

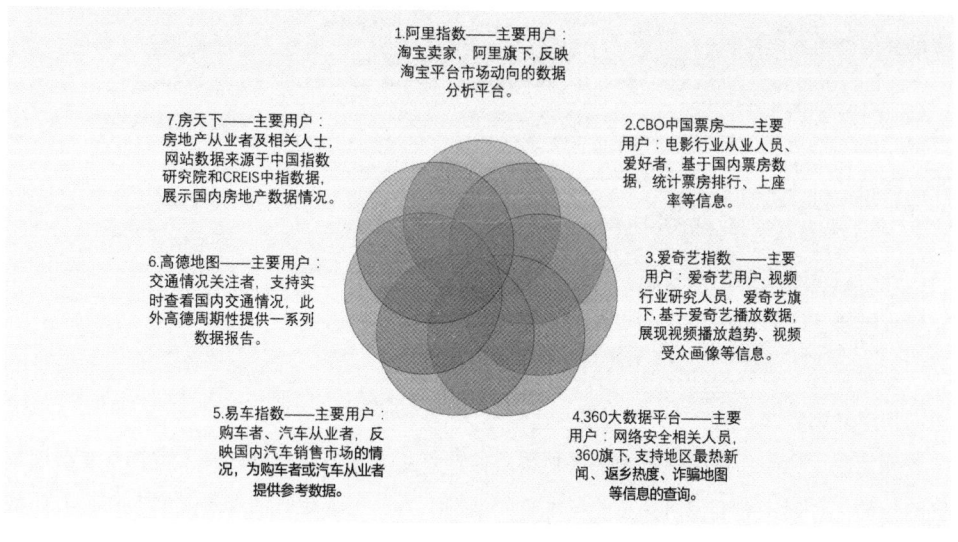

1.阿里指数——主要用户：淘宝卖家、阿里旗下，反映淘宝平台市场动向的数据分析平台。

2.CBO中国票房——主要用户：电影行业从业人员、爱好者，基于国内票房数据，统计票房排行、上座率等信息。

3.爱奇艺指数——主要用户：爱奇艺用户、视频行业研究人员、爱奇艺旗下，基于爱奇艺播放数据，展现视频播放趋势、视频受众画像等信息。

4.360大数据平台——主要用户：网络安全相关人员，360旗下，支持地区最热新闻、返乡热度、诈骗地图等信息的查询。

5.易车指数——主要用户：购车者、汽车从业者，反映国内汽车销售市场的情况，为购车者或汽车从业者提供参考数据。

6.高德地图——主要用户：交通情况关注者，支持实时查看国内交通情况，此外高德周期性提供一系列数据报告。

7.房天下——主要用户：房地产从业者及相关人士，网站数据来源于中国指数研究院和CREIS中指数据，展示国内房地产数据情况。

3. 移动端数据监测

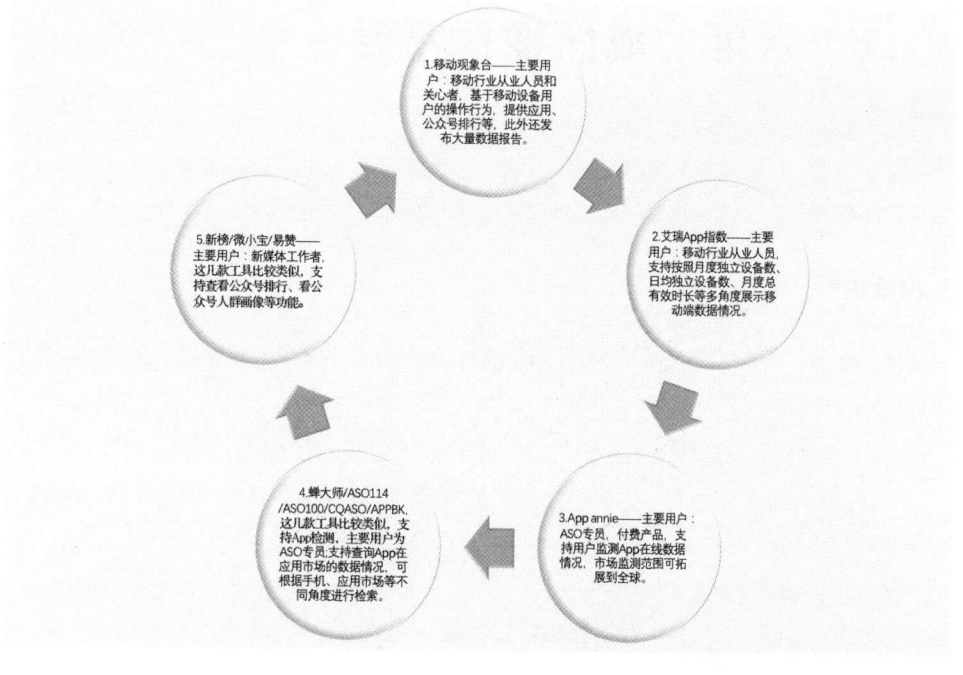

1.移动观象台——主要用户：移动行业从业人员和关心者，基于移动设备用户的操作行为，提供应用、公众号排行等，此外还发布大量数据报告。

2.艾瑞App指数——主要用户：移动行业从业人员，支持按照月度独立设备数、日均独立设备数、月度总有效时长等多角度展示移动端数据情况。

3.App annie——主要用户：ASO专员，付费产品，支持用户监测App在线数据情况，市场监测范围可拓展到全球。

4.蝉大师/ASO114/ASO100/CQASO/APPBK，这几款工具比较类似，支持App检测，主要用户为ASO专员;支持查询App在应用市场的数据情况，可根据手机、应用市场等不同角度进行检索。

5.新榜/微小宝/易赞——主要用户：新媒体工作者，这几款工具比较类似，支持查看公众号排行、看公众号人群画像等功能。

220　　　数据增长模型　数智时代的全栈产品运营思维、算法与技术

4. 以研究报告形式发布的数据信息

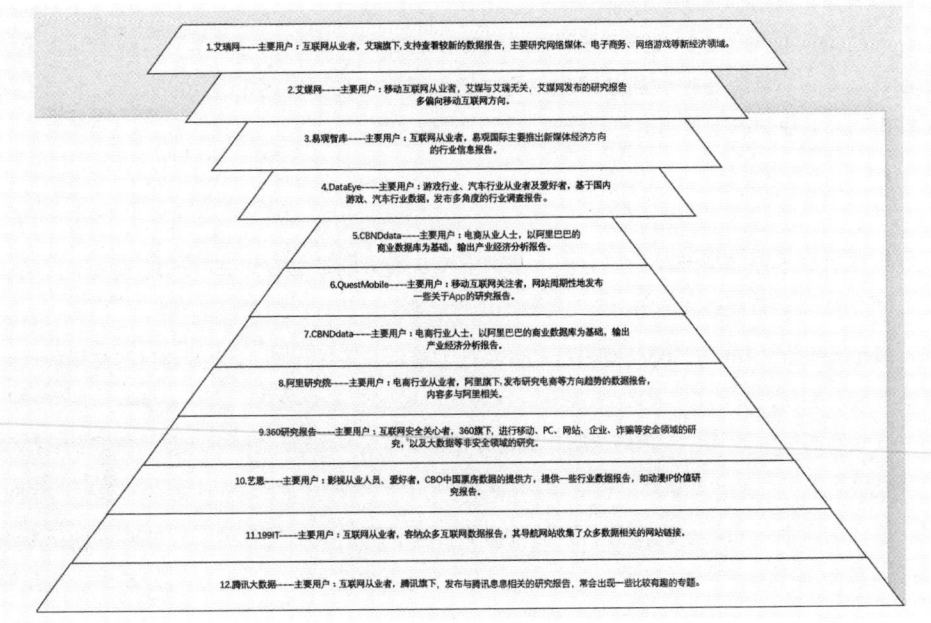

11.3　数据平台产品架构

数据平台架构主要由 3 个部分组成，即数据采集、数据处理、数据输出与展示。

一个典型的网站大数据平台架构如右图所示。

1. 数据采集

将应用程序产生的数据和日志等同步到大数据系统中，由于数据源不同，这里的数据同步系统实际上是多个相关系统的组合。数据库同步通常用 Sqoop，日志同步可以选择 Flume，打点采集的数据经过格式化转换后通过 Kafka 传递。

不同的数据源产生的数据质量可能差别很大，数据库中的数据通常可以直接导入大数据系统，而日志和爬虫产生的数据就需要进行大量的清洗、转化处理后才能有效使用。所以数据同步系统实际上承担着传统数据仓库 ETL 的工作。

2. 数据处理

这是大数据存储与计算的核心，数据同步系统导入的数据存储在 HDFS。MapReduce、Hive、Spark 等计算任务读取 HDFS 上的数据进行计算，再将计算结果写入 HDFS。

MapReduce、Hive、Spark 等进行的计算处理被称作离线计算，HDFS 存储的数据被称为离线数据。相对的，用户实时请求需要计算的数据被称为在线数据，这些数据由用户实时产生，进行实时在线计算，并把结果数据实时返回用户，这个计算过程中涉及的数据主要是用户自己一次请求产生和需要的数据，数据规模非常小，内存中一个线程上下文就可以处理。

在线数据完成和用户的交互后，被数据同步系统导入大数据系统，这些数据就是离线数据，其上进行的计算通常针对（某一方面的）全体数据，例如针对所有订单进行商品的关联性挖掘。这时数据规模非常大，需要较长的运行时间，这类计算就是离线计算。

除了离线计算，还有一些场景的数据规模也比较大，要求的处理时间也比较短。例如淘宝要统计每秒产生的订单数，以便进行监控和宣传。这种场景被称为大数据流式计算，通常用 Storm、Spark Steaming 等流式大数据引擎来完成，可以在秒级甚至毫秒级时间内完成计算。

3. 数据输出与展示

大数据计算产生的数据还是写入 HDFS 中，应用程序不可能到 HDFS 中读取数据，所以必须要将 HDFS 中的数据导出到数据库中。数据同步导出相对比较容易，计算产生的数据都比较规范，稍作处理就可以用 Sqoop 之类的系统导出到数据库。

这时，应用程序就可以直接访问数据库中的数据，并实时展示给用户，例如展示给用户关联推荐的商品。淘宝卖家的量子魔方之类的产品，其数据都来自大数据计算。

除了给用户访问提供数据，大数据还需要给运营和决策层提供各种统计报告，这些数据也写入数据库，被相应的后台系统访问。很多运营和管理人员，每天一上班，就要登录后台数据系统，查看前一天的数据报表，看业务是否正常。如果数据正常甚至上升，就说明当前的经营状况还不错，如果数据下跌，就必须马上与各环节沟通，找出原因，制订对策。

将上面 3 个部分整合起来的是任务调度管理系统，不同的数据何时开始同步，各种 MapReduce、Spark 任务如何合理调度才能使资源利用最合理、等待的时间又不至于太久，临时的重要任务能够尽快执行，这些都需要任务调度管理系统完成。有时候对分析师和工程师开放的作业提交、进度跟踪、数据查看等功能也集成在这个系统中。

对于每个公司的大数据团队，最需要进行开发和维护的也是这个系统，大数据平台上的其他系统一般都有成熟的开源软件可以选择，而任务调度管理系统会涉及很多个性化的需求，通常需要团队自己开发。

11.4 搭建大数据平台

数据不聚集起来没有用，数据聚集起来没有规律也没有用。大数据平台的工作就是将数据先聚集起来，然后再进行分析，最后加以利用。搭建大数据平台的步骤如下。

11.4.1 搭建大数据平台的步骤

面对海量的各种来源的数据，如何对这些零散的数据进行有效的分析，从中得到有价值的信息一直是大数据领域的热点问题。大数据平台整合了当前主流的各种具有不同侧重点的大数据处理分析框架和工具，实现对数据的挖掘和分析。一个大数据平台涉及的组件众多，如何将其有机地结合起来，完成海量数据的挖掘是一项复杂的工作。在搭建大数据平台之前，要先要明确业务需求场景和用户的需求。

要明确通过大数据平台，想要得到哪些有价值的信息，需要接入的数据有哪些，明确基于场景业务需求的大数据平台要具备哪些基本功能，以决定平台搭建过程中使用的大数据处理工具和框架。

（1）操作系统的选择。操作系统一般使用开源版的 RedHat、CentOS 或者 Debian 作为底层的构建平台，要根据大数据平台所要搭建的数据分析工具可以支持的系统，正确地选择操作系统的版本。

（2）搭建 Hadoop 集群。Hadoop 作为一个开发和运行处理大规模数据的软件平台，可以在由大量的廉价计算机组成的集群中对海量数据进行分布式计算。Hadoop 框架中最核心的设计是 HDFS 和 MapReduce：HDFS 是一个高度容错的系统，能够提供高吞吐量的数据访问，适用于那些有着超大数据集的应用程序；MapReduce 是一套可以从海量的数据中提取数据最后返回结果集的编程模型。在生产实践应用中，Hadoop 非常适合进行大数据存储和大数据分析应用等操作，适合服务于几千台到几万台大的服务器的集群运行，支持 PB级别的存储容量。Hadoop 家族还包含各种开源组件，例如 YARN，Zookeeper、Hbase、Hive、Sqoop、Impala、Spark 等。使用开源组件的优势显而易见，活跃的社区会不断地迭代更新组件版本，使用的人也会很多，遇到问题比较容易解决，同时代码开源，高水平的

第11章 数据平台　　223

数据开发工程师可结合自身项目的需求对代码进行修改，以更好地为项目提供服务。

（3）选择数据接入和预处理工具。面对各种来源的数据，数据接入就是将这些零散的数据整合在一起，综合起来进行分析。数据接入主要包括文件日志的接入、数据库日志的接入、关系数据库的接入和应用程序等的接入，数据接入常用的工具有 Flume、Logstash、NDC（网易数据运河系统），Sqoop 等。对于实时性要求比较高的业务场景，例如对存在于社交网站、新闻等的数据信息流需要快速处理反馈，那么数据的接入可以使用开源的 Storm、Spark Streaming 等。当需要使用上游模块的数据进行计算、统计和分析的时候，就需要用到分布式的消息系统，例如基于发布/订阅的消息系统 kafka。还可以使用分布式应用程序协调服务 Zookeeper 来提供数据同步服务，更好地保证数据的可靠性和一致性。数据预处理是在海量的数据中提取出可用特征、建立宽表、创建数据仓库，会使用到 HiveSQL、SparkSQL 和 Impala 等工具。随着业务量的增多，需要进行训练和清洗的数据也会变得越来越复杂，可以使用 Azkaban 或者 Oozie 作为工作流调度引擎，解决有多个 Hadoop 或者 Spark 等计算任务之间的依赖关系问题。

（4）数据存储。除了 Hadoop 中已广泛应用于数据存储的 HDFS，常用的还有分布式、面向列的开源数据库 Hbase。HBase 是一种 Key/Value 系统，部署在 HDFS 上，与 Hadoop 一样，HBase 的目标主要是依赖横向扩展，通过不断地增加廉价的商用服务器，增加计算和存储能力。同时 Hadoop 的资源管理器 YARN，可以为上层应用提供统一的资源管理和调度，为集群在利用率、资源统一等方面带来巨大的好处。Kudu 是一个围绕 Hadoop 生态圈建立的存储引擎，Kudu 拥有和 Hadoop 生态圈同样的设计理念，可以运行在普通的服务器上，作为一个开源的存储引擎，可以同时提供低延迟的随机读写和高效的数据分析能力。Redis 是一种速度非常快的非关系数据库，可以将存储在内存中的键值对数据持久化到硬盘中，可以存储一个键与 5 种不同类型的值之间的映射。

（5）选择数据挖掘工具。Hive 可以将结构化的数据映射为一张数据库表，并提供 HQL 的查询功能，它是建立在 Hadoop 之上的数据仓库基础架构，是为了减少 MapReduce 编写工作的批处理系统，它的出现可以让那些精通 SQL 技能、但是不熟悉 MapReduce、编程能力较弱和不擅长 Java 的用户在 HDFS 大规模数据集上很好地利用 SQL 语言查询、汇总、分析数据。Impala 是对 Hive 的一个补充，可以实现高效的 SQL 查询。Impala 将整个查询过程分成了一个执行计划树，而不是一连串的 MapReduce 任务，相比 Hive 有更好的并发性，避免了不必要的中间 sort 和 shuffle。Spark 可以将任务的中间输出结果保存在内存中，不需要读取 HDFS，Spark 启用了内存分布数据集，除了能够提供交互式查询外，它还可以优化迭代工作负载。Solr 是一个运行在 Servlet 容器的独立的企业级搜索应用的全文搜索服务器，用户可以通过 HTTP 请求，向搜索引擎服务器提交一定格式的 XML，生成索引，或者通过 HTTP GET 操作提出查找请求，并得到 XML 格式的返回结果。还可以对数据进行建模分析，会用到机器学习相关的知识，常用的机器学习算法包括贝叶斯、逻辑回归、决策树、神经网络、协同过滤等。

（6）数据的可视化和输出。API对于处理得到的数据可以对接主流的BI系统，例如国外的Tableau、QlikView、Power BI等，国内的Small BI和网易有数等，将结果进行可视化，用于决策分析，或者回流到线上，支持线上业务的发展。搭建一个大数据平台不是一件简单的事情，而是一项复杂的工作，在这过程中需要考虑的因素有很多。例如，稳定性，可以通过多台机器做数据和程序运行的备份，但服务器的质量和预算成本相应地会限制平台的稳定性；可扩展性，大数据平台部署在多台机器上，如何在其基础上扩充新的机器是实际应用中经常会遇到的问题；安全性，保障数据安全是大数据平台不可忽视的问题，在海量数据的处理过程中，如何防止数据的丢失和泄露一直是大数据安全领域的研究热点。

11.4.2 搭建大数据平台具体实现

搭建大数据平台首先需要考虑的是服务器，包括大数据平台系统需要的服务器数量、集群节点数及存储容量等硬件设备参数，可以自建集群，也可以购买第三方的服务和设备。

（1）确定服务器基本信息

自建大数据平台服务器的基本信息如下。

主机名	IP 地址	安装服务
spark-master	172.16.200.81	jdk、hadoop、spark、scala
spark-slave01	172.16.200.82	jdk、hadoop、spark
spark-slave02	172.16.200.83	jdk、hadoop、spark
spark-slave03	172.16.200.84	jdk、hadoop、spark

（2）确定软件基本信息

软件名	版本	安装路径
oracle jdk	1.8.0_111	/usr/local/jdk1.8.0_111
hadoop	2.7.1	/usr/local/hadoop-2.7.3
spark	2.0.2	/usr/local/spark-2.0.2
scala	2.12.1	usr/local/2.12.1

（3）环境变量汇总

```
############ java ############
export JAVA_HOME=/usr/local/jdk1.8.0_111
export PATH=$JAVA_HOME/bin:$PATH
export CLASSPATH=.:$JAVA_HOME/lib/dt.jar:$JAVA_HOME/lib/tools.jar
########## hadoop ##########
```

```
export HADOOP_HOME=/usr/local/hadoop-2.7.3
export PATH=$JAVA_HOme/bin:$HADOOP_HOME/bin:$PATH
export HADOOP_COMMON_LIB_NATIVE_DIR=$HADOOP_HOME/lib/native
export PATH=$PATH:$JAVA_HOME/bin:$HADOOP_HOME/bin:$HADOOP_HOME/sbin
######### spark ############
export SPARK_HOME=/usr/local/spark-2.0.2
export PATH=$PATH:$SPARK_HOME/bin:$SPARK_HOME/sbin
######### scala ##########
export SCALA_HOME=/usr/local/scala-2.12.1
export PATH=$PATH:$SCALA_HOME/bin
```

（4）基本环境配置（Master-Slave 相同操作）

①配置 JDK。

```
cd /usr/loca/src/
tar -C /usr/local/ -xzf /usr/local/src/jdk-8u111-linux-x64.tar.gz
```

②配置 Java 环境变量。

```
vim /etc/profile
```

添加如下信息。

```
######### jdk ############
export JAVA_HOME=/usr/local/jdk1.8.0_111
export PATH=$JAVA_HOME/bin:$PATH
export CLASSPATH=.:$JAVA_HOME/lib/dt.jar:$JAVA_HOME/lib/tools.jar
```

③刷新配置文件。

```
source /etc/profile
```

④配置 hosts。

```
vim /etc/hosts
172.16.200.81    spark-master
172.16.200.82    spark-slave1
172.16.200.83    spark-slave2
```

⑤配置免密码。

生成密钥对。

```
ssh-keygen
```

如果密钥不设置密码，则连按几下 Enter 键。

先配置本机免密码登录。

```
cd /root/.ssh
cat id_rsa.pub > authorized_keys
chmod 600 authorized_keys
```

再将其他主机 id_rsa.pub 内容追加到 authorized_keys 中，3 台主机配置完成后即可实现免密码登录。

搭建大数据平台的准备工作做好之后，下面开始大数据平台搭建，实际部署大数据平台主要是搭建 Hadoop 生态和安装 Hadoop 生态下的数据处理的有关框架，例如 Spark 等，即安装 JDK 环境。

（5）搭建 Hadoop

①安装 Hadoop（Master-Save 操作相同）。

```
cd /usr/loca/src/
tar -C /usr/local/ -xzf hadoop-2.7.3.tar.gz
```

②配置 Hadoop 环境变量。

```
vim /etc/profile
```

添加如下信息。

```
######### hadoop ############
export HADOOP_HOME=/usr/local/hadoop-2.7.3
export PATH=$JAVA_HOme/bin:$HADOOP_HOME/bin:$PATH
export HADOOP_COMMON_LIB_NATIVE_DIR=$HADOOP_HOME/lib/native
export PATH=$PATH:$JAVA_HOME/bin:$HADOOP_HOME/bin:$HADOOP_HOME/sbin
```

③刷新配置文件。

```
source /etc/profile
```

④修改 Hadoop 配置文件。

```
cd /usr/local/hadoop-2.7.3/etc/hadoop
```

查看。

```
root@spark-master hadoop]# ll
```

总用量 152。

```
-rw-r--r--. 1 root root  4436 8月  18 09:49 capacity-scheduler.xml
-rw-r--r--. 1 root root  1335 8月  18 09:49 configuration.xsl
-rw-r--r--. 1 root root   318 8月  18 09:49 container-executor.cfg
-rw-r--r--. 1 root root  1037 12月 21 14:58 core-site.xml
```

第11章　数据平台　　227

```
-rw-r--r--. 1 root root  3589 8月  18 09:49 hadoop-env.cmd
-rw-r--r--. 1 root root  4235 12月 21 11:17 hadoop-env.sh
-rw-r--r--. 1 root root  2598 8月  18 09:49 hadoop-metrics2.properties
-rw-r--r--. 1 root root  2490 8月  18 09:49 hadoop-metrics.properties
-rw-r--r--. 1 root root  9683 8月  18 09:49 hadoop-policy.xml
-rw-r--r--. 1 root root  1826 12月 21 14:11 hdfs-site.xml
-rw-r--r--. 1 root root  1449 8月  18 09:49 httpfs-env.sh
-rw-r--r--. 1 root root  1657 8月  18 09:49 httpfs-log4j.properties
-rw-r--r--. 1 root root    21 8月  18 09:49 httpfs-signature.secret
-rw-r--r--. 1 root root   620 8月  18 09:49 httpfs-site.xml
-rw-r--r--. 1 root root  3518 8月  18 09:49 kms-acls.xml
-rw-r--r--. 1 root root  1527 8月  18 09:49 kms-env.sh
-rw-r--r--. 1 root root  1631 8月  18 09:49 kms-log4j.properties
-rw-r--r--. 1 root root  5511 8月  18 09:49 kms-site.xml
-rw-r--r--. 1 root root 11237 8月  18 09:49 log4j.properties
-rw-r--r--. 1 root root   931 8月  18 09:49 mapred-env.cmd
-rw-r--r--. 1 root root  1383 8月  18 09:49 mapred-env.sh
-rw-r--r--. 1 root root  4113 8月  18 09:49 mapred-queues.xml.template
-rw-r--r--. 1 root root  1612 12月 21 12:03 mapred-site.xml
-rw-r--r--. 1 root root    56 12月 21 16:30 slaves
-rw-r--r--. 1 root root  2316 8月  18 09:49 ssl-client.xml.example
-rw-r--r--. 1 root root  2268 8月  18 09:49 ssl-server.xml.example
-rw-r--r--. 1 root root  2191 8月  18 09:49 yarn-env.cmd
-rw-r--r--. 1 root root  4564 12月 21 11:19 yarn-env.sh
-rw-r--r--. 1 root root  1195 12月 21 14:24 yarn-site.xml
```

⑤修改 Hadoop 全局配置文件。

```
vim core-site.xml
<?xml version="1.0" encoding="UTF-8"?>
<?xml-stylesheet type="text/xsl" href="configuration.xsl"?>
<!-- Put site-specific property overrides in this file. -->
<configuration>
<!--配置namenode的地址-->
  <property>
    <name>fs.defaultFS</name>
    <value>hdfs://172.16.200.81:9000</value>
  </property>
<!-- 指定hadoop运行时产生文件的存储目录 -->
  <property>
    <name>hadoop.tmp.dir</name>
    <value>file:///data/hadoop/data/tmp</value>
```

```
    </property>
</configuration>
```

⑥配置 Hadoop 关联 JDK。

```
vim Hadoop-env.sh
# Licensed to the Apache Software Foundation (ASF) under one
# or more contributor license agreements.  See the NOTICE file
# distributed with this work for additional information
# regarding copyright ownership.  The ASF licenses this file
# to you under the Apache License, Version 2.0 (the
# "License"); you may not use this file except in compliance
# with the License.  You may obtain a copy of the License at
#
#      http://Apache官网/licenses/LICENSE-2.0
#
# Unless required by Applicable law or agreed to in writing, software
# distributed under the License is distributed on an "AS IS" BASIS,
# WITHOUT WARRANTIES OR CONDITIONS OF ANY KIND, either express or
implied.
# See the License for the specific language governing permissions and
# limitations under the License.
# Set Hadoop-specific environment variables here.
# The only required environment variable is JAVA_HOME.  All others are
# optional.  When running a distributed configuration it is best to
# set JAVA_HOME in this file, so that it is correctly defined on
# remote nodes.
# The java implementation to use.
#配置JDK的环境
export JAVA_HOME=/usr/local/jdk1.8.0_111
# The jsvc implementation to use. Jsvc is required to run secure
datanodes
# that bind to privileged ports to provide authentication of data
transfer
# protocol.  Jsvc is not required if SASL is configured for
authentication of
# data transfer protocol using non-privileged ports.
#export JSVC_HOME=${JSVC_HOME}
export HADOOP_CONF_DIR=${HADOOP_CONF_DIR:-"/etc/hadoop"}
# Extra Java CLASSPATH elements.  Automatically insert capacity-
scheduler.
for f in $HADOOP_HOME/contrib/capacity-scheduler/*.jar; do
```

```
   if [ "$HADOOP_CLASSPATH" ]; then
      export HADOOP_CLASSPATH=$HADOOP_CLASSPATH:$f
   else
      export HADOOP_CLASSPATH=$f
   fi
done
# The maximum amount of heap to use, in MB. Default is 1000.
#export HADOOP_HEAPSIZE=
#export HADOOP_NAMENODE_INIT_HEAPSIZE=" "
# Extra Java runtime options.  Empty by default.
export HADOOP_OPTS=" $HADOOP_OPTS -Djava.net.preferIPv4Stack=true "
# Command specific options Appended to HADOOP_OPTS when specified
export HADOOP_NAMENODE_OPTS=" -Dhadoop.security.logger=${HADOOP_
SECURITY_LOGGER:-INFO,RFAS} -Dhdfs.audit.logger=${HDFS_AUDIT_LOGGER:-
INFO,NullAppender} $HADOOP_NAMENODE_OPTS "
export HADOOP_DATANODE_OPTS=" -Dhadoop.security.logger=ERROR,RFAS
$HADOOP_DATANODE_OPTS "
export HADOOP_SECONDARYNAMENODE_OPTS=" -Dhadoop.security.
logger=${HADOOP_SECURITY_LOGGER:-INFO,RFAS} -Dhdfs.audit.
logger=${HDFS_AUDIT_LOGGER:-INFO,NullAppender} $HADOOP_
SECONDARYNAMENODE_OPTS "
export HADOOP_NFS3_OPTS=" $HADOOP_NFS3_OPTS "
export HADOOP_PORTMAP_OPTS=" -Xmx512m $HADOOP_PORTMAP_OPTS"
# The following Applies to multiple commands (fs, dfs, fsck, distcp
etc)
export HADOOP_CLIENT_OPTS="-Xmx512m $HADOOP_CLIENT_OPTS"
#HADOOP_JAVA_PLATFORM_OPTS="-XX:-UsePerfData $HADOOP_JAVA_PLATFORM_
OPTS"
# On secure datanodes, user to run the datanode as after dropping
privileges.
# This **MUST** be uncommented to enable secure HDFS if using
privileged ports
# to provide authentication of data transfer protocol.  This **MUST
NOT** be
# defined if SASL is configured for authentication of data transfer
protocol
# using non-privileged ports.
export HADOOP_SECURE_DN_USER=${HADOOP_SECURE_DN_USER}

# Where log files are stored.  $HADOOP_HOME/logs by default.
#export HADOOP_LOG_DIR=${HADOOP_LOG_DIR}/$USER
```

```
# Where log files are stored in the secure data environment.
export HADOOP_SECURE_DN_LOG_DIR=${HADOOP_LOG_DIR}/${HADOOP_HDFS_USER}


###
# HDFS Mover specific parameters
###
# Specify the JVM options to be used when starting the HDFS Mover.
# These options will be Appended to the options specified as HADOOP_OPTS
# and therefore may override any similar flags set in HADOOP_OPTS
#
# export HADOOP_MOVER_OPTS=""


###
# Advanced Users Only!
###

# The directory where pid files are stored. /tmp by default.
# NOTE: this should be set to a directory that can only be written to
by
#        the user that will run the hadoop daemons.  Otherwise there is
the
#        potential for a symlink attack.
export HADOOP_PID_DIR=${HADOOP_PID_DIR}
export HADOOP_SECURE_DN_PID_DIR=${HADOOP_PID_DIR}

# A string representing this instance of hadoop. $USER by default.
export HADOOP_IDENT_STRING=$USER
```

⑦配置 hdfs。

```
vim hdfs-site.xml
<?xml version="1.0" encoding="UTF-8"?>
<?xml-stylesheet type="text/xsl" href="configuration.xsl"?>
<!--
  Licensed under the Apache License, Version 2.0 (the "License");
  you may not use this file except in compliance with the License.
  You may obtain a copy of the License at

    http://Apache官网/licenses/LICENSE-2.0

  Unless required by Applicable law or agreed to in writing, software
  distributed under the License is distributed on an "AS IS" BASIS,
  WITHOUT WARRANTIES OR CONDITIONS OF ANY KIND, either express or
```

```
implied.
    See the License for the specific language governing permissions and
    limitations under the License. See accompanying LICENSE file.
-->

<!-- Put site-specific property overrides in this file. -->

<configuration>
<!--指定hdfs的副本数-->
  <property>
        <name>dfs.replication</name>
        <value>3</value>
  </property>
<!--设置hdfs的权限-->
  <property>
        <name>dfs.permissions</name>
        <value>false</value>
  </property>
<!-- secondary name node web 监听端口 -->
  <property>
        <name>dfs.namenode.secondary.http-address</name>
        <value>172.16.200.81:50090</value>
  </property>
  <!-- name node web 监听端口 -->


  <property>
      <name>dfs.namenode.http-address</name>
      <value>172.16.200.81:50070</value>
  </property>
<!-- 真正的datanode数据保存路径 -->
  <property>
      <name>dfs.datanode.data.dir</name>
      <value>file:///data/hadoop/data/dfs/dn</value>
  </property>
<!-- NN所使用的元数据保存-->
  <property>
      <name>dfs.namenode.name.dir</name>
      <value>file:///data/hadoop/data/dfs/nn/name</value>
  </property>
<!--存放 edit 文件-->
  <property>
      <name>dfs.namenode.edits.dir</name>
```

```
    <value>file:///data/hadoop/data/dfs/nn/edits</value>
  </property>
<!-- secondary namenode 节点存储 checkpoint 文件目录-->
  <property>
    <name>dfs.namenode.checkpoint.dir</name>
    <value>file:///data/hadoop/data/dfs/snn/name</value>
  </property>
<!-- secondary namenode 节点存储 edits 文件目录-->
  <property>
    <name>dfs.namenode.checkpoint.edits.dir</name>
    <value>file:///data/hadoop/data/dfs/snn/edits</value>
  </property>

</configuration>
```

⑧配置 mapreduce。

```
vim mapred-site.xml
<?xml version="1.0"?>
<?xml-stylesheet type="text/xsl" href="configuration.xsl"?>
<!--
  Licensed under the Apache License, Version 2.0 (the "License");
  you may not use this file except in compliance with the License.
  You may obtain a copy of the License at

    http://Apache官网/licenses/LICENSE-2.0

  Unless required by Applicable law or agreed to in writing, software
  distributed under the License is distributed on an "AS IS" BASIS,
  WITHOUT WARRANTIES OR CONDITIONS OF ANY KIND, either express or
implied.
  See the License for the specific language governing permissions and
  limitations under the License. See accompanying LICENSE file.
-->

<!-- Put site-specific property overrides in this file. -->

<configuration>
<!-- 指定mapreduce运行在yarn上 -->
  <property>
        <name>mapreduce.framework.name</name>
        <value>yarn</value>
```

第11章　数据平台　　233

```
    </property>
<!--历史服务的Web端口地址   -->
  <property>
    <name>mapreduce.jobhistory.webApp.address</name>
    <value>172.16.200.81:19888</value>
  </property>
<!--历史服务的端口地址-->
  <property>
    <name>mapreduce.jobhistory.address</name>
    <value>172.16.200.81:10020</value>
  </property>
<!--Uber运行模式-->
  <property>
    <name>mapreduce.job.ubertask.enable</name>
    <value>false</value>
  </property>
<!--MapReduce作业产生的日志存放位置-->
  <property>
    <name>mapreduce.jobhistory.intermediate-done-dir</name>
    <value>${yarn.App.mapreduce.am.staging-dir}/history/done_
intermediate</value>
  </property>
<!--MR JobHistory Server管理的日志的存放位置-->
  <property>
    <name>mapreduce.jobhistory.done-dir</name>
    <value>${yarn.App.mapreduce.am.staging-dir}/history/done</value>
  </property>
<!--是job运行时的临时文件夹-->
  <property>
    <name>yarn.App.mapreduce.am.staging-dir</name>
    <value>/data/hadoop/hadoop-yarn/staging</value>
  </property>
</configuration>
```

⑨配置 Slaves。

```
vim slaves
172.16.200.81
172.16.200.82
172.16.200.83
172.16.200.84
```

⑩配置 yarn。

```
vim yarn-site.xml
<?xml version="1.0"?>
<!--
  Licensed under the Apache License, Version 2.0 (the "License");
  you may not use this file except in compliance with the License.
  You may obtain a copy of the License at

    http://Apache官网/licenses/LICENSE-2.0

  Unless required by Applicable law or agreed to in writing, software
  distributed under the License is distributed on an "AS IS" BASIS,
  WITHOUT WARRANTIES OR CONDITIONS OF ANY KIND, either express or
implied.
  See the License for the specific language governing permissions and
  limitations under the License. See accompanying LICENSE file.
-->
<configuration>
<!-- 指定nodeManager组件在哪个机器上运行 -->
  <property>
        <name>yarn.nodemanager.aux-services</name>
        <value>mapreduce_shuffle</value>
  </property>
<!-- 指定resourcemanager组件在哪个机器上运行 -->
  <property>
    <name>yarn.resourcemanager.hostname</name>
    <value>172.16.200.81</value>
  </property>
 <!--resourcemanager Web地址-->
  <property>
    <name>yarn.resourcemanager.webApp.address</name>
    <value>172.16.200.81:8088</value>
  </property>
 <!--启用日志聚集功能-->
  <property>
    <name>yarn.log-aggregation-enable</name>
    <value>true</value>
  </property>
<!--在HDFS上聚集的日志最多保存多长时间-->
  <property>
    <name>yarn.log-aggregation.retain-seconds</name>
```

```
    <value>86400</value>
  </property>
</configuration>
```

（6）搭建 Spark（Master-Slave 相同操作）。Spark 是一个开源集群运算框架，相对于 Hadoop 的 MapReduce 会在运行完后将中介资料存放到磁盘中。Spark 使用了存储器内运算技术，能在资料尚未写入硬盘时即在存储器内分析运算。Spark 在存储器内运行程序的运算速度比 Hadoop MapReduce 的运算速度快上约 100 倍，即便是在硬盘上运行程序，Spark 也能快上约 10 倍。Spark 允许用户将资料加载至集群存储器，并多次对其进行查询，非常适用于机器学习算法。

安装运行 Spark 框架过程代码如下。

①安装 Spark。

```
cd /usr/loca/src/
tar zxvf spark-2.0.2-bin-hadoop2.7.tgz
mv spark-2.0.2-bin-hadoop2.7  /usr/local/spark-2.0.2
```

②配置 Spark 环境变量。

```
vim /etc/profile
```

添加如下信息。

```
######### spark ###########
export SPARK_HOME=/usr/local/spark-2.0.2
export PATH=$PATH:$SPARK_HOME/bin:$SPARK_HOME/sbin
```

③刷新配置文件。

```
source /etc/profile
```

④修改 Spark 配置文件。

```
cd /usr/local/spark-2.0.2/conf
mv spark-env.sh.template spark-env.sh
[root@spark-master conf]# ll
```

总用量 36。

```
-rw-r--r--. 1  500  500  987 11月  8 09:58 docker.properties.template
-rw-r--r--. 1  500  500 1105 11月  8 09:58 fairscheduler.xml.template
-rw-r--r--. 1  500  500 2025 11月  8 09:58 log4j.properties.template
-rw-r--r--. 1  500  500 7239 11月  8 09:58 metrics.properties.template
-rw-r--r--. 1  500  500  912 12月 21 16:55 slaves
```

```
-rw-r--r--. 1  500   500 1292 11月  8 09:58 spark-defaults.conf.template
-rwxr-xr-x. 1 root root 3969 12月 21 15:50 spark-env.sh
-rwxr-xr-x. 1  500   500 3861 11月  8 09:58 spark-env.sh.template
```

⑤配置 Spark 关联 JDK。

```
vim spark-env.sh
#!/usr/bin/env bash

#
# Licensed to the Apache Software Foundation (ASF) under one or more
# contributor license agreements.  See the NOTICE file distributed with
# this work for additional information regarding copyright ownership.
# The ASF licenses this file to You under the Apache License, Version
2.0
# (the "License"); you may not use this file except in compliance with
# the License.  You may obtain a copy of the License at
#
#    http://Apache官网/licenses/LICENSE-2.0
#
# Unless required by Applicable law or agreed to in writing, software
# distributed under the License is distributed on an "AS IS" BASIS,
# WITHOUT WARRANTIES OR CONDITIONS OF ANY KIND, either express or
implied.
# See the License for the specific language governing permissions and
# limitations under the License.
#


# This file is sourced when running various Spark programs.
# Copy it as spark-env.sh and edit that to configure Spark for your
site.

# Options read when launching programs locally with
# ./bin/run-example or ./bin/spark-submit
# - HADOOP_CONF_DIR, to point Spark towards Hadoop configuration files
# - SPARK_LOCAL_IP, to set the IP address Spark binds to on this node
# - SPARK_PUBLIC_DNS, to set the public dns name of the driver program
# - SPARK_CLASSPATH, default classpath entries to Append

# Options read by executors and drivers running inside the cluster
# - SPARK_LOCAL_IP, to set the IP address Spark binds to on this node
# - SPARK_PUBLIC_DNS, to set the public DNS name of the driver program
# - SPARK_CLASSPATH, default classpath entries to Append
```

```
# - SPARK_LOCAL_DIRS, storage directories to use on this node for shuffle
and RDD data
# - MESOS_NATIVE_JAVA_LIBRARY, to point to your libmesos.so if you use
Mesos

# Options read in YARN client mode
# - HADOOP_CONF_DIR, to point Spark towards Hadoop configuration files
# - SPARK_EXECUTOR_INSTANCES, Number of executors to start (Default:
2)
# - SPARK_EXECUTOR_CORES, Number of cores for the executors (Default:
1).
# - SPARK_EXECUTOR_MEMORY, Memory per Executor (e.g. 1000M, 2G)
(Default: 1G)
# - SPARK_DRIVER_MEMORY, Memory for Driver (e.g. 1000M, 2G) (Default:
1G)

# Options for the daemons used in the standalone deploy mode
# - SPARK_MASTER_HOST, to bind the master to a different IP address or
hostname
# - SPARK_MASTER_PORT / SPARK_MASTER_WEBUI_PORT, to use non-default
ports for the master
# - SPARK_MASTER_OPTS, to set config properties only for the master
(e.g. "-Dx=y")
# - SPARK_WORKER_CORES, to set the number of cores to use on this
machine
# - SPARK_WORKER_MEMORY, to set how much total memory workers have to
give executors (e.g. 1000m, 2g)
# - SPARK_WORKER_PORT / SPARK_WORKER_WEBUI_PORT, to use non-default
ports for the worker
# - SPARK_WORKER_INSTANCES, to set the number of worker processes per
node
# - SPARK_WORKER_DIR, to set the working directory of worker processes
# - SPARK_WORKER_OPTS, to set config properties only for the worker
(e.g. "-Dx=y")
# - SPARK_DAEMON_MEMORY, to allocate to the master, worker and history
server themselves (default: 1g).
# - SPARK_HISTORY_OPTS, to set config properties only for the history
server (e.g. "-Dx=y")
# - SPARK_SHUFFLE_OPTS, to set config properties only for the external
shuffle service (e.g. "-Dx=y")
# - SPARK_DAEMON_JAVA_OPTS, to set config properties for all daemons
(e.g. "-Dx=y")
```

```
# - SPARK_PUBLIC_DNS, to set the public dns name of the master or
workers

# Generic options for the daemons used in the standalone deploy mode
# - SPARK_CONF_DIR        Alternate conf dir. (Default: ${SPARK_HOME}/
conf)
# - SPARK_LOG_DIR         Where log files are stored.  (Default: ${SPARK_
HOME}/logs)
# - SPARK_PID_DIR         Where the pid file is stored. (Default: /tmp)
# - SPARK_IDENT_STRING    A string representing this instance of spark.
(Default: $USER)
# - SPARK_NICENESS        The scheduling priority for daemons. (Default:
0)
#java的环境变量
export JAVA_HOME=/usr/local/jdk1.8.0_111
#spark主节点的ip
export SPARK_MASTER_IP=172.16.200.81
#spark主节点的端口号
export SPARK_MASTER_PORT=7077
```

⑥配置 Slaves。

```
vim slaves
#
# Licensed to the Apache Software Foundation (ASF) under one or more
# contributor license agreements.  See the NOTICE file distributed with
# this work for additional information regarding copyright ownership.
# The ASF licenses this file to You under the Apache License, Version
2.0
# (the "License"); you may not use this file except in compliance with
# the License.  You may obtain a copy of the License at
#
#    http://Apache官网/licenses/LICENSE-2.0
#
# Unless required by Applicable law or agreed to in writing, software
# distributed under the License is distributed on an "AS IS" BASIS,
# WITHOUT WARRANTIES OR CONDITIONS OF ANY KIND, either express or
implied.
# See the License for the specific language governing permissions and
# limitations under the License.
#


# A Spark Worker will be started on each of the machines listed below.
```

```
172.16.200.81
172.16.200.82
172.16.200.83
172.16.200.84
```

（7）安装 Scala。Scala 是一门多范式的编程语言，设计初衷是集成面向对象编程和函数式编程的各种特性。

Scala 作为 Spark 的原生语言，代码优雅、简洁，功能完善，得到很多开发者的认可，它是业界广泛使用的 Spark 程序开发语言。

①安装 Scala 。

```
cd /usr/loca/src/
tar zxvf scala-2.12.1.tgz
mv scala-2.12.1  /usr/local
```

②配置 Scala 环境变量（只 Master 安装）。

```
vim /etc/profile
```

添加如下信息。

```
######### scala ##########
export SCALA_HOME=/usr/local/scala-2.12.1
export PATH=$PATH:$SCALA_HOME/bin
```

③刷新配置文件。

```
source /etc/profile
```

（8）启动程序。当要搭建一个大数据平台的时候，需要先安装 Hadoop 环境，然后在 Hadoop 基础上安装 JDK，然后安装适合大数据平台数据处理的框架 Spark，再运用 Spark 的原生语言 Scala，最后才能成功地启动 Hadoop 工具开发数据平台。

①先启动 Hadoop，再格式化 namenode。

```
hadoop namenode -format
```

② Master 启动 Hadoop。

```
cd /usr/local/hadoop-2.7.3/sbin
./start-all.sh
```

提示如下。

```
start-all.sh                    //启动master和slaves
stop-all.sh                     //停止master和slaves
```

240　　　数据增长模型　数智时代的全栈产品运营思维、算法与技术

③查看进程（Master）。

```
[root@spark-master sbin]# jps
8961 NodeManager
8327 DataNode
8503 SecondaryNameNode
8187 NameNode
8670 ResourceManager
9102 Jps
[root@spark-master sbin]#
```

④查看进程（Slave）。

```
[root@spark-slave01 ~]# jps
4289 NodeManager
4439 Jps
4175 DataNode
[root@spark-slave01 ~]#
slave01、slve02、slave03显示相同
```

⑤启动 Spark，然后 Master 启动 Hadoop。

```
cd /usr/local/spark-2.0.2/sbin
./start-all.sh
```

提示如下。

```
start-all.sh            //启动master和slaves
stop-all.sh             //停止master和slaves
```

11.5 案例：数据平台应用

11.5.1 阿里云 OS 数据平台解决方案

数据平台一般面向垂直行业，精心打造数据获取、数据建设与管理、数据智能与应用全链路服务。数据平台助力企业沉淀数据资产，提升企业数据决策力，发现并解决实际业务问题，提升企业生产、经营、收入能力。目前，数据平台已服务于智联网汽车、手机、可穿戴设备、行业终端及物联网等多个领域。

阿里云 OS 产品解决方案全景图如下图所示。

第11章　数据平台　　241

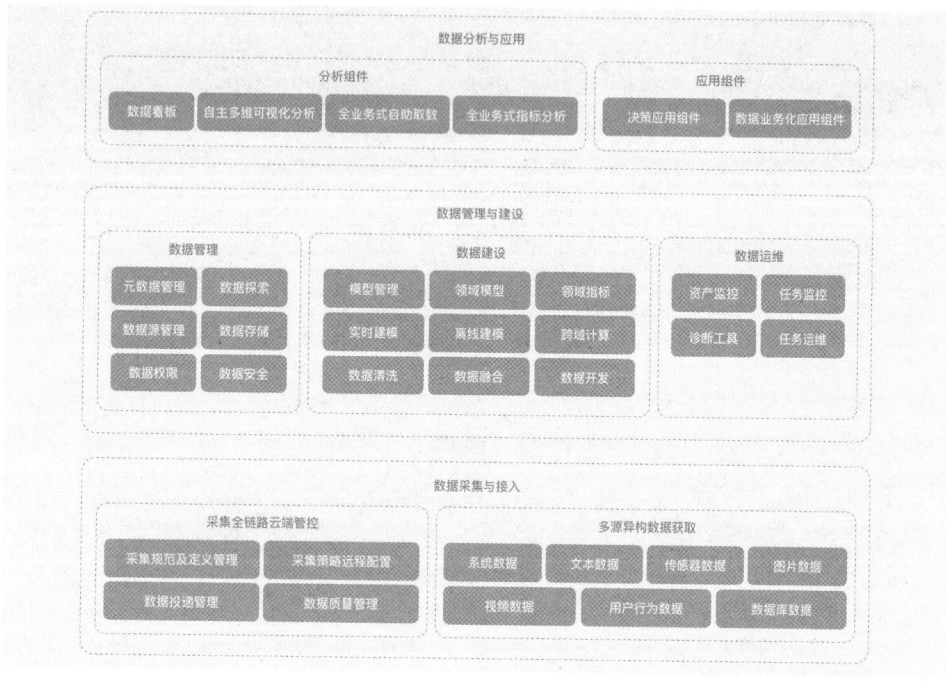

实现的客户价值如下：数据平台面向行业，精心打造数据获取、数据建设与管理、数据分析与智能应用全链路服务；助力企业沉淀数据资产，提升企业数据决策力，发现／解决实际业务问题，提升企业生产、经营、收入能力；以"可插拔式"组件化方式提供服务，客户按需自由选择，让客户以较低的成本快速获得一套数据全链路服务。

产品和服务具体内容如下图所示。

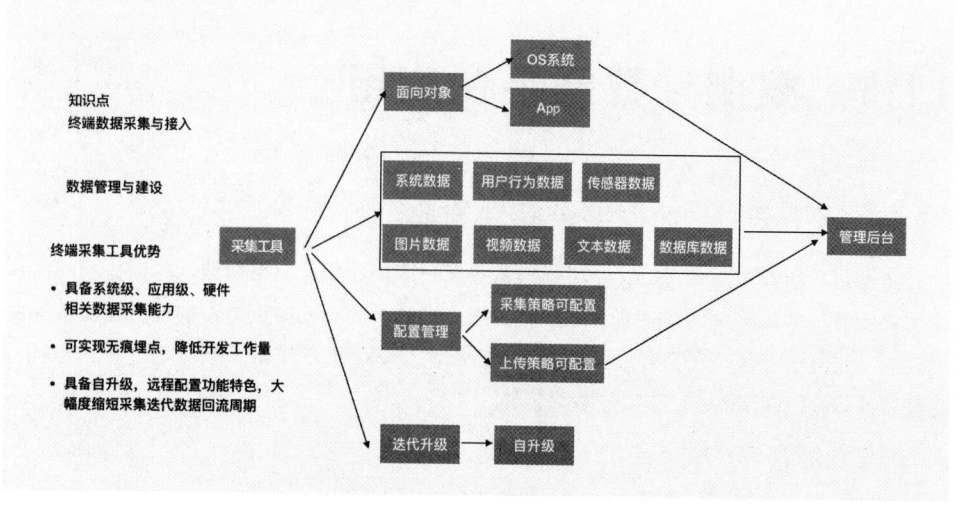

应用场景包括手机、智能家居、互联网电视、可穿戴设备、平板电脑、互联网汽车、车联网后装产品等。

11.5.2 淘宝、美团、滴滴的大数据平台应用

下面介绍淘宝、美团和滴滴的大数据平台，读者一方面可以进一步学习大厂的大数据平台，另一方面也可以学习大厂的产品技术工程师如何画架构图。通过大厂的这些架构图，读者会发现，不但大数据平台的设计方案大同小异，而且架构图的画法也有规律可以寻觅。

1. 淘宝大数据平台

淘宝是较早搭建了自己大数据平台的公司，下图是淘宝早期的 Hadoop 大数据平台。

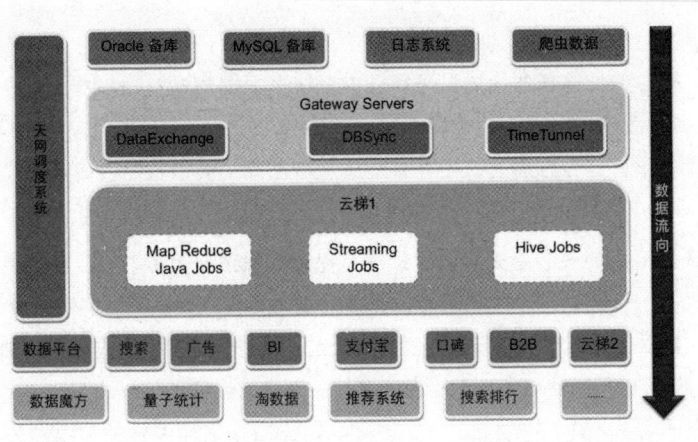

淘宝的大数据平台大致分成 3 个部分：上面是数据源与数据同步，有的公司在画数据平台架构图的时候可能会把这一块放在最下面；中间是云梯 1，也就是淘宝的 Hadoop 大数据集群；下面是大数据的应用，使用大数据集群的计算结果。

数据源主要来自 Oracle 和 MySQL 的备库，以及日志系统和爬虫系统，这些数据通过数据同步网关服务器导入 Hadoop 集群中。其中 DataExchange 全量 / 非实时同步数据库数据，DBSync 实时同步数据库增量数据，TimeTunnel 实时同步日志和爬虫数据。数据全部写入 HDFS 中，如下图所示。

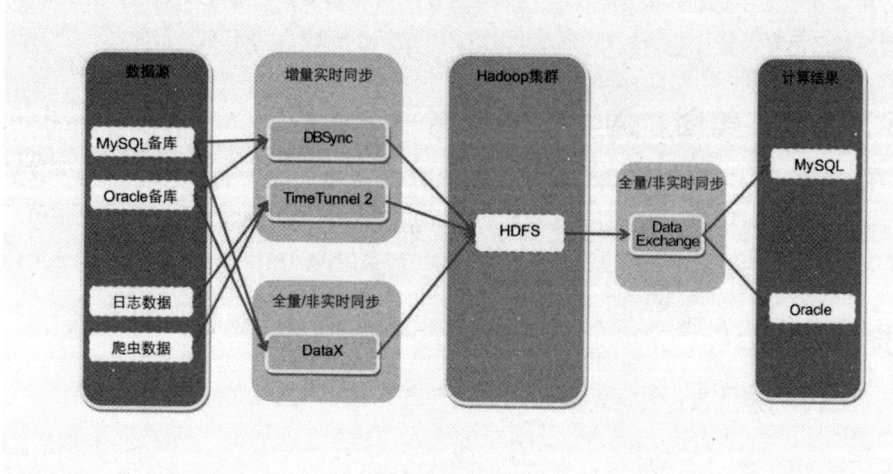

在 Hadoop 中的计算任务会通过天网调度系统，根据集群资源和作业优先级，调度作业的提交和执行。计算结果写入 HDFS，再经过 DataExchange 同步到 MySQL 和 Oracle 数据库。处于平台下方的数据魔方、推荐系统等从数据库中读取数据，就可以实时响应用户的操作请求。

淘宝大数据平台的核心是天网调度系统，提交到 Hadoop 集群上的任务需要按序、按优先级调度执行，Hadoop 集群上已经定义好的任务也需要调度执行，何时从数据库、日志、爬虫系统导入数据也需要调度执行，何时将 Hadoop 执行结果导出到应用系统的数据库，也需要调度执行。可以说，整个大数据平台都是在天网调度系统的统一规划和安排下运作的。

DBSync、TimeTunnel、DataExchange 这些数据同步组件也是淘宝内部开发的，可以针对不同的数据源和同步需求进行数据导入 / 导出。这些组件淘宝大都已经开源，我们可以参考使用。

2. 滴滴大数据平台

滴滴大数据平台分为实时计算平台（实时计算平台又名流式计算平台）和离线计算平台（离线计算平台又名批处理计算平台）两个部分。

实时计算平台架构如下：数据采集以后输出到 Kafka 消息队列，通过不同的消费通道进行不同的后续处理。消费通道有两个：一个通道是数据 ETL，使用 Spark Streaming 或者 Flink 将数据进行清洗、转换、处理后记录到 HDFS 中，供后续批处理计算；另一个通道是 Druid，计算实时监控指标，将结果输出到报警系统和实时图表系统 Dashboard，如下图所示。

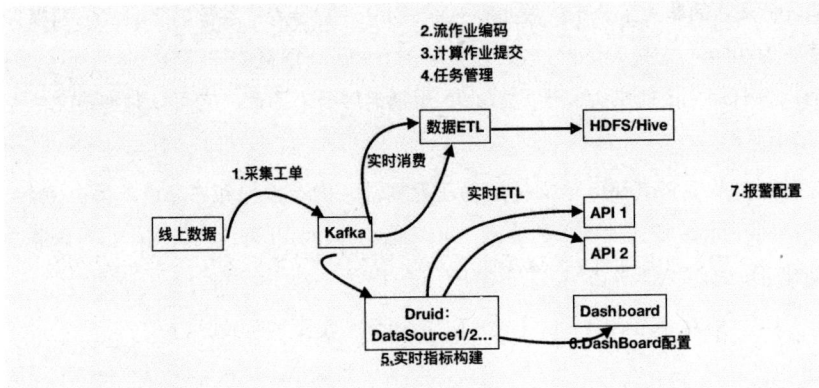

离线计算平台架构如下表所示。

调度系统	开发平台	D++
MapReduce	Hive	Spark
HDFS	—	YARN

滴滴的离线大数据平台基于 Hadoop 2（HDFS、YARN、MapReduce）和 Spark 以及 Hive 构建，在此基础上开发了自己的调度系统和开发系统。调度系统和前面其他系统一样，调度大数据作业的优先级和执行顺序。开发系统是一个可视化的 SQL 编辑器，使用它可以方便地查询表结构、开发 SQL，并发布到大数据集群上。

此外，滴滴还使用了 HBase，并对相关产品（HBase、Phoenix）做了一些自定义的开发，维护着一个和实时、离线两个大数据平台同级别的 HBase 平台，它的架构图如下。

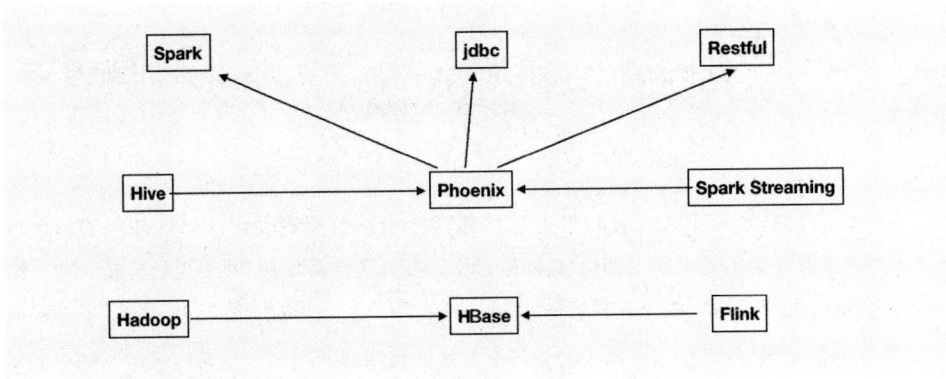

来自实时计算平台和离线计算平台的计算结果被保存到 HBase 中，然后应用程序通过 Phoenix 访问 HBase。而 Phoenix 是一个构建在 HBase 上的 SQL 引擎，可以通过 SQL 方式访问 HBase 上的数据。

HBase 是一个开源的非关系分布式数据库（NoSQL），它参考了谷歌的 BigTable 建模，实现的编程语言为 Java。它是 Apache 软件基金会的 Hadoop 项目的一部分，运行于 HDFS 文件系统之上，为 Hadoop 提供类似于 BigTable 规模的服务。因此，它可以对稀疏文件提供极高的容错率。

HBase 在列上实现了 BigTable 论文提到的压缩算法、内存操作和布隆过滤器。HBase 的表能够作为 MapReduce 任务的输入和输出，可以通过 Java API 来访问数据，也可以通过 REST、Avro 或者 Thrift 的 API 来访问。

HBase 属于 CP，即 C（Consistency）、P（Partition）类型的系统。

3. 美团大数据平台

美团大数据平台的数据源来自 MySQL 数据库和日志，数据库通过 Canal 获得 MySQL 的 binlog，输出给消息队列 Kafka，日志通过 Flume 也输出到 Kafka，如下图所示。

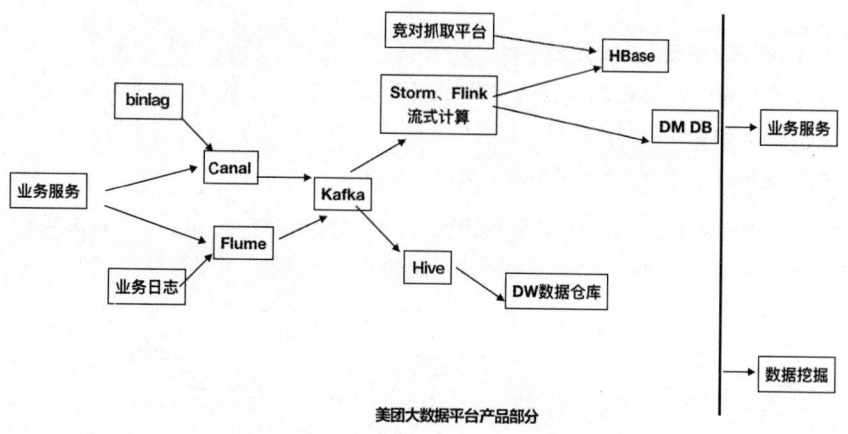

美团大数据平台产品部分

Kafka 的数据会被流式计算和批处理计算两个引擎分别消费。流处理使用 Storm、FlinK 进行计算，结果输出到 HBase 或者数据库。批处理计算使用 Hive 进行分析计算，结果输出到查询系统和 BI（商业智能）平台。

数据分析师可以通过 BI 产品平台进行交互式的数据查询访问，也可以通过可视化的报表工具查看已经处理好的常用分析指标。公司高管也可以通过这个平台上的天机系统查看公司主要业务指标和报表。

美团大数据平台的整个过程管理通过调度平台进行。公司内部开发者使用数据开发平台访问大数据平台，进行 ETL（数据提取、转换、装载）开发，提交任务作业并进行数据管理。

11.5.3 美图大数据平台完整实践案例

现在，利用大数据的企业越来越多，例如美图这样运用大数据赋能 App 业务的公司，具体操作方法下面将详细讲解。

1. 美图大数据应用

如今，大数据在各行业的应用越来越广泛：运营人员基于数据报告关注运营效果，产品人员基于数据分析关注转化率情况，开发人员基于数据衡量优化系统等。美图公司有美拍、美图秀秀、美颜相机等十几个 App，每个 App 都会基于数据做个性化推荐、搜索、报表分析、反作弊、广告等业务，整体对数据的业务需求比较多，应用也比较广泛。

因此，美图数据技术团队的业务背景主要体现在业务线多且应用比较广泛。这也是促使美图搭建数据平台的一个最主要的原因，即由业务驱动。

下面举个美图的数据应用案例。下图所示是美图自研的数据可视化平台 DataFace，支持业务方自由拖曳生成可视化报表，便于高效地做数据报表和后续的分析。除此之外，美图大数据在搜索、个性化推荐、A/B 实验、渠道跟踪、广告等方面都有广泛应用。

本书写作时美图每月有 5 亿活跃用户，这些用户每天产生接近 200 亿条的行为数据，整体的量级相对来说还是比较大，集群机器达到千量级，还有 PB 级的历史总数据量。

美图有比较多的业务线，各业务线都需要广泛地应用数据，并且整体的用户规模比较大，以上因素都促使美图必须构建对应的大数据平台来驱动这些业务增长，更高效地使用数据。

2. 美图大数据平台整体架构

美图大数据平台整体的架构如下图所示。

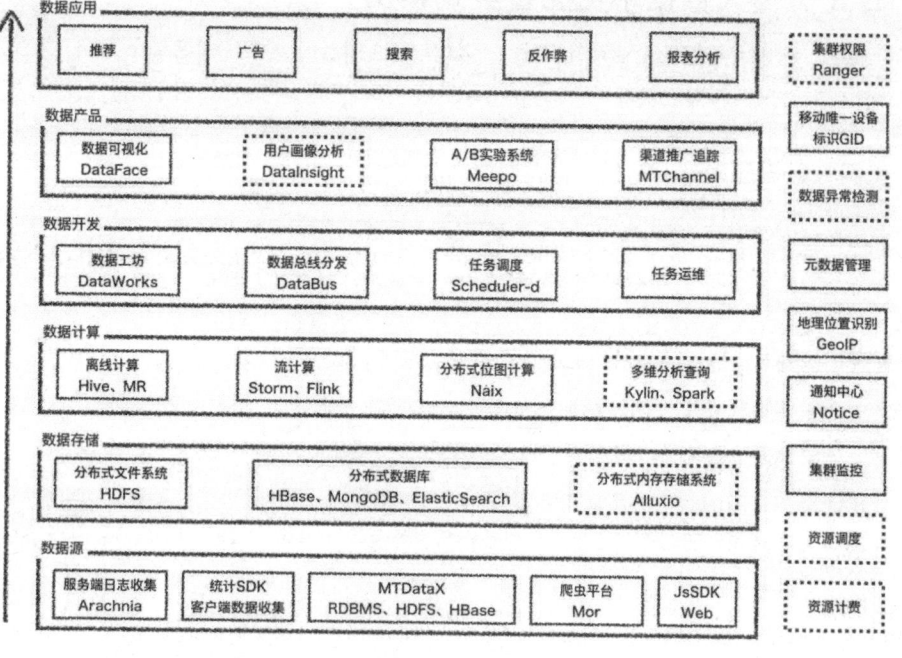

上图是美图大数据平台的整体架构。在数据收集这部分，美图构建一套服务端日志收集系统 Arachnia，支持各 App 集成的客户端 SDK，负责收集 App 客户端数据；同时也有基于 DataX 实现的数据集成（导入 / 导出）；Mor 爬虫平台支持可配置的爬取公网数据的任务开发。

数据存储层主要根据业务特点来选择不同的存储方案，目前主要用 HDFS、MongoDB、Hbase、Elastic Search 等。在数据计算部分，当前离线计算主要还是基于 Hive、MR，实时流计算 Storm 、 Flink ，以及另外一个自研的分布式位图计算系统 Naix。

在数据开发这块，美图构建了一套数据工坊、数据总线分发、任务调度、任务运维平台。数据产品与应用部分主要基于用户需求构建一系列数据应用平台，包括 A/B 实验系统、渠道推广跟踪平台、数据可视化平台、用户画像分析、推荐、广告、搜索、反作弊、报表分析等。

上图右侧展示的是一些各组件都能依赖的基础服务，包括地理位置识别、元数据管理、移动唯一设备标识等。

下图所示是基本的数据架构流图，采用典型的 lamda 架构，从左端数据源收集开始，Arachnia、AppSDK 分别将服务端、客户端数据上报到代理服务 Collector，通过解析数据协议，把数据写到 Kafka，然后实时流会经过一层数据分发，最终业务消费 Kafka 数据进行实时计算。

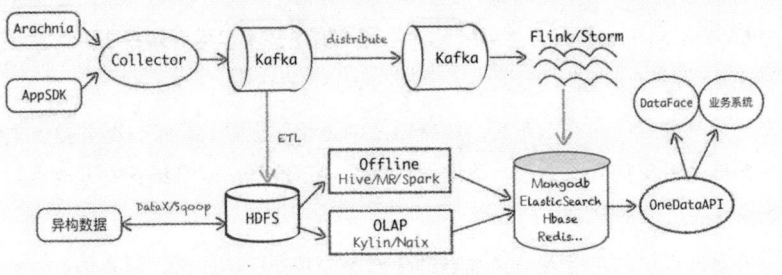

离线会由 ETL 服务负责从 Kafka 数据到 HDFS,然后异构数据源(例如 MySQL、Hbase 等) 主要基于 DataX 和 Sqoop 进行数据的导入 / 导出，最终通过 Hive、Kylin、Spark 等计算把 数据写入各类的存储层，最后通过统一的对外 API 对接业务系统和美图的可视化平台等。

3. 数据平台的阶段性发展

企业级数据平台建设主要分 3 个阶段。

刚开始基本使用免费的第三方平台，这个阶段的特点是能快速集成并看到 App 的一些 统计指标，但是缺点也很明显，没有原始数据，除了那些第三方提供的基本指标，其他分析、 推荐等都无法实现。这个阶段主要是实现从 0 到 1 的过程，即有数据可用。

在有数据可用后，因为业务线、需求量的爆发，需要提高开发效率，让更多的人参与 数据开发、使用数据，而不仅局限于数据研发人员使用，这个阶段主要是解决把数据、计 算存储能力开放给各个业务线的问题。

当数据开放了以后，业务方会要求数据任务跑得更快、更实时。另外，由于业务需求 集群的规模越来越大，因此会考虑在满足业务的同时，如何更节省资源。

本书写作时，美图处于第二与第三阶段的过渡期，在不断完善数据开放的同时，逐步 提升查询分析效率，以及开始考虑如何进行成本优化。接下来会重点介绍 从 0 到 1 以及数 据开放这两个阶段平台的实践和优化思路。

从 0 到 1 解决从数据采集到最终可以使用数据的过程如下图所示。

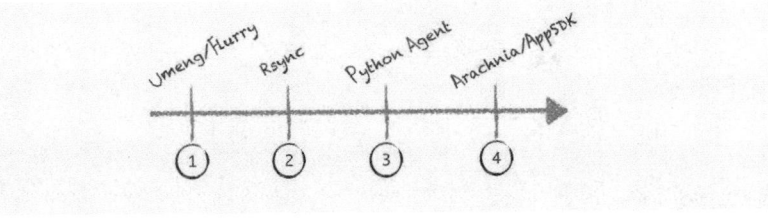

上图是数据收集的演进过程,从刚开始使用类似 Umeng、Flurry 这类的免费第三方平台,

第11章　数据平台　　249

到后来快速使用 Rsync 同步日志到一台服务器上存储、计算，再到后来快速开发了一个简单的 Python 脚本支持业务服务器上报日志，最终美图开发了服务端日志采集系统 Arachnia 和客户端 AppSDK。

数据采集是数据的源头，在整个数据链路中是相对重要的环节，需要更多关注数据是否完整、数据是否支持实时上报、数据埋点是否规范准确，以及维护管理成本。因此日志采集系统需要满足以下需求。

能集成管理维护，包括 Agent 能自动化部署安装升级、卸载、配置热更新、延迟方面的监控；在可靠性方面至少需要保证 At least once；美图现在有多 IDC 的情况，需要能支持多个 IDC 数据采集汇总到数据中心；在资源消耗方面尽量小，尽量做到不影响业务。

基于以上需求，美图没有使用 Flume、Scribe、Fluentd，最终选择自己开发一套采集系统 Arachnia。

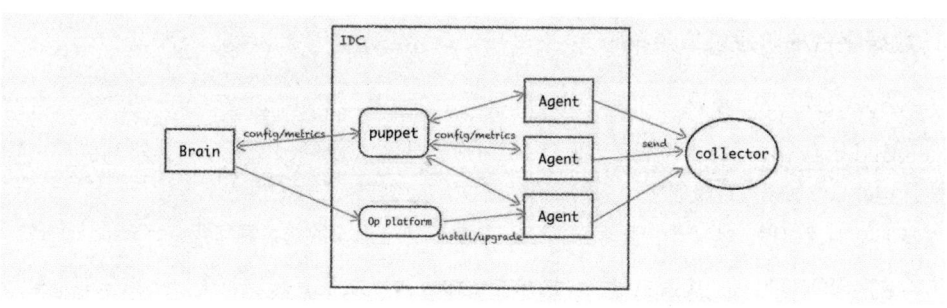

上图是 Arachnia 的简易架构图，它通过系统大脑进行集中式管理。puppet 模块主要作为单个 IDC 内统一汇总 Agent 的 metrics，中转转发的 metrics 或者配置热更命令。采集器 Agent 主要是运维平台负责安装、启动后从 Brain 拉取到配置，并开始采集上报数据到 collector。

接着看 Arachnia 的实践优化。首先是 At least once 的可靠性保证。不少系统都是采用把上报失败的数据通过 WAL 的方式记录下来，再重新上报，以免上报失败丢失。我们的实践是去掉 WAL，增加了 coordinator 来统一分发管理 tx 状态。

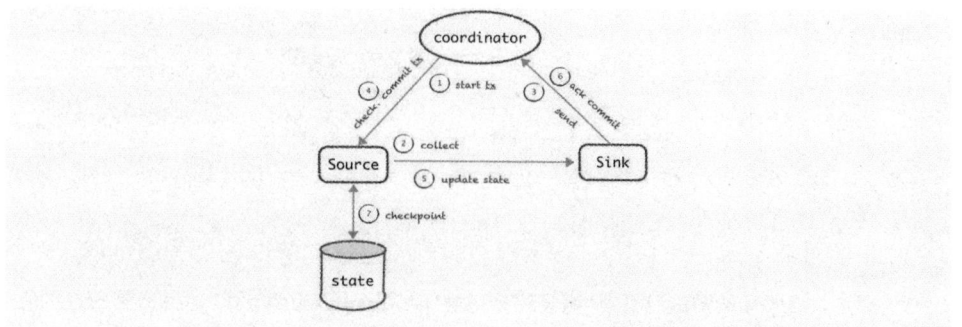

从上图可见，开始采集前会从 coordinator 发出 tx 的 ID，Source 接收到信号后开始采集，并交由 Sink 发送数据，发送后会 ack tx，告诉 coordinator 已经 commit。coordinator 会进行校验确认，然后再发送 commit 的信号给 Source、Sink 更新状态，最终 tx 完 Source 会更新采集进度到持久层（默认是本地 file）。该方式如果在前面 3 步有问题，则数据没有发送成功，不会重复执行；如果后面 4 个步骤失败，则数据会重复发送，该 tx 会被重放。

基于上文的 At least once 可靠性保证，有些业务方是需要唯一性的，美图支持为每条日志生成唯一 ID 标识。另一个数据采集系统的主要实践是唯一定位一个文件并给每条日志做唯一的 MsgID，便于业务方可以基于 MsgID 在发生日志重复时在后面做清洗。

美图一开始使用 filename，后面发现 filename 很多业务方都会变更，所以改为 inode。但是 inode linux 会回收重复利用，最后是以 inode & 文件头部内容的 hash 作为 fileID，而 MsgID 通过 agentID & fileID & offset 唯一确认。

数据上报之后，由 collector 负责解析协议推送数据到 Kafka，那么 Kafka 如何落地到 HDFS 呢？首先看美图的诉求。

支持分布式处理；涉及较多业务线，因此有多种数据格式，需要支持多种数据格式的序列化，包括 json、avro、特殊分隔符等；支持因为机器故障、服务问题等导致的数据落地失败重跑，而且需要能有比较快速的重跑能力，因为一旦发生故障，会影响到后续各个业务线的数据使用；支持可配置的 HDFS 分区策略，能支持各个业务线相对灵活的、不一样的分区配置；支持一些特殊的业务逻辑处理，包括数据校验、过期过滤、测试数据过滤、注入等。基于上述诉求痛点，美图从 Kafka 落地到 HDFS 的数据服务实现方式如下图所示。

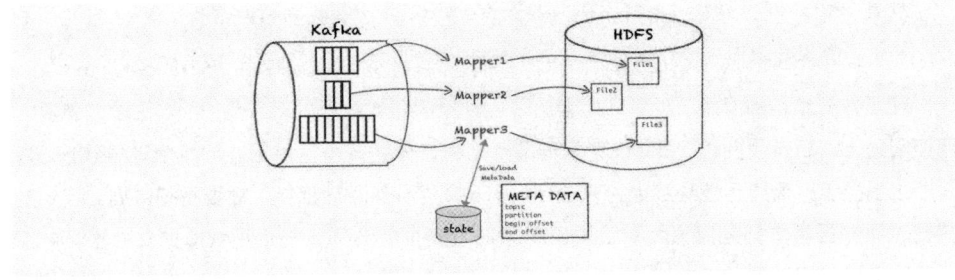

基于 Kafka 和 MR 的特点，针对每个 Kafka topic 的 partition，组装 mApper 的 inputsplit，然后起一个 mApper 进程处理消费这个批次的 kafka 数据，经过数据解析、业务逻辑处理、校验过滤、最终根据分区规则落地写到目标 HDFS 文件。落地成功后会把这次处理的 meta 信息（包括 topic、partition、开始的 offset、结束的 offset）存储到 MySQL。下次再处理的时候，会从上次处理的结束的 offset 开始读取消息，开始新一批的数据消费落地。

实现了基本功能后，难免会遇到一些问题，例如不同的业务 topic 的数据量级是不一样的，这样会导致一次任务需要等待 partition 数据量最多和处理时间最长的 mApper 结束，才能结束整个任务。那么美图怎么解决这个问题呢？系统设计中有个不成文原则是"分久必合、合久必分"，针对数据倾斜的问题，美图采用了类似的思路，如下图所示。

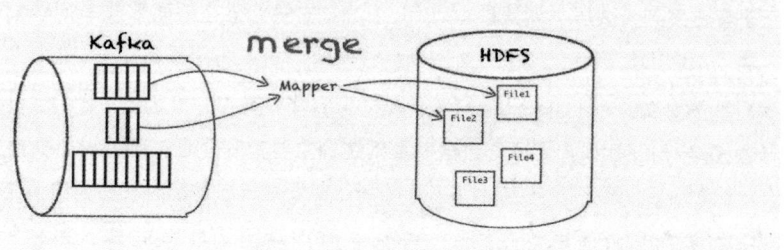

首先将数据量级较小的 partition 合并到一个 inputsplit，达到一个 mApper 可以处理多个业务的 partition 数据，最终落地写多份文件，如下图所示。

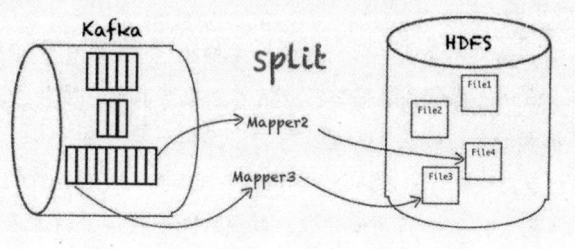

另外，对数据量级较大的 partition 支持分段拆分，平分到多个 mApper 处理同一个 partition，这样就实现了更均衡的 mApper 处理，能更好地应对业务量级的突增。

除了数据倾斜的问题，现实中还会出现各种原因导致数据 dump 到 HDFS 失败的情况，例如因为 Kafka 磁盘问题、Hadoop 集群节点宕机、网络故障、外部访问权限等导致该 ETL 程序出现异常，最终可能导致因为未关闭 HDFS 文件导致文件损坏，需要重跑数据。我们的数据时间分区基本都是以天为单位，用原来的方式可能会导致一个天粒度的文件损坏，解析无法读取，如下图所示。

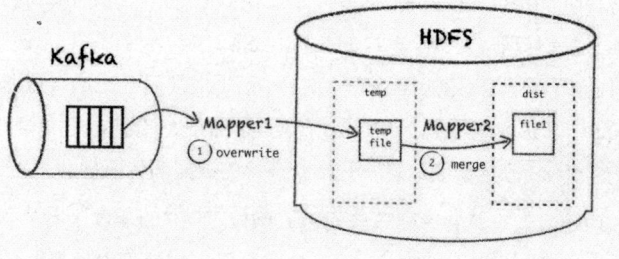

美图采用了分两阶段处理的方式：mApper 1 先把数据写到一个临时目录，mApper 2 把 HDFS 的临时目录的数据 Append 到目标文件。这样当 mApper1 失败的时候可以直接重跑这个批次，而不用重跑整天的数据；当 mApper2 失败的时候能直接从临时目录 merge 数据替换最终文件，减少了重新 ETL 天粒度的过程。

在数据的实时分发订阅阶段，写入 Kafka1 的数据基本是每个业务的全量数据，但是需求方的大部分业务都只关注某个事件、某小类别的数据，而不需要消费全量数据做处理，所以我们增加了一个实时分发 Databus 来解决这个问题。

Databus 支持业务方自定义分发 rules 往下游的 Kafka 集群写数据，如下图所示，方便业务方订阅处理自己想要的数据，并且支持更小粒度的数据重复利用。

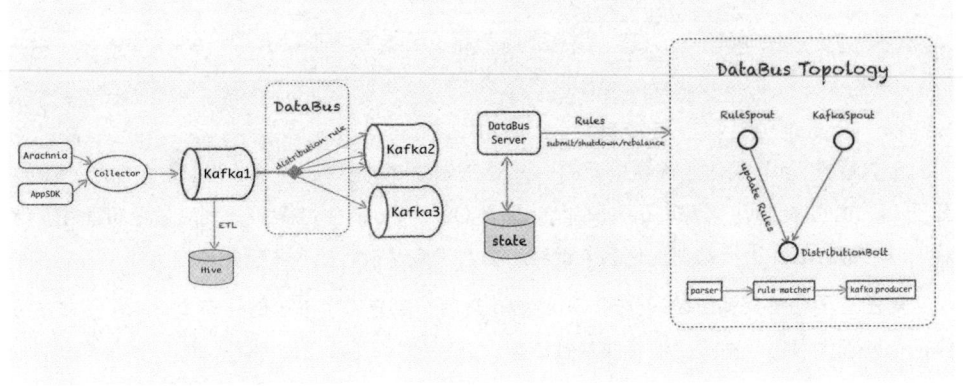

4. 数据开放及平台稳定性

有了原始数据并且能做离线、实时的数据开发以后，随之而来的是数据开发需求的井喷，数据研发团队应接不暇。所以美图通过数据平台的方式开放数据计算、存储能力，赋予业务方有数据开发的能力。

下面对实现元数据管理、任务调度、数据集成、DAG 任务编排、可视化等不一一赘述，主要介绍数据开放后，美图对稳定性方面的实践心得。

数据开放和系统稳定性是对立统一的关系：一方面，开放了之后不再是有数据基础的研发人员来维护，经常会遇到提交非法、高资源消耗等问题的数据任务，给底层的计算、存储集群的稳定性带来了比较大的问题；另一方面，因为数据开放，才不断推进我们必须提高系统稳定性。

针对不少的高资源、非法的任务，我们首先考虑能否在 HiveSQL 层面做一些校验、限制。下图所示是 HiveSQL 的整个解析编译为可执行的 MR 的过程。

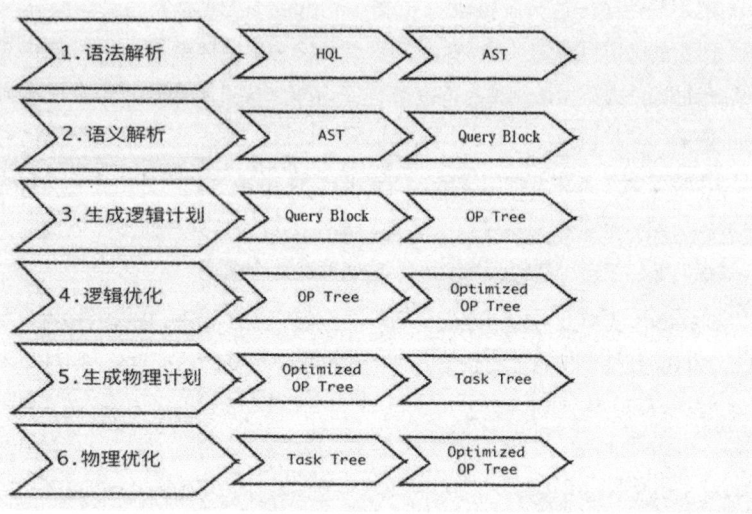

首先基于 Antlr 语法生成器里面的 HQL 语法做语法的解析，生成 AST，接着做语义解析，基于 AST 会生成 Java 对象 QueryBlock。基于 QueryBlock 生成逻辑计划后做逻辑优化，然后生成物理计划，进行物理优化后，最终转换为一个可执行的 MR 任务。

美图主要在语义解析阶段生成 QueryBlock 后，拿它做了不少的语句校验，包括非法操作、查询条件限制、高资源消耗校验判断等。

在稳定性方面的实践主要是对集群的优化，内容如下。

美图完整地对 Hive、Hadoop 集群做了一次升级。一个原因是之前在低版本有一些问题、合并过一些社区的 patch，这些在新版本都进行了修复；另一个原因是新版本的特性和性能方面的优化。美图把 Hive 从 0.13 版本升级到 2.1 版本，Hadoop 从 2.4 版本升级到 2.7 版本。

美图还对 Hive 做了 HA 的部署优化。美图把 HiveServer 和 MetaStoreServer 拆分开来，分别部署了多个节点，避免因合并在一个服务部署运行而相互影响；之前执行引擎基本都是 On MapReduce 的，美图也在做 Hive On Spark 的迁移，逐步把线上任务从 Hive On MR 切换到 Hive On Spark；拉一个内部分支对平时遇到的一些问题做 bug 修复或合并社区 patch 的特性。在平台稳定性方面的实践最后一部分是提高权限、安全性，防止对集群、数据的非法访问、攻击等。提高权限主要分两块：API 访问与集群。

API Server。上文提到我们有 OneDataAPI，提供给各个业务系统访问数据的统一 API。这方面主要是额外实现了一个统一认证 CA 服务，业务系统必须接入 CA，拿到 token 后来访问 OneDataAPI，OneDataAPI 在 CA 验证过后，合法的才允许真正访问数据，从而防止业务系统可以任意访问所有数据指标，如下图所示。

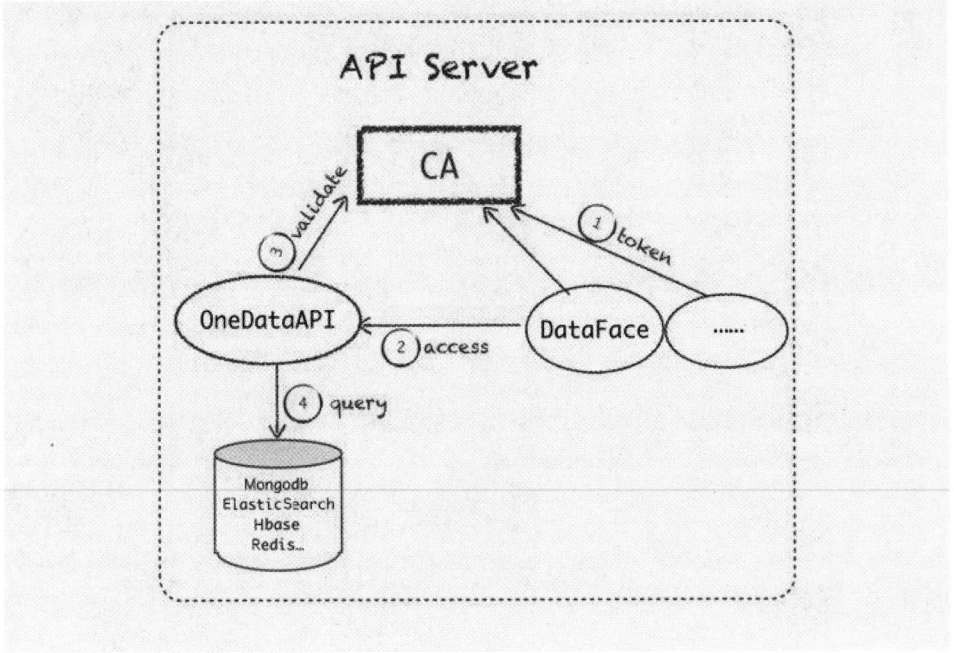

集群。目前主要基于 Apache Ranger 来统一各类集群，包括 Kafka、HBase、Hadoop 等做集群的授权管理和维护。

以上就是美图在搭建完大数据平台并开放给各个业务线使用后，对平台稳定性做的一些实践和优化。

综上所述，我们可以从美图大数据平台产品学到以下知识。

◆ 在搭建数据平台之前，一定要先了解业务，看业务的整体体量是否比较大、业务线是否比较广、需求量是否多到严重影响我们的生产力。如果都是肯定答案，那么可以考虑尽快搭建数据平台，从而高效、快速提高数据的开发应用效率。如果本身的业务量级不大、需求不多，就不一定非得套用大数据或者搭建多么完善的数据平台，一切以快速支撑业务需求为先。

◆ 在平台建设过程中，需要重点关注数据质量、平台的稳定性，例如关注数据源采集的完整性、时效性、设备的唯一标识，多在平台的稳定性方面做优化和实践，为业务方提供一个稳定、可靠的平台。

◆ 在提高分析决策效率和业务规模逐渐扩大后，需要对成本、资源做一些优化和思考。

第 12 章

数据中台的介绍与搭建

- 12.1 数据中台的介绍
- 12.2 中台的分类
- 12.3 搭建数据中台——以教育中台产品为例
- 12.4 案例：阿里云数据中台解决方案

前几年，全民都在生产 App 和小程序，这几年和接下来的几年将是全民造数据中台的时期。本章将为读者解释数据中台的底层逻辑，以及讨论我们是否有必要做数据中台。学会了数据中台的内核逻辑，我们就可以应对千变万化的业务需求。

CHAPTER

TWELVE

12.1 数据中台的介绍

下面介绍数据中台的定义，以及判断做数据中台的必要性。

12.1.1 什么是数据中台

2015年，阿里提出"大中台、小前台"战略，其中台事业部包括搜索事业部、共享业务平台、数据技术及产品部，数据技术及产品部是数据中台建设的核心部门。

那么，数据中台到底是什么？具体包含哪些内容？跟大数据平台是什么关系？在架构层面是怎么体现的？数据中台跟产品又有什么关系？

搭建数据中台就相当于建设发电厂。我们知道，电力的发展可以分为几个阶段，最开始是一些有能力的企业自己发电，后来出现新的工业产能，有的企业电用不完，有的却不够用，这时候国家就会去搭建国家级的电网，不管是采用核能发电，还是采用风力发电、水力发电，最大限度地保障不同群体的用电需求。

数据中台也是这样一个运转思路，我们可以设想一个倒三角形，从下往上分为4个部分。

第一部分是数据技术。没有数据中台的时候，不管是阿里内部还是各商家，大家都有自己的数据中心、机房、小数据库。当数据积累到一定体量后，这方面的成本会非常高，而且数据之间的质量和标准不一样，会导致效率不高等问题。因此，我们需要通过数据技术，对海量数据进行采集、计算、存储、加工，同时统一标准和口径。

第二部分是数据资产。数据中台把阿里的数据统一之后，会形成标准数据，再进行存储，形成大数据资产层，进而保证为集团各业务和商家提供高效服务。

第三部分和第四部分都是数据服务，包括商家服务和小二服务。例如生意参谋和阿里指数，就是数据中台向商家端提供的数据服务。

数据中台服务阿里，更多是在为各位商家服务。平台会确保大家在使用数据的过程中，口径、标准、时效性、效率都有保障，能有更高的可靠性和稳定性。

以上数据中台的内容是从宏观上叙述，在产品细节上还需要深究，例如这里的数据技术跟阿里云的数据技术是什么关系？数据中台要不要承担Hadoop/ETL这类平台和工具的研发？生意参谋是个端到端的产品，是否不能划为数据中台？

当然，从职能看，作为中台部门的确需要基于产品直接服务一线客户，而不是往后退，但如果把直接的产品当成中台显然是不合理的，阿里提了数据中台，忙坏了那些做数据架构和数据管理的人员，因为架构讲究逻辑严密，本质和边界必须定义清楚、没有歧义，否则做事就会很茫然，不知道该怎么入手。

所谓数据中台，即实现数据的分层与水平解耦，沉淀公共数据的能力。数据中台可分为 3 层：数据模型、数据服务与数据开发。通过数据模型实现跨域数据整合和知识沉淀；通过数据服务实现对于数据的封装和开放，快速、灵活满足上层应用的要求；通过数据开发满足个性化数据和应用的需要。下图为某运营商的数据中台。

	标签库				
	数据开发平台（DACP）				
数据开发	GIS地图组件	营销组件	页面组件	其他组件	
数据服务	API	消息	文件	其他	数据开放
	客户洞察服务	位置洞察服务	营销管理服务	终端洞察服务	金融征信服务	服务内容
数据模型	客户细分	产品推荐	政企挖潜	内容偏好	网络优化	挖掘模型
	客户属性	产品轨迹	客户上网	区域视图	知识图谱	融合模型
	参与人	服务	资源	账务	营销	基础模型

数据模型。数据模型是分层次的，以前叫作数据仓库模型，这里将其概括为 3 层：基础模型一般是关系建模，主要实现数据的标准化，"书同文、车同轨"；融合模型一般是维度建模，主要实现跨越数据的整合，整合的形式可以是汇总、关联，也包括解析；挖掘模型其实是偏应用的，但如果用的人多了，你也可以把挖掘模型作为企业的知识沉淀到中台，例如离网挽留的模型具有很大的共性，就应该有人把它整合到中台模型，以便开放给其他人使用，中台的"中"是相对的，没有绝对的标准。

数据服务。将数据模型按照应用要求做服务封装，就构成了数据服务，这跟业务中台中的服务概念是完全相同的，只是数据封装比一般的功能封装要难一点，毕竟 OLTP 功能的变化有限，而数据分析受市场因素的影响很大，变化更快，导致服务封装的难度变大。随着企业大数据运营的深入，各类大数据应用层出不穷，对于数据服务的需求非常迫切。大数据如果不服务化，就无法规模化，例如浙江移动封装了客户洞察、位置洞察、营销管理、终端洞察、金融征信等共计几百个服务，每月调用量超过亿次，灵活地满足了内外大数据服务的要求。

数据开发。光有数据模型和数据服务还远远不够，因为再好的现成数据和服务也无法满足前端个性化的要求，这时候"授人以鱼不如授人以渔"了。数据中台的最后一层——数据开发，其按照开发难度也可以分为 3 个层次：最简单的是提供标签库（DMP），用户可以基于标签的组装快速形成营销客户群，一般面向业务人员；其次是提供数据开发平台，用户可以基于该平台访问所有的数据并进行可视化开发，一般面向 SQL 开发人员；最后就是提供应用环境和组件，让技术人员可以自主打造个性化数据产品。以上层层递进，满足不同层次人员的要求。

对于标签库（DMP）到底属于 SaaS 还是 PaaS 是有争议的，但标签库这类平台显然比生意参谋类产品更偏向中台。因为其通用性更强，专有业务的特性不是非常明显，所以还是可以归为中台。

将数据开发中的组件，例如页面组件、可视化组件等，归属到业务中台似乎更合理，但其实也要看企业的实际情况，在哪里用得多就可以归属到哪里，没有绝对的标准。

以上划分方式还有很多因素没有考虑进来，例如算法服务、机器学习引擎、Hadoop、MPP 等，算法服务应该属于数据服务的一种类型，但 Hadoop、MPP、机器学习引擎更底层一点，应该属于私有云或公有云的范畴，例如阿里云就提供了 MaxCompute 这类机器学习服务。

关于数据中台的分层看似简单，但有很多边界是模糊的，还需要进行深入的探讨。

最后，什么是数据中台？本书给出的答案如下。

数据中台是聚合和治理跨域数据，将数据抽象封装成服务，提供给前台以业务价值的逻辑概念。它是连接前台和后台的桥梁，通过 API 的方式提供数据服务，而不是直接把数据库给前台，让前台开发自行使用数据。

12.1.2 数据中台为什么受欢迎

市场对数据中台为什么有这么大的需求？数据中台为什么这么受欢迎？数据实际上是一个非常传统的行业，从软件诞生的那一天起，数据这个行业就存在了。例如早期有非常多的数据报表可视化，到了商业智能时期，就有了 Data Warehouse（简称 DW，即数据仓库），然后出现了数据挖掘。在数据这个行业里有非常多的巨头，例如 Teradata、MicroStrategy 等。

数据这个行业不仅有软件，还有管理的部分，也就是数据治理，即如何让企业的数据治理的质量更好。所以数据这个行业本身是一个非常传统的行业，每个大型的企业都有自己的数据分析部门和数据仓库部门。

那么为什么数据湖也好，数据平台也好，在过去都没有像数据中台这么热门？而且关注数据中台的还不仅是技术部门，很多都是业务部门。那么业务部门为什么这么热衷于数据中台呢？要知道业务部门以前并不是特别关注这些技术的概念。

讲到数据中台，我们就要提到平台化。我们现在所讲的 SARS 也好，path 也好，数据中台也好，业务中台也好，实际上根本思想的来源是平台化——platform。

第12章 数据中台的介绍与搭建 259

平台化的概念是什么？下图为一个饮料厂的平台化示意。

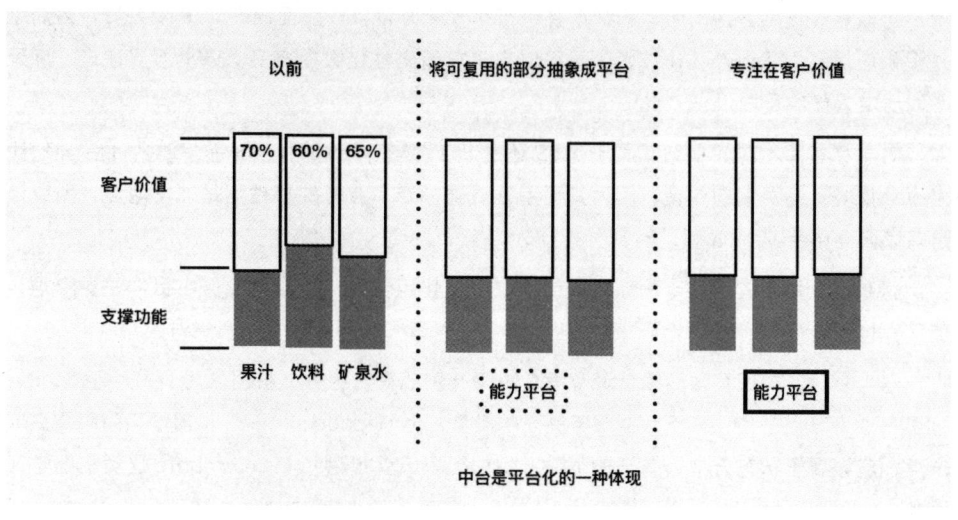

这个饮料厂的产品线可以生产果汁，还可以生产其他饮料，如矿泉水，原来它可能是三四条不同的生产线。从原材料加工成饮品这个过程有很多环节，虽然生产的品种不一样，但是很多环节是类似的，例如装瓶、搅拌等。那么把这些不同的生产流程、不同的生产线的公共部分合并起来，使其更加专业化，然后让它们独立去维护，再把那些不同的产品推向市场，使客户体验不同的产品，即将产品独立出来，这就是平台化的思路。

平台化很重要的思路就是把那些有共性的资源、有共性的能力合并在一起，然后把那些面向客户的价值独立出来。这样让专业的人做专业的事情，对于企业的绩效也非常有利，能使其更加清晰。

从软件角度来看，平台化也是一种企业应用集成。

早期的企业的应用集成是一种点对点的形式，没有前后台之分，例如所有的业务系统可能最后都要结账，都要算账，那就叫财务系统。然后所有的财务系统在结账的时候都有WBS code，即项目编码，又叫项目系统。这样就有很多的系统，它的功能要被多个其他的系统所调用，原来的网状点对点集成结构很复杂，而且数据不统一、不一致，规则也不一致。在这种情况下，平台化思路怎么解决？早期我们称 ESB 为企业的服务总线，然后用 SOA 的方式，把多个会复用的服务抽象出来，变成企业级的 service。ESB 可以提供其他的服务供消费者调用，中间的 ESB 实际上也是一个平台。由此可知，平台化的优势就是能力复用、减少摩擦。

无论是信息技术系统还是业务系统，只要能够抽象出来，能够被复用，则被复用的这一层都可以理解为中台。中台是介于前台和后台之间的一个系统。后台大部分情况下指的就是企业里的 SAP，即后台的财务、HR 系统、客户管理系统。中台里面有很重要的两个：一个是业务中台，另一个是数据中台。业务中台提供可复用的业务，数据中台则提供数据洞察和智能业务。前面介绍了从平台化到中台的过程，下面介绍为什么数据中台会这么受欢迎。

首先，数据中台和传统的数据系统的出发点不一样。原来的数据平台也好，数据湖也好，数据仓库也好，它们的出发点很多时候有局限性，说是一个支撑性的技术系统更合适，即一定要去考虑我先有什么数据，然后我能干什么，这是传统的数据平台、数据湖依赖于现有数据的质量，现有数据的状况来做的支撑性的技术平台。但是数据中台更多的是从业务出发，一开始不用看系统里面有什么数据，重点是去解决业务需要什么样的数据服务，将此作为第一出发点和切入点，然后再来看这些数据服务有什么价值，至于这些数据服务所依赖的数据，那是实现方式。只要这个服务有价值，那我们就想办法去拿到数据，如果没有这样的能力，我们就去建技术的能力，去完成数据服务的提供。所以数据中台与传统数据平台、技术类平台最重要的区别在于数据中台的思维是业务思维，它从业务问题出发，这也就是业务部门会这么欢迎数据中台的原因。

在过去，业务部门和技术部门向数据仓库人员提出需求，数据仓库的人员会说"不行，没有数据""数据质量不好，现在做不到""现在我们只有这些数据，然后看看在这些数据里面你们能干点啥"，这是原来的思路。但是我们所讲的数据中台指的是业务需要什么，我们就用数据中台提供什么，哪怕现在可能连数据库都没有，但是只要业务需要这样的数据服务，我们就是手动录入构建一个 API 也要让它实现，也要让业务产生价值。然后再慢慢完善数据服务，把它自动化。业务中台一定是从业务价值出发。在过去这么多年里，业务部门对数据的需求从来没有发生过变化，但是它需要一种新的思维方式，一种新的技术平台，快速解决从数据到业务价值、再到业务服务的这个过程。数据中台是面向业务的，它不依赖于现在数据中台的建设方法，不依赖于现在有什么数据。

其次，度量不同。过去数据治理的概念一度很流行，而现在我们越来越觉得数据治理可能是个伪命题，因为它的数据质量是不可能同真实业务完全一致的。但是系统数据平台——数据仓库，在很多时候是以数据质量作为度量标准的，即现在这个数据平台存储了多少数据，数据报表开发了多少张报表。但是在数据中台层面上的价值度量是以它为业务提供了多少有价值的数据服务为度量标准。这个数据服务后面的数据质量可能不是那么好，但是只要它能够给业务带来价值，就是好的数据服务。

我们快速地拆解一下数据中台这 4 个字，实际上它也能够迅速地让我们理解。首先是数据，数据让业务更智慧。数据中台提供数据分析、数据挖掘，将数据提供给前台，数据中台是以数据为核心，它介于前台与后台之间。从某种角度上来讲，大家会问是不是也会有数据后台？是的，在有的维度里面，我们把传统的数据湖作为数据后台。前台中也有数据，提供消费数据服务的就是数据前台。中台是为多个业务系统提供服务的，能够使一个系统变成一个数据服务的生态，它是不断演进的。

我们可以把数据中台理解为企业的数据服务工厂。企业加工处理数据，产生数字化世界里的产品，然后把它连接到物理世界，生产出来，销售出去，所以数据中台是企业数据服务的工厂。过去那么多年，建设的系统是把业务数据化，现在很多企业在后台系统建设好以后，做的业务系统实际上是把数据业务化。原来我们讲"先有业务，后有数据，先有应用系统，后有数据系统"，这个观点从现在开始要发生改变了，在业务系统还没有建立起来的时候，我们就要有数据思维，就要把数据集成到业务系统的架构里面去。

原来我们所讲的业务系统叫 OLTP（On-Line Transaction Processing，联机事务处理），即在线交易系统；数据类的系统叫 OLAP（On-Line Analytical Processing，联机分析处理），即在线分析系统。现在可以看到一个趋势，就是 OLTP 和 OLAP 在融合，也就是很多企业所讲的"P 流一体"，即批处理和实时流数据处理一体化。原来的 OLTP、OLAP 是平行的关系，先要通过 OLTP 系统产生数据，然后 ETL，抽取到 OLAP 里面，再把多个 OLTP 的系统抽在一起，之后在 OLTP、OLAP 的系统里面产生洞见，变成数据可视化报表后拿给业务部门看，最后改变 OLTP 的做法，而这里的 OLTP 和 OLAP 是平行的关系。

我们现在提到的是 OLTP 和 OLAP 的融合，每个业务系统都需要具有大数据处理能力、智慧能力的交易系统。之前把它叫作在线交易系统和在线分析系统，现在把它叫作在线分析型交易系统，它是有跨域的、有历史的集成数据分析交易系统。

这样一来，原来的数据百分之七八十在企业里的应用都是数据可视化，都是 BA（Business Analytics，商业分析），都是 Data house 报表。通过多种数据可视化方式由机器产出的数据提供给人看，这叫人机接口，即人看完数据以后，再去机器里提取数据，之后运用这个数据做决策。

从近年开始，数据中台更多强调的是机器与机器的接口，就是我们的数据分析出来的结果，不仅可以以报表可视化的形式让人看，还可以把这些 API 数据服务直接嵌入交易系统里面产生影响，变成产品的价格策略，变成产品的推荐引擎，变成产品的风险管控。那么数据中台就不仅是一个技术平台，它还是一个体系。数据中台会对应企业里的一个部门或一个组织，也会有数据战略的支撑，还要有数据治理，即数据中台上面生长一个数据服务，数据服务提供给我们业务系统，提供给我们业务中台，然后我们所接收到的数据消费者，就都生长在数据中台之上。数据中台是一个生态，一个平台，是数据服务，也是生产、加工、交易、度量、运营的平台，所以我们把数据中台实际上叫作一个体系。

我们认为未来所有的企业都是一个数据工厂，看上去现在华为在生产的是手机、计算机等电信设备，但是只要它掌握了用户的数据、B 端的 C 端，它知道用户喜欢什么，了解用户的行为模式和消费模式，就完全可以在现有的用户数据基础上开发出其他产品，这个产品可能是农业的，也可能是汽车，然后快速地把用户产品的画像连接到供应链上，让行业里的相关工厂帮它生产出这样的产品。所以未来的企业都会是数据工厂，都是加工生产数据的工厂。

这样的一个数据工厂需要什么东西，需要什么样的结构？我们可以看到它需要有数据源，即原材料的加工，把原材料取过来过磅、检验后放进原材料仓库，这就是我们所讲的数据湖。然后不同的数据产品会有不同的生产线，这就是我们所讲的 Data plan 数据流水线，然后数据流水线生产出数据服务，这个数据模型就放到数据集市里面，它就是半成品的数据服务。生产数据的厂房会有创新实验室，专门研发新产品，会有治理数据的管理办公室，以保证工厂整个运营的效率，也有控制中心，监控中心，保证整个 Data pipeline、数据处理的性能，以及安全性和稳定性，然后最顶上是数据服务商店，把这个数据产品，一个一个的数据服务，一个一个的智能模型和算法模型放到这个商店里面，供消费者去调用和使用。

下面来看一下数据中台对企业的价值在哪里。

原来我们在做一张报表，或者在业务系统里面查询一个数据结果的时候，整个过程是比较麻烦的，而且它的测试往往也是比较复杂的，因为业务系统是有业务属性的，但是数据是跨业务的，是融合的。在 ORAP 领域中有很多这种情况，例如 Java 开发工程师很好找，做应用的人很好找，但是懂数据、知道如何做数据建模，如何做算法的人是比较少的。在应用开发过程中，我们会发现有太多的数据需求，这种情况下应用开发的速度是快于数据开发的速度的。

在很多时候，我们会发现不同的应用开发项目组都会调用同样的数据模型，同样的数据服务，但是由于不了解数据，并且他们也不知道底层的数据结构，因此不同的项目组可能对同样的数据处理会用不同的方法，自己做自己的，出来的结果就会不一样，有的是错误的，所以开发速度慢，并且数据结果不准确、质量低，这就是过去应用开发和数据开发所面临的矛盾。现在数据中台就要解决这个问题，数据中台要把那些复用的数据模型和数据模型 Data 派对中一些数据复用的能力变成一个数据的能力平台，让那些做数据的人专注于做数据，把数据变成一个积木，通过数据服务提供给应用开发项目组，然后不同的应用开发项目组可以共同调用唯一的 SARS 数据服务，去保证它的数据质量和一致性，用相同的积木堆砌出不同的产品。

所以数据中台的价值是什么？是加速从数据到价值的服务产生过程，打造高响应力且更加智慧的业务。

我们再回顾一下，数据中台解决的核心问题是什么。

◆ 解决应用开发快于数据开发的效率问题。

◆ 解决数据开发与数据产生价值的协作问题。

◆ 解决很多企业的开发人员、技术人员没有数据能力的问题，这是从技术层面的核心上来解决问题的。

那是不是一定要做到保证数据质量百分之百没有问题，才能够去做数据系统，才能去做数据服务？从这点上来讲，实际上数据和业务之间的速度一直是不一致的，我们的业务永远比这个系统的开发速度要快，即我们物理世界里的业务一定比软件的开发要快。然后软件从软件本身到沉淀出数据，这又是一个滞后的过程。所以数据与企业的业务一定是不一致的。数据有及时性、一致性和集成性问题，从某种角度上来讲，这些问题是不可能百分之百彻底解决的，除非业务是静态的。因为实际的业务呈现是在变化的，用户天天在变，我们的业务部门天天在思考创新，天天希望找到新的客户模式，这一切的创新落地就是数据。数据时时刻刻在发生变化，有的企业的业务报表系统上线以后，前两个月很好，到第三个月的时候就发现报表不对了，而且也不知道问题出在哪里，然后就需要去查看整个过程。数据系统有很强的不确定性，因为它的来源我们无法控制，它的来源是业务系统，而业务系统是变化的。

如何加快从业务到数据、再到数据产品之间的反馈响应速度，也是数据中台要解决的问题。它要把应用的价值、应用的速度和数据产生的速度中间的差异，包括时间的差异和业务理解上的差异，通过数据中台弥补起来。

我们把数据中台定义成现在数据驱动的智能企业的一个模型，共有六大功能，其中数据资产的采集、获取和存储被认为是传统的数据平台提供的功能，之外的五大功能就是现在企业数据中台应该具备的能力。

第一，数据资产的规划和治理。有什么数据资产，要存什么数据，要有统一的规划，而且要有系统经营管理，每一个数据中台一定要有一个数据资产目录。至于数据资产目录长什么样子，要怎么去构建，这些内容将在其他的章节里面讨论，这里就不详细讲解了。

第二，数据资产的采集、获取和存储。这是传统的数据仓库要做的事情。

第三，数据资产的共享和协作。数据中台很重要的一个功能是让企业的数据，企业拥有的数据，能够在内部开放，对企业的生态开放，对企业的用户和员工开放，对企业的数据的消费者开放。在很多时候我们看到有些企业，自己的部门之间都不清楚企业有哪些数据，数据在哪里，有什么价值，如果这一点数据中台解决不了，那它就不能被称为一个完整的数据中台。这个功能是通过数据探索的平台来实现的。

第四，数据业务价值的探索和分析。数据中台除了存储数据和管理数据资产之外，一定要能够提供面向用户的价值探索工具。让不同层面的用户，例如数据分析人员、业务分析人员，能够在数据中台提供的工具里面去探索业务价值。例如行业里面有很多企业有这样的系统，它能够让你把企业里的数据服务同企业的数据集放在一起，然后让业务部门的业务人员做 Self Service（自助服务）。自己去探索这些数据集，发现业务价值，我们把它叫作 Data Discovery（数据发现）。当发现这个数据集很有价值，对业务很有帮助的时候，数据中台能够提供一个能力，那就是快速地把这些数据集以一种合适的方式发布成数据服务。

第五，数据服务的构建和治理。数据服务一定是要有所治理的，不能出现数据服务重重叠叠或者好多服务放在那里没有人使用的情况。

第六，数据服务的度量和运营。数据类的项目一定是一个持续的项目，它一定是不断迭代、不断分析的项目，不是产生完数据就算完成工作了，或者把数据报表开发出来就不用管了。一定不是这样，所有数据的项目都是要持续地去运营的，运营的目的是去看产品数据服务有谁在用，反馈如何，哪些报表、哪些数据产品没有人用，哪些产品是可以合并的，使用这些产品的用户画像是什么样的，他们有什么特点，如何更好地为他们提供服务等。这就是我们所讲的数据产品的运营，所以数据中台一定要具备数据产品运营的能力。

刚才我们所讲的六大功能在这个数据服务工厂里面都能一一得到映射。刚才我们所讲的是一个广义的数据中台，有的企业不能构建一个这么庞大的数据服务工厂，它现在可能连数据湖、数据平台都没有，那怎么办？其实，只要企业的前台业务系统有多个，而且企业希望数据服务未来是可复用的，能被多个业务系统所使用，提供平台性的能力，企业就要构建数据中台。数据中台可以简单到只提供一个 Data API，哪怕没有数据库，没有数据湖，没有数据平台，而是人工地去维护一个 Excel 表，然后把这个 Excel 表的数据变成一个 Data API，让业务部门去调用，这就是数据中台的核心，即提供数据服务。所以狭义的数据中台就是数据服务 Data API。

Data API 和传统的数据报表的区别在于数据报表是单向的，是人机接口，是由人看报表。Data API 不同，API 是可被监控、被调度的，它是一个机器与机器之间的接口，是由计算机和应用去消费数据，而不是由人去看数据。

所以数据服务是我们所讲的狭义的数据中台最重要的部分。如果需要做一个最简单的数据中台，那么很简单，只需要把数据变成服务提供给多个业务用户，或者是多个业务系统，它就可以被称为一个数据中台。

总结一下数据中台和传统的数据仓库、数据湖的区别。数据中台距离业务更近，数据仓库、数据湖是被动地响应业务需求，用户说要什么，然后企业有什么数据，最后再给用户提供什么数据服务，而数据中台是业务需求驱动的业务服务平台。现在很多企业在做数据中台规划的时候，不是先去看有什么数据，那是第二件事情，第一件事情要先看需要什么样的数据服务，什么样的数据有价值。

下面总结一下数据仓库、数据平台和数据中台之间的关系。

首先，数据仓库分析报表及服务，数据平台和数据湖提供数据集，企业把一个数据集提供给业务部门，业务部门根据这个数据集拿到数据库的链接，自己去做开发。

第12章　数据中台的介绍与搭建　　265

其次，数据中台最核心的就是 Data API，它提供一个一个的可以复用的标准，并将这种数据服务给到业务系统。构建数据中台和构建数据平台也有很大的区别，构建数据中台要从业务价值出发，而且数据中台不是一个单体的产品，数据中台里面的组件有的是可以产品化的，例如数据存储、数据分析工具、数据探索工具，是可以用产品去组合的。而数据中台不是一个产品，每个企业的数据中台会依赖自身的业务模式、信息化水平、投资预算，以及很多个体化、个性化的因素，所以数据中台对于不同的企业来讲是一个定制化的系统，它跟业务息息相关。数据中台的架构不是固定的，而是演进式架构，即便企业只有很少的预算，也能先构建一个数据中台的雏形，然后一点一点地为业务产生价值，并且持续地演进，最后发展成真正的数据中台。

最后，数据中台的建设一定要有耐心，这里的耐心分为两个方面。一方面是投资方要有耐心，并不是拿钱就能买个数据平台回来，然后马上产生业务价值。数据中台的构建一定要数据的部分、技术的部分和业务的部分同时进行。它会有一定的过程，从数据价值的探索，到数据价值变成一个数据产品的设计，然后变成一个可用的软件上线，都需要时间，所以投资方要有耐心。另一方面，建设方也要有耐心，不能好高骛远，一上来就做一个庞大的平台，然后在上面再生长。因为变化太快、技术更新太快、业务变化太快，所以数据中台的构建一定是不断迭代的。

数据治理项目会产生三大类的服务。

第一类服务产生一堆流程、一堆标准，即一堆文档。

第二类服务产生一堆岗位，原来做业务的、做技术的人员，现在都成为数据管理员，或者叫数据管理委员会、物料审批员。

第三类服务会产生一堆系统，即元数据管理系统，数据治理的项目往往做起来都很庞大，因为我们希望从根本上解决企业级数据质量的问题。但是这种方式不一定是最有效的，而且很多时候当把这些标准和系统做出来时，当时想要用这些标准和系统解决的问题已经发生了变化。

可以用刻舟求剑来形容这种数据类项目中数据治理的特点，因为数据在企业里面是流动的，像河水一样，数据流动越快，产生的数据越多，对用户的维度越细分，企业的经营就越有活力，企业在市场上就越具有竞争力。但是数据流动得越快就越难控制，因为一定会有很多突发的状况，系统响应也没那么快。在这种情况下，我们希望现在用一个数据标准做一个数据模型，然后做一个数据治理，就好像是在河水上加标准化的检测站一样，这是做不到的。我们现在所讲的治理叫精益数据治理，是在业务层面跟业务一起去治理数据，其目的不是要把数据质量设计得多完美，这是不现实的。

我们的目标是哪怕数据只有 50% 的准确性，也希望这 50% 准确的数据能产生业务价值。

下面介绍数据中台和业务中台的区别。

业务中台让前台开发更敏捷，为什么业务中台起的作用是把多个交易权速度提升数倍？例如，查找用户创建订单的 API，订单生成库存进入库单的，然后让前台去调用，业务中台让前台开发更敏捷、速度更快，而且更标准。

数据中台使前台更智慧，它也可以加快前台的开发速度。业务系统原来是跨类的，是分领域的财务系统，在财务系统里只能看到财务系统的数据，看不到物资系统的数据，在物资系统里只能看到物资系统的数据，看不到设备。所有的跨域的数据融合在一起形成数据动产，将这些数据服务提供给前台，能够让前台更智慧。

举个最直接的例子就是动态价格，滴滴出行在不同时间段的价格是不同的。这些价格怎么算出来的？一定有当时不同地点的价格匹配，同时它应该也会有一个同比价格的数据，然后融合在一起，快速地生成实时价格。就是 ORAP 的数据服务，从原来的数据报表的形式变成一个一个的 API，实时驱动着业务的变化。

数据中台和业务中台的关系，在行业中认为最经典的就是数据中台提供服务给前台业务，同时它也提供数据服务给业务中台。数据中台是智慧的服务，有这种智能的数据服务，也有查询类的，还有搜索类的，总的来讲就是给业务系统提供数据动产，提供这种智慧的决策，提供业务规则。

那么，业务中台是什么？业务中台是产生数据的平台，如产生一个订单，生成一个库存，生成一个项目编码，这是业务中台。

数据中台是企业的数据服务的工厂，是企业运营数据、加工数据、交易数据的平台。在把这个数据中台做好以后，企业还需要运营它，所以数据中台是企业运营数据的一个业务平台。我们认为数据正在逐渐成为一个新的领域，新的行业。现在有很多原生的数据，原生的数字化企业，它实际上加工生产的就是数据。例如今日头条，它本身没有任何的实物，数据是它的原材料，它生产出来的都是数据产品。

前面讲到数据中台是一个组织，一个团队，那么如何对这样一个组织或团队进行绩效度量？很重要的一点就是度量数据服务调用的满意度，企业的数据中台产生的数据服务被消费者所使用，他们的满意度产生资产，带来业务价值。所以我们希望通过数据和智能的技术，通过数据中台赋予企业数据和智能的能力，这是数据中台应该承载的价值作用。

那么，企业构建数据中台是否存在一个量化或判断的标准？对这个问题有几种解读，第一种解读是企业是否要构建自己的数据中台，这个问题有没有标准？笔者认为大多数的企业都需要数据中台，因为企业需要从数据里面获得业务经营的指导。

第二种解读就是如何去度量和判断数据中台做得好不好，有没有给企业带来价值。有一个非常简单的度量方法，就是业务系统和业务人员使用数据服务的满意度，数据中台本身应该具备快速地将数据变成 API 的能力，而不是让技术人员一个一个去开发 API。

数据中台的六大能力中很重要的一个就是数据服务的构建和治理。数据中台要具备一键式的 Data API 的生成和一键式的发布功能，包括 Data API 的治理，例如 Data API 的搜索，Data API 的编排，Data API 的发现监控等。除了数据中台之外，还能用哪些方法进行优化？如何能更好地以业务驱动数据？数据中台是一个体系，除了技术的因素之外，还有一个非常重要的因素，那就是数据思维。

所以在构建数据中台的同时，企业一定要加强培训，让业务人员具备数据思维。数据思维是数字化系统里面的一种语言和交流方法，我们在构建数据中台的同时，一定要有配套的培训，配套的技能培训、理念培训，配套的案例分享，让业务人员知道同行业其他的公司，其他的行业在用数据做什么。只有这样，数据中台才能得到更广泛的使用，得到业务部门的认可。

现在数据中台不仅受到业务人员的欢迎，它也很受技术人员的欢迎。那些原来做数据仓库和数据湖的技术人员离业务太远，他们做的东西开发出来了，业务却说这东西不是我要的。

根本的原因是他们太依赖于数据本身，业务人员不懂数据，技术人员不懂业务，技术团队和业务团队脱节。数据中台从结构和理念上解决了这些问题。

第一点是业务驱动数据。业务要懂数据，数据要懂业务，否则业务提出的需求很多时候是不具可行性的，或者说它是用原来的技术和思维方法在提需求，它在提需求的同时已经提出了对这个问题的设计。所以业务和数据之间一定是要相通的，且要从业务价值出发。

第二点是小步迭代，不断地优化和演进，而不是马上做大而全的数据系统。

第三点是要持续地改进，持续地去运营。

数据系统有一个特别典型的特点，那就是不确定性。每个企业都希望自己的"河水"流得更快，如何在这样的"河水"里面做系统？怎样才能产生业务价值？很重要的一点就是不断地持续优化，随着"河水"的速度、温度、配方等元素的变化，企业要有不同的应对方法。

数据中台的产品化和定制化比例是个很好的问题。数据资产从规划到治理，再到共享和协作，里面小部分的组件可以产品化。但是数据资产的管理一定要控制在企业自己的手里，也就是说知识产权和技术核心是要掌握在企业自己手里，因为数据资产未来是很重要的资产，它的数据安全性是企业的命脉。业务价值的探索和分析可以有一部分的产品化，例如数据库这样的数据科学平台，又如机器学习平台，它部分跟企业的业务关联，但是业务关联性不大，它是比较偏技术的，这部分是可以产品化的。企业数据服务的构建、发布、治理，有技术能力的企业应尽可能自己研发，因为从数据到数据产品的构建过程实际上是企业的核心竞争力，当然企业也可以选择开源的产品。

数据服务的度量和运营是客户化的，因为凡是涉及数据资产的服务都应该尽可能地定制。这里我们引入了另外一个概念——数据资产，数据资产在很多时候被等同于源数据，其实数据资产不仅包括源数据，还包括那些二次加工的数据产品，以及数据报表、数据服务，和所有能够产生价值的数据的资源。与数据资产相关的服务应尽可能地定制，因为它是企业的核心资产，它要变成企业的核心能力。根据以往的经验，产品化和定制化的比例三七开是比较合适的，即 30% 的纯产品，70% 的定制。

最后来探讨一下投资行业如何解决数据中台产品的跨行业问题。

投资行业的维度非常广，虽然每个投资公司选择的行业和投资渠道不一样，但是即使是同一个行业，里面的细分行业还是很多的。

下面以一个有 5 个业态，60 多家企业的超大型的集团客户为例。

这个客户的业态有航空业、物流业、仓储业、跨境电商、通关贸易，还有供应链金融，这么多的行业，数据中台怎么做？很重要的一点就是抓最重要的数据先集成。落实到这个案例，应该最先集成、整合的核心数据就是用户数据、订单数据和支付数据。

这是第一，这样我们就能快速地产生业务价值。

第二，构建数据资产平台。我们对不同的业态进行整个数据治理，即进行精益数据治理。精益数据治理旨在把不同业态的企业信息化程度和核心梳理出来，那么我们如何确定它是不是数据资产呢？很重要的一个标准就是它会不会被别人所调用，会不会产生价值。

在这一步要确定核心数据，并且把核心数据变得有价值。

第三，建立全量的数据资产平台，也就是数据资产目录，现在行业里面叫 Data Catalog。这样不管有多少行业，我们都能够抓住最有价值的、最快产生利润的这部分数据，同时又可以跨行业地把企业的数据资产梳理出来。

12.1.3 要不要做数据中台

数据平台赋能，数据中台增长，数据相同而算法不同，ToB 是看到现实，ToC 是相信未来。

在数据中台引发热议后，我们应该冷静下来思考：增设数据中台是一场从众的狂欢，还是一次真正的变革？

无论是建设数据中台，还是打造大数据平台，对于企业而言，都需要有一个对数据进行"把脉"的过程，而"把脉"的依据之一就是数据应用能力成熟度评估模型。

打个比方，医生看病首先要采集患者数据，做出诊断才能下药，而不能照搬药方。因为有的人一剂猛药下去可以快速起效，而同样一种病症、同样一剂猛药，有的人喝下去可能会加重病情。企业做数字化转型，搭建自己的数据中台，除了学习理念，更重要的是科学地审视自己的数据现状和业务现状，找到一个适合自己当前状态的"药方"。数据应用能力成熟度评估模型就是企业审视自己的工具之一。

一般的数据能力成熟度评估方法主要是根据企业数据对业务的支撑程度去评估企业应用数据的能力。通过回顾数据应用实践过程，将数据应用能力成熟度划分为统计分析、决策支持、数据驱动、运营优化4个阶段。

统计分析阶段以业务需求为导向，通过IT系统的建设，实现业务过程的流程化、自动化，在这一阶段有少量数据记录，但并没有以应用为导向积累数据，主要是通过少量数据的统计分析进行业务的总结。

决策支持阶段在业务系统建设的基础上开始建立数据理念，基于业务目标有意识地进行数据的收集、管理、分析，通过企业数据仓库的建设，为企业业务提供决策支持。

数据驱动阶段，数据理念从"传统数据"转变为"大数据"，实现全量多源异构数据的汇聚、流通，基于海量数据跨界考虑数据的应用。通过为业务应用提供数据服务，实现数据驱动业务发展，以及业务与数据的深度融合。

运营优化阶段，"数据资产"理念逐步形成，数据中台建设逐步完善。此时，企业已构建了一套完整的、体系化的数据处理及服务流程，实现可持续化的数据应用机制。企业已经可以基于数据中台体系抽象生成新业务，因此本阶段也被称为"业务创新"阶段。

针对不同的阶段，从企业战略定位、企业数据形态、数据应用场景、数据应用工具、企业组织架构等多个方面，从不同特征维度进行参考判定，这样就构成了数据应用能力成熟度评估模型。

也有一种观点认为，所有行业都需要数据中台，但是不同行业、不同阶段的企业所需要的数据应用能力不同，对数据的依赖度也不同。数据中台的建设需要对数据价值有一定的认知才能更好地实现，用数据能力去服务客户，可以更精准、更高效。在数据时代，数据中台已经是行业头部客户的必然选择。企业是否适合做数据中台，与数据应用能力成熟度评估结果紧密相关。

从数据应用能力成熟度评估的结果来看，企业想要建立数据中台，应具备以下特点：企业最好有一定的信息化基础，沉淀了数据，实现了业务数据化过程；企业业务复杂，有丰富的数据维度和多个业务场景，如多业态型集团企业；企业有数字化转型、精细化运营需求。

下面举几个例子来说明。

（1）企业A主要通过App运营专业类内容收取广告费，提供免费的Wi-Fi服务吸引顾客。随着DAU的增加，需要给用户提供个性化的内容。

分析：目前比较适合启动一个内容推荐类的算法项目，但在可预见的将来，看不到更多的数据场景，因此不适合建立数据中台。

（2）企业B主要通过在线下和线上的方式进行水果销售，目前线下门店数量已经超过

1000 家，需要用大数据来精细化运营用户和商品，目前已经搭建了大数据平台，构建了数仓。

分析：可视化报表（已有）、商品猜你喜欢、个性化营销信息推送、商品库存优化、卡券核销风控等，内容比较合适启动数据中台项目。

（3）企业 C 主要通过线下售卖服装盈利，同时运营两个品牌 MINI1 和 MINI2。两个品牌的 CRM 分别由不同供应商提供，为了更好地为会员提供服务，需要打通两个 CRM 中的用户数据。

分析：属于业务中台范畴，主要构建统一的用户中心来为 CRM 提供数据企业 C 适合建立业务中台现阶段没有必要创建数据中台。

（4）企业 D 是多业态的集团公司，开展图书零售、金融保险等业务，同时还有多个大型综合购物中心。各个业务板块都有自己的数仓和报表，现需要构建面向集团的统一数据管理平台或数据资产管理平台。

分析：属于典型的数据中台类型项目，适合建立数据中台。

通过上述案例分析会发现，不同行业的不同企业在不同阶段，其数据应用的需求也不一样。数据中台的建设是一个持续完善的过程，在这个过程中，数据也需要不断迭代。

随着新技术的出现，评估企业数据应用能力成熟度的标准会发生变化，因此数据应用能力成熟度评估模型也在不断更新优化中。

如今，几乎所有的企业都在思考，该如何通过建立数据中台创造更好的商业机会，又该如何通过数据中台提升企业效率。在变化极为迅速且不确定性日益加剧的外部经济环境下，企业对于未来发展的思考很大程度上取决于对数据的"自知"，即对自身处于何种数据获取和应用阶段，以及未来将走向什么方向的认知。

在数据中台概念逐渐普及并被科技和网络圈热议的当下，我们更应该思考企业应该如何一步一步、踏踏实实地建设数据中台。很多公司往往只是盯着结果，却忽视了在建设数据中台之前的数据"自查"，先要了解企业自身的数据能力，才能有的放矢地推进数据中台建设。

12.2　中台的分类

本节将介绍中台的基本类型。

在有些人眼里中台就是技术平台，如微服务开发框架、Devops 平台、PaaS 平台、容器云等，人们叫它们"技术中台"。

第12章　数据中台的介绍与搭建　　271

在有些人眼里中台就是微服务业务平台，如最常见的用户中心、订单中心、各种微服务集散地等，人们叫它们"业务中台"。

在有些人眼里中台应该是组织的事情，这类组织中台在企业中主要起到投资评估与投后管理的作用，类似于企业内部资源调度中心和内部创新孵化组织，人们叫它们"组织中台"。

本书将中台主要分为四大类：业务中台、技术中台、数据中台和组织中台，它们共同服务于客户。

12.2.1 业务中台

业务中台一般指以在线业务为典型特征的中台。在 OLDI（Online Data-Intensive，在线业务中台）时代，越来越多的企业的核心业务都是在线业务，因此又把在线业务中台简称为业务中台。但对那些不是以在线业务为主的企业，它需要的业务中台可能就不是在线业务中台了，而是数据中台或别的什么中台。

业务中台提供复用服务，例如统一会员、统一营销、统一订单之类的可复用服务。

要理解业务中台，可以从与数据中台对应的角度出发，从"一切业务数据化，一切数据业务化"的角度来理解。在数据时代，除了数据中台以外的，都是业务中台。或者说业务中台是"生产"数据的，所有生产数据的应用系统都是业务中台。

业务中台的核心是"生产数据"，而不是"中台"。我们可以借鉴企业架构的理念（企业架构是 IT 领域广受推崇的一种架构理念），企业架构中的应用架构和数据架构分别对应业务中台和数据中台（事实上业务架构也基本可以业务中台），这样非常清晰，也符合企业架构的理念（注意，企业架构的其他内容是基于传统业务和私有部署 IT 架构，不一定能演进到云上的架构）。

12.2.2 技术中台

技术中台提供了自建系统部分的技术支撑能力，解决基础设施、分布式数据库等底层技术问题。

以京东的技术中台为例，假设一个用户在京东买了东西，但不满意，希望退换货。他会通过在线聊天、电话找到客服，客服会将用户反映的问题记录下来。最终京东官方会给出一个解决方案，可能是换货、退货或赔付，如果客户是从京东平台第三方商家买到的产品，那么京东还需要从中立角度为用户与商家进行仲裁。

由此可知，若想服务好顾客，会和许多部门打交道，包括物流、仓储、维修等，所以技术中台是围绕人、财、物三者进行的。

技术中台拆掉了不同部门间的技术烟囱（以前不同部门间像孤立的一座座烟囱），实现了底层技术的保障。

技术中台包括平台层、组件层、服务产品层。

平台层。企业的核心能力包括及时通信平台能力、音视频能力，再加上业务引擎和基础 SaaS 设施，这些构成了技术中台的平台层。

组件层。组件层主要分为 3 个部分：第一部分是平台插件和中心化，对于相对通用、容易用配置实现的功能或规则，用平台配置中心完成，使标准化需求可以得到快速满足；第二部分是插件装配中心，如果一些需求无法标准化成配置，那么允许第三方定制自己的插件，插入技术中台的系统中，给用户提供相应的功能服务，例如常见的订单插件、商品插件；最后一部分是个性化接入中心，部分业务逻辑、流程与中台已有的非常不一样，这种差异导致计划配置也要差异化实现，这时候技术中台提供个性化接入，让其可以变成标准化服务，接入整个服务网络里面。

服务产品层。在前两层之上，技术中台的服务产品层最终得以构建，这一层包括客服服务平台、电话呼叫中心服务平台、售后服务平台等，在这一层对接、服务公司所有的业务领域。

综上所述，技术中台主要有以下 3 个特点。

◆ 技术中台打破传统的烟囱式技术弊端。

◆ 技术中台赋能业务中台。

◆ 技术中台是一个持续迭代的进程。

12.2.3 数据中台

数据中台一般指以数据采集、数据集成、数据治理、指标体系和数据仓库统一建设等数据管理活动为典型特征的中台。在 OLDI 时代，数据中台越来越重要。

数据中台以打通各部门的统一数据平台为基础，构建统一数据资产体系，并以 API 服务方式为全渠道业务（分析 + 应用）提供即时交付能力的企业级数据架构。下面从 3 个方面进行介绍。

首先，统一数据平台。数据中台也是一个统一的数据平台，它不会取代原来的系统，而是把原来组织中分散在各系统中的数据汇聚到统一的平台之中。

其次，数据资产体系建立。与数据仓库及其他大数据平台不同的是，数据中台在将数据汇聚统一之后，会做数据资产体系规划，给数据打标签，组织目录和结构，便于发现和使用数据。

最后，提供数据服务。数据中台以 API 的标准接口方式向前端的业务场景或分析场景提供服务，而不是通过传统的 SQL，或者是 dump 的方式来导出数据，我们称之为 DaaS(Data as a Service，数据即服务）。

这里所支撑的场景不仅是分析，如可视化分析、数据发现、数据报表等，也包括各种前端业务应用，如 CRM、BPM、SCM、MES 等。所以这里提供的数据服务是全渠道业务，而不是传统数据仓库做的类似 BI 的工作。更多前端业务应用还包括掌上商城、手机银行、保单管理、客户 360、统一订单、销售大屏等。汇聚在中台的数据可以直接推到手机上安装的 App 等各类前端，并且是实时的、交互的数据，这些都是传统数据仓库这样的平台无法比拟的。

下图所示为金融企业的数据中台产品结构图。

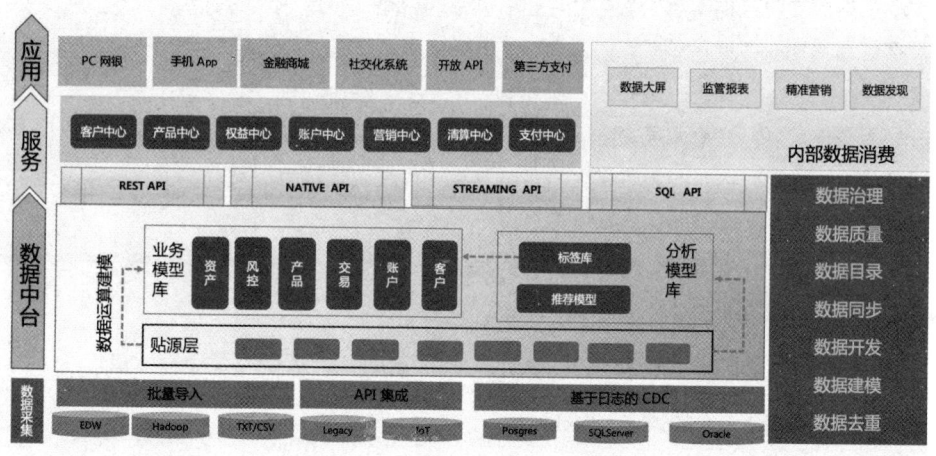

最下面部分的 EDW、Hadoop、Oracle 等是已有的各类系统的数据源。通过 CDC、批量导入、API 集成等方式把数据汇聚到中台。在中台里面进行资料建模和分类，例如按照客户、账户、支付等维度。然后以 API 方式交付到各个业务中心。最后做成各种业务开发，如金融商城、手机 App、社交化系统等。

在没有数据中台的时候，各个业务中心会直接连到后台的核心系统，因此产生两个问题。

一是当数据量上来时，如做促销活动时，核心系统 Oracle 等跟不上。

二是当业务中心有新的需求产生，对数据模型要进行改变的时候，核心系统很难支撑。

当有了可以灵活组织新的业务模型的数据中台，才可能真正快速地响应前端的业务需要。

在该图的右上角，可以看到数据中台依旧可以支持一些分析的场景。当然，这样的数据中台必须具备数据治理能力，如质量、编目、建模等。

综上所述，数据中台的主要价值在于数据的协同效率、复用效率和交付速度。系统中的数据不再各自为政，而是协同到一起，效率提高了很多。同样，一份数据可以给多个业务场景使用，而不再需要 ETL 到不同的系统，还要去维护它们的一致性、去掉重复数据或防止遗失。数据中台最大的价值更在于加快数据的交付速度。

12.2.4 组织中台

组织中台为组织各项目提供投资管理、风险管理、资源调度等。

事实上，技术和方法论企业都可以借助外力达到，但组织架构调整只能亲力亲为。中台是一个战略，战略需要靠组织推动。

调整组织架构也需要与中台建设的不同阶段相对应。在中台的规划阶段，大多是 CIO（Chief Information Officer，首席信息官）负责推动，或者是类似互联网公司 EA（Expert Advisor，专家顾问）团队的战略规划办、企业架构办等部门，这个阶段需要考虑中台建设的方向、蓝图、实际需求和要解决哪些问题。

在中台的实践阶段，数据中台和技术中台是传统企业喜欢率先进行建设的，因为传统企业内部对于技术和数据团队的划分相对明确，尤其是业务并不是非常繁杂的企业，技术团队和数据团队往往就是一个独立的、全面支持的角色。例如原来做数据平台的团队，现在就可以直接承担数据中台的建设，不需要做太多结构上的调整。而业务中台则是一定要动组织的，这个过程涉及多条业务线的深层次关系，这之间的屏障很难打破。

那么组织架构应该如何调整呢？在传统企业，如果只把中台嵌入单条产品线，一般问题不大，毕竟大家的利益是一致的，但如果计划接入多条产品线，就需要"一事一议"了。

企业组织有不同的形态，组织是个很大的问题，典型的组织架构就包括直线职能型（U）、事业部型（M）、矩阵型、网络型、平台型，还有各种组合和变体；如果结合经营模式，还有常常提到的阿米巴经营模式和海尔的自主经营体……所以，组织中台内容很多，且谈论组织中台的不仅是科技互联网圈，还包含传统企业培训和企业管理圈。

直线职能型组织又称为职能型组织，它从直线型组织发展而来，也是大中型企业最常见的组织形式之一，大多数企业都采用这种组织架构的形式。在这种组织架构下，数字化团队最常见的形式就是前文提到的业务团队（BT）与研发团队（IT）分离的体系。业务团队因为更多地承载了用户与业务的需求，往往更具话语权和主动权，也掌握着预算分配的主动权，研发团队更多从业务团队申请预算，负责 IT 系统设施的建设与运维，完成业务团队的需求。

随着企业的业务不断发展，IT 系统越来越多，会出现越来越多"烟囱型"系统。再加上整体架构老化，研发团队的工作负担越来越重，对业务团队的需求响应能力逐渐降低，开始出现需求堵塞，需求排期问题日渐严重，服务也不能真正成为可复用的组件。

这个时候，很多人可能就想到建设中台来解决问题，通过中台将各个系统中重复的能力抽取出来，沉淀成共享服务。然而，中台改造需要花费大量时间，难度非常高，短期内很难

第12章 数据中台的介绍与搭建　　275

看到业务价值。即便是分离出中台研发团队和前台研发团队，也只是改变了需求的传导链路，将业务团队的压力和需求通过前台研发团队传导到中台研发团队，实际上的问题并没有得到解决。

再来看下互联网公司内部普遍存在的另一种架构模式：事业部（产品型）组织架构。

事业部型组织架构是分级管理、分级核算、自负盈亏的一种形式，即一个公司按地区或按产品类别分成若干个事业部，从产品设计、成本核算、产品制造，一直到产品销售，均由事业部负责，实行单独核算，独立经营，集团总部只保留人事决策、预算控制和监督大权，并通过利润等指标对事业部进行控制。

互联网企业的产品基因往往是由一款产品做起来的，随着业务扩张，逐渐出现多条并行的产品线。互联网企业因为竞争激烈，往往讲究的就是一个"快"字，谁先占领了市场和用户，谁就占据了主动权。因为事业部型组织架构相对直线职能型组织架构更强调"纵向"的执行力和灵活性，自然成为大多数互联网企业默认的组织演进方向。

同样，如果只聚焦数字化团队的组织架构，事业部型职能架构可以简单理解成产品型团队。从单一产品开始，多一个产品就多一个团队，团队之间就像产品一样有很强的独立性，例如大家熟知的阿里巴巴淘宝团队和天猫团队。

产品型团队的问题就在于产品之间是割裂的，缺少横向协同。

"烟囱产品"是非常常见的问题，随着各产品线的独立快速发展，各个产品间的重复建设、技术栈混乱、设计混乱等问题日益突出。

此时，很多人也会想到通过建设中台来解决问题，通过中台来解决产品间协同和通用部分的开发，让前台产品团队负责差异部分开发。理想情况下，可以通过不断调整前台产品团队与中台职能团队的组织边界，来调节企业在"经济性"与"灵活性"之间的动态平衡。

但是，随着中台建设的推进，之前出现在直线职能型架构中的问题（需求堵塞、排期、冲突、资源竞争、边界定义、团队冲突……）又会出现，因为建设中台的矛盾都是一样的：费力、费时且短期没有收益。

所以，从这两种组织架构的推进过程可以看出，问题并不在原有的组织架构上，而是在中台团队的建设和定位上，只要中台团队的建设过程是大致相仿的，这些问题就会存在。

那么该如何解决呢？

想让中台在企业内部顺利推进，在组织架构层面，必须要解决权力、金钱和人员的问题。

先从权力谈起，如果将中台看成一款产品，试想，如果不做中台，企业中的什么人最受不了？是高层。中台建设是为了解决企业高层在战略和未来长远生存上的焦虑，这种焦虑来源于危机感，尤其是新零售这类直接面向 C 端消费者的领域，如果无法敏锐捕捉用户需求，无法快速响应用户需求，最终损失会直观反映到财务报表上，所以这类企业的公司高管最为焦虑，希望通过建设中台达到部分转型的目的。

那么，这部分高层会成为推进中台战略的关键人物，负责整个中台战略的规划，包括可能的组织架构调整。

中台建设的早期可能不会给业务带来多大帮助，反而会制造很多问题，如果没有CIO、CTO甚至CEO，或者技术委员会、战略规划部门等的支持，中台建设很难进行。可能原来想做一个业务中台，后来因为无法撬动业务，数据也拿不到，最终的建设效果就会大打折扣，如果这时领导层不帮助推进这件事情，中台建设就会变得进退两难，因此中台建设是一个自上而下的驱动过程。

因此从权力看，组织中台是个一把手工程。

其次是金钱，这主要涉及两个阶段——建设之初和建成之后。换句话说，建中台的钱应该谁出，建成之后，尤其是业务方享受到中台的服务之后，这个成本应该怎么分配。

在很多传统企业，研发往往仅支持内部业务，算是一个纯成本部门（当然研发肯定为业务带来了价值，只是直观来看，这是一个无营收的部门）。如果站在为业务赋能的角度，建设业务中台的钱显然需要业务部门出一部分，建成之后可能还需要从业务方分走部分利润。

但这条路很难走通，因为每条业务线都有自己的OKR或者KPI，这件事情对各业务部门的考核可能没有直接帮助，甚至于在局部较短时间内是起到阻碍作用的。

如果一家企业要推出一款产品，很少有上来就采用众筹模式，让用户预付款，这样会对产品产生很大的短期交付压力，也不利于产品的初始研发。相反，现在很多企业推出的产品，前期都是免费的，先通过投资机构注资研发，快速推向市场获取用户反馈，再不断改进并适时考虑向用户增值收费。如果考虑让公司从战略投资层面出这个钱，那么公司肯定也要考虑收支平衡问题，投资的目的是什么，需要多长时间可以带来收益，如何合理制定中台团队的OKR等。建成之后，一旦业务线全部接入中台，那么该业务的营收是否需要与中台团队按照一定比例划分，也是需要提前想清楚的。

最后是人员，包括中台团队的人员组成和业务团队的人员抽调问题。一开始可能会从前台抽调，这些人可能包含架构师等，因为业务中台的建设者要比各垂直业务线更懂业务，不仅是懂技术就可以的。有一些公司是产品型文化，可能还会配备产品经理（这可能与传统企业里面的项目经理有些类似），这些人要有很强的沟通和协调能力，需要跟所有业务线"战斗"，并服务好所有业务方。但如果没处理好组织关系，业务方给到中台的人可能是自己不想用的，毕竟业务方通常不愿意为了一年后才可能用到的项目将自己有用的人才借给中台团队。

如果组织解决了上述问题，就可以让中台战略有一个良好的开端，但即便中台可以搭建起来，业务方又为什么要使用呢？

企业可以试图以某项业务为标杆业务，先让该业务顺利接入中台并正常运转，再考虑其他业务线的接入问题，最终达到让业务线主动使用中台的程度。如果一开始就接入很多业务，中台团队可能也对需求应接不暇，产品的边界也很难逐一打磨。

凡事没有完美，没有完美的组织，也没有完美的中台。

12.3　搭建数据中台——以教育中台产品为例

下面从两个视角介绍如何搭建数据中台，其一是产品设计视角，其二是技术视角。

12.3.1　产品设计视角

随着中台的日益火爆，中台产品经理也成了一个新的职业发展热点，有不少线上的数据中台产品经理课程。中台产品经理是 B 端产品经理的一种类型，有 B 端通用的能力要求，例如擅长做抽象建模、具备一定的研发技术功底、懂 UML 等。就中台服务多个内部业务产品为主这一特点，会对中台产品经理有以下 3 点要求。

其一，中台产品经理应设计出用户体验好的功能。由于教育中台对其服务的要求是从前端到后端的完整服务，因此教育中台的产品经理所设计的功能需要直接面对最终用户，也需要保有良好的用户体验。

如下图所示，对业务产品经理的能力要求偏向市场侧，而对中台产品经理的能力要求偏向研发侧，中间两部分是两类产品经理都需要掌握的。教育中台对产品经理一直有要求：必须走到需求的源头，不能只接二手需求。抛开个人能力而言，这其中的难度在于必须花大量的精力去熟知不同的场景。

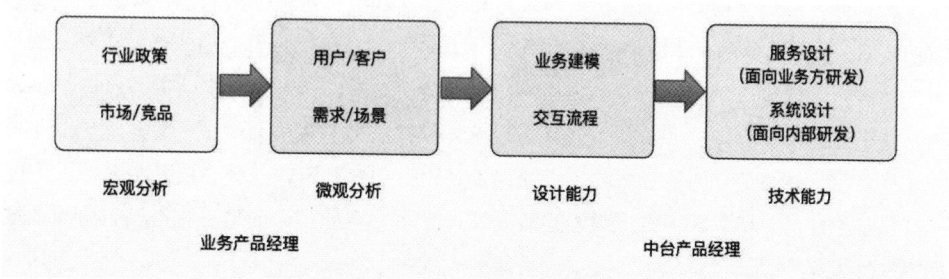

中台产品经理是按照功能模块来划分职责的（如题库、直播等），但实际的使用场景

是用户使用整体产品的全流程，并不会只看某个功能模块，因此每个模块的产品经理需要了解所支持的所有业务的全部场景才能做好相关模块的设计。教育行业是碎片化的，不同业务之间的场景差异性比较大，某模块的中台产品经理如何才能快速地熟知所有业务的全部场景？这是一个难题。

其二，中台产品经理应弄明白中台和技术的分界线在哪里。这不仅是中台产品经理才需要考虑的问题。中台里有太多的产品设计，可以由具备产品思维的研发人员来考虑，但更多时候，还需要懂技术的产品经理来组织研发人员一起设计。

举个极端的例子，为了降低各个业务产品在各个端（前端、后端、移动端）接入中台服务时的配置管理难度，笔者曾考虑改进中台服务里零散在各端代码中的配置管理，做到集中管理并且可灵活配置。此外还拓展出支持未来可能的中台服务付费需求。为了描述清楚需求，笔者写的 PRD 里除了描述各种场景和功能外，还用伪代码描述了如何使用。虽然伪代码的水平可能会被研发同事鄙视，但达到了清晰表述问题的目的。

笔者并不提倡在 PRD 里写伪代码，主要想要说明的是中台产品经理不要指望能够和技术有清晰的界限，应该坚定地跨过去一步，同时也把产品思维带到技术中，搭起一座桥，成为一个全栈跨界产品经理。

其三，中台产品经理应设计一个新功能模块，让它能够满足各方需求，且推动其在各个业务产品上使用起来。除了要求产品经理有极强的专业能力外，还需要具备极强的主动性、沟通能力，以及商务能力，在各个业务之间想尽办法把中台的种子种下去。

12.3.2 技术视角

在中台架构的设计之初，我们就定位了教育中台需要提供的不仅是后端服务。一方面纯后端服务和 PaaS 服务没有太多区别；另一方面由于教育中台所希望提供的服务的业务属性非常强，提供的服务复杂程度远高于常见的 IM、视频云等常见 PaaS 服务，如果完全通过后端开放接口来使用，接口的数量会非常多，调用的逻辑关系也会很复杂，使用成本会远高于常见的 PaaS 服务。

因此，我们希望教育中台提供的是前后端一体的服务，最终展现给用户的是前端模块 / 组件。理想的情况下，业务产品的前台页面只要嵌入中台某功能服务的前端模块，就可以使用该模块的完整功能。这种方式最大限度地拓展了中台服务的价值，但也给中台服务在设计中带来了巨大的难度。下面介绍几条设计原则。

1. 数据结构的统一是底线

理想情况下，教育中台搭建完一个模块，各个业务产品一接入就能完美地用起来。但在实际情况下没有产品经理和研发具备这样的能力，反复是不可避免的，甚至有时候教育中台需要去做一个需求还不明确的功能。当面对这样的情况时，一定要坚守的底线是数据结构的统一。只要数据结构是统一的，任何逻辑和交互的变化都是可以接受的。

2. 前台界面通用的边界

数据结构的统一、后端服务的共享是容易在思想上达成一致的，难的部分在于执行。但前端界面统一的观点自始至终都在激烈的辩论中。一个 ToC 产品的产品经理和设计师，往往对交互、视觉都非常敏感，这也是 ToC 产品能够在第一眼就留住用户的最重要原因之一。

但是，中台服务为了做到复用，往往很难在一些细节的交互和视觉层上百分之百地满足每个业务的需求。并且在这种用户体验的层面，往往没有谁能够说服谁。设计型的产品经理都希望能够把控自己产品界面里的设计，因此在前端界面统一这件事情上的争论有多激烈是可想而知的。其实，从以下几方面出发，可以极大地改善这个问题。

（1）推动更新整个事业部产品的交互视觉规范。在交互规范不完善且没有被严格执行的情况下，很多时候产品经理都需要为了一些交互细节大伤脑筋，例如编辑框里字数超出了限制应该怎样提示。当交互规范完善，且做成了 Axure 组件后，普通产品经理都有了升级成产品设计师的可能，基于规范和组件就可以做出一个完成度很高的交互稿。而视觉规范是整个事业部各产品统一品牌形象的条件，也是统一前端组件的基础，设计在前端组件达成一致是较容易实现的。

（2）根据用户前台和管理后台的特征加以区别对待。用户前台是给终端用户使用的，也是大量 C 端用户直接接触产品的入口，不同业务的用户往往在交互和视觉上有不同的需求。而管理后台往往是给一些特殊用户，例如管理员使用的，这类用户首先数量相对较少，后台操作也不那么频繁，且这类用户在操作管理后台时具备 B 端用户的属性，很多时候是部门内的运营，对功能是否强大的敏感度高于视觉体验。因此教育中台尽量在管理后台的前端界面上保持统一，而用户前台页面考虑放开让各个业务产品自己做。当然这一点很容易就可以找出反例，因此也只是在设计过程中的一个指导方向，并不是定理。

（3）根据目标用户的年龄层次进行区分。教育产品有面向成人、K12、年龄更小的儿童等各个不同年龄阶段用户的。年龄越小的用户对交互和视觉的要求越高，例如爱奇艺专门推出了面向儿童的奇巴布，整个交互和视觉都做了重新设计。因此教育中台应尽可能在面向成人的产品里做到前端界面通用，而不必考虑和面向低龄人群的产品有任何前端界面的复用。

3. 前后端直连

教育中台的用户是部门其他业务产品线的程序员，虽然都是内部用户，但降低用户的使用成本是非常重要的。要想推动教育中台在内部业务的使用，必须最大限度地降低用户的使用成本。

当教育中台的团队在初期搭建服务验证可行性时，服务的架构设计会如下图所示。

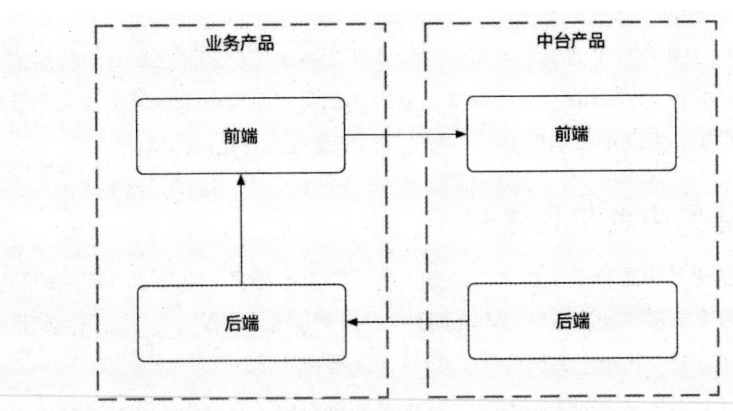

业务产品的后端从教育中台的后端获取数据后，通过业务产品的前端拼装好再传给教育中台的前端模块进行显示。这种方案其实等同于把一个模块按照人头分工到两个团队来开发，理论上来说可以满足任何业务的需求。在早期需求还不那么确定、业务也比较少的时候，这样进行探索是可行的。但当接入的业务产品多起来时，这种架构会带来两个很麻烦的问题。

（1）业务产品的前端和后端分别需要和教育中台的前端和后端进行对接，需要对教育中台的接口有很深入的了解，服务的接入成本非常高。

（2）由于教育中台后端暴露的接口太多，很容易在后续更新时发生变动，导致所有已经接入的业务产品都需要发生代码改动，并进行回归测试。

为了解决上述问题，我们将服务架构改成了前后端直连的设计，如下图所示。

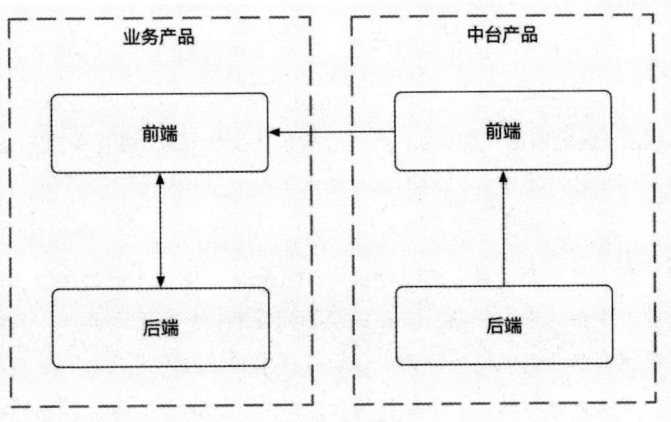

第12章　数据中台的介绍与搭建　　281

在这种方式下，教育中台的前后端是直接交互，可独立运行的。只需在前端层进行接入，接入成本大大降低。只要有限的接口保证稳定，业务产品对于教育中台的升级是无感知的。

直连的架构在某些特定情况下会增加功能实现的难度，例如要在教育中台前端模块里显示其后端服务没有的数据时，会面临拿数据困难的问题，但从总体来讲，带来的好处远远大于增加的难度，因此前后端直连的架构是教育中台服务首选的方式。

12.3.3 搭建的中台价值量化

中台价值量化是最重要的事情之一。中台是一个 ToB 服务，本质上是成本的节省和效率的提升，但由于中台的直接客户（其他间接客户暂时不考虑）是内部业务产品的程序员，这个价值的量化就变得比一个给销售用的 CRM 系统要复杂了。

中台提供多个业务服务的共享服务，任意一个中台服务都可以为业务节省成本，越多地接入，节省的越多。同时由于每个业务在整个事业部里都有不同的优先级，被高优先级业务接入的中台服务能够产生的价值更大。这是符合直觉的，但如何去量化呢？下面介绍计算方法。

假设各个业务在事业部的优先级系数 = a1、a2、a3、…、aN。

中台服务被某一个业务接入后给业务节省的成本（人天）= 业务自研此服务的成本 + 业务自己运维的成本 – 业务产品接入中台服务的成本。

可以推导出每个服务开发出来后，整个部门节省的成本如下。

总体成本节省 =（a1 × 业务 1 成本节省 + a2 × 业务 2 成本节省 + …+aN × 业务 N 成本节省）– 中台开发成本 – 数据迁移（适配层开发）成本 – 中台运维成本。

由于中台团队要同时面对多个业务需求，根据以上公式，我们也可以得出一些判断需求优先级的基本规则。

部门战略，也就是业务的优先级的系数。显然来自战略级业务的需求优先级高于来自其他普通业务的需求优先级。

需求可靠程度。这里包括 3 个层次：是核心需求还是伪需求；提出需求的业务是否靠谱；与中台自身目标的契合程度。要时刻牢记：中台不是业务的外包团队，中台需要有自己的思想和规划。

需要说明的是，虽然有计算公式，但我们在实际工作中并不会直接量化每一个功能。主要原因在于教育中台的建设团队一直在探索如何才能较好地满足需求，快速地被接入，并且如何在运维层面对业务做到无感知。只有在搞清楚这些问题之后，中台服务才有可能会对节省成本产生明显的帮助，因此量化只是少数几个团队核心成员做规划时的参考。

12.4 案例：阿里云数据中台解决方案

对于阿里巴巴来说，自从阿里云相对成熟后，再加上数据中台这套方法论已通过验证，ToB 业务现在是一个新的赛道，阿里云作为牵头部门，去联合品牌商家共建数据中台。阿里云帮助商家建设数据中台的解决方案简介如下。

1. 业务价值

从业务价值考量，可以分为几个方面：第一是实现全域分析，在整体数据中台的解决方案中实现一方、三方等数据融合，做全域数据分析；第二是全品牌消费者沉淀、融合，实现全品牌消费者营销管理；第三是一方数据标准化、数据接入，基于阿里巴巴数据中台的一套方法论对一方数据做标准化应用。

2. 存储方案

存储方案主要是阿里云，因为在谈业务需求的时候，品牌方肯定是有很多数据需求的，但是阿里生态的数据只会在他们内部的体系中运用，所以这个数据中台严格意义上说是云上数据中台。

如果是对数据保密要求不那么高的企业，数据的存储方式就可以分为云上存储（实现全域分析）和本地存储的方式，在建设时可以根据实际的项目情况去决定具体的存储方式。

3. 中台架构

整体架构主要基于阿里云搭建数据中台，如下图所示，以数据中台为核心模块，下方是通过标准化产品 Dataphin 接入一方数据，这里的标准化就是数据中台方法论，QuickAudience 相当于 DMP、CDP，做人群管理、标签化、人群圈选、人群画像透视分析、进一步营销；Quick BI 主要做可视化交互分析，类似于敏捷 BI 之类的产品，数据源于数据中台，可以做进一步的全域分析；在云上数据中台上，阿里生态体系的产品可以同步至数据中台，包含生意参谋等系列数据，可以根据具体的应用场景和需求进行协商。

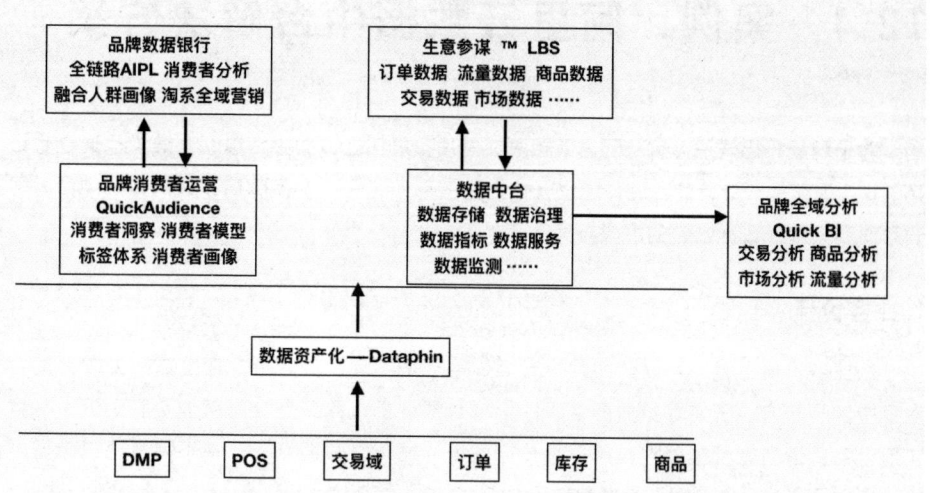

4. 核心产品

（1）阿里云数据中台产品（Dataphin）。

基于阿里云数据中台的 Dataphin 平台工具能够帮助品牌商家完成一方数据接入、数据域划分、梳理业务过程、细分指标口径标准化定义、乙方数据标准化等工作。

（2）一方人群及标签上传模块（Quick Audience）。通过阿里云数据中台 Dataphin 接入一方消费者链路数据，支持全域营销应用。利用 Dataphin 处理和沉淀品牌、商家、消费者标签到阿里云一方人群管理平台（Quick Audience），数据包含一方人群标签和 ID，并在此模块上对一方人群做圈选、洞察分析，并把人群包推送到阿里平台的品牌数据银行进行后续的营销活动。

（3）数据融合分析模块（Quick BI）。通过整合阿里的多业态数据，实现品牌商家在阿里生态的全域数据融合。基于品牌商家在阿里生态融合数据，通过阿里云数据中台应用 BI 产品 Quick BI，品牌商家可实现自助分析，包括指标体系梳理、分析场景设计、融合分析、报表开发等，扩大品牌商家线上运营数据分析的数据范围，丰富分析维度和指标体系，提高分析效率等。

总之，阿里云数据中台 ToB 解决方案主要基于三大产品套件——Dataphin、Quick Audience、Quick BI，实现品牌商家数据的治理、标准化、融合、消费者标签、营销端数据打通，同时对阿里生态体系的数据赋能，最终实现更高价值的全域分析。

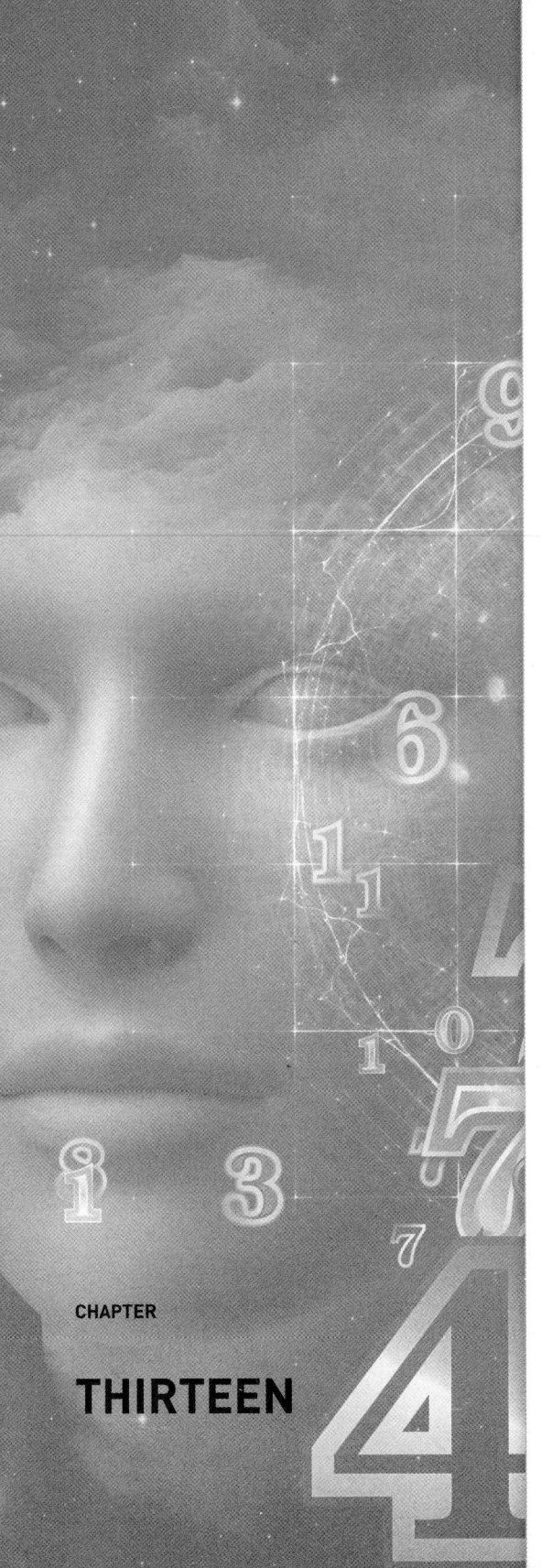

数据产品规划

第 13 章

13.1 数据平台规划

13.2 数据产品的用户调研

13.3 数据产品的竞品研究

13.4 数据产品的需求挖掘

13.5 数据产品功能设计思考

13.6 数据产品设计指南

CHAPTER

THIRTEEN

一般产品规划是指产品规划人员通过调查研究，在了解市场、客户需求、竞争对手、外在机会与风险，以及市场和技术发展态势的基础上，根据公司自身的情况和发展方向，制订出可以把握市场机会，满足消费者需要的产品的远景目标（Vision），以及实施该远景目标的方法的过程。

产品规划是一项复杂的工作，包含多方面的内容，主要有以下几个方面。

（1）市场与行业研究

产品规划人员（互联网企业多由产品经理担任，传统企业多由项目经理担任），研究与产品发展和市场开拓相关的各种信息，包括来自市场、销售渠道和内部的信息；研究用户提出或反馈的需求信息；研究竞争对手、产品市场定位、产品发展战略等。

（2）沟通

产品规划人员应及时与消费者和公司内部的开发人员、管理人员、产品经理等保持良好的沟通，这种沟通不仅在规划阶段，还要覆盖整个产品生命周期。

（3）数据收集与分析

产品规划工作中最基本也最重要的一项内容就是收集与产品规划相关的各类数据，并对这些数据进行科学的分析。

（4）提出产品发展的远景目标

产品规划工作的基本任务是提出产品发展的远景目标（Vision），并通过各种沟通渠道让公司内的相关人员熟悉和理解这个远景目标。

（5）建立长期的产品计划

除了提出当前产品的远景目标外，产品规划人员还应对产品的长期发展规划（如3到5年内的发展计划）进行设计和描述。

此外，产品规划工作还具有不受产品开发周期约束的特点。也就是说，产品规划通常会跨越整个产品开发周期，在产品开发周期的每个阶段，产品规划人员的工作方式并没有明显的不同，他们会随时了解客户、市场、技术创新等情况，并根据内、外部的各种变化调整或完善产品规划。

一般产品规划的分类如下。

1. 关于产品类别划分和结构规划

划分产品类别的标准可以有很多种，例如以价格、性能、外观等进行划分，我们可以就多项标准对产品进行分析，来多角度、系统性地规划我们的产品结构。但将哪一项因素作为首要划分标准，对整个产品规划工作而言有着举足轻重的作用。

对于绝大多数消费产品，建立一个以消费者为中心，以竞争为导向的划分标准，其首要因素应该是价格，其次才是性能外观等因素，为什么呢？

首先，以价格为指标划分消费者类别是最具代表性的。一名消费者对性能外观的要求远不如对价格的要求，如果他只肯花 1000~1500 元买一台抽油烟机，那么让他接受一台 2500 元的产品几乎是不可能的。但在价格因素相差不大的情况下，经促销员一推销，顾客可能本来想买直吸式产品，但最后买了侧吸式产品。

其次，以价格为标准最能反映目前市场上产品的竞争态势，可以非常有指向性地确立如何应对市场竞争。例如我们发现目前市场上油烟机（无论直吸还是侧吸）的主销价格区间均在 800~1500 元之间，在这一区间内，每个品牌均密集分布了 5 款左右（以终端实际出样为准）的机型，根据这一竞争态势，厂家基本可以确定在这一价格区间内应提供 5 款左右的机型，然后再进一步研究各机型在技术性能上的竞争对策。

最后，产品的价格区间通常会保持一定的平稳性，无论性能外观经历了多少次更新换代，其销售价格总是在某个区间范围。例如手机主流价格保持在 1000~3000 元，笔记本电脑主流价格保持在 1 万元左右。可以预计，城市市场主流品牌抽油烟机的价格在相当长一段时间内仍会保持在 800~1500 元这样一个区间，这样把价格作为首要参考依据就更具战略意义。

2. 关于产品系列化规划

面对琳琅满目的产品，消费者有时会无所适从。如何让消费者在纷繁复杂的产品信息中理出头绪，最快地找到适合自己的产品，这就是产品系列化工作所要完成的使命。产品系列化工作需要打通从产品规划到开发制造，再到市场推广的各个环节。

一条完整产品系列化规划的思路是这样的：首先分析顾客的需求类型，然后根据不同类型的需求特点，在产品的质量性能和外观造型上明确体现，最后再设定一个有一定层次空间的价格体系。

同一系列产品在性能上具有满足顾客需求的相同特点，而在材质、工艺以及非主要功能上有所区别，形成几种不同档次的价格。

同一系列产品外观可保持基本一致，只是在具体功能配置上有所区分或局部外观有所差异。这样同系列产品的模具可以共用，节约开模成本，增加生产系统的柔性，在促进产品多样化的同时又不会增加生产成本。

同一系列中由高端机型出任"形象大使"，给消费者展现最好的形象，然后以中价位机型去满足大部分顾客追求的"高性价比""物美价廉"的需要。

3. 关于产品职能定位规划

在产品中需要有不同定位的产品行使不同的市场职能，相互配合，系统作战，以充分迎合（或引导）消费者的购买心理和行为，并与对手竞争。通过产品定位，可以实现最有竞争力的价格体系优势，并且不以牺牲利润为代价。

仍以抽油烟机为例，产品定位职能通常有以下几类。

形象机型。高质、高价、高利润，销量约占总体 10%，利润约占 20%。其职能在于提升整个产品系列的形象档次，引起消费者对整个系列产品的关注和好感。并满足高端顾客的购买需要，由于购买高价位产品的顾客对价格并不敏感，因此可以适当提高售价，获取高于平均水平的毛利。一般情况下，形象机型的售价与竞争对手相应机型的价格可以持平或略高。

主销机型。中质、中价、中利润，销量约占总体 50%，利润约占 50%。主销机型处于市场主销价格区间内，拥有市场主流的性能配置，拥有与形象机型相近的外观或相似的卖点，但性价比更高。

辅销机型。中质，中价、中高利润，销量约占总体 20% 左右，利润约占 25%。辅销机型处于市场主销价格区间内，或比主销机型的外形更独特，或多一些附加功能，而成本没有明显增长，毛利水平高于平均水平。

掩护机型。中质、中低价，限制销量，销量约占总体 10%，利润约占 5%。掩护机型与竞争对手主销机型的主要卖点（特点）或外观风格相同或相似，在价格上极力打压对手，形成同质低价之势。但在终端销售推广上应极力贬低该产品，不建议顾客购买，动摇顾客对该种类机型的购买信心。

狙击机型。低质、低价，限制销量，销量约占总体 10%，利润约占 0%，狙击竞争品牌的低价策略。狙击机型以惊爆价、特价等形式在市场推出，通过超低价吸引消费者。狙击机型在外观造型或性能配置上应与主销机型形成明显差异，在终端销售上应限制供货量。

4. 关于产品线长度和宽度规划

在不跨越产品类别的情况下，产品线长度指最低和最高价所覆盖的价格区间，产品线宽度指在某一价格区间所提供机型的款式数量。例如，抽油烟机零售价从 600 多元到 3000 多元不等，这就是产品线长度。在 1000 元以下的价格区间有 5 款机型，这就是产品线在这一价格区间的宽度。

产品线过短、过窄犹如兵马不足，显然不利于市场竞争，但产品线过长、过宽也会出问题。首先，终端销售点可提供的产品陈列空间是有限的，太长的产品线并不能在终端完全展现；其次，顾客的注意力也是有限的，产品线太长，则顾客需花费更多的时间来了解产品信息，增加顾客的选购时间，通俗来说就是让人看花了眼，并不利于实际销售成交；最后，每一款产品的推出都需要开发、生产、广告各个环节付出相应的成本，产品线过长无疑会导致总运营成本增加，但销售额和市场竞争力却不会同比例增加，超过一定的限度后甚至会降低销售额和市场竞争力。

因此，一个合理而适度的产品线长／宽度规划，应在尽可能地提高市场竞争力的前提下实现成本投入和利润产出比最优，并考虑终端销售点等限制条件。

产品线的长度规划可以以主要竞争对手为参考，采取高端稍高、低端稍低的策略，高端稍高有利于提升形象，低端稍低实现价格狙击。例如，当时老板中式免拆洗产品线在应对帅康时即采用了该策略，其高端 235 型零售价超过 2000 元，高于帅康的 MD85 型 1780 元的零售价，而低端 516 型为 780 元，低于帅康的 M315 型 880 元的零售价。由于产品线规划需要基于竞争对手来设计制订，而在厨卫行业，城市市场和县域市场所面对的主要竞争对手类型不同，为了方便根据不同类型市场和竞争对手制订不同的市场策略和竞争策略，我们可针对两个不同市场做两条分产品线规划，以形成两条产品线、两个拳头，拳拳有力。

产品线宽度规划反映不同价位区间产品投入的力度。各价位区间产品线宽度应和该价位区间销售额占有率成正比。即主销价位区间产品线宽度应加大，所提供机型款式数量占产品线总机型数量的比例应等于或稍高于该价位段所占销售额比例，充分保证该价位区间产品线的竞争力度。而占销售比例较小的高端和低端价位区间，产品线宽度应适度紧缩，以减少成本投入，也给主销价位区间产品让出终端销售点陈列空间。

5. 关于产品生命周期规划

产品从面市到退市之间所经历的过程即产品的生命周期。对产品生命周期的规划就是对产品更新速度和节奏的把控。

对于 IT 行业，比拼产品的实质是比拼产品更新的速度，谁更快谁就是赢家。对于厨卫行业，产品更新速度的紧迫性虽远不及 IT 行业，但对产品更新节奏的把握却同样重要。它决定企业在市场上是取得主动地位还是处于被动挨打局面，决定了企业只能逞一时之勇，还是拥有动态的持续竞争力。

一个产品需要经历导入期、成长期、成熟期和衰退期4个阶段。新上市处于导入期的产品能给市场带来新意和亮点，毛利丰厚却不一定能很快上量；成长期产品的销量上升很快，但却依赖不菲的市场费用投入；上市一段时间处于成熟期的产品是整个销量和利润的支柱，但不断面临价格吃紧、利润缩水的威胁；衰退期产品日渐式微，行将末路，在生命周期的最后阶段却可贡献自己作为低价狙击竞争对手的绝好武器。每一个（或每个系列）产品所处的生命周期阶段不同，在整个产品线中起到的作用也不同。如何规划好产品的生命周期，形成新老产品良性的有序更替，是把控产品线整体节奏的关键。

让导入期的新产品去探索未来之路，承担尚难定论的市场风险（节奏稍缓）；对已经表现出市场潜力的新品给予市场推广强力支持，拉升其快速成长（节奏加快）；让成熟期产品顶住销售量的大梁，力保城池不失，在保持现状的同时适当调整价格，黏结住消费者的胃口（节奏慢）；让衰退期的老产品在退市之前再实施价格猛攻，狙击对手的同时尽快排空库存（节奏快）。当这样一个节奏分明、张弛有度的产品生命周期规划了然于胸时，市场也就被企业牢牢握在手中。

产品规划人员必须了解产品有3种不同的层次。最基本的层次为核心产品，这是顾客购买产品的真正需求。实际上每一种产品都是在帮助顾客解决问题。例如，女性购买唇膏，不只是在买它的颜色。雷夫隆公司的查尔斯·雷夫森早就认识到，"在工厂我们制造化妆品，在商店我们销售希望。"西奥多·莱维特指出，"采购代理商买的不是四分之一英寸的钻孔机，他们买的是四分之一英寸的洞。"因此，当规划人员设计产品时，首先必须定义核心产品带给消费者的利益。产品规划的3个层次，如下图所示。

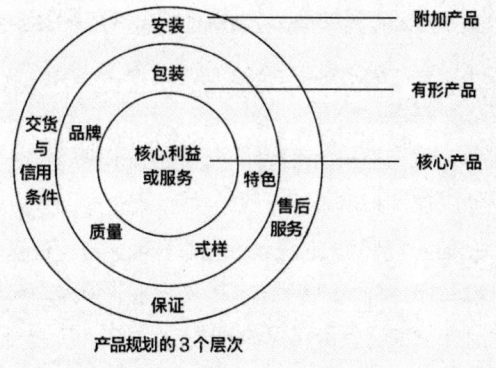

产品规划的3个层次

产品规划人员必须把核心产品转变成有形的东西。有形产品具有以下 5 个特征：质量、特色、式样、品牌和包装。以索尼公司的手提式摄像机为例，它就是有形产品。其名称、零件、外形、特色、包装和其他属性均被仔细地加以组合，以实现产品的核心利益——方便地拍摄出高质量画面的镜头。

产品规划人员应该决定伴随有形和核心产品要提供哪些附加的服务或利益（即附加产品）给顾客。例如索尼公司不只提供摄像机，还会协助消费者解决拍摄上遇到的困难，因此当顾客购买摄像机时，其所得到的不只是摄像机，还有索尼公司及其经销商提供的购买零件保证书、技术指导、免费操作课程、快速维修服务和免费电话服务专线。对消费者而言，所有这些附加物均属整个产品的重要部分。

由此可知，产品不只是一个有形属性的简单集合。事实上，一些产品（如理发或医生的诊断）根本没有有形的特点。消费者认为这是项产品，是因为它们所带来的复合利益能满足他们的需求。所以当营销人员开发产品时，首先必须确认该产品所要满足的顾客的核心需求是什么，然后再设计出有形的产品并设法附加该产品，以便创造最能满足顾客需求的复合利益。

上面讲解的一般产品的规划包含互联网产品和一般产品。下面重点讲解数据产品的规划，从上面的讲解中我们能够看到，一般产品规划包含数据产品规划的一部分。

13.1　数据平台规划

将数据汇聚、梳理、整合可以构建数据平台。严格来讲，数据中台里面除了驱动业务、输出数据建设意见之外，还需要构建一个数据中台下面的数据平台。

13.1.1 设计数据平台

因为数据平台是一个比数据产品还新的概念，所以如何规划数据平台产品，更多考验一个人的数据产品思维和数据产品认知。

数据产品规划主要分为数据的用户 / 客户思维和认知、数据的补偿机制、数据的治理、数据的流通、数据的商业化等方面。

具体来说，设计任何一款数据产品时，需要先思考这个产品的目标用户是谁，帮他解决什么问题，给他带来什么价值，也就是确定产品的业务目标。

接下来要做的是进一步思考，为了实现业务目标，需要哪些数据指标丈量业务，将业务问题抽象为数据问题，这些数据指标是怎么来的，这些指标如何反映解决问题的思路。当我们确定了数据指标后，需要明确这些指标以怎么样的形式展示，如何更好地发挥它的价值，这就从抽象概念进化到了具体的产品形式。

数据产品的设计过程也就是基于上述几点进行不断的循环迭代的过程。

数据产品并不是千篇一律的图形报表，凡是以数据价值驱动为核心的产品形式都是数据产品。数据产品的主要价值应该是决策或者辅助决策，因此评价数据产品设计的标准是产品能否满足业务运营的关键需求。

13.1.2 数据产品场景

数据的价值总体上体现在两方面：一是反映问题，二是解决问题。因此，按照不同的应用场景，我们可以把数据产品进行简单的分类。

1. 按服务用户分类

按服务用户不同，可分为服务企业内部用户和服务企业外部用户的产品。

（1）服务企业内部用户的产品，如企业自建自用的数据平台或算法策略。这类产品辅助企业员工做出决策或成为产品逻辑的一部分，如企业内部数据化运营的各种报表。

（2）服务企业外部用户的产品，服务企业外部用户的产品即由某企业开发，为其他企业提供数据服务的产品，SaaS 是其中的一种模式。这类产品包括 Growing OI、神策等分析类产品，数据报表工具 Tableau 等。

2. 按职能范围分类

按职能范围不同，分为平台型和业务型产品。

（1）平台型产品主要建设底层计算平台和通用工具，如企业数据仓库和数据集市的建设，重在为业务实现数据驱动提供良好的底层支撑。

（2）业务型产品更多偏重于结合业务的 BI 系统和报表工具。更多的是企业数据仓库在具体的业务应用层的体现。重在数据表现与用户的交互。如天猫利用 Onedata 搭建一套业务型的数据平台，并利用 Onedata 提供的数据标签对自身的用户做精准营销。

一般都会通过数据采集清洗、数据计算、数据存储及数据展示整个链条，如友盟、GrowingIO、神策等。

面向个人用户根据平台或网络中的公共内容，提供某些数据给普通用户分析查看。最常见的就是各种常见的指数，如淘宝指数、微博的微指数、国外的 Google Trends 、蚂蚁信用、百度指数等。

如腾讯的 TBI 指数、阿里巴巴的淘宝指数、百度的百度指数、微博的微指数等，重在了解趋势，对判断一些产品和事情的趋势用得比较多。

3. 按用途分类

按用途分类可分为报表型、分析型、统计 & 挖掘分析型、决策型、平台型产品。

（1）报表型产品即传统的报表制作软件，核心功能是数据报表的制作和数据报表门户，报表制作软件一般是桌面软件产品，把手工制作的报表固化成报表模板，实现报表的自动化，生成后发布至报表门户供各类用户查阅。数据门户将报表和数据仓库按照业务主题的方式进行组织管理，方便用户找到报表。

报表型数据应用场景减少了重复制作报表的人力成本，提高了用户获取数据的效率。有了数据门户雏形，大家就知道要去固定的地方获取数据。随着用户对数据价值的不断加深，需求越来越精细化和多元化，单纯的报表数据监控分析已经无法满足运营需要。通过报表能够发现一些问题，但无法钻探分析，找到问题的原因。

（2）分析型产品具体指通用流量分析和交互式分析数据产品，以及自建的数据分析决策系统。

通用流量分析产品。如 GA、百度统计、友盟、GrowingIO，用于分析网站和 App 的流量、用户行为。都需要嵌入第三方的监测代码收集日志，数据存储于第三方平台。

交互式分析软件产品。Tableau、QlikView 这些是敏捷型的 BI 分析工具代表，指没有完整的数仓基于业务数据也可以做分析，有单机版和服务器版，但处理的数据规模有限，且有一定的学习成本，用户需要经过专门的培训才能上手，需要了解数据仓库模型的基础知识，多为专业的数据分析师所使用。

自建的数据分析决策系统。根据企业的业务定制的数据分析产品。这类产品把成熟的业务分析思路转化成产品，以图、表等形式展现数据分析过程，例如零售中的商品分析，有基本的销售量、销售额等基础指标的监控，还需要从时间、地区、门店、买家信息等不同维度交叉探查。报表型和分析型数据应用场景的基础都是数据仓库，数据仓库的精细化程度决定了能出什么报表和进行哪些主题及维度的分析。

（3）统计 & 挖掘分析型产品包括 SAS 、SPSS、R、统计分析软件，可以编程，需要有统计学和挖掘算法基础，面向专业数据人员。

（4）决策型产品将算法融入数据产品，为用户提供决策依据或者直接帮助用户做出决策并执行。例如推荐系统根据用户行为给用户推送感兴趣的内容或商品，DSP 程序化交易根据广告主预先设定的目标用户范围和当前广告位的用户标签来决定是否竞价投放广告。个性化 Push、搜索、征信产品、风控产品、用户画像都是决策型的产品。

（5）平台型产品的特征有决策类和分析类产品。

决策类产品是一种基础的、可用于衍生其他产品的产品，包括大数据平台和数据平台。大数据平台提供一个个的数据产品组件，是搭建数据平台的基础软件产品环境。

这类产品的代表是各大互联网公司在其云计算服务基础上包装的 IT 解决方案，例如阿里云的数加，通过 Maxcompute、DataWorks、分析型数据库、各种云数据库、QuickBI 等产品组合，提供大数据基础服务、数据分析及展现、数据应用等完整的数据解决方案。通过阿里云产品与服务，企业可以搭建自己的大数据处理平台。腾讯云、百度云、网易大数据都有类似的大数据平台产品。这类平台产品都属于 SaaS 产品，虽然软件即服务产品，但是使用其搭建数据平台，仍需要企业具备一定的开发能力或者借助第三方的技术服务。

分析类产品的价值展现本质上就是通过什么样的形式来表现数据，让使用者更加一目了然地看到问题是什么。包括上面的报表型、分析型、统计分析软件等数据产品，从广义上看都可以归属为分析类数据产品。

通常这类产品的设计需要使用数据筛选器和透视来帮助用户看到不同维度、不同类别、不同时间的数据组合，同时使用图表的方式使得数据指标更加直观。设计时往往需要遵循图表自身的交互属性，例如曲线图反应趋势，饼状图反应比例，频率图反应分布，而为了获得更加丰富的效果则可能需要进一步采用高级别的数据可视化技术。

这些设计过程大部分属于产品设计的框架层和表现层，重在数据表现与用户的交互。而目前大部分数据产品皆止步于此，例如各种流量分析产品、指数工具、运营分析产品、数据魔方等。

决策类产品的价值展现本质上就是帮助用户解决问题，提供决策方案。如上面的决策性数据产品。比较典型的有推荐引擎，它能够直接展现关联商品，提升销售额，而不需要目标用户亲自去分析商品类别、监控趋势、总结规律等。再例如电信业根据用户信息分析拟定资费套餐，银行业根据用户数据进行风险控制，这些产品展现价值的方式也都在于直接的决策，而不是间接的数据图表。

平台型产品是指已经有了服务，例如建设好了数仓和用户标签，以及相应的数据访问能力，还需要搭建一个个不同数据产品和数据应用的数据产品环境，如上面的数据产品平台。除了使用 BI 工具获取数据、日常数据监控之外，业务数据分析需求也要产品化，同时需要把数据应用到前台产品，例如根据用户行为生成电商的个性化首页。数据产品平台是一站式的数据获取、数据分析、数据应用服务平台。这些基础服务架构中满足不同业务、不同用户的数据产品，形成了服务企业的数据产品体系。

13.1.3 大数据平台建设

大数据时代，数据的价值不言而喻，数据已经成为企业重要的信息资产。数据的存储也好，数据的整合加工也罢，归根结底都是为了使用数据。那怎么才能有效地发挥数据的价值呢？

在这之前，我们先来看看大数据与 BI。在大数据出现之前，BI 就已经存在了，简单地把大数据等同于 BI 是不恰当的，但两者又是紧密关联、相辅相成的。BI 是达成业务管理的应用工具，没有 BI，大数据就没有了价值转化的工具，就无法把数据的价值呈现给用户，也就无法有效地支撑企业经营管理决策。大数据则是基础，没有大数据，BI 就失去了存在的基础，没有办法快速、实时、高效地处理数据，支撑应用。所以，数据的价值发挥，大数据平台的建设，必然是囊括了大数据处理与 BI 应用分析建设的。

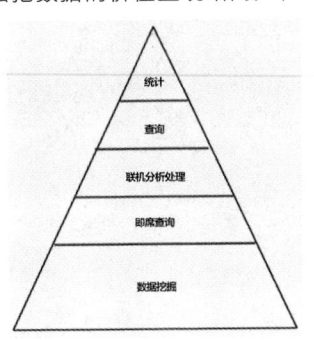

数据使用的金字塔模型如右图所示。

从数据的使用角度来看，自上而下有以下特点，对数据的要求是不一样的。

◆ 数据量越来越大，维度越来越多。

◆ 交互难度越来越大。

◆ 技术难度越来越大。

◆ 从以人为主逐步发展到以机器为主。

◆ 用户专业程度逐步提升，门槛越来越高。

企业构建大数据平台，归根结底是构建企业的数据资产运营中心，发挥数据的价值，支撑企业的发展。

建设企业的基础数据中心，是为了构建企业统一的数据存储体系，统一进行数据建模，为数据的价值呈现奠定基础。同时数据处理能力下沉，建设集中的数据处理中心，提供强大的数据处理能力；通过统一的数据管理监控体系保障系统的稳定运行。有了数据基础之后，构建统一的 BI 应用中心，以满足业务需求，体现数据价值。一个典型的企业级数据资产运营中心架构如下图所示。

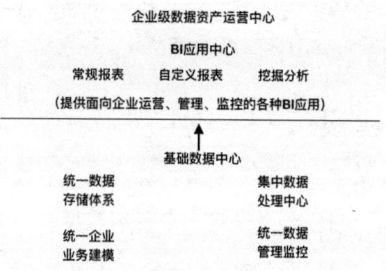

提到大数据，不可避免地就会提到 Hadoop。尽管大数据并不等同于 Hadoop，但 Hadoop 确实是最热门的大数据技术之一。下面我们通过常用的混搭架构，来看一下大数据平台如何搭建，如下图所示。

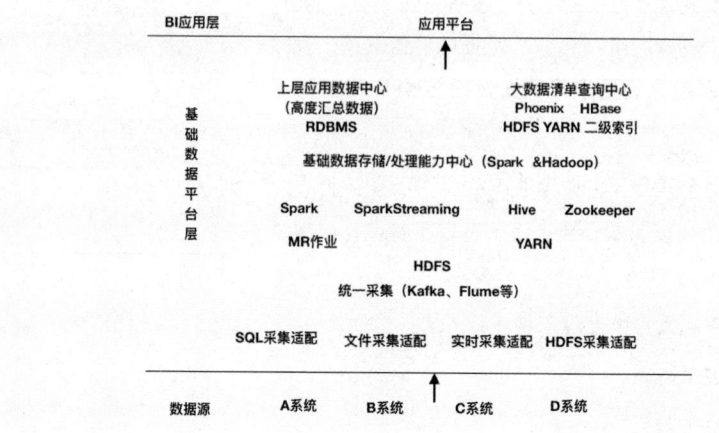

通过 Kafka 作为统一采集平台的消息管理层，灵活地对接、适配各种数据源采集（如集成 Flume），提供灵活、可配置的数据采集能力。

利用 Spark 和 Hadoop 技术，构建大数据平台最为核心的基础数据的存储、处理能力中心，提供强大的数据处理能力，满足数据的交互需求。同时通过 SparkStreaming，可以有效满足企业实时数据的要求，构建企业发展的实时指标体系。

同时，为了更好地满足数据获取需求，通过 RDBMS，提供给企业高度汇总的统计数据，满足企业常规的统计报表需求，降低使用门槛。对大数据明细查询的需求，则通过构建 HBase 集群，提供大数据快速查询能力，满足对大数据的查询获取需求。

技术只是承载业务的一种手段，无论采用哪种技术，归根结底是为了实现数据的价值。只有根据企业实际的发展需求，透彻分析企业的数据形态，才能更好地选择符合企业发展的技术架构，才能最大限度地满足企业的发展要求，发挥数据价值，支撑企业决策，提高企业的综合竞争能力。

13.2 数据产品的用户调研

1. 用户调研

用户调研的手法有很多，如问卷调查、用户访谈。这类方法的好处是操作简单、反馈周期短、贴近用户。但是，用户调研也很容易产生比较大的偏差。对此，可以从调研方和调研对象两方面进行归纳和建议。

在设计调查问卷的时候，我们往往会有先入为主的毛病，会预设一些问题引导用户。这样做可以获得自己想要的调研结果，但也远离了真正的用户需求。所以在进行用户调研的时候一定要遵守客观、谨慎的原则。

可以将用户分为 3 种类型。

专家型用户。热衷于探索新功能，并提出各种用户反馈和建议，恨不得有个性化定制版本的产品。这类用户虽然很积极，但占比很少。

随机型用户。如果学习成本足够低，这类用户还是会愿意使用新功能的。他们比专家型用户多，但也只是少数。

主流用户。基本只用几个核心功能，一声不吭地使用，不愿意使用新功能。这类用户占至少 80%。

而很多时候，会响应调研、积极反馈的，往往就是占比最少的专家型用户，他们兴高采烈地提需求，产品部门就喜出望外地接需求，最终做出来的是大部分用户都不会用的功能。因此，在获得调研报告或用户反馈时，必须搞清楚该需求是否为核心需求。

2. 竞品分析

竞品分析算是做产品的基本功和日常任务了。总的来说，竞品分析的作用如下。

◆ 更清晰地了解市场态势及走向，让团队跟上趋势。

◆ 更具体地分析业务场景，更细致地把握用户需求。

◆ 借鉴竞品优点，规避竞品缺点。

第13章 数据产品规划　　297

一般来说，竞品分析的流程如下图所示。

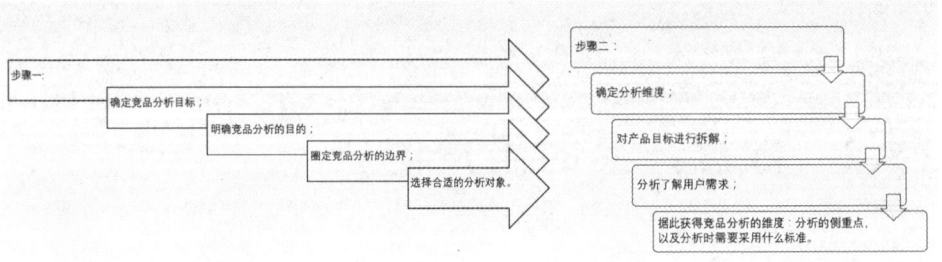

从上述流程图进行对比分析，按照步骤二所得维度，对所选竞品进行逐项对比、分析优劣。

然后总结对比分析的收获，给出有建设性的解决方案。

然而，就算掌握了分析流程，也未必能够得出具有建设性建议的竞品分析报告。一来，流程的合理无法弥补分析思维的不足；二来，随着互联网发展愈加成熟，产品也愈发同质化。

3. 数据分析

依靠数据分析得来的用户需求，往往会比用户调研更可靠些。因为很多时候，用户表达的都是自己想要的，而不是真正需要的，但用户行为遗留下来的数据却是很诚实的。

据说，微信出来之前，微博的产品曾做过数据分析，发现有 30% 左右的用户非常高频地使用发私信功能（即为移动 IM），但微博可能并没有重视这一点，这个疏漏也间接造就了微信等一大波移动 IM 的崛起。

数据分析的一般流程如下图所示，与产品开发及运营紧密结合，从而做到让数据引导产品运营及需求管理。

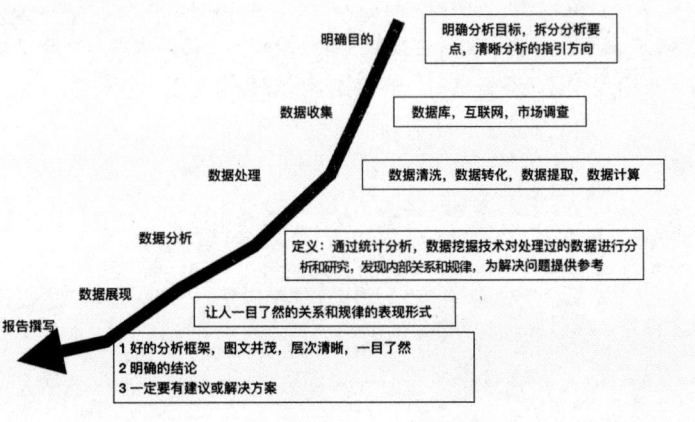

比起用户调研和竞品分析，数据分析更加系统化。

必须保证源数据的真实、完整及准确。为此，必须和进行数据挖掘的技术人员以及和业务相关的运营人员说明数据分析的目的、数据的范围及数据统计的口径。数据处理前请备份，这点非常重要。要从一堆数据里提取出具备说服力的结论不容易，但要为自己的论点拼凑出一套数据却很简单——虽然这套数据最终也是站不住脚的，在做数据分析的时候，客观和谨慎是必须遵守的原则。

4. 行业分析

如果说，用户调研和竞品分析是看现在，数据分析是看过去，那么，行业分析就是看未来。行业分析的方法论有波特五力分析模型、SCP 产品组织理论等。

一个简单的 SCP 分析框架如下图所示。

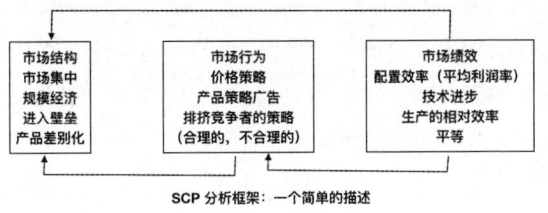

SCP 分析框架：一个简单的描述

行业分析可帮助产品团队抓住市场趋势，做到攻守有据。

行业分析的理论模型发展至今已非常成熟，需要注意的是，行业分析的第一个步骤，也是重点和难点——如何划分行业的范围。例如，一家卖煤气炉的企业做行业分析时，要看的不仅是其他企业卖的煤气炉，还得看看人家的电磁炉。

综上所述，数据产品的用户调研与传统的用户调研有一样的地方，也有不同之处，不同之处在于数据产品的场景、原型和用途。

13.3 数据产品的竞品研究

在日常工作中，可能产品经理们做了很多功能，到最后这些功能却并没有多少人使用，运营人员开展了各种推广活动，最后却没有起到什么效果。

于是我们会把目光转向竞争对手，通过观察竞争对手做了哪些效果不错的事，来优化自身的产品和策略。数据分析师通常在企业中又扮演着做竞品分析的角色，下面我们就从数据分析师、数据产品经理的角度说说如何做好竞品的数据分析。

1. 什么是竞品分析

竞品就是竞争对手的产品。竞品分析，全称"竞争产品分析"。即基于"如何更好地满足用户需求"，通过对比自家产品和竞争产品在各个维度上的指标，明确自身的优势、劣势、机会和威胁，为产品设计、运营活动、战略规划等提供市场参考和行动建议。

竞品分析可以从客观和主观两方面进行。

客观指从竞争对手或市场相关产品中圈定一些需要考察的角度，得出真实的情况（不需要加入任何个人的判断，用事实说话）。

主观指分别从普通用户视角、忠实用户视角、产品设计视角来完整地体验竞品，对产品有个基本的认知，从而列出竞品的优势或者自己产品的不足。

总体来说，竞品分析结果只能作为一种参考依据，由于信息挖掘渠道和关注点都相对主观，所以需要企业领导及管理层能够有意识地去关注并及时调整相关目标。

2. 为什么要做竞品分析

通过观察和分析竞品，能够帮助我们了解动态变化的市场格局，找到细分机会，获取灵感，吸收经验，策划优质活动。当竞品出现"杀手级"功能或"病毒型"活动的时候，也能够迅速跟进，被对手验证不成功的活动，我们也可以少走弯路。竞品分析的作用具体可分为如下几个方面。

为企业提供参考依据，在制定产品战略规划、子产品线布局、市场占有率等方面，提供一种相对客观的参考依据。

随时了解竞争对手的产品和市场动态，如果挖掘数据的渠道可靠稳定，根据相关数据信息可判断出对方的战略意图和最新调整方向。

了解细分用户群体的需求满足和空缺的情况，以及产品运营策略，一般会从对方的弱点及未满意的细分需求着手，自我快速调整，以保持产品在市场的稳定性或者快速提升市场占有率。

进入全新领域时做全局判断，新立项的产品在没有形成较为有效、完整的系统化思维和客观准确方向时，可查看有哪些竞争者。

对于竞品分析研究，也有其研究目的，我们不可能做到十全十美，由于不同的目标，竞品分析所对应的侧重点不同。数据分析师在企业运营过程中通常发挥着"医生"的作用，对内"巡诊开方"，对外"找病例，研究药方"，而找病例，研究药方的过程则是竞品分析的过程，对数据分析师而言，用竞争对手研究来描述竞品分析更恰当。

3. 竞品分析的主要内容

◆ 竞品基础数据管理。

◆ 竞品流程管理。

◆ 竞品分析、竞品展示。

◆ 竞品数据结构的搭建。

◆ 竞品分析管理。

4. 如何做好产品的竞品分析

竞品分析在一家成熟的企业，基本上是长时间、定期的持续积累，不断挖掘和分析的一个过程，这个过程可以提高数据准确性，使结论更具有说服力。

（1）确定哪些是你的竞争对手

在确定竞争对手前，需要对竞品进行分级处理。因为在竞品分析过程中，为了让效率最大化，我们可以针对不同竞品对手的不同模块，采取不同的力度去研究和分析。要重点监测核心竞争对手，因为他们一点点小细节的改变，就可能导致自有产品的用户流失。竞品的分级如下。

直接竞争者。这里包括目标市场方向一致、客户群体针对性极强、产品功能和用户需求相似度极高的产品。

间接竞争者。市场客户群体目标不一致、但在功能需求方面弥补了自有产品缺陷（或者相反）、但又不是主要靠该产品盈利的产品。

同行业不同模式的。例如 B/S 互联网模式和行业解决方案，以及单机 C/S 客户端，"一锤子买卖"和长期靠服务收费的产品。

资本雄厚概念炒作的。观察到各大媒体平台经常炒作概念和具备行业前瞻性的一些团队，以及人才背景、资质、规模非常有潜力的企业。

（2）从哪里获得竞争对手信息

公司内部。从企业的市场部、运营部、管理层等收集信息，建立持续的产品市场信息收集小组，调查核心用户、活跃用户、普通用户的不同需求以打造弥补和间接代替的产品。

公共资讯平台。如企业信用查询系统、天眼查、企查查以及水滴信用，或者 IT 桔子、清科等投融资数据库等平台；行业媒体平台新闻、论坛及 QQ 群；季度 / 年度财报；各大人才网站同行业人才的简历。

竞品。如竞争对手官方网站、交流互动平台、微信公众号、动态新闻、产品历史更新版本、促销活动；对方的博客及联系方式，包括对手官方网站招聘信息，还有拉勾、脉脉等职场社交招聘站点；试用对方产品、客服咨询、技术问答等。

（3）需要获取哪些信息

企业信息。如公司技术、市场、产品、运营团队规模、核心目标、产品定位和行业品牌影响力；实际季度 / 年度盈利数值，各条产品线资金重点投入信息；占据公司主盈利的产品线。

产品信息。产品版本发布情况，包括竞品的新版本发布了哪些东西，这个版本可能会涉及新的活动、新的资源、新的图片，然后也可能有一些新的玩法、新的介绍、新的内容。发布频率如何，他们发布的内容与我们相比又如何，这是从发布的内容上面直接能够看到的双方的差距。产品功能细分及对比，我们可以全方位地了解竞品有哪些功能，并对自己的产品做一个自我剖析。例如充值功能，为什么 A 产品的某一个充值渠道会增加这一步，B 产品为什么要保留这一步，保留这一步的目的是什么，是提醒用户充值安全的问题，还是提醒用户这一步是多余的。这些其实都是很小的细节，但正是因为这些细节，让用户觉得我们的产品很贴心、很好用，从而让用户继续使用。除此之外，还有产品的稳定性、易用性、用户体验交互、视觉设计实力、技术实现框架优 / 劣势等。

运营信息包括以下几种。

用户群体覆盖及市场占有率。例如我们做了一款产品，做到了 200 万用户，感觉已经做得非常好了。但是如果发现竞争对手已经做到了 1000 万，这时就该反省自己，产品还需要继续努力加速增长。

运营策略。我们可以从市场和运营的角度看，竞品如何通过品牌、活动等方式来推广产品，对用户的影响力有多大，用户成本是多少。例如获得一个注册用户或者一个活跃用户要花多少钱，免费用户跟付费用户的比重分别是多少等。

盈利模式。要了解竞品是怎么收费的，是在向投资人要钱，向广告主要钱，还是向用户要钱？如果自己是一个收费产品，对方是一个免费产品，我们更需要了解产品面向的用户中有多少值得去收费，有多少意愿被收费。可能部分用户会觉得收费的比较好，但是大部分用户更可能选择免费的那个。如果是向用户收费，就不能有太多的弹窗或广告等。

（4）常用的分析方法有哪些

① SWOT 分析法。这种分析方法实际上是对企业内、外部条件等各方面内容进行综合和概括，进而分析组织的优势和劣势、面临的机会和威胁的一种方法（较为宏观和主观），也可作为竞品分析的一种方法。

②客户满意度模型（KANO 模型）。KANO 模型定义了 3 个层次的顾客需求：基本型需求、期望型需求和兴奋型需求。这 3 种需求根据绩效指标分类就是基本因素、绩效因素和激励因素。

基本型需求。用户认为产品"必须有"的属性或功能。当其特性不充足（不满足用户需求）时，用户会很不满意；当其特性充足（满足用户需求）时，用户认为这是理所应当的。

期望型需求。要求提供的产品或服务比较优秀，但并不是"必须"的产品属性或服务行为，有些期望型需求连用户自己都不太清楚，但是又是他们希望得到的。在市场调查中，用户谈论的通常是期望型需求，期望型需求在产品中实现得越多，用户就越满意，当没有满足这些需求时，用户就不满意。

兴奋型需求。提供给用户一些完全出乎意料的产品属性或服务行为，使用户非常惊喜。当其特性不充足时（并且是无关紧要的特性），用户会无所谓。当产品提供了这类需求中的服务时，用户就会对产品非常满意，从而提高用户的忠诚度。

③波士顿矩阵。波士顿矩形是一种常见的分析方法，如下图所示。

问题类产品。处在这个领域中的是一些投机性产品，带有较大的风险。这些产品可能利润率很高，但占有的市场份额很小。这往往是一个公司的新业务。

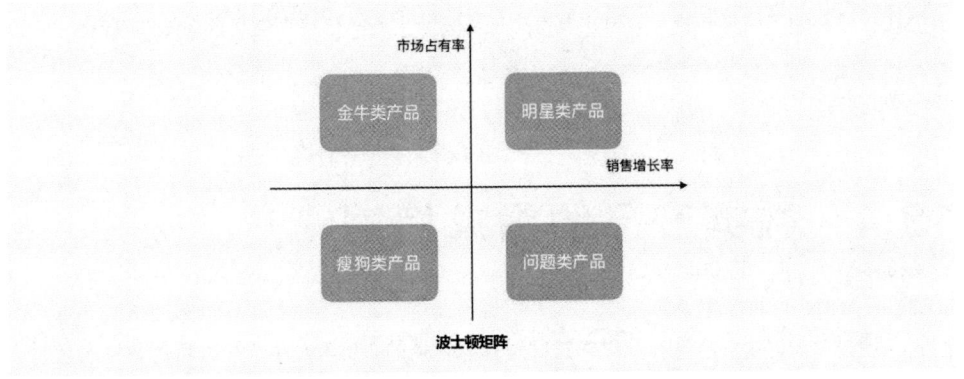

波士顿矩阵

明星类产品。这个领域中的产品处于快速增长的市场中并且占有支配地位的市场份额，但也许会、也许不会产生正现金流量，例如暴增式用户量和装机量。

金牛类产品。处在这个领域中的产品产生大量的现金流量，但未来的增长前景是有限的。

这是成熟市场中的领导者，它是企业现金流量的来源。

瘦狗类产品。这个领域中的产品既不能产生大量的现金流量，也不需要投入大量成本，这些产品没有希望改进其绩效。一般情况下，这类产品常常是微利甚至是亏损的。

④信息对比。信息对比分析法通常会从以下方面进行分析。

产品基本信息，如产品名称、产品类型、语言版本、网址、微博等。

公司背景，如公司资本、产品技术、市场、运营团队情况等。

用户定位，不同形式和行业用户，但对产品都有诉求。

用户需求，如功能、视觉设计、交互体验、用户满足期望值等。

产品详情，如产品定位、是否跨行业目标、产品模式等。

产品功能，大小功能模块对比。

盈利模式，分析竞争对手的各种盈利模式。

运营策略及数据排名，如周期活动、运营规则、行业排名、外链关键字等相关数据。

除此之外，还有 5W2H 分析法、十字象限分析法、MECE 原则等，以及市场和战略中常用的方法，如波特五力分析模型、波特价值链分析模型、SCP 分析模型、麦肯锡矩阵等，这里不再详述。

综上所述，虽然可以从多个维度对竞争产品进行全面的数据分析，但实际情况可能只需要考虑某一个或几个维度（或者产品环节）。

竞品分析可以选择分析比自己的产品更厉害的产品，也可以是和自己的产品差不多的产品，具体还要看分析的目的是什么。例如产品策划或者验证一个想法时，基本会选择市场上发展比较成熟的产品来分析，同时也要考虑是否有新生产品已经在做自己想做的事情了。

再强调一点，数据产品的竞品研究主要通过数据来验证竞品的某个特点。

13.4 数据产品的需求挖掘

当场景对内时，数据产品的需求挖掘是针对 B 端的。当 ToC 生产个人用的数据产品时，需要给 C 端用户提供适合的数据产品。

下面我们看数据产品需求挖掘的全过程。

数据产品有很多种类型，根据产生价值的形式，可以粗略划分为 3 种类型：平台型数据产品，业务决策型数据产品，算法策略型数据产品。

平台型数据产品作为工具平台，为业务和技术人员提供数据的查询、管理和开发等基础服务，较为常见的是数据提取工具、报表工具、ETL 开发平台等。业务决策型数据产品作为决策辅助，通过数据可视化，为各层级管理者和业务人员提供数据洞察和分析工具，较为常见的是传统的 BI 产品、DashBoard 等。算法策略型数据产品，常作为一种产品背后的算法逻辑存在，为产品提供价值增益，常见的有商品搜索、排序等。

下面以业务决策型数据产品从原始需求到产品需求深度挖掘实现的全流程为例，介绍数据产品的需求挖掘过程。

1. 产品立项和需求调研

此为流程第一部分，也是决定产品定位和方向最重要的环节，可以大致分为两个小部分。

立项。一般想法都是自上而下，在公司高层决定大力提升数据决策效率时，产品即应运而生。此阶段，一般会决定产品面向的用户群体、服务用户的方式，以及在提升业务收益上的产品定位。

需求调研。明确了用户群体和产品定位后，就需要花费大量精力做前期调研，发现用户痛点，了解用户使用的场景和要解决的问题，分析共性问题和个性问题。

2. 需求分析和产品方案设计

此为需求挖掘流程第二部分，是需要花最多时间来思考和优化的环节，也可以大致分为两个小部分。

需求分析。对调研内容进行分类归纳，分析用户的看数据的场景、用数据解决问题的通用方法等，需要一定的产品功底和数据分析功底。

产品方案设计。对于一款从 0 到 1 搭建的业务决策型数据产品，我们需要考虑三方面的设计：指标体系设计、数据可视化设计、产品框架设计。指标体系是从业务需求到数据产品的转化过程，包含发现问题、分析问题、解决问题的一套思路，并对各业务指标进行主题归类。数据可视化设计，则需要思考指标体系如何以图表形式合理地展现给用户。产品框架设计要根据产品页面的主题拆分和筛选设计选项，进行层级结构和布局设计。

3. 文档整理和需求评审

完成产品方案设计后，需要首先找需求方进行业务评审，常常需要反复修改。确认满足用户需求后，要为下一步流程要对接的人员撰写产品文档，包括设计需求文档、指标需求文档、前端需求文档、后端需求文档。

写完文档后，还要进行技术评审，包含指标需求数仓评审、设计需求评审、前后端技术评审等。

4. 排期开发和跟进

到此，就算正式进入开发阶段，产品经理的压力会减轻，只需要做好项目进度管理，耐心做好需求细节答疑即可。

5. 产品测试和验收

待产品开发完成后，需要对成果进行测试和验收。如果有专业测试工程师，则此步骤由其完成，如果没有，则产品经理需要对所有细节进行核验。最容易出差错的是前端页面，其次是数据指标口径和准确性，需要详细比对。

6. 上线和推广运营

产品在项目开发团队内部测试和试运行没有问题后，就可以正式上线推广了。等待用户的反馈回来后，也就开始了持续而烦琐的修 bug、改善体验、核对指标等工作。

除运营工作之外，还需要有一个合理的产品评估体系，用来衡量产品的优劣、评估产品是否满足用户需求、努力挖掘新的需求。

至此，一款业务决策型数据产品就实现了需求挖掘的全流程。

13.5　数据产品功能设计思考

单纯的数据没有价值，只有被合理利用，才能充分发挥数据本身的价值。

1. 数据产品的作用

数据产品不同于互联网产品，数据产品的一个重要作用就是辅助决策。随着大数据兴起，未来可能会有更多的辅助决策型数据产品往智能决策型转变。互联网产品中常用到的需求分析是从用户研究开始的，从定义用户的特征来发现用户的需求。数据产品的首要任务是帮助人们决策，而不是直接创造利润。另外，数据产品是一个分析数据和展示数据价值的工具，因此，数据产品的需求基本来自两方面：决策和数据。

例如，一个常见的数据产品——天气预报 App，这属于轻辅助决策类型的产品，也就是说这类决策所造成的后果不是那么严重。由于没有看天气预报，导致出门没有带雨伞，后果要么是买一把伞，要么被淋湿。这个后果相较于企业经营决策来说没有那么严重，所以它的盈利能力也比较弱——只能通过导流量、卖广告和推荐下载 App 等方式盈利，而不是通过用户为数据本身付费而盈利。

一般来说，哪里有数据，哪里就有潜在需求，有很多数据的企业特别适合从这个方向去开发数据价值。互联网企业沉淀了很多数据，他们也知道怎样利用这些数据，因此数据产品最先是在互联网企业被广泛应用的。

除此之外，一些提供基础的生活服务的企业也拥有大量数据，如果这些企业将拥有的数据开放并充分发掘其价值，那么数据产品也会有用武之地。例如自来水公司和电力公司有大量家庭每月的用电、用水数据，这些数据目前在水电行业可能没有更好的用武之地，但是从这些数据可以判断房地产的空置率，可以为房地产行业的投资决策提供一定的参考依据。

2. 数据产品的设计流程

数据产品的设计流程跟一般产品设计的大致框架相似，因为一些固定的设计步骤是必不可少的，大体上可分为前期规划、中期设计和后期管理不同流程，不同流程的产出内容不同。

数据产品设计流程又可细分为需求分析、数据指标设计、数据可视化设计、数据展示逻辑设计以及产品管理 5 个阶段。

需求分析。这个步骤和互联网产品设计的需求分析类似，是产品设计的首要过程，包括商业需求分析、市场需求分析、产品需求分析和产品规划的过程。

数据指标设计。承接上一步需求分析的结果，制定出用户最感兴趣、易于理解，并且最能体现问题本质的数据指标。

数据可视化设计。根据上一步设计出来的数据指标，并且根据最终数据类型和表现目的，选择最佳的数据可视化方案，将每一个数据指标美观且直观地呈现给用户。

数据展示逻辑设计。包含数据指标展示逻辑设计、界面设计等过程，主要是根据各种已经实现了可视化方案的数据指标／图表进行界面展示逻辑设计。除了对数据指标进行分类展示外，还需要从多个角度设计数据的展示逻辑，将每一个指标都有逻辑地呈现出来，使用户在看多个数据指标时清晰明了。

产品管理。包含研发管理、产品上线、后续维护、产品迭代更新或结束等过程，这个要求和常规的产品经理对产品全生命周期负责的理念一致。

数据产品经理近几年随着大数据技术的成熟，逐渐受到企业的重视和需要，但从介绍来看，想要做好数据产品经理并非易事。目前很多从事这一职业的人都只具备其中一部分能力，全面的能力需要在工作中逐步积累和提升。

第13章 数据产品规划   307

3. 数据产品经理的工作

目前，数据产品经理多数由数据分析师或数据挖掘工程师转型而来，也有其他岗位转岗过来的。总之，要成为一名优秀的数据产品经理不是那么容易的事。

不同公司的业务不同，数据产品经理从事的工作内容也可能不同，但整体而言，数据产品经理的工作会离数据更近一些，而互联网产品经理通常离用户更近一些。

数据产品经理是产品经理更细分的一个领域，需要具备的技能更专业化，有人说做产品的人不需要懂技术，其实好的产品都是懂技术的产品经理设计的，做数据产品的人就更需要懂技术了。

数据产品经理既要懂产品设计，又要懂数据技术，还要有团队管理的能力，是综合性的人才，要有产品化的思维才能为公司制造更大的价值。

13.6 数据产品设计指南

数据产品，是以数据为主要目标的产品，无论是面向客户的完整产品，还是部分后端产品，都具有与其他技术产品不同的特性。

数据产品可以定义为通过使用数据促进最终目标的产品。

这一定义乍看起来似乎相当广泛。毕竟在大多数情况下，所有的 Web 产品都使用数据，它们都是使用数据来促进最终目标的实现，那现在网络上的一切都是数据产品吗？

其实，两者之间存在的一个非常重要的区别，即使用数据促进最终目标的产品（一切产品包括数据类产品和非数据类产品）和主要目标是使用数据促进最终目标的产品（纯数据类产品）之间的区别。

数据产品从某种意义上说需要有自己的类别，它们是以数据为主要目标的产品。

为什么要如此拘泥于细节？数据产品，无论是面向客户的完整产品还是部分后端产品，都具有与其他技术产品不同的特性。

虽然许多标准的产品开发规则都适用——解决客户需求、从反馈中学习、确定优先级等——但有些微妙之处可能会使对数据产品的思考有些不同。

上面的定义用于区分我们是应该像通常那样考虑产品，还是应该考虑更适合数据化环境产品的开发等方面。

下面通过几个例子进行说明。

媒体是数据产品吗？根据我们的定义，媒体并不是数据产品。它虽然使用数据，但它的主要目标是建立一个更好的发布平台——一个允许任何人向世界提供他们的故事和想法，并帮助"牛人"登上各种头条和封面的平台。虽然数据将在这项任务中发挥关键作用，但它不是实现这一目标的主要驱动力。数据也不是媒体的目标，对于媒体来说，数据是达到目的的手段。

如果我们对媒体平台进行再深入一点的分析，我们会发现那些通过使用数据来定义其目的的产品，例如媒体的搜索功能，它是一种数据产品，其目标是将相关文章推荐给相关读者，而数据是实现这一目标的关键。

我们再举一个例子，Gmail 是数据产品吗？也不是。Gmail 是一种电子邮件服务，其主要目标是允许个人之间进行异步的书面通信。然而，Gmail 将我们的电子邮件分类成重要和不重要的数据产品，其主要目标是对电子邮件进行分类，这主要集中在自然语言处理上。

Instagram 是数据产品吗？并不是。但如果将其视为离散产品，则其大部分功能都是数据产品，例如标记、搜索、发现。

谷歌分析是一种数据产品吗？是的。它的主要目标是给用户带来对在线行为的定量理解。这里的数据是与用户交互的中心，与目前提到的其他产品不同，它的使用目的是明确的。

显然，存在各种不同类型的数据产品。即使将可能的产品领域缩小到符合我们定义的范围之内，这些产品之间仍然存在相当大的差异性，这种差异性在产品开发中进一步微妙化。

我们可以将这些数据产品分为五大类：原始数据、派生数据、算法、决策支持和自动化决策。

一般来说，这些产品类型是根据日益增加的复杂性列出的。更具体一点来说，它们是根据不断增加的内部复杂性列出的，并且（应该）用户方面的复杂性较低。

换句话说，数据产品本身的计算、决策或"思考"越多，则用户需要的思考就越少。

通常（但不完全），原始数据、派生数据和算法都有技术使用者。在大多数情况下，他们往往是一个组织的内部产品，但也有反例，如广告交流或 API 套件。决策支持和自动化决策产品往往具有更均衡的技术和非技术用户组合；对于任何给定的产品，用户组往往是其中之一。

原始数据。从原始数据开始，我们收集并提供可用的数据（也许我们正在做一些小的处理或清理步骤）。然后，用户可以选择使用适当的数据，但大多数工作都是在用户方完成的。

派生数据。在向用户提供派生数据时，要做一些处理。对于客户数据，我们可以添加其他属性，例如为每个客户分配一个客户段，或者添加他们单击广告或从某个类别购买产品的可能性。

算法（或者算法服务）。我们得到了一些数据，通过算法运行它——无论是机器学习还是其他，并返回信息或见解。谷歌图片就是一个很好的例子，用户上传图片，并接收一组与上传图片相同或相似的图片。在后台，该产品提取功能，对图像进行分类，并将其与存储的图像进行匹配，返回最相似的图像。

决策支持。在这里，我们希望向用户提供信息，帮助他们做出决策，但我们自己并没有做决定。分析仪表盘（如 Google Analytics、Flurry 或 WGSN）都属于此类。我们做的大部分工作都是在我们这边进行的；我们的目的是以易于消化的格式向用户提供相关信息，以便他们做出更好的决策。在谷歌分析的案例中，这可能改变编辑策略，解决转换漏斗中的漏洞，或者加倍降低给定产品策略。这里要记住的重要一点是：虽然我们在数据收集、新数据的派生、选择要显示的数据以及如何显示这些数据等方面做出了设计决策，但是用户仍然有责任自己解释这些数据，他们控制着对该数据采取（或不采取）行动的决策。

自动化决策。在这里，我们将给定领域内的所有智能业务外包出去。Netflix 的产品推荐或 Spotify 的每周发现就是常见的例子，自动驾驶汽车或无人驾驶飞机更是这种闭环决策循环的物理表现。

我们允许算法完成这项工作，并向用户提供最终的输出产品。

到目前为止，我们已经讨论了功能数据产品的类型。这些数据产品中的每一种都可以以各种方式呈现给用户，对他们的设计有明确的影响。

这些接口或交互是什么？即 API。对于 API，我们假设面对一个技术用户。我们应该遵循良好的产品实践，并确保 API 使用起来足够直观，有良好的 API 文档记录，才能够满足用户的需求。

仪表盘和可视化。对于仪表盘和可视化，我们假设在处理数字方面具有一定的统计知识或能力。在最极端的情况下，我们可以为用户做很多繁重的工作，并努力确保我们只以易于理解的格式呈现最相关的信息。通过选择要显示的信息，我们正在影响决策，但它仍然将解释和决策留在用户的手中（或头脑中）。

网络元素。过去，用户最不常见的数据产品的技术接口就是网络元素。最近，这些接口的应用领域被广泛扩展，包括语音、机器人和增强现实等。虽然这些新接口的设计细节都是明显不同的，但其中有相当大的重叠，因为它们都围绕着向用户展示决策结果，也许还传达了人工智能实现决策的原因或方式。

根据可能的接口绘制数据产品的类型，我们得到一个点矩阵，每个点代表不同数据产品矩阵——不同的产品需要不同的方法，如下图所示。

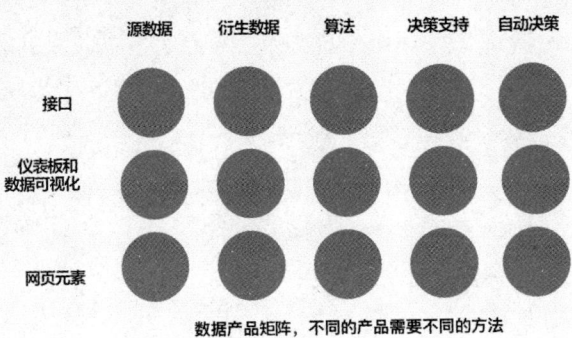

数据产品矩阵，不同的产品需要不同的方法

矩阵中的每一个元素都要求设计注意事项，无论是在用户需求方面，还是在我们用于实现目标的设计过程方面，都会有很大的不同。

从左上角的圆圈（原始数据 API）斜向右下角的圆圈（自动决策 Web 元素）指从技术、工程驱动的产品转向更典型的软件产品（即产品经理和设计师设计的更直观的产品，往往是出现在书中的产品、杂志和文章）。

当团队将人性化设计方法应用于更多的数据产品时，他们就会遇到大问题。但是，HCD 是一种整体的产品开发方法，当设计师理解用户的动机和行为时，它是一种很好的方法。对于技术数据产品，产品边界通常被人为地加以限制，并且产品和用户体验团队通常不具备以下能力：了解技术用户行为的复杂性；探索这些复杂性的能力。

尽管用户研究的输出结果可能与面向消费者的产品或真正典型的 SaaS 产品有很大的不同，而且关键绩效指标的定义可能在技术方面出错，但设计思想和精益方法论都具有足够的可塑性，使我们能够针对这个新领域调整我们的方法。

在将这些方法应用于数据产品时，要确保问题空间是根据最终用户而不是直接数据输出的结果来定义的。这很可能意味着要扩大团队，将相邻的产品和产品经理吸收进来。

同样，如果用户是一个技术型的用户，那么我们就应该适应这种环境，要有同理心，对于遇到工程问题的用户，这可能就意味着我们必须打开一个 IDE 并进行编码。

第14章

数据产品经理如何实现数据产品

14.1 数据产品经理工作内容

14.2 数据产品团队职能

14.3 做出数据产品和卖出数据产品

14.4 数据产品运营

有的读者比较关注如何落地数据产品，有的读者比较关注数据产品的执行，本章主要讲解数据产品经理如何策划部署实现数据产品。

CHAPTER

FOURTEEN

14.1　数据产品经理工作内容

14.1.1 数据产品经理工作职责

数据产品经理的主要工作职责如下。

◆ 负责公司产品的数据分析工作，梳理数据基本指标，建立数据算法模型。

◆ 优化与完善数据工具，以数据为驱动力，为产品策划和运营提供决策依据及策略指导。

◆ 关注大数据应用相关方向的前沿研究，并将相关数据与产品特点结合，设计个性化的数据产品及可视化产品。

14.1.2 企业对数据产品经理的要求

企业对数据产品经理的主要要求如下。

◆ 负责数据相关产品的规划与设计，推动数据应用平台的建设。

◆ 负责数据相关产品的质量管控，确保数据的完整性及正确性。

◆ 负责数据产品相关元数据的管理，如指标、维度、报表分析模型等。

◆ 根据需求设计数据分析产品和报表体系，并推动系统的建设。

◆ 充当数据分析团队与数据技术团队的沟通桥梁，深入了解业务需求，形成相关文档。

◆ 最好具有 3 年以上互联网产品工作经验，2 年以上数据产品经理工作经验。

14.2　数据产品团队职能

大数据时代，如果一个企业具有庞大自有数据，那么作为一个承担数据体系建设责任的数据团队，要从哪些事情开始做起？

一开始的数据需求基本都是企业的领导者要快速了解公司的业务情况，例如销售、财务、研发环节的一些统计指标。

于是数据团队开始熟悉企业的各种数据，把各种不同数据源的数据汇集到大数据技术栈：把业务数据库的数据同步出来，把在线系统的日志收集起来，把用户在产品各端的行为记录采集起来。接着，基于大数据技术栈，有针对性地进行数据清洗、数据统计，然后将数据展示给领导者。

当只有几个或几十个指标需求时，这么做问题不大，但数据需求会很快膨胀起来，指标需求增长到好几百个，数据团队开始疲于奔命，响应业务方繁杂多变的需求。每个指标都要从原始数据算起，重复工作很多，加上都是独立做计算，同类指标口径歧义的问题也越来越严重。同时，快速增长的计算任务，带来任务产出稳定性、及时性的大幅下降。数据团队同时面临开发人力的不足、数据产出的不稳定以及业务方的频繁不满。

团队思考再三，为了解决困境，决定从以下两件事情做起。

第一是建立数据研发的系统，解决任务开发、调度、运维、质量保障方面的问题，把数据开发和数据产出管理起来。

第二是建立企业的数据仓库，通过对企业业务和数据的调研、梳理，将企业各个业务领域的数据规整起来。通过定义一系列设计规范，完成数据仓库模型的设计，接着基于数据仓库模型实施数据开发。

数据仓库建设是一个企业数据体系建设过程中很关键的一项工作，也是工作量巨大的一项工作。

在数据仓库建设过程中，产生的标准规范、表结构、任务依赖、存储计算资源、业务用途等信息都需要统一管理，如通过数据地图让数据可见，而不是让数据散落在一行行代码的一个个计算任务里；通过追溯，管控数据的依赖关系，数据的质量保障和问题跟踪能有据可依；数据还可以从企业数据资产的角度来看待、盘点。

有了数据仓库和不断丰满的业务指标体系，数据团队的工作变得规范、高效起来，团队也步入正轨。这个时候，新的问题出现了，企业领导者开始质疑：数据团队有这么多人，做了这么久，怎么没看到什么产出，没看到对业务产生什么实际促进，就做做数据报表需要这么多人？数据团队的价值在哪里？这是整个团队面临的又一个大问题。

团队开始思考如何让数据产生价值，有几个想法越来越确定。

（1）数据要产生价值，不是收集尽可能多的数据然后躺在那里，也不是开发尽可能多的指标然后展示在那里，而是要被用起来，被"活"用起来。

（2）我们不能假定用户都会知道数据的好处，而是要降低用户使用数据的门槛，让用户知道怎么用数据、怎么用好数据，知道数据的价值。

（3）一个个数据报告是静态的，但分析的理念和框架是动态的，是可行动的。通过提炼分析框架进行数据泛化，形成数据产品，如 AARRR 模型的用户分析产品，又如针对大促的全流程电商运营分析产品，这些产品才能让数据被真正用起来。

于是团队开始基于业务现状、目标来研发数据分析产品。在这个过程中积累了不少心得：数据产品要聚焦业务场景；数据产品也要重视用户体验；数据产品要打通分析、行动，形成闭环。

有了数据产品，用户可以以很低的门槛使用数据，用数据做决策。接下来，数据团队面临的挑战又是什么呢？

挖掘数据价值，让数据不仅能通过分析框架来指导业务，还可以直接赋能业务，让基于数据洞察做业务创新变得可能。

团队通过用户画像做精准营销，做千人千面，通过基于行为的用户分类做用户促活、做流失用户挽回，通过销量预测做商品补货、做商品调拨……

从数据分析到数据洞察，从业务描述、业务诊断到业务预测、决策支持。

最后，总结下数据团队都做了哪些事情。

◆ 数据采集和集成。

◆ 数据仓库规划和建模开发。

◆ 数据治理和数据资产管理。

◆ 数据产品和服务。

◆ 数据挖掘和算法赋能。

时下，很多大数据厂商，不管是提供基础设施的，还是提供 PaaS 平台的，又或是提供数据应用的，都喜欢说自己是大数据整体解决方案提供商。回看这个数据团队所做的事情，这些厂商要做到什么程度才能称之为"整体解决方案"？才能从工具层面解放这个数据团队，让其聚焦到业务上，做产出最大的事情？

第一，覆盖技术栈广、性能高，以及稳定的数据基础设施，满足数据离线/实时计算、存储、查询等需求。

第二，完备的数据开发工具支持，高效解决数据集成、数据开发、任务依赖管理等工作，以及完善的离线/实时任务监控、运维工具。

第三，配合数据开发工具，形成整合、统一的元数据中心，解决数据治理问题，如数据的全链路"血缘"追溯、数据质量的监控保障等。另外，针对数据仓库建设，要从工具和标准规范层面打通数据仓库规划、模型设计、开发、测试等流程，降低数据仓库建设门槛。最后，能提供数据管理的门户，让从业务视角去管理企业的数据资产变得可能。

第四，通用和场景化的数据分析产品及服务，如可视化 BI 产品、应用/用户分析产品、营销监测产品、A/B 试验产品、数据查询服务、用户画像存储和查询服务等，让数据团队不用花费大量时间去"造轮子"。

第五，机器学习算法建模、调试等工具支持，降低算法模型开发的上手难度，驱动数据团队基于数据智能的业务创新实践。

14.3　做出数据产品和卖出数据产品

数据产品经理的工作职责是做出数据产品并推向市场，而数据产品经理在做出数据产品的时候需要理解数据产品的层次和如何将数据产品商业化。

14.3.1 数据产品的 4 个层次

数据产品可以分为以下 4 个层次。

第一层是通用的数据分析及可视化工具，能够连接各种数据，解决分析师、运营等人员查看和分析业务数据的需求，如进行数据的多维分析、数据报告的制作等工作。

第二层是场景化的数据分析产品，通用工具只解决了获取和分析数据的需求，但其实很难要求每个岗位都有好的数据分析能力，知道怎么用数据、怎么用好数据，知道数据的价值。场景化数据产品指的是用分析师沉淀下来的分析思路或分析模型来组织和展示数据，降低数据分析的门槛，提高数据化运营的效率。例如固化 AARRR 分析模型的用户分析和流量分析产品、活动大促的专题分析产品、面向业务场景的实时数据大屏产品等。

第三层是数据嵌入业务系统的能力和服务，让业务系统可以很方便地连接和使用数据，迅速实现业务数据化。以精准营销或用户运营系统为例，业务研发团队只需要做好系统流程相关的开发，如营销渠道管理、人群筛选方式和逻辑、触及用户途径和技术对接等，而基于用户特征及行为的分群、画像能力、高性能的数据检索、聚合能力，则由这类数据产品统一以服务化或内嵌的方式提供。

第四层是数据决策类产品，集成业务知识和数据智能的技术及能力，除了用数据描述业务现状、诊断业务问题外，还能进行业务预测和决策支持，例如基于趋势预测、行业洞察直接服务高层管理者的决策。

14.3.2 数据产品的商业化

第一、二层次的数据产品要么通用，要么聚焦场景，通过泛化形成与企业业务细节无关的通用数据产品是可行的，行业里有很多企业在做，也早已被证明能够赋能企业，提高数据化决策效率，降低数据化运营的门槛和成本。

接下来谈谈在商业化赋能企业的过程中应注意的一些问题。

1. 懂得取舍

我们从服务自身业务出发，对数据产品提的要求是要足够灵活以做到真正的多维分析，要有强大的探索分析和可视化能力，还要具备非常好的用户体验。

"人人都是数据分析师"的口号听起来很好，但真正作为软件服务提供商，面对外部企业，会碰到很多问题，要懂得取舍。

2. 客户和用户

服务自身业务的时候，我们面对的是一个个用户，所以虽然是 ToB 产品，但可以用

ToC 的方式去触及和运营产品。

面对外部企业，很多时候，买单决策方（即客户）和产品使用方（即用户）是不一样的，彼此的目的、期望和利益也不同。例如客户希望购买了产品后能解决企业什么问题，如何在众多厂商中选择最佳的供应商，企业采购的预算如何等，用户则往往关注产品是否能解决工作中的问题，是否符合自己以往的使用习惯，是否稳定，是否支持某个功能等。

一味强调产品的功能往往是无法吸引客户的，也会陷入厂商之间比特色、比价格这种低质的竞争中。基于产品解决客户实际问题和痛点的方案输出非常重要，也是产品要去重视和沉淀的能力。当然，落地到企业里真正被用起来，且产生多大的价值是要依赖用户的，无视用户需求也很难成功。

3. 阅览者和编辑者

用户用产品主要完成两件事：通过分析探索形成决策依据；或者通过数据可视化制作数据报告。

数据产品的核心能力往往会倾向数据分析和可视化方面，让用户可以深度探索数据，便捷地做可视化报告。可以称这些用户为编辑者。

数据报告要被大量消费（使用）才有价值，看数据报告的人（阅览者）和做数据报告的人（编辑者）很多时候是不同的，尤其在岗位职能比较细化的中、大型企业里，阅览者往往多过编辑者，并且很多阅览者的决策层级也高于编辑者。

因此，在做数据报告时不能忽视阅览者的诉求，例如怎么解读数据报告，怎么管理数据报告，对数据有疑惑该找谁，如何分享数据报告，如何批注、评论等。

4. 功能强大和上手门槛

有些数据产品功能很多，给高级用户（Power User）很大的可操作空间，但往往会有上手门槛过高的副作用。一个没有经验的用户，一开始使用产生的价值可能只能达到 50 分，但经过一段时间的学习，有些用户可以做到 120 分。

还有些数据产品通过一定的功能削减来降低上手门槛，让一个没有经验的用户就可以做到 80 分，但高级用户的可发挥空间会受限，因为产品的能力最多也就 90 分。

如何权衡功能和上手门槛之间的关系，满足新手用户和高级用户不同的诉求，是值得深入思考的问题。

5. 两种模式

（1）私有化部署（On-Premise）。数据产品一般要连接或者采集企业的各种数据，很多企业不希望自己的数据泄露出去，要求采用传统的私有化部署模式。

这种模式对数据产品而言，在产品的基本能力之外，要有能力连接企业的其他系统，例如企业的用户账号系统，要有能力嵌入企业的内部系统，如企业的门户系统（Portal）。总结起来就是开放和集成的能力。

另外，要降低后期运维服务的人力成本，产品要足够稳定，要能自动化部署，要有完善的运维工具来提高问题定位和解决效率，总结起来就是稳定和运维的能力。

（2）云服务（SaaS）。云服务让数据产品可以以很低的成本服务企业客户，按服务、按量收费的模式也能大大降低企业使用产品的成本。

产品的更新（或问题解决方案）能以更快的节奏推送给企业客户，私有化部署带来的碎片版本、隔几年发布大版本重新收费的痛苦将不复存在。

这种模式会对数据产品带来哪些挑战？

首先，生态的能力，这类企业的业务很大可能也已经在云上，那么连接云上数据源的数据，甚至连接企业在云上其他 SaaS 服务的数据能为企业提供生态的能力。

其次，云服务面对的客户会更广，分类会更细，可能存在大量的小微企业。那么产品在使用门槛方面需要尽可能地降低。输出业务场景化的分析模版或者提供基于领域的解决方案会是一个途径。

最后，云服务的另一个优势在于可以平台化，虽然逻辑上客户之间是不可见的，但物理上是在同一个平台的，那么是否让不同客户能够分享甚至交换数据，是否要扩充、集成其他服务，例如提供云上数据仓库服务，甚至大数据基础服务，都需要做出抉择。

14.4 数据产品运营

数据化运营产品，即产品的需求来自数据。这里指数据源于产品运营，又将该数据应用于产品改进。

14.4.1 数据从哪来

企业通常可以从以下途径获得数据。

（1）网站

访问。对网站的喜好度或者需求度（次数）。

访客。多少人来过（人数）。

网页停留时间。第一次页面查看的时间（网页）。

网站停留时间。从进入一个网站的时间到离开网站的时间（网站）。

跳出率。网页。

退出率。网站。

参与度。参与网站的深度，等于访问频率（每天登录或每小时登录，根据情况定）除以访问深度（每次访问的页面个数）。

（2）邮箱广告

到达率。对方服务器没有拒绝的邮件，实际上到达率要比统计的低。

打开率。在邮件正文放一个没有颜色的图片，统计图片加载次数，实际上的打开率要比统计的高。

转化率。流程的转化率，即每一步有多少个人走到了下一步（分别统计整个流程的和每一步的转化率）。

（3）效果数据，关键节点的绩效数据

免费产品。活跃用户数，次日／周／月留存，传播效果。

收费产品。营收。

（4）找出访问率低的原因，要进行一些测试

可用性测试。易用性除以容错性。

A/B 测试。推广时不知道用哪个方案时，可以准备两个版本，按照 50% 概率投放，看哪个效果好。

用户反馈。满意度评分。

14.4.2 数据判断

你选择性地关注了一部分数据，如何判断你所关注的数据是否是正确的呢？下面讲解几个参考指标。

幸存者偏差。统计的数据并不是全量数据，样本选择是很重要的。

每个 App 的用户有多少个？用 Uid，每 24 小时注册一个新用户，看 Uid 变化了多少。

找到一个合适的指标，将无效和虚假的部分剥离，通过测试辅助指标计算。

用户细分。新老用户区分／外部数据支持，二次登录用户长期产生的销售额。

平均数陷阱。不仅要关注平均数还要看中位数。对于平均数还要对用户细分：专业顾客和普通顾客。

数据安全和隐私保护

第 15 章

15.1 数据安全

15.2 数据安全方案

15.3 如何保护隐私

近些年，关于数据安全和隐私保护的话题成为业界关注的热点，刚开始从事数据安全、数据合规、隐私保护工作的读者一定会对两者感到好奇。

另外，多个国家颁布相关法规，对数据安全与隐私保护进行严格的规范与引导。

本章将对数据安全和隐私保护问题进行介绍。

CHAPTER

FIFTEEN

15.1 数据安全

数据安全是讨论如何对数据进行保护，例如使数据库中的数据免受破坏性力量和未经授权的不受欢迎的行为（如网络攻击）的侵害。

15.1.1 什么是数据安全

业内对于数据安全存在各种各样的理解。最初，人们认为数据安全就是数据层的安全，也就是通常所说的数据库安全。在这个阶段，人们使用各种措施保护数据库，例如使用非root账号、最小化配置数据库权限、设置复杂口令等。但这还远远不够，黑客仍有可能通过其他的方式，例如应用层的漏洞（典型场景如SQL注入漏洞），利用合法的权限获取数据。

也有人认为数据安全就是DLP（数据泄露防护），通过员工行为规范、上网行为管理、文档加密、沙箱、监控等各种手段，防止内部数据泄露。这一阶段的工作重心主要放在员工办公计算机上。诚然，终端数据安全也是数据安全体系的一部分，只是这样的话，未免有点像盲人摸象，至少服务器侧（或云端）的数据安全就被忽略了。

后来，"以数据为中心的全生命周期的数据安全"理念被广泛接受，加密传输、加密存储、脱敏展示、差分隐私等各种技术手段被广泛运用。

下面先介绍一下几个概念。

加密传输。加密传输指用户数据在网上进行传输时，为了防止数据被窃取、篡改和伪造而使用的技术手段，例如投资者网上证券交易的委托数据、通信安全等信息在互联网上会进行加密传输。

加密存储。加密存储指通过加密算法和加密密钥将明文转变为密文，而解密则是通过解密算法和解密密钥将密文恢复为明文。

脱敏展示。脱敏展示指对某些敏感信息通过脱敏规则进行数据变形，实现敏感隐私数据的可靠保护。在涉及客户安全或者一些商业性敏感数据时，在不违反系统规则的条件下，对真实数据进行改造并提供测试使用，如身份证号、手机号、卡号、客户号等个人信息都需要进行脱敏展示，这是数据库安全技术之一。

差分隐私。差分隐私（Differential Privacy）是密码学中的一种手段，旨在当从统计数据库查询时，最大化数据查询的准确性，同时最大限度减少识别其记录的机会。

从目标上看，数据安全是业务团队和安全团队都能理解且能够达成一致意见的目标（数据全生命周期内的安全与合规，防止数据泄露），数据安全也是最能体现组织综合安全能力的标志。

那么，数据安全到底是什么呢？

1. 数据安全的定义

数据安全就是保障数据全生命周期的安全（包含数据的保密性、完整性、可用性）与处理合规。

全生命周期包括数据的收集、使用、存储、传输、披露、跨境转移、销毁等环节。

安全（保密性、完整性、可用性），简记为 CIA，如下图所示。

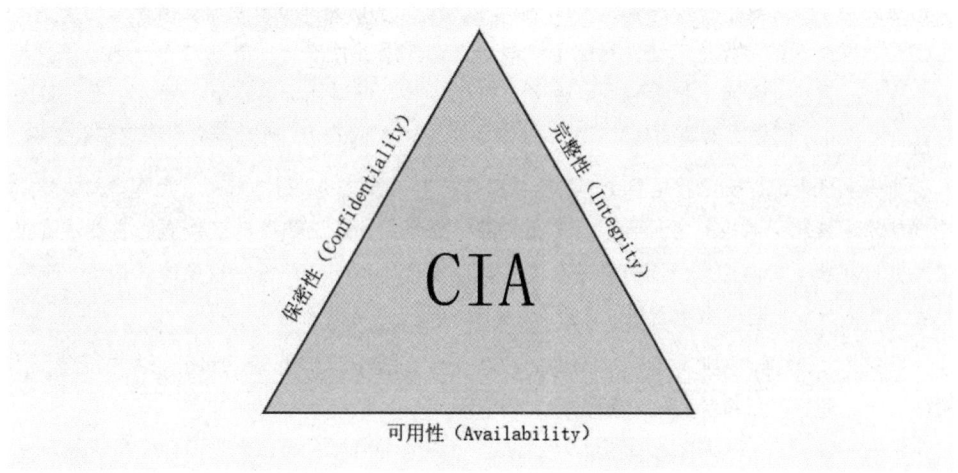

保密性 (Confidentiality)。保障数据不被未授权的用户访问或泄露。

完整性 (Integrity)。保障数据不被未授权的用户篡改。

可用性 (Availability)。保障已授权用户合法访问数据的权利。

处理合规，则是符合各项适用法律法规的要求。

2. 安全概念的变迁

在安全领域的发展历程中，使用了信息安全、DLP、网络安全、网络空间安全、数据安全等概念。那么我们为什么选择"数据安全"这个术语呢？

让我们从这些概念的变迁讲起。

（1）信息安全（Information Security）

广义的信息安全基于"安全体系以信息为中心"的立场，泛指整个安全体系，侧重于安全管理。例如 ISO 27001 信息安全管理体系就使用了广义的信息安全概念。

狭义的信息安全在不同的组织内部有不同的含义，主要有内容合规，防止有毒有害信息的发布、传播。

（2）DLP（Data leakage Prevention，数据泄露防护）

防止内部数据泄露等，例如在技术手段上，通过综合性的 DLP 解决方案，防止内部保密资料流出公司；在管理政策上，防止员工有意或无意地泄露信息，如员工收集内部保密资料提供给竞争对手等。

（3）网络安全（Cyber Security）

网络安全这个概念也是不断演化的，最早的网络安全是指 Network Security，基于"安全体系以网络为中心"的立场，主要涉及网络安全域、防火墙、网络访问控制、抗 DDOS（分布式拒绝服务攻击）等场景，特别是以防火墙为代表的网络访问控制设备的大量使用，使网络安全域、边界、隔离、防火墙策略等概念深入人心。

后来，其范围越来越广，往云端、网络、终端等各个环节不断延伸，发展为网络空间安全（Cyberspace Security），甚至覆盖到陆、海、空、天领域。但这个词太长，念起来没有网络安全方便，就简化为网络安全了。

我们现在所说的网络安全，一般是指广义的网络安全（Cyber Security），仍基于"安全体系以网络为中心"的立场，泛指整个安全体系，侧重于网络空间安全、网络访问控制、安全通信、防御网络攻击或入侵等。

（4）数据安全（Data Security）

广义的数据安全基于"安全体系以数据为中心"的立场，泛指整个安全体系，侧重于数据分级及敏感数据全生命周期的保护。它以数据的安全收集（或生成）、安全使用、安全传输、安全存储、安全披露、安全转移与跟踪、安全销毁为目标，涵盖整个安全体系。广义的数据安全也包括个人数据安全与法律合规，这里涉及了隐私保护方面的内容。

狭义的数据安全往往指保护静态的存储级的数据和数据泄露防护（DLP）等。

术语的使用有历史的因素，既体现了人们对安全认知的演变历程，也体现出使用者所在企业安全工作的侧重点（或立足点、视角）的不同。

早期，信息安全的范围最大，有句话是"信息安全是个筐，什么都可以往里面装"，而网络安全（Network Security）是信息安全的子集。网络安全（Network Security）可看成海关（或检查站），需要核对身份、检查物品（品类数量控制／检验检疫），是站在网络边界（以及重要的流量节点）看世界；数据安全的范围最小。

现在，信息安全这个词仍有使用，不过使用的场景不是很多了，且有狭义化的趋势，多数情况下可以被网络安全（Cyber Security）所覆盖，即网络安全（Cyber Security）范围最大。不过，网络安全（Cyber Security）有时并没有完全覆盖数据安全，例如数据安全里面的长臂管辖权。

数据安全更接近安全的目标,可看成数据的"随身保镖",随着数据流动,数据流到哪里,安全就覆盖到哪里。

大家其实不用纠结我们究竟应该使用哪个术语,我们完全可以根据企业的需要和侧重点选择相应的术语。随着信息时代向数据时代转变,本书将主要使用广义的数据安全这个概念,它更接近安全保护的目标,更适应业务发展的需要,并且这里的数据不仅包括静态的、存储层面的数据,也包括流动的、使用中的数据。我们需要在使用数据的过程中保护数据,在数据的全生命周期中保护数据,特别是涉及个人隐私的数据。

数据安全可以将信息安全、网络安全和隐私保护统一起来。

下面总结一下部分术语的差异和典型的使用场景,详情见下表。

术语	狭义	广义	典型使用场景
信息安全	防止敏感信息的不当扩散,包括控制有毒有害信息(黄赌毒)、内部人为泄密等	安全体系架构"以信息为中心"理念的产物,泛指整个安全体系	强调安全管理体系;强调信息及信息系统的保密性、完整性、可用性;强调内容合规;强调DLP(防止内部人为的信息泄露);强调对静态信息的保护(例如存储系统、光盘上的信息)
网络安全	安全体系架构"以网络为中心"理念的产物,侧重于网络安全域、网络访问控制、防网络攻击等	安全体系架构"以网络为中心"理念的产物,泛指整个安全体系	强调网络边界和安全域;强调网络入侵防御;强调网络通信系统或传输安全;强调网络空间主权
数据安全	以保护数据本身为核心,包括加密、脱敏、防差分隐私分析等	安全体系架构"以数据为中心"理念的产物,泛指整个安全体系	强调全生命周期中的数据保护;强调数据作为生产力;强调数据主权或数据主体权利;强调长臂管辖权;强调隐私保护

通常,如无特定的语境或上下文关联,以上 3 个术语都使用广义的含义,泛指整个安全体系,但在特定的环境也可能使用狭义的定义。

有统计表明,全球数据量每两年翻一番,也就是说从现在开始,未来两年所产生的数据量将超过过去人类历史上的数据量的总和。随着大数据时代的到来,数据无疑成为各企业和个人用户最重要的数字资产,数据安全与隐私保护将成为安全体系建设的重中之重。

3. 数据安全治理

假设我们已经知道了数据安全应该做成什么样子,包括安全设计与开发(Security by Design)、安全配置与防御部署等,以及满足各项合规要求,但是这些要求并不会自发地落地到各产品/业务中去,还需要解决"怎么落地""怎么证明合规"等工程化问题。这部分内容将在后面介绍。

15.1.2 数据不安全带来的危害

在信息时代阔步发展的今天,人们享受着信息化社会带来的智能、高效、便捷的同时,也对个人信息安全产生了深深的担忧……信息泄露让人们成了"透明人",隐私泄露事件层出不穷，财产受损现象频繁发生。你的信息安全吗？数据泄露的危害有哪些？

个人数据泄露的危害如下。

（1）金融账户如支付宝、微信支付、网银等账户与密码被曝光，会被其他人拿来进行金融犯罪与诈骗。

（2）用户虚拟账户中的虚拟资产可能被盗窃。

（3）隐私数据的泄露会导致大量广告、垃圾信息、电商营销信息等发送给用户，使用户的日常生活受到骚扰。

企业数据泄露的危害如下。

（1）企业品牌和声誉受损。网站受到攻击时，最先受到影响的是企业品牌和声誉。而企业绝对不会想要把本公司的名声与著名的入侵事件或客户信用卡信息丢失事件联系起来。

（2）流量损失。无论网站是纯粹信息型网站，还是电子商务网站，网络流量都关系到可见性与受欢迎性。如果网站遭受攻击，那些避免登录可疑网站的谨慎客户就可能不再访问该网站，不仅如此，企业网站在搜索引擎上的排名也将受到影响。谷歌通常定期抓取网站并进行识别，并将那些被黑客攻击或出现"可疑活动"的网站列入黑名单。

（3）企业人力成本。网站受到攻击造成数据泄露时，公司受其影响的不只是声誉。作为企业主、执行官或专门负责网站安全的人员，一旦在其监管之下发生攻击事件造成用户数据泄露，这可能意味着他要引咎辞职。

（4）时间、成本的增加。一旦网站受到攻击，造成数据泄露，就不得不对客户的损失进行赔偿，并修补自身的漏洞。而且网站永远不知道还有哪些风险和漏洞，对于人力物力来说，都是很大的花销。

15.2 数据安全方案

本节主要讲解 3 个部分，第一个部分是数据安全的定位、框架及制度安全；第二个部分主要讲解网络安全、物理安全；第三个部分讲解窃取技术防护、服务器安全、数据库安全和数据备份。

15.2.1 数据安全的定位、框架及制度安全

数据安全的第一个部分包含数据安全定位、框架及制度安全等。

数据安全存在多个层次，如制度安全、技术安全、运算安全、存储安全、传输安全、

产品和服务安全等。对于计算机数据安全来说，制度安全治标，技术安全治本，其他安全也是必不可少的环节。数据安全是计算机网络等学科的重要研究课题之一。它不仅关系到个人隐私、企业商业隐私，而且可以毫不夸张地说，数据安全直接影响着国家安全。

本书讲到的数据安全指数据的全生命周期安全，包含个人数据安全和企业数据安全。

一般中小企业都是托管机房服务器，不会有特别完备的数据安全保护措施。另外，即便其提供系统的安全保护措施，其内部众多服务器也不能保证完全没有病毒或者黑客程序，其内部依然需要防护。

至于阿里云，一般只是享有其基本的安全保护，其他比较有针对性的、高级的安全防护措施或者手段都跟服务器一样，需要客户每年缴纳一定的费用才会享有较高级别的安全保护。

实际情况中的一些数据安全统计包含硬件宕机时间统计和对业务的影响统计。

宕机时间统计。根据 2019 年统计情况看，济阳机房因硬件维护、网络维护及软件和系统维护等，总宕机时间大概在 24 小时以内，也就是说宕机率小于 0.27%，服务器的可靠性大于 99.73%。这样的宕机率虽说已经很低，但是在数据安全方面就没有可靠性的保障了，这还仅仅是在没有被恶意攻击的情况下的结果。

对业务影响统计。宕机会影响业务，而软 / 硬件维护会影响宕机，下面我们来简单分析一下。

每次宕机都会直接影响业务的连贯性，宕机时间会直接影响全部的业务系统，也就是说济阳机房宕机对业务的影响最少也是 24 小时，这仅仅是宕机造成的影响。再加上软件更新、系统维护、数据库、网络维护等造成的影响，这个时间远远大于 24 小时。经过仔细统计，预估业务影响将大于 7 天：宕机影响 1 天；网络维护 1 天；系统遭受攻击维护 3 天以上，主要原因是虚拟化平台上各种服务器众多，网络监控机制较差；数据库系统等维护大于 2 天，原因是数据库部分参数等待更新重启，服务器系统监控机制较差，部分系统不能时时监控到位等。以上众多原因导致对业务影响的时间加起来将大于 7 天。这样统计下来，系统的业务影响率将会大于 1.9%，可以看到系统应用的稳定性、可靠性都很低。

所有的业务平台都需要一个可靠、稳定的后台来支撑，没有可靠、稳定的后台，会对前台的业务发展产生严重的影响。

考虑关于数据安全方面的各种事项，在数据安全方面，一般公司欠缺的还很多。从上面的情况来看，最重要的是欠缺一个整体的安全管理体系，当然只是针对软件及服务器等运维方面。下图所示就是一个关于数据安全的体系结构框架图。

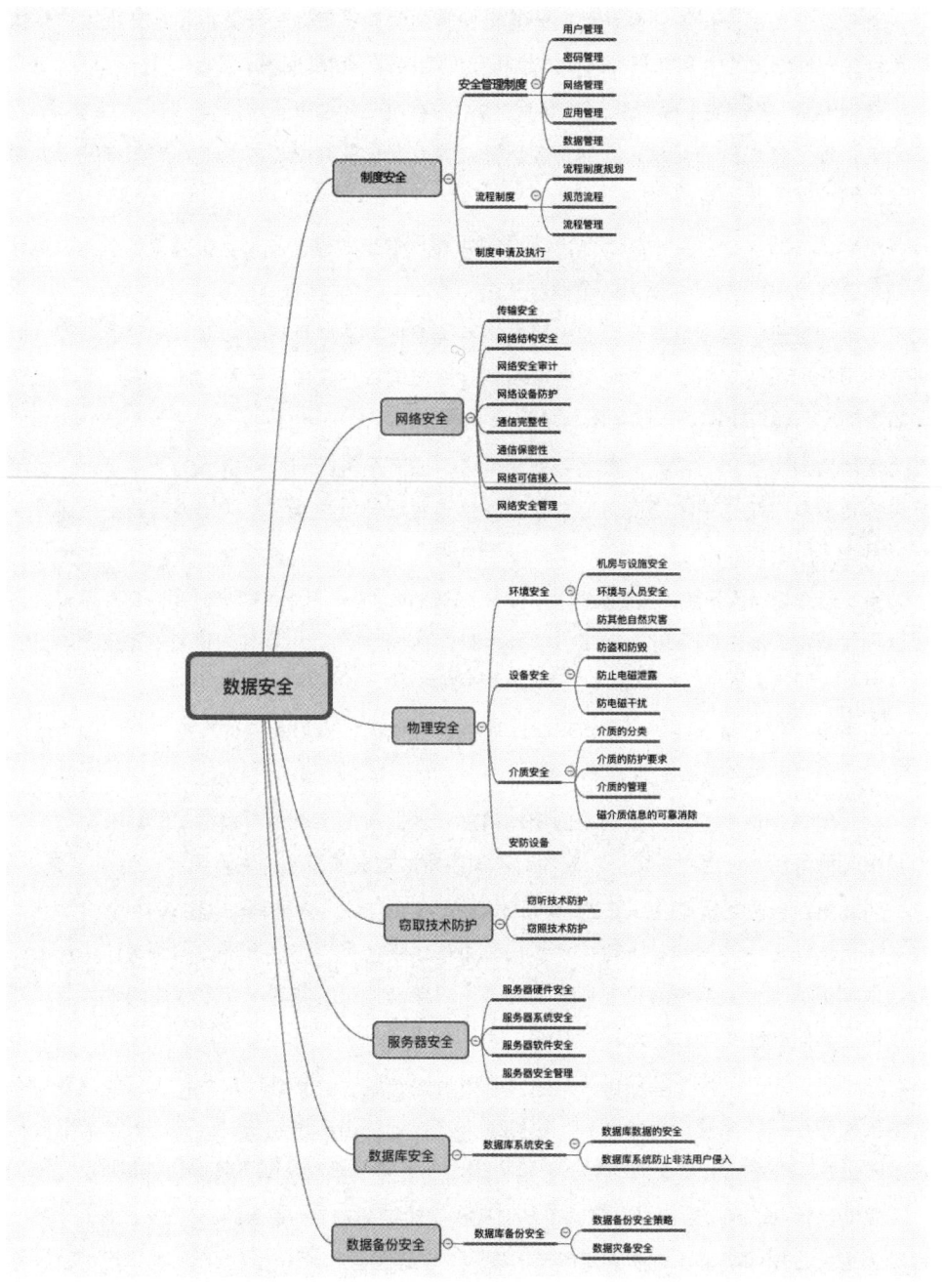

　　数据安全从大方向可以分为以下几个方面：制度安全、网络安全、物理安全、服务器安全、数据库安全。以上每一个方面单独拿出来都可以从专业的角度写一本书，这里结合实际情况简单说明一下每一个方面的注意事项。

首先介绍制度安全。制度安全指计算机拥有单位为了保证其计算机和计算机内存储的数据安全，而制定的一套约束各工作人员和非工作人员的规章制度。

在运维中，安全的管理制度也是重中之重，没有统一的安全管理制度，所谓的安全架构、安全体系都无法提供实际意义上的安全保障。拥有安全的制度，才能去管理和维护一个相对安全的系统。

（1）安全管理制度。建立安全的管理制度是所有安全意义上的一个重要环节，拥有安全的管理制度，是其他安全的重要保障。

①用户管理。用户管理分为使用用户、系统用户、应用用户、数据用户等的管理，按照各种用户的不同身份和不同等级，清晰划分用户的各种使用权限及访问范围，各个用户的需求不一，通过不同的权限来限制用户的访问范围。

使用用户指应用、系统、数据等的使用者，或者服务器、交换机等的使用者，这类用户需要根据其对这类事物的应用范围或者用量等合理安排其权利，并做详细的使用记录或者留有操作日志等。

系统用户指操作系统的各个管理用户，例如在 Linux 操作系统中，root 用户的权限最大，可以管理其他全部用户及文件数据等。root 用户的权限只有运维管理人员或者系统管理员才可以使用，其他人员可以根据需求创建用户来管理其用户的数据信息等。

应用用户指应用程序的使用用户，这里需要开发人员做好相应的程序控制，不同用户在我们应用程序中所接触的数据不一样。

数据用户这里主要针对数据库的操作用户。数据库的各个用户根据不同的数据需求赋予其相应的角色或者用户权限，以起到对不同系统数据的保护和保密作用。

所有用户按照其特点统一管理，根据不同用户的属性划分使用者范围及用户管理人员。其他人员需要向相关的管理人员提交申请，申请审核通过，经过登记以后方可使用其申请的用户权限。其他人员在未经授权的情况下不得随意使用，或者在有可使用权限以后不能直接告诉其他未经授权的人员。

②密码管理。用户密码和用户一致，都需要进行统一的管理。用户及密码的获取均需要提出相应申请，经过审核通过后，由管理人员登记给出用户及密码。管理人员需要时刻注意防止密码外泄，在需要的情况下，可以通过加密等手段对密码进行保密处理。

③网络管理。网络管理包括网络设备及网络监控等的管理，要保障网络设备安全、可靠、稳定地运行，例如防毒墙、防火墙等软 / 硬件，合理管理网络设备的 IP 地址，账号密码等不被泄露，合理设置防毒墙、防火墙等软 / 硬件的过滤规则和防护等级，合理划分管理区域层次，例如安全管理区域、办公区域、网络接入区、核心交换区、中心服务区、数据管理区等。

对于高安全性的数据保护措施，还需要划分区域边界的安全，主要包括边界访问控制、边界完整性检测、边界入侵防范以及边界安全审计等方面。

安全管理平台应实现对网络设备的集中管理，实现网络设备的升级、网络设备工作状态监管、网络流量监管、网络设备漏洞分析与加固等功能，同时具备对网络设备访问日志的统一收集和分析的能力。

④应用管理。应用管理需要加强应用开发、应用代码、应用服务等的安全管理。

应用开发过程中需要有相应的代码描述和注释，统一的代码书写规范及命名规范等。对于应用代码，需要保证代码的安全性，防止出现代码丢失、代码外泄、代码混淆等问题，一般可以通过 SVN 等工具从一定程度上提高安全性，但是并不是一定的，也需要从制度和习惯上严格要求。应用服务需要控制好安全数据的私密性，个人隐私数据及保密数据需要做好加密及解密措施，以防止隐私数据的泄露。

⑤数据管理。数据管理主要针对数据库内存储的数据进行管理，包括数据库用户、密码、数据表空间及表的管理。根据应用系统及存储数据的性质来分配应用使用的用户及密码，划分相应的数据库表结构及表空间。做到数据统一规划、数据存储形式一致，这样既可以保证存储数据的安全性，也可以使数据的存储更有条理。现状是数据存储较混乱，A 用户的数据存在于 B 用户的表空间中，这样很容易使用户的数据泄露。在数据库中，这样也很容易造成各个应用之间对数据的读取消耗很多资源，更严重的还会造成耗时较高，应用性能整体降低。

（2）流程制度。

①流程制度规划。我们来简单看看下面的流程规划图。

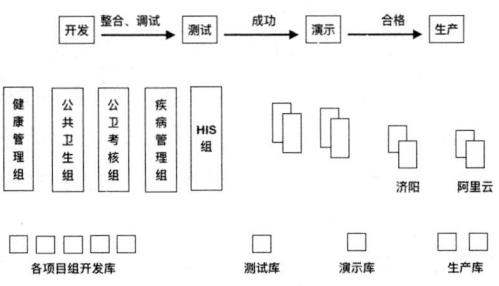

从上图可以看到，整体环境划分为 4 个大的环境，这 4 个大环境分别有各自的作用。

开发环境。这个环境严格规范在公司的内部环境，在这里由开发人员做主，开发人员在这个环境中可以做日常的开发测试。一般情况下开发人员的代码程序都在其本地的计算机上，而开发环境中，目前只有开发测试数据库。这个环境只作为开发人员开发测试程序使用。

测试环境。对测试环境的要求就相对较高一些了。这里的测试环境不是开发测试，是专门用来给测试人员进行各种功能测试及性能测试的环境。环境要求至少需要生产环境减半的配置，或者最少是符合生产要求的独立环境。这个环境不涉及其他，只作为测试环境使用，这样至少保障测试环境的测试结果符合生产环境的要求。只有经过严格测试的应用，排除了大量的 bug 和性能问题的应用，才是较稳定的应用，这个应用才能上线。

演示环境。这个环境可以适当地降低配置，但是需要保障环境的稳定运行。这个环境主要是公司领导在公司内外跟客户做程序演示时使用的，测试后的正式应用一定要先部署在这个环境中，经过演示，客户认可，审核通过以后，应用产品才可以正式上线。未审核通过的应用由开发修正测试后，再次在演示环境中检验审核。全部通过的程序，才能在正式的生产环境中上线。

生产环境。这个环境要求一定是能够承载 5 年业务数据增长量的一个可靠稳定的应用环境，并且环境的要求及软硬件的配置都需要有可靠、稳定的保障。在之前的安全架构中的规划只是针对这个环境的初步规划，生产环境的可靠和稳定主要依靠前面的流程严格保障，另外就是环境软 / 硬件的合理规范化配置。通过稳定可靠的软 / 硬件支持和相应的技术，保障生产环境的安全可靠及稳定。

②规范流程。有了相应的管理，就需要去规范其管理流程，包括之前提到的用户管理、密码管理、网络管理、应用管理、数据管理等，需要哪些资源或者权限应由相关人员走书面或者文字性的申请审核流程，审核通过后方可确认使用。

通过流程的规范（包括从开发环境到生产环境的流程），所有人员都必须按照流程来规范应用程序的开发及上线，这样后台环境才能有一个稳定、安全的基础。

③流程管理。确定了流程的事项，就要严格地管理流程，相关的负责人或者部门经理要起到流程管理者的带头和监督的作用，除非某种特殊的情况出现。当然，我们并不希望特殊情况的出现，毕竟无规则不成方圆，只有规则制度起了作用才能拥有一个健康的管理后台。

（3）制度申请及执行。制度的制订需要向制度监管人或者部门提出申请，审核通过后方可执行。由于之前这一块儿的欠缺，致使这部分的管理松散，也造成后台的各种不必要的麻烦，甚至影响安全的生产环境。后台的安全管理离不开相关的安全制度的建立。

15.2.2 网络安全和物理安全

本小节介绍网络安全和物理安全。

1. 网络安全

在整个数据安全体系中，网络安全是最重要的一环，也是安全的第一个重要关卡，所有的数据信息都是通过网络来传输的，网络的安全是安全体系的重中之重。

（1）传输安全

根据应用的部署要求和新一代数据中心建设的原则，考虑网络安全的实施，数据中心划分为如下几个区域。

①数据管理区：集中存储、管理所有应用系统的数据。

②业务应用区：部署总局端的业务应用系统。

③支撑平台应用区：部署平台支撑应用系统（集中认证平台、电子服务平台、客户端升级系统、Session 集中系统、分布式缓存系统、分布式任务调度系统）。

④数据交换区：部署电子业务平台，以供各外挂系统接口使用。

⑤公共服务区：部署公共服务、Web 服务和安全管理所需要的各种设置和应用系统。

⑥安全接入区：用于实现与互联网的安全连接和逻辑隔离，包括各种安全保障设施，以及直接向互联网用户提供服务的应用系统。

⑦IT 管控区：用于实现对 ECIQ 主干系统的网络管理、安全管理、运维管理，包括各种安全保障设施和管控平台。

安全接入区域、数据管理区域、应用服务区域、IT 管控区域均采用身份鉴别：主机身份鉴别和应用身份鉴别，访问控制，系统安全审计，入侵防范，主机恶意代码防范，软件容错，数据完整性与保密性、备份与恢复等安全保护措施，详情见下表。

计算机环境	保护措施
安全接入区域	操作系统、应用安全加固
	CA 认证系统
	内控运维管理系统
	入侵防御系统 IPS
	入侵检测系统 IDS
	漏洞扫描系统
	补丁管理系统
	网络防病毒系统
	安全管理平台
	数据备份系统
数据管理区域	操作系统、数据库、应用安全加固
	CA 认证系统
	内控运维管理系统
	入侵防御系统 IPS
	入侵检测系统 IDS
	数据库审计系统
	漏洞扫描系统
	补丁管理系统
	网络防病毒系统
	安全管理平台
	数据备份／系统备份
应用服务区域	操作系统、数据库、应用安全加固
	CA 认证系统
	内控运维管理系统
	入侵防御系统 IPS
	入侵检测系统 IDS
	漏洞扫描系统
	补丁管理系统
	网络防病毒系统
	安全管理平台
	数据备份系统
IT 管控区域	操作系统、数据库、应用安全加固
	内控运维管理系统
	漏洞扫描系统
	补丁管理系统
	网络防病毒系统
	安全管理平台

第15章 数据安全和隐私保护

对安全接入区域边界、数据管理区域边界、应用服务区域边界、IT 管控区域边界采用以下安全措施：边界访问控制、边界完整性检查、边界入侵防范、边界安全审计、外部边界恶意代码防范等。

在网络高可靠性方面需要采用具备高可靠性的网络结构，我们需要建设的网络要可以对业务流量实现分流，也可以互为灾备。因此需要构建可靠的硬件冗余和网络协议冗余，在网络出现单点故障时，能够自动侦测到网络的可达性，并对全网络进行宣告，通过硬件切换或软件切换实现网络的可达性，保证网络正常运行。

网络负载均衡，负载均衡运行。在网络层面，需要将日常的业务流量均衡至整个数据中心。数据中心内采用负载均衡设备对网络数据流量进行负载分担。

对于业务流量，采用全局负载均衡设备对用户访问数据中心分流，根据策略或负载情况，不同用户访问不同的数据中心，分散网络流量、减少网络拥塞、提高访问和服务质量。

对于数据中心内部服务器数据流量，采用本地负载均衡把数据流量合理分配给服务器群内的服务器共同负担。

（2）网络结构安全

网络结构的安全是网络安全的前提和基础，主干系统核心路由和网络设备需要进行冗余部署，避免单点故障，并考虑业务处理能力的高峰数据流量，因此需要冗余空间满足业务高峰期需要。网络各个部分的带宽要保证接入网络和核心网络在业务高峰期的需要。

按照业务系统服务的重要次序定义带宽分配的优先级，在网络拥堵时优先保障重要业务服务器，合理规划路由，业务服务器之间建立安全路径，绘制与当前运行情况相符的网络拓扑结构图：根据所涉及信息的重要程度等因素，划分不同的网段或 VLAN。

重要业务系统及数据的重要网段不能直接与外部系统连接，需要和其他网段隔离，单独划分安全区域。

（3）网络安全审计

网络安全审计系统主要用于监视并记录网络中的各类操作，侦察系统中存在的现有和潜在的威胁，实时地综合分析出网络中发生的安全事件，包括各种外部事件和内部事件，通过网络监控和网络设备日志审计功能，实现安全管理平台统一监控管理。

（4）网络设备防护

为提高网络设备的自身安全性，保障各种网络应用的正常运行，对网络设备需要进行一系列的安全加固措施，包括以下几种。

①对登录网络设备的用户进行身份鉴别，用户名必须唯一。

②对网络设备的管理员登录地址进行限制。

③身份鉴别信息具有不易被冒用的特点，口令设置需 3 种以上字符、长度不少于 8 位，并定期更换。

④具有登录失败处理功能，失败后采取结束会话、限制非法登录次数和当网络登录连接超时自动退出等措施。

⑤启用 SSH 等管理方式，加密管理数据，防止网络窃听。

同时，还需要部署内控运维管理系统，对设备管理用户登录进行认证和审计，确保经过授权的管理员通过可靠路径才能登录设备进行管理操作，并对所有操作过程进行审计、控制、记录，避免授权用户非法操作或误操作，保证对网络设备进行管理维护的合法性。

（5）通信完整性

信息的完整性设计包括信息传输的完整性校验和信息存储的完整性校验。

信息传输和存储的完整性校验可以采用的技术包括校验码技术、消息鉴别码、密码校验函数、散列函数、数字签名等。

信息传输的完整性校验应由传输加密系统完成，信息存储的完整性校验应由应用系统和数据库系统完成。

（6）通信保密性

应用层的通信保密性主要由应用系统完成。在通信双方建立连接之前，应用系统应利用密码技术进行会话初始化验证，并对通信过程中的敏感信息字段进行加密。对于信息传输的通信保密性，则由应用系统和数据库系统传输加密系统完成。

（7）网络可信接入

为保证网络边界的完整性，不仅需要禁止非法外联行为，同时对非法接入进行监控与阻断，形成网络可信接入，共同维护边界完整性。可以将服务器的 IP 和 MAC 地址绑定，并禁止用户修改自身的 IP 和 MAC 地址。

（8）网络安全管理

通信网络应当有网络安全监控、网络审计、网络备份/冗余与故障恢复、网络应急处理、网络数据传输安全性保护和可信网络设备接入，本项目分别通过网络安全监测、网络安全审计、网络结构优化、设备加固以及内控运维管理系统来完成。

主干系统按照基本要求的保护级别来设计信息系统的保护环境模型，依据国家标准《信息系统等级保护安全设计技术要求》，按照安全计算环境、安全区域边界、安全通信网络和安全管理中心等进行设计，结合管理要求，形成下图所示的保护环境模型。

第15章 数据安全和隐私保护　　333

安全管理	安全管理平台	系统管理	审计管理	安全管理	安全管理
	通信光缆安全	计算环境安全		区域边界安全	
	网络结构安全	身份鉴别		边界访问控制	人员安全管理
安全管理制度	网络安全审计	系统安全审计		边界完整性检查	
	网络设备防护	入侵防范		边界安全审计	系统安全管理
	通信保密性	主机恶意代码防范		边界入侵防范	
安全管理机构	网络可信接入	强制访问控制		边界恶意代码防范	系统运维管理
	物理安全	物理选址	机房环境	机房管理 设备与介质管理	

2. 物理安全

在信息安全体系中，物理安全就是要保证信息系统有一个安全的物理环境，对接触信息系统的人员有一套完善的技术控制手段，且充分考虑到自然事件对系统可能造成的威胁并加以规避。简单来说，物理安全就是保护信息系统的软 / 硬件设备、设施及其他媒体免遭地震、水灾、火灾、雷击等自然灾害破坏、人为破坏或操作失误破坏，以及由各种计算机犯罪行为导致的破坏。在信息系统安全中，物理安全是基础。如果物理安全得不到保证，如计算机设备遭到破坏或被人非法接触，那么其他的一切安全措施就都只是空中楼阁。

（1）环境安全

①机房与设施安全。要保证信息系统的安全、可靠，必须保证系统实体有一个安全的环境条件。这个安全环境是指机房及其设施，它是保证系统正常工作的基本环境，包括机房环境条件、机房安全等级、机房场地的环境选择、机房的建造、机房的装修和计算机的安全防护等。

②环境与人员安全。环境与人员安全通常指防火、防水、防震、防振动冲击、防电源掉电、防温度湿度冲击、防盗以及防物理、化学和生物灾害等，是针对环境的物理灾害和人为蓄意破坏而采取的安全措施和对策。

③防其他自然灾害。防其他自然灾害主要包括防止湿度、洁净度、腐蚀、虫害、振动与冲击、噪音、电气干扰、地震、雷击等造成的破坏。

（2）设备安全

设备安全主要包括计算机设备的防盗、防毁、防电磁泄露、抗电磁干扰及电源保护等。

①防盗和防毁。当计算机系统或设备被盗、被毁时，除了设备本身丢失或毁损带来的损失外，更多的损失则是失去了有价值的程序和数据。因此，防盗、防毁是计算机防护的

一项重要内容。通常采取的防盗、防毁措施主要有锁定装置、计算机保险、列出清单或绘出位置图。

②防止电磁泄露。抑制计算机中信息泄露的技术途径有两种：一是电子隐蔽技术，二是物理抑制技术。电子隐蔽技术主要是用干扰、调频等技术手段来掩饰计算机的工作状态以保护信息；物理抑制技术则是抑制一切有用信息外泄。物理抑制技术可分为包容法和抑源法：包容法主要是对辐射源进行屏蔽，以阻止电磁波的外泄传播；抑源法就是从线路和元器件入手，从根本上阻止计算机系统向外辐射电磁波，消除产生较强电磁波的根源。

③防电磁干扰。电磁干扰是指当电子设备辐射出的能量超过一定程度时，就会干扰设备本身及其周围的其他电子设备的现象。计算机与各种电子设备和广播、电视、雷达等无线设备及电子仪器等都会发出电磁干扰信号，计算机要在这样复杂的电磁干扰环境中工作，其可靠性、稳定性和安全性将受到严重影响。因此，实际使用中需要了解和考虑计算机的抗电磁干扰问题，即电磁兼容性问题。

（3）介质安全

介质安全包括媒体本身的安全及媒体数据的安全。对媒体本身的安全保护指防盗、防毁、防霉等，对媒体数据的安全保护指防止记录的信息被非法窃取、篡改、破坏或使用。

①介质的分类。对介质进行分类，是为了对那些必须保护的记录提供足够的保护，并对那些不重要的记录不提供保护。计算机系统的记录按其重要性和机密程度，可分为以下四类。

一类记录：关键性记录。这类记录对设备的功能来说是最重要的、不可替换的，是火灾或其他灾害后立即需要、但又不能再复制的那些记录，如关键性程序、主记录、设备分配图表及加密算法和密钥等密级很高的记录。

二类记录：重要记录。这类记录对设备的功能来说很重要，可以在不影响系统最主要功能的情况下进行复制，但比较困难、成本较高，如某些程序、存储及输入/输出数据等均属于此类。

三类记录：有用记录。这类记录的丢失可能引起极大不便，但可以很快复制，已留有备份的程序就属于此类。

四类记录：不重要记录。这类记录在系统调试和维护中很少应用。

各类记录应加以明显的分类标志，可以在封装上以鲜艳的颜色编码表示，也可以做磁记录标志。

②介质的防护要求。全部一类记录都应该复制，其复制品应分散存放在安全地方。二类记录也应有类似的复制品和存放办法。记录媒体存放的库房或文件柜应具有以下条件：存放一类、二类记录的保护设备（如金属文件柜）应具有防火、防高温、防水、防

第15章　数据安全和隐私保护　　335

震、防电磁场的性能；三类记录应存放在密闭的金属文件箱或柜中。这些保护设备应存放在库房内。暗锁应隔一段时间就改变密码，密码应符合选取原则，且不要写在纸上。

存放机密材料的办公室应设专人值班，平时注意检查开、关门情况，并察看机密材料是否放入安全箱或柜内，办公室的门、窗是否关好。在工作人员吃饭或休息时，室内应有人看管。

③介质的管理，为保证介质的存放安全和使用安全，介质的存放和管理应有相应的制度和措施。

◆ 存放有用数据的各类记录介质，如纸介质、磁介质、半导体介质和光介质等，应有一定措施防止被盗、被毁和受损，例如将介质放在有专人值守的库房或密码文件柜内。

◆ 存放重要数据和关键数据的各类记录介质应采取有效措施，如建立介质库、异地存放等，防止被盗、被毁和发霉变质。

◆ 系统中有很高使用价值或机密程度很高的重要数据，或者对系统运行和应用来说起关键作用的数据，应采用加密等方法进行保护。

◆ 应该删除和销毁的有用数据，应采取一定措施防止被非法复制，例如由专人负责集中销毁。

◆ 应该删除和销毁的重要数据和关键数据，应采取有效措施防止被非法复制。

◆ 重要数据的销毁和处理要有严格的管理和审批手续，对于关键数据则应长期保存。

④磁介质信息的可靠消除。目前，计算机最常用的存储介质还是磁介质，丢失、废弃的磁盘也是导致泄密的一个主要原因。所有磁介质都存在剩磁效应的问题，保存在磁介质中的信息会使磁介质不同程度地永久性磁化，所以磁介质上记载的信息在一定程度上是很难清除的，即使采用格式化等措施后，使用高灵敏度的磁头和放大器也可以将已清除（覆盖）信息的磁盘上的原有信息提取出来。

◆ 软盘涉密信息的消除。由于软盘价格低廉，没有金属的外保护层，因此可以采用物理粉碎的办法进行涉密信息的消除，即在对软盘格式化后，采用专用的粉碎设备，将软盘粉碎成小于一定尺寸的颗粒，使得窃取者无法还原软盘曾经存储的涉密信息。另外，强磁场消磁法，即让软盘处在强磁场中一段时间，也能够有效地消除其上的残余信息。

◆ 硬盘涉密信息的消除。硬盘在结构上具有一定的特殊性。为了进行高速的存储和数据读取，用来实际存储数据的硬盘的盘片被放置在一个金属的保护壳内（这种硬盘被称为温彻斯特硬盘）。盘片主要由基底、衬底层、磁性层、覆盖层和润滑层5部分构成。硬盘即使采取格式化的方式也不能完全消除曾经存储过的信息，可以采用以下几种方式进行信息的彻底消除。

◆ 物理粉碎。废弃硬盘的信息消除可以采用物理粉碎的方式，然而由于其结构的特殊性，拆除其金属外壳较为困难，对盘片的粉碎也很困难。物理粉碎的方法由于缺少专用设备，一般企业在实际情况中难以实施，只有一些大型企业会使用大型冲压机将其彻底销毁。

◆ 销毁机。现在出现了一种根据硬盘内部 DSP 作用机理，采用覆盖、重排和打乱的方式，将盘片上面的数据彻底消除干净的小型设备，非常方便、可靠。其实，一般用户采用彻底覆盖的方式就可以将数据清除得相当干净，尤其是覆盖 5 次以上时，要想将这些数据重新恢复，其成本将是不可估量的。

（4）安防设备

在监控过程中，能不能让视频监控系统在事件发生时实时报警？目前的 7×24 视频监控系统是在事件发生后再去查询，这时事件已经发生，损失已经造成，疑犯已经跑了。能不能只针对需要监控的对象和事件报警呢？目前的移动侦测，不管是什么东西触动了系统都会报警。能不能只针对图像中的重要区域或分界线报警呢？只要监视有没有人或车越界就行了。这些问题都形象地反映了传统视频监控的局限性：只能记录，不能预警，是被动的，无法提供实时、有效的行动指导。

研究表明，即使指派一个非常敬业的人，也无法支撑一个高效的安全系统。20 分钟后，人们对视频监视器的注意力就会下降到一个很低的水平。以前的安防设备主要是录像监控设备，现在市场上已经有智能监控产品出现，不仅可以监控，还可以设置各种阈值进行报警，并区分不同的物体是人、是物，还是交通工具等。它可以变事后查询为预警，变被动为主动。具体来说，即能够侦测和鉴别指定的对象，如人、车辆、船只、飞机等；明确区分威胁对象和非威胁对象，大大减少误报；跟踪指定的事件，穿越虚拟警戒线或虚拟警戒区，监控遗留的可疑物体、丢失物体；跟踪徘徊 / 游荡、反向流动、超速等威胁行为，自动捕捉并放大跟踪监视对象；多种方式实时发送警讯，如报警控制台、E-mail、PDA、手机、声音等；兼容任何现有的视频监控系统，适用于各种类型的摄像机，任何环境下都有效；基于网络，兼容模拟视频和网络视频，可将模拟视频转化为网络视频。

15.2.3 窃取技术防护、服务器安全、数据库安全和数据备份

本小节介绍窃取技术防护、服务器安全、数据库安全和数据备份。

1. 窃取技术防护

窃取技术就是秘密地获取信息的技术，包括窃听技术和窃照技术。

（1）窃听技术防护。窃听是通过各种技术手段来获取目标的声音。通过听到目标的谈话内容，可能得到许多重要信息。

（2）窃照技术防护。窃照也是获取情报的有效方法。窃照的内容包括秘密文件、设备的图片、场所的景象，以及特殊人物的活动等。由于拍摄内容和环境的不同，在拍照手法和使用设备上都可能有所差别，包括固定位置窃照技术（固定位置普通器材窃照和间谍卫星及高空侦察机）、手持小型窃照装置（如超小型相机、隐蔽式相机和复制相机）等。

总之，信息之间的窃取与反窃取无处不在，手段也无穷无尽。我们要保护好核心数据，但没有必要过度保护，即保护成本与被保护目标的价值要相匹配。

2. 服务器安全

（1）服务器硬件安全。硬件安全主要指的是服务器的物理硬件及环境的保护。物理硬件包括网卡、硬盘、电源等，这些在有冗余保障的情况下应尽量采用冗余来保障服务器的安全性。例如网卡可以在服务器上做双网卡绑定，硬盘可以做 RAID 保护，电源一般采用冗余电源等。物理环境指机房的环境安全，避免恶劣环境造成的不利因素，如网线质量问题、突然断电等。

（2）服务器系统安全。服务器系统安全比较重要，随着 IT 技术的革新，各种病毒层出不穷，黑客们的花招也越来越多，处于互联网这个相对开放环境中的服务器遭受攻击的风险比以前更大了。越来越多的服务器攻击、服务器安全漏洞，以及商业间谍时刻威胁着服务器安全。服务器的安全问题越来越受到关注。可以从以下几个方面保护服务器安全。

①从基本做起，及时安装系统补丁。

不论是 Windows 还是 Linux,任何操作系统都有漏洞，及时打上补丁避免漏洞被蓄意攻击利用，是服务器安全最重要的保证之一。

②安装和设置防火墙。

现在有许多基于硬件或软件的防火墙，很多安全厂商也都推出了相关的产品。对服务器安全而言，安装防火墙非常必要。防火墙对于非法访问具有很好的预防作用，但是安装了防火墙并不等于服务器安全了。在安装防火墙之后，用户还需要根据自身的网络环境，对防火墙进行适当的配置以达到最好的防护效果。

③安装网络杀毒软件。

现在网络上的病毒非常猖獗，这就需要在网络服务器上安装网络版的杀毒软件来控制病毒传播。同时，在网络杀毒软件的使用中，必须定期或及时升级杀毒软件，并且每天自动更新病毒库。

④关闭不需要的服务和端口。

服务器操作系统在安装时，会启动一些不需要的服务，这样会占用系统的资源，还会增加系统的安全隐患。对于一段时间内完全不会用到的服务器，可以完全关闭;对于期间要使用的服务器，也应该关闭不需要的服务，如 Telnet 等。另外，还要关掉没有必要开放的 TCP 端口。

⑤定期对服务器进行备份。

为防止不能预料的系统故障或用户不小心的非法操作，必须对系统进行安全备份。除了对全系统进行每月一次的备份外，还应对修改过的数据进行每周一次的备份。同时，应该将修改过的重要系统文件存放在不同服务器上，以便出现系统崩溃时（通常是硬盘出错），可以及时地将系统恢复到正常状态。

⑥账号和密码保护。

账号和密码保护可以说是服务器系统的第一道防线，目前网上大部分对服务器系统的攻击都是从截获或猜测密码开始。一旦黑客进入了系统，那么前面的防卫措施几乎就失去了作用，所以对服务器系统管理员的账号和密码进行管理是保证系统安全非常重要的措施。

⑦监测系统日志。

通过运行系统日志程序，系统会记录下所有用户使用系统的情形，包括最近登录时间、使用的账号、进行的活动等。日志程序会定期生成报表，通过对报表进行分析，你可以知道是否有异常现象发生。

（3）服务器软件安全。服务器软件主要针对我们使用的软件介质，必须严格防止携带病毒插件的软件的安装，所有软件或者应用的安装部署均要经过审核验证后才能放到服务器上实施。坚决不允许通过服务器上网直接下载任何软件，软件或者文件的上传均需要通过前置机或者堡垒机上传至服务器上运行。

（4）服务器安全管理。不得在服务器上使用带有病毒和木马的软件、光盘和可移动存储设备，使用上述设备 前一定要先做好病毒检测；不得利用服务器从事工作以外的事情，无工作需要不得擅自拆卸服务器零部件，严禁更换服务器配套设备。不得擅自删除、移动、更改服务器数据；不得故意破坏服务器系统；不得擅自修改服务器系统时间。

服务器系统必须及时升级安装安全补丁，弥补系统漏洞；必须为服务器系统做好病毒及木马的实时监测，及时升级病毒库。

管理员对管理员账户与口令应严格保密、定期修改，以保证系统安全，防止对系统的非法入侵。

任何无关人员不得擅自进入主机房，必须进入时，须征得服务器管理人员同意。爱 护主机房内的设备和物品，未经允许，非管理人员不得擅自操作机房内设备。

严禁易燃易爆和强磁物品及其他与机房工作无关的物品进入机房，机房内严禁吸烟。

服务器主机房内必须配备一定数量的防火（灭火）器材，并有专人负责管理，注意妥善保管、定期检查，使其处于随时可用的良好状态。

做好机房的防火、防潮、防尘、防虫工作，坚持"预防为主，防治结合"的原则。

双休日、节假日要有专人检查网络运行情况，如发现问题及时解决，并做好记录处理，解决不了的及时报告。

管理人员每次大假前必须将数据库以及网站所有程序及资料备份下载到本地进行保存。

3. 数据库安全

数据库安全包含两层含义。第一层指系统运行安全，系统运行安全通常受到的威胁如下：一些网络不法分子通过网络、局域网等途径入侵计算机使系统无法正常启动，或超负荷让机子运行大量算法，并关闭 CPU 风扇，使 CPU 过热烧坏等破坏性活动。第二层指系统信息安全，系统安全通常受到的威胁如下：黑客对数据库入侵，并盗取想要的资料。数据库系统的安全特性主要是针对数据而言的，包括数据独立性、数据安全性、数据完整性、并发控制、故障恢复等几个方面。

（1）数据独立性。数据独立性包括物理独立性和逻辑独立性两个方面。物理独立性指用户的应用程序与存储在磁盘上的数据库中的数据是相互独立的；逻辑独立性指用户的应用程序与数据库的逻辑结构是相互独立的。

（2）数据安全性。操作系统中的对象一般情况下是文件，而数据库支持的应用要求更为精细。通常，比较完整的数据库会对数据安全性采取以下措施。

①将数据库中需要保护的部分与其他部分相隔。

②采用授权规则，如账户、口令和权限控制等访问控制方法。

③对数据进行加密后存储于数据库。

（3）数据完整性。数据完整性包括数据的正确性、有效性和一致性。正确性指数据的输入值与数据表对应域的类型一样，有效性指数据库中的理论数值满足现实应用中对该数值段的约束，一致性指不同用户使用的同一数据应该是一样的。要保证数据的完整性，需要防止合法用户使用数据库时向数据库中加入不合语义的数据。

（4）并发控制。如果数据库应用要实现多用户共享数据，就可能在同一时刻有多个用户要存取数据，这种事件叫作并发事件。当一个用户取出数据进行修改，在修改存入数据库之前如有其他用户再取此数据，那么读出的数据就是不正确的。这时就需要对这种并发操作施行控制，排除和避免这种错误的发生，保证数据的正确性。

（5）故障恢复。由数据库管理系统提供一套方法，可及时发现故障和修复故障，从而防止数据被破坏。数据库系统能尽快恢复数据库系统运行时出现的故障，可能是物理上或是逻辑上的错误，例如对系统的误操作造成的数据错误等。

数据库系统的安全性问题包括两个方面。

（1）数据库数据的安全。应能确保当数据库数据存储媒介被破坏时，或当因数据库用户误操作或其他原因造成数据库系统 DownTime 时，数据库数据信息不至于丢失。

（2）数据库系统防止非法用户侵入。应尽最大可能地发现并堵住潜在的各种漏洞，防止非法用户利用他们侵入数据库系统，获取信息资源。

当今时代，数据资源已经成为信息社会发展的基础，越来越多的人认识到信息系统和数据安全的重要性。但各种各样的原因会造成这些数据的损坏或丢失，例如存储这些数据的设备会因发生故障而引起数据的丢失；人为操作失误、应用程序出错、病毒发作、黑客攻击等也都可能导致数据的损失，这些数据的丢失将对我们的工作、生活等各个方面产生严重的不良影响。

要防止数据丢失的发生，我们可以通过提高相关人员的操作水平和建立严格的操作制度，购买高质量的设备等来满足数据库的安全需要。但最有效的方法在于制定合理的数据备份制度，实施完善的数据备份策略以及采用完整的数据备份措施。

4. 数据备份

数据备份就是保存数据的副本，它是预防系统崩溃、数据丢失的有效保护措施。数据备份的介质有磁带、有容错能力的磁盘阵列（RAID）、光学存储设备等。

备份时影响数据安全的因素很多，其中有物理方面、备份权限设置、密码保管、备份软件和数据的恢复操作等。为了提高备份的安全性要采取一定的措施。

（1）增进物理安全。首先，强化本地与异地的物理安全与制度管理，减少人员与备份设备和介质接触的机会，对操作维护人员的操作过程进行审核。其次，打印并异地保存备份操作的文档，经常整理并归档备份，把备份和操作手册的副本与介质共同异地保存。最后，对介质的废弃处理应有明确的规定，如对介质安全低级格式化处理，有条件的可采用物理和化学的方法分解处理后废弃。另外还需要考虑废弃物的去向与用途等。

（2）实施密码及策略。备份内容的安全可采用密码保护，常用的有备份前的数据加密与备份时对备份集的加密两种。

备份前加密利用操作系统加密或采用专用的加密软件对数据进行加密，备份操作系统后再备份加密后的文件。这样记录在介质上的就是密文了，只有拥有权限的人在浏览时看到的是明文，即使恢复时不恢复权限其他人也无法看到真正内容。

备份密码的长度与复杂程度也是关键，密码应该具有一定的复杂性。实践证明，密码大于 8 位是较安全的。

（3）选好并用好备份软件。应对备份软件进行系统兼容性和安全性评估，选择经过证明的，与系统兼容性强、安全性高的备份软件。备份软件应具有病毒过滤功能以防止病毒扩散。该软件能够实现打开文件备份与数据的备份,能够完成计划备份,实现无人值守功能。

（4）正确分配备份人员的权限。一般,备份的工作应至少由备份操作员和备份日志管理员二人完成,另外,为了数据安全也可以加入高层管理人员,这些人员中仅备份操作员需要是 IT 人员。

备份工作由 3 人完成:高层管理人员、备份操作员和备份日志管理员。备份密码分为两部分,由高层管理人员和备份日志管理员分别保管其中的一部分。高层管理人员负责保存密码的前一部分,并审核数据恢复的日志。备份操作员完成每日的备份工作,完成介质异地存储,查看备份日志,不保存备份密码,与其他人完成备份策略的设定。备份日志管理员审核并管理每日的备份与恢复操作日志,保存备份密码的后一部分。

（5）数据库备份安全,数据备份安全策略。在现实世界中,已经存在很多备份策略,如 RAID 技术、双机热备、集群技术发展的方向就是计算机系统的备份和高可用性。很多时候,系统的备份的确就能解决数据库备份的问题,如磁盘介质的损坏,往往从镜相上面做简单的恢复或简单地切换机器就可以了。

但是,上面所说的系统备份策略是从硬件的角度来考虑备份与恢复的问题的,这是需要付出代价的。我们选择备份策略的依据是丢失数据的代价与确保数据不丢失的代价之比。还有的时候,硬件的备份根本满足不了现实需要,假如误删了一个表,又想恢复的时候,数据库的备份就变得重要了。Oracle 提供了强大的备份与恢复策略,下面就以 Oracle 为例介绍备份策略。

备份,就是把数据库复制到转储设备的过程。其中,转储设备指用于放置数据库副本的磁带或磁盘。

能够进行什么样的恢复依赖于有什么样的备份。作为 DBA,有责任从以下 3 个方面维护数据库的可恢复性。

①使数据库的失效次数减到最少,从而使数据库保持最大的可用性。

②当数据库不可避免地失效后,要使恢复时间减到最少,从而使恢复的效率达到最高。

③当数据库失效后,要确保尽量少的数据丢失或根本不丢失,从而使数据具有最大的可恢复性。

灾难恢复的最重要的工作是设计合理的硬盘备份频率。备份过程应该满足系统要求的可恢复性。例如,如果数据库可有较长的关机时间,则可以每周进行一次冷备份,并归档重做日志,对于 7×24 的系统,或许我们考虑的只能是热备。 如果每天都能备份当然会很理想,但要考虑是否可行。企业都在想办法降低维护成本,现实的方案才可能被采用。只要仔细计划,并想办法达到数据库可用性的底线,花少量的成本进行成功的备份与恢复也是可能的。

正确的备份策略不仅能保证数据库服务器 7×24 高性能运行，还能保证备份与恢复的快速与可靠性。下面以 RMAN 的多级增量备份作为一个备份策略的例子来讨论。采用多级备份就是为了减少每天备份所需要的时间，同时又保证系统有良好的恢复性。恢复时间与备份时间要有一个权衡。例如只需要进行一个数据库的全备份，那么就算只备份归档也可以保证把数据库恢复到最新的状态，但是这样的恢复时间将是非常漫长的。多级备份正是为了解决这种问题，以下就是一个多级备份的例子。

①每个月 1 日做一个数据库的全备份（包括所有的数据和只读表空间）。

②每周日做一次零级备份（不包含只读表空间）。

③每周 3、5 做一次一级备份。

④每周 1、2、4、6 做一次二级备份。

按照以上备份策略，不仅可以保障数据的安全，而且恢复的时间将会大大缩短。

（6）数据灾备安全。随着信息系统的发展，保持业务数据的持续性是企业用户进行数据存储时必须考虑的重要方面。然而，灾难的出现，可能导致生产停顿、用户满意度降低，企业的竞争力会因此大打折扣。在灾难后如何快速、正确地恢复业务系统就成为摆在企业面前的一个难题。

仍旧以 Oracle 数据库的灾备技术为例，我们可以从 Data Guard、GoldenGate 和 CDP 角度去考虑。

Data Guard 提供了一种数据同步技术来实现 Oracle 的高可用性、性能增强以及自动的故障转移方案，为主数据库创建和维护多个备用数据库，主数据库的改变能够自动将信息从主数据库传送到备用数据库，并保证在此过程中没有丢失信息。Data Guard 实现方式如下图所示。

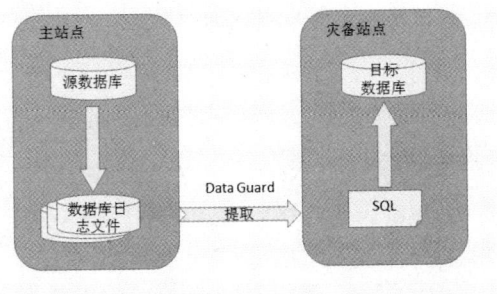

Data Guard 有两种类型的备用数据库：物理备用数据库和逻辑备用数据库。虽然都是通过归档日志来实现主数据库和备用数据库的数据一致性，但是过程却不相同，一个是通过物理磁盘的方式，另一个是通过重新生成 SQL 事物来完成数据同步。

而 GoldenGate 则是一种基于日志的结构化数据复制技术，它通过解析源数据库在线日志或归档日志获得数据的增量变化，再将这些变化应用到目标数据库，从而实现源数据库与目标数据库同步。GoldenGate 可以在异构的 IT 基础结构（包括几乎所有常用操作系统平台和数据库平台）之间实现大量数据的实时复制（大概 5 秒以内的延迟），从而可以在应急系统、在线报表、实时数据仓库供应、交易跟踪、数据同步、集中/分发、容灾等多个场景下应用。由于 GoldenGate 通过分析过滤日志来捕捉变化，因而可以实现跨平台的数据库复制和非 Oracle 数据库的数据同步。

CDP(Continue Data Protection，持续数据保护）是一项新兴的技术，也是目前最热门的数据保护技术之一。行业内对其通常的定义如下：持续数据保护是一套方法，它可以捕获或跟踪数据的变化，并将其在生产数据之外独立存放，以确保数据可以恢复到过去的任意时间点。持续数据保护系统可以基于块、文件或应用实现，可以为恢复对象提供足够细的恢复粒度，实现几乎无限多的恢复时间点。

由于 Oracle 数据库对读写一致的特殊性要求，CDP 厂商通常通过调用 Oracle9.2 后提供的快照技术，在数据库正常运行的同时生成某一个时间点的一致性的镜像（注意一定是一致性镜像），Oracle 数据库支持在这个一致性镜像基础上通过 Recover Database 达到一致性的恢复，如下图所示。

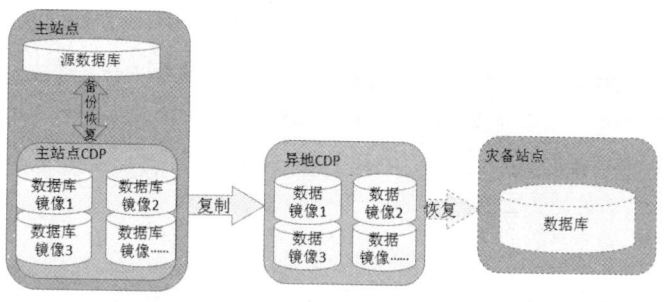

5. 安装防火墙和入侵检测系统

安装防火墙和入侵检测系统，采用专用的备份网络以减少备份对系统资源的占用，并从物理上隔离外网的访问，可增强备份系统的安全性。安装防火墙，并及时更新防病毒代码和调整防火墙的策略，可有效地防止黑客与病毒对系统的破坏。此外，安装入侵检测系统，不仅可以使工作人员对黑客的攻击及时采取对策，又能有效防止内部员工对资源的滥用，并能再现系统被攻击的历史，为日后的调查取证提供帮助。

（1）数据加密。密码作为解决信息安全的关键技术，具有不可替代的作用。随着计算机网络不断渗透到各个领域，利用密码变换将明文变换成只有合法者才能解读的密文，这是密码最基本的功能。数据库系统担负着存储和管理关键业务数据和信息的任务，每个信息系统都要保证其安全性和保密性。一般而言，数据库系统提供的安全控制的措施能满足一般的数据库应用，但对于一些重要部门或敏感领域的应用，仅有这些是难以完全保证数据的安全性的。因此，有必要对数据库中存储的重要数据进行加密处理，以强化数据存储的安全保护。

数据加密是防止数据库中存储的信息被有意或无意地篡改、泄露的有效手段，与传统的通信网络加密技术相比，由于数据保存的时间要长得多，因此对加密强度的要求也更高。而且，由于数据库中数据是多用户共享的，对加密和解密的时间要求也更高（要求不会明显降低系统性能）。

为防止密码被破解，采用先进的加密技术显得非常重要。因此采用 DES、密码反馈等先进的加密技术来提高安全性是很有必要的。在对数据库文件密码、数据库字段说明部分加密时要把它们作为一个整体加密。

（2）数据库系统防止非法用户侵入。为了保护数据库系统免受威胁的影响，达到其基本的安全要求，应当采取合理的安全对策。这些安全策略要能实现数据库系统的完整性、保密性和可用性。采取的安全策略一般为安全管理、用户管理、存取控制、隐通道分析技术等。

（3）安全管理。绝大多数数据库管理系统采用的是由数据库管理员（DBA）负责系统的全部管理工作（包括安全管理）。显然，这种管理机制使得 DBA 的权力过于集中，存在安全隐患。在安全管理方面可以采用"三权分立"的安全管理体制：系统管理员分为数据库管理员 DBA、数据库安全管理员 SSO、数据库审计员 Auditor 这 3 类。DBA 负责自主存取控制及系统维护与管理方面的工作，SSO 负责强制存取控制，Auditor 负责系统的审计。这种管理体制真正做到各行其责、相互制约，可靠地保证了数据库的安全性。

（4）用户管理。用户需要访问的数据库管理系统、数据库系统、操作系统、文件系统以及网络系统等在用户管理方面非常相似，采用的方法和措施也十分相近。在一个多用户系统中，的网络环境下，识别授权用户永远是安全控制机制中最重要的一个环节，也是安全防线的第一个环节。

在这里的用户管理包括标识和鉴别。标识指用户向系统出示自己的身份证明，最简单的方法是输入用户名和口令字。而鉴别则是系统验证用户的身份证明。身份认证是安全系统最重要且最困难的工作之一。

标识过程和鉴别过程容易混淆。具体而言，标识过程是将用户的用户名与程序或进程联系起来；而用户的鉴别过程的目的在于将用户名和真正的合法授权的用户相关联。

数据库已经成为人们日常工作和生活中不可缺少的重要组成部分，同时，数据库的安全问题也逐步引起了大家的关注。一个完整的数据库安全体系，并不是人们传统意义上通过简单的密码或者口令加密就能够完成的，数据库的安全涉及了企业的管理层、执行层、技术层等多方面的协调工作，这也就对数据库安全提出了更高的要求。完善的管理制度，稳定的硬件设备和成熟的软件加密，是构成数据库安全的核心内容。数据库安全问题是一个长期的解决过程，需要不断地投入和改善各个环节，这里只是从理论上对数据库安全做了一些简单的介绍，大家可以在此基础上多研究相关资料，掌握更多的数据库安全知识。

15.3　如何保护隐私

部分用户关注数据安全的产品策略和在产品中的实施，而更多的用户关心的是如何保护好自己的数据隐私。

15.3.1 关于数据隐私的 9 个观点

每年 1 月 28 日是国际数据保护日（又称数据隐私保护。）——这一天的设立是为了让我们关注自己是如何在网络上接触事物、使用线上服务和收集数据，以及组织机构和终端用户可以采取哪些措施来降低相关风险。

数据保护日并不是一个新闻，但是以往发生一些数据泄露事件突出了更深层次的保护数据隐私的需求。2018 年，某分析公司滥用用户信息，数百万用户资料未经用户同意就被第三方使用。同样在 2018 年，某酒店报告的一起数据泄露事件影响了超过数亿用户的数据隐私。除了数据泄露事件，2018 年欧盟《通用数据保护条例》（GDPR）正式生效，组织机构需要遵守这些条例以保护用户隐私。

根据数据隐私日的精神，下文总结了一些数据观点和隐私保护小贴士，希望能够给终端用户和组织机构在数据隐私保护上提供帮助。

（1）隐私和安全不同

虽然数据隐私和数据安全有关联性，但是他们并不是同义词。

数据安全可以保护数据隐私，例如通过数据加密等技术，但是数据隐私不仅是保护数据安全，数据隐私指终端用户和个人对自己的数据被共享和使用的程度和方式有话语权和控制权。

（2）密码通常是保护数据安全的关键

很多终端用户每天访问的网站和服务都需要通过某种形式的身份验证（通常是密码）来获取访问权限。这时候密码不仅是一个访问工具，还是获取数据隐私的"钥匙"。在以往的很多数据泄露事件中，攻击者都采用了事先窃取密码库，然后将其用于撞库攻击（Credential Stuffing Attacks）的方法窃取数据。撞库攻击指黑客试图通过已经窃取的密码登录其他站点和服务，这种攻击往往都会成功，因为很多用户都有重复使用相同密码的习惯。

不要在不同的网站使用同样的密码，并且尽可能使用多因素身份验证。在使用多因素身份验证的情况下，即使黑客窃取了登录密码，也仍然需要通过另一种身份验证来获得访问权限。

（3）查看社交媒体设置，了解数据是如何进行共享的

社交媒体平台为用户与朋友、家人和同事分享信息提供了绝佳的渠道，但并非所有信息都应该与其他人共享。

当安装社交类应用、游戏、插件、工具和参加调查时，应该查看应用程序正在请求的访问权限都有哪些；当发布个人信息时，检查一下访问设置，确保将私人信息保密；对于那些敏感信息，例如信用卡信息，从来都没有公开发布这些信息或者分享包含这些信息的图片的必要。

（4）不要选择参与所有事情

在注册一些网络服务时，网站通常会要求消费者选择加入不同的邮件列表。这些列表会收集用户信息，这些信息可能以无数种方式被使用、共享和转售。

尽管某些时候，加入一个邮件列表并共享你的信息是有意义的，但是记住是"选择加入"——你是否想要或者需要分享你的信息，是由你来决定的。

（5）考虑使用有隐私模式的浏览器

网站通常会通过不同的方式，包括利用 Cookies 和其他形式的跟踪器追踪用户行为。用户在网上的活动、浏览网站以及点击的服务都会以表单数据的形式被收集起来，然而出于不同的原因，用户有时候希望或者需要将这些信息保密。

有几个方法可以减少数据暴露于网络跟踪器之下的风险，最简单的方法是在隐私模式下使用浏览器。所有主流的网页浏览器现在都有隐私模式，在隐私模式下，至少用户的浏览记录不会被追踪，也不会在浏览器会话之外存储 Cookies。

（6）在适当的情况下使用 VPN

公共 Wi-Fi 带来了便利，但是它们也可能成为威胁用户安全的问题之一。通过开放的公共 Wi-Fi 接入点，可以轻松地截取数据，窃取用户的隐私。

通过使用 VPN（Virtual Private Network），用户可以在隧道中传输数据和加密数据，这样即使在开放的公共 Wi-Fi 网络上，也能够降低隐私泄露的风险。

（7）如果你不需要它，就不要收集它

数据隐私不仅和终端用户有关，这也是组织机构必须关注的一个主题，因为涉及企业

第15章　数据安全和隐私保护　　　347

对数据的收集。近年来，随着大数据和高级分析的出现，组织机构尽可能收集更多的用户信息已经成了一个趋势，但是这可能不是一个正确的方向。隐私信息的收集需求为《通用数据保护条例》和全球范围内其他隐私法规带来了更多的合规挑战。

（8）保持警惕——数据隐私不是终极状态，而是一个持续的过程

数据隐私不仅涉及加密和跟踪，而且和用户个人紧密相关，因此保持警惕是关键。

（9）做好在线和离线的切换

有些数据不适合上线，适合通过本地离线的设备收集、存储、利用；有些数据适合在线管理，因此要做好在线和离线的管理。

关注数据是如何持续被收集的，共享和使用是保护数据隐私的基础。提高安全意识，提醒人们安全隐私是一项持续性任务，我们应该始终关注安全隐私，而不是只在某一时刻想到它。

15.3.2 保护个人隐私 15 招

生活在大数据的社会中，用户要怎么保护自己的隐私数据安全？下面有 15 条建议。

（1）保持更新。更新设备和软件是保护自己不受恶意行为影响的重要一步。大部分更新会修复自身的安全漏洞，让程序更稳定，可用性更高，因此保持更新是很好的习惯。

（2）防病毒功能。想要保护设备和应用，安装一款带有防病毒功能的软件是很有效的。

（3）尽可能地使用加密功能。现在，越来越多的设备和操作系统提供方便用户操作的加密功能，在提升安全性的同时，对系统的影响很小。

（4）使用密码管理功能。这种密码管理方法一般都被称为密码管家，它可以为网站或者软件服务生成安全系数极高的强密码，并且还提供安全保存这些密码的方法，这种方法在多数情况下都很有用。

（5）开启多因素认证。两层或者多重认证可以为用户的个人信息添加多一层的防护。现在，大部分服务都提供多因素认证，尽量使用，不要怕麻烦。

（6）尽量不要以管理员身份登录系统。以管理员身份登录计算机或手机都是有风险的，这会让恶意软件有机可乘，在用户意识不到的情况下进行恶意行为。

（7）留意备份。这点很多用户会忘记。但是定期备份并且把数据保存到一个安全的地方是很好的习惯，万一设备不幸中招，至少数据还是完好的。

（8）保护浏览器。这是另外一种阻止恶意软件的方法，使用可靠的附加组件（Add-on）、插件（Plug-in）和其他扩展功能。

（9）保管设备。在公共场合，注意保管计算机、手机或者平板电脑，防止盗窃。这一

条听上去有点像废话，但是我们大部分人都有手机被盗的经历。最可怕的不是损失钱财，而是我们的个人信息的丢失。

（10）对个人隐私信息保持警惕。保护自己的身份信息，尤其现在很多第三方机构会在我们意识不到的情况下获取这些信息。在进行相关操作的时候保持警惕，不确定的时候要多咨询。

（11）关机很重要。不用计算机的时候就关机。因为没有电源、没有网络，窃贼就碰不了我们的计算机。对于智能手机也一样，没有联网需求的时候，就关掉网络。如果随时随地都开着网络，就代表黑客有更多渠道和机会来攻击你。

（12）废旧移动设备不要丢弃。废旧手机和计算机不要随便丢弃和售卖，以免泄露个人隐私。旧计算机在丢弃和售卖前，最好拆除内存卡和硬盘；废旧手机也要拆除存储卡或存储器，或者就留作纪念收藏品，不要随便丢弃和售卖。

（13）收纳保存各种单据。存取款凭条、刷卡回执单、快递单等含个人信息的单据应保留或不定期销毁，以免带来不必要的信息泄露。

（14）尽量使用一家具有数据闭环系统能力的公司的产品，例如数据在这家公司产生，然后也会存在这家公司，最后也会被这家公司利用，那么出了隐私泄露问题也会由这家公司负责。

（15）数据隐私保护的观点，少一次登录就多一点隐私保护。

生活在大数据时代，因隐私泄露而被犯罪分子盯上，是相对来说的小概率事件，但信息泄露对日常事务造成的影响，却可能给我们生活的方方面面带来困扰，让我们成了"透明人"。

记住以上 15 招，能够在常规场景下做到一定程度上的个人隐私保护。

15.3.3 企业的隐私保护

精准，是过去几年广告营销行业的关键词。

当这个原本由创意驱动的行业突然被数据介入时，基于大数据技术对目标用户进行的精准广告投放开始快速发展，广告主对精准营销的热衷让数据的商业价值激增。但与此同时，数据安全和隐私保护的问题也摆在了公司和公众的面前。

人们对数据安全和隐私保护的诉求变得愈加强烈，几乎每月乃至每周都会有与个人隐私相关的事件发生。人们对精准营销与广告的质疑越来越多，行业的发展已经进入迫切需要解决隐私保护问题的阶段。

广告的本质是实现商业机构与用户间有效的双向沟通。而根据说服三要素模型，沟通的效果与"可信度、逻辑与情感共鸣"这 3 点息息相关。在这其中，可信度便是沟通能够顺利进行的首要条件。如果无法处理好人们对隐私的疑虑，也就很难让他们对广告内容产

第15章 数据安全和隐私保护 349

生好感，营销活动最终达成的效果就将大打折扣。

当下的精准营销会涉及数据的接入与合作，这意味着来自广告主的第一方数据也已经被引入精准广告的投放中。这时，如果相关数据没有被置于安全性获得充分保障的环境中，那么一旦发生消费者隐私泄露的问题，企业面临的将是汹涌而至的指责与非议。

对于广告主来说为什么要重视隐私保护？答案很简单：保护用户的隐私安全，实际上也是保护自己的品牌安全。

15.3.4 数据产品经理应该了解的 4 种数据隐私保护技术

古人常说鱼和熊掌不可兼得。大数据时代，数据挖掘诚可贵（例如各类 App 通过收集我们的行为信息进行购买商品与美食预测推荐，提高用户体验和提升效率），然而隐私保护价更高（例如敏感的个人信息如姓名、家庭住址和手机号码等被某些机构收集，为了某种利益被非法贩卖或泄露，定向电信诈骗由此而生），2016 年的山东徐玉玉案给社会敲响了警钟。在大数据的应用场景下，在满足数据安全和隐私保护的同时，实现数据的流动和价值的最大 / 最优化成为数据控制者和数据处理者的普遍诉求。幸运的是，经过信息技术的发展和革新，鱼和熊掌兼得成为可能：数据控制者和数据处理者不但能收获到"鱼"（价值挖掘），也能得到预想的"熊掌"（隐私保护）。

目前存在多种关键技术，场景不同，需求不同，对应的技术也不同。下面从场景技术角度介绍 4 种关键技术：数据脱敏、匿名化、差分隐私和同态加密，并对每一种技术从场景、需求和技术原理等几个维度展开讨论。

1. 数据脱敏

数据脱敏，也称为数据漂白，其英文翻译为 Data Masking 或 Data Desensitization。由于其具有处理高效、应用灵活等优点，数据脱敏是目前工业界处理敏感类数据（个人信息、企业运营、交易等敏感数据）普遍采用的一种技术，在金融和互联网服务提供等领域有广泛应用。广义来讲，人脸图像打码（马赛克）实际也是一种图片脱敏技术：通过部分屏蔽和模糊化处理保护自然人的隐私。但这里讨论的是传统的（狭义的）脱敏技术——即数据库（结构化数据）的脱敏。

数据库是企业存储、组织以及管理数据的主要方式。几乎所有的业务场景都与数据库或多或少有所关联。在高频访问、查询、处理和计算的复杂环境中，如何保障敏感信息和隐私数据的安全性是关键性问题。对于个人信息使用和处理场景，主要有以测试、培训、数据对外发布、数据分析等为目的的场景。举一个测试场景例子，假如小明是测试人员，在进行产品测试过程中，需要使用一些用户个人信息示例数据，如果可以直接访问和下载用户个人信息的原始数据，会有隐私泄露的风险（他可能将用户个人信息卖给另一家公司）。

为了避免风险，可对所有数据项逐一进行加密。但这引起了一个问题——数据的密文数据杂乱无章，已经失去了测试和验证价值。那么是否可以在数据可用性（Data Utility）和隐私保密性（Privacy Protection）两者之间进行折中呢？答案是肯定的，如下图所示。

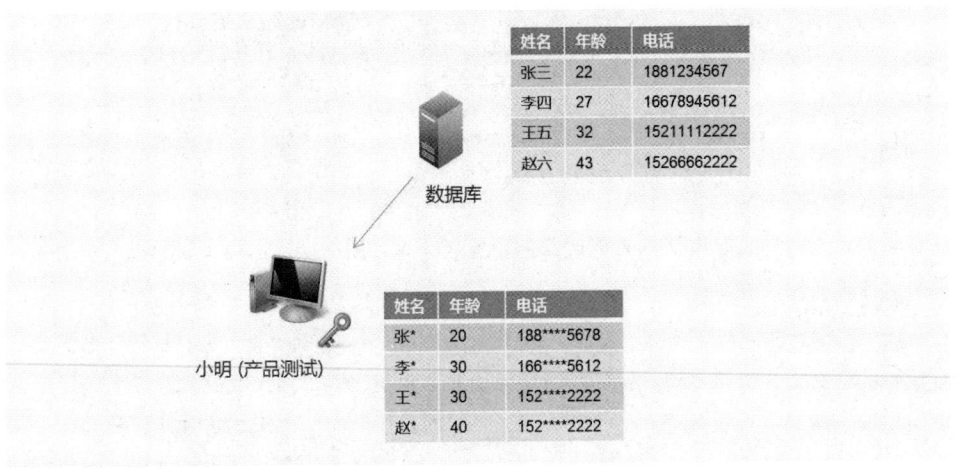

小明需要访问用户信息数据库，服务器根据小明的权限对数据颗粒度进行管控和脱敏处理，例如仅保留姓、年龄进行模糊处理（四舍五入）、电话号码屏蔽中间 4 位。那么小明就无法得到准确的用户信息，并且猜测次数过多（猜测概率过低）带来的过高的攻击成本不足以支撑小明进行数据攻击。

个人信息或其他敏感信息的处理，必须满足以下两个要求。

（1）数据保密性（Data Confidentiality）。对于个人信息，又称为隐私保密性（Privacy Protection），需要保证潜在的攻击者无法逆推出准确的敏感信息，对于一些关键信息无法获取。

（2）数据可用性（Data Utility）。保证被处理后的数据仍然保持某些统计特性或可分辨性，在某些业务场景中是可用的。

这两个指标是一对矛盾。如何调节与平衡：哪些数据字段需要加强保密，哪些字段可以暴露更多信息，屏蔽多少信息可达安全 / 应用，这些需要分析和研究具体应用场景，再进一步细化两个指标需求（场景需求的定制化）。例如某个 App 的业务场景，需要统计和分析 App 用户的年龄分布，为了保护用户隐私，需进行处理，但要尽可能保留年龄字段的统计分布。如何达到呢？下面将详细介绍。

数据脱敏是解决上述需求的关键技术。所谓脱敏，是对敏感数据通过替换、失真等变换降低数据的敏感度，同时保留一定的可用性、统计性特征。为了达到这个目标，有一系列的方法 / 策略可以使用。下表列举了一些典型的脱敏方法 / 策略。

方法/策略	描述	示例
取整	数值或日期数据的取整	13:25:15 → 13:00:00
量化	通过量化间距调整数据失真程度	27 → 30
屏蔽	屏蔽部分数据，如电话、身份证号码	152****1234
截断	数据尾部截断	010-88886666 → 010
唯一替换	使用替换表对敏感数据进行替换	231→1 20→2 231→1
哈希	将输入映射为固定长度的字符串	8 → a17d 28 → 1c4a
重排	将数据库的某一列值进行重排	22,31,27→ 31,27,22
FPE加密	明文和密文格式不变，属于统一集合	15266661234 → 15173459527

具体使用哪种脱敏方法需要根据业务场景来决定，如数据的使用目的和脱敏级别等。延用上述统计 App 用户年龄分布的例子，可使用重排的方法保证数据的统计分布。

其中，保留格式加密（Format-Preserving Encryption，FPE）是一种特殊的加密方式，其输出的密文格式仍然与明文相同。例如中国联通手机号 15266661234，通过 FPE 加密可以实现输出的是联通手机号 15173459527。FPE 加密应用时，需考虑格式及分段约束，这与一般的对称分组加密不同。为了规范 FPE 技术实施，美国 NIST 发布了 FF1 标准算法，可用于银行卡号等数字标识符的加密与脱敏。

按照使用场景，可将脱敏分为静态脱敏(Static Data Masking, SDM)、动态脱敏(Dynamic Data Masking, DDM)。静态脱敏一般用于非生产环境（测试、统计分析等），当敏感数据从生产环境转移到非生产环境时，这些原始数据需要进行统一的脱敏处理，然后就可以直接使用这些脱敏数据；动态脱敏一般用于生产环境中，在访问敏感数据时进行脱敏，根据访问需求和用户权限进行更小颗粒度的管控和脱敏。一般来说，动态脱敏实现更为复杂。脱敏在多个安全公司已经实现了应用，IBM、Informatica 公司是比较著名的代表。

2. 匿名化

通过匿名化（Anonymization）技术可以实现个人信息记录的匿名，理想情况下无法识别到具体的"自然人"。主要有两个应用方向：个人信息的数据库发布（Privacy-Preserving Data Publishing，PPDP）或挖掘（Privacy- Preserving Data Mining, PPDM）。

一个经典的场景是医疗信息公开场景。医疗信息涉及患者个人信息和疾病隐私，十分敏感，但对于保险行业的定价和数学科学家对疾病因素等的研究，这些数据具有巨大的价值。为了保护患者的身份和隐私，医疗机构往往会删除患者身份有关信息，即去标识化 (De-identification)。关于此有一个经典案例，美国马萨诸塞州发布了医疗患者信息数据库(DB1)，去掉患者的姓名和地址信息，仅保留患者的 { 档案格式，生日，性别，种族，… } 信息；另外有另一个可获得的数据库（DB2），是州选民的登记表，包括选民的 { 档案格式，生日，性别，姓名，地址，… } 详细个人信息。攻击者将这两个数据库的同属性段 { 档案格式，生日，性别}进行链接和匹配操作，可以恢复出大部分选民的医疗健康信息，从而导致选民的医疗隐私数据被泄露。两个数据库的链接如下图所示。

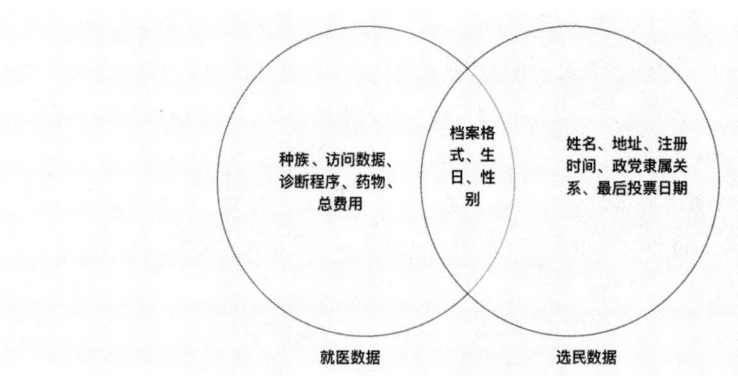

匿名化的实现应满足以下两个要求。

（1）去标识化（De-identification）。通俗地讲，如何使发布数据库的任意一条记录的隐私属性（如疾病记录、薪资等）不能对应到某一个自然人。

（2）数据可用性（Data Utility）。尽可能保留数据的使用价值，最小化数据失真程度，满足一些基本或复杂的数据分析与挖掘要求。

为了满足以上需求，一般使用匿名化技术。该技术最早由美国学者 Sweeney 提出，他设计了 K- 匿名化（K-Anonymity）模型。即通过对个人信息数据库的匿名化处理，可以使得除隐私属性外，其他属性组合相同的值至少有 K 个记录。为了展示匿名化过程，下图给出了关于薪资的个人信息匿名化的例子。保护薪资信息如下图所示。

身份证号	姓名	性别	手机号	年龄	邮编	公司	薪资状况
110000	张三	男	151000000	28	1010	C1	60W
310000	李四	女	152000000	18	3011	C2	45W
110001	王五	男	153000000	26	1011	C1	50W
310001	赵六	女	154000000	20	3021	C2	50W

去除标识

性别	年龄	邮编	公司	薪资状况
男	28	1010	C1	60W
女	18	3011	C2	45W
男	26	1011	C1	50W
女	20	3021	C2	50W

匿名化

性别	年龄	邮编	公司	薪资状况
男	>25	101*	C1	60W
女	<=20	30*1	C2	45W
男	>25	101*	C1	50W
女	<=20	30*1	C2	50W

对于大尺寸的数据表，如何实现 K- 匿名化模型呢？这是算法实现和复杂度优化的问题，目前有基于泛化树和基于聚类的匿名化实现方法。除 K- 匿名化模型外，还发展和衍生出了（α，k）- 匿名 [（α，k）- Anonymity]、L- 多样性（L-Diversity）和 T- 接近性（T-Closeness）

模型。在具体应用时，需要根据业务场景（隐私保护程度和数据使用目的）进行选择。

应注意的一点是，匿名化（Anonymization）、假名化（Pseudonymization）、去标识化（De-identification）3个概念有些联系，但不尽相同，却常常被混为一谈。

假名化。将身份属性的值重新命名，如将数据库的名字属性值通过一个姓名表进行映射，通常这个过程是可逆的。该方法可以基本完好保存个人数据的属性，但重识别风险非常高。一般需要通过法规、协议等约束不合规行为，保障隐私的安全性。

去标识化。将一些直接标识符删除，如上表所示，去掉身份证号、姓名和手机号等标识符，从而降低重识别可能性。严格来说，根据攻击者的能力，仍然有潜在的重识别风险，见上图两个数据库的链接。

匿名化。通过匿名化处理，攻击者无法实现重识别数据库的某一条个人信息记录对应的人，即切断自然人身份属性与隐私属性的关联。

一般来说，这3种方法对数据可用性依次降低，但隐私保密性越来越高。

3. 差分隐私

差分隐私（Differential Privacy, DP）具有严格的数学模型，无须先验知识的假设，安全性级别可量化、可证明，是近年来学术界隐私保护研究的热点之一。同时，一些企业将差分隐私技术应用到数据采集场景中。

场景：一个典型的场景是统计数据库开放，例如某家医院提供医疗信息统计数据接口，某一天张三去医院看病，攻击者在张三去之前（第一次）查询统计数据接口，显示糖尿病患者的人数是99人，张三去之后攻击者再次查询，显示糖尿病患者是100人。那么攻击者推断，张三一定患病。该例子应用了背景（先验）知识和差分攻击思想。

应用背景知识和差分攻击获取隐私信息如下图所示。

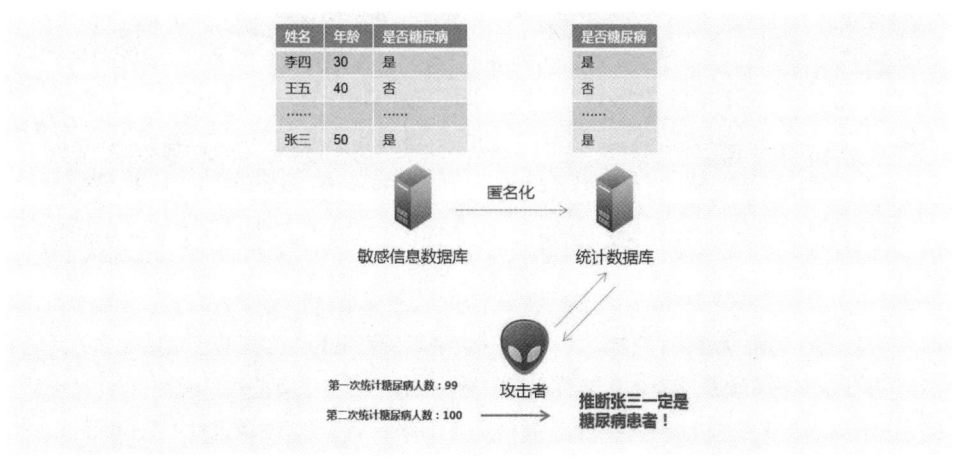

需求：上述场景要求设计一种算法，即使攻击者拥有一定背景知识（先验知识），攻击者查询公开数据库，只能获得全局统计信息（可能存在一定误差），无法精确到某一个具体的记录（自然人的记录）。

技术原理：为了满足这个需求，差分隐私技术应运而生。这项技术最早由微软研究者Dwork 在 2011 年提出。差分隐私技术可以确保数据库插入或删除一条记录不会对查询或统计结果造成显著影响，其数学化描述如下。

$$\frac{\Pr(f(D)=C)}{\Pr(f(D')=C)}<e^{\xi}$$

D 和 D' 分别指相邻的数据集（差别只有一条记录），$f()$ 是某种 DP 算法，它对于任意的输出 C，两个数据集输出的概率几乎接近（小于 e^{ξ}），那么称为满足 ξ 隐私。如何实现这个目标呢？一般来说，通过在查询结果中加入噪声（如 Laplace 噪声），查询结果在一定范围内失真，并且保持两个相邻数据库概率分布几乎相同，那么差分隐私技术就可以抵抗差分攻击引起的隐私泄露。例如上述场景，将每一次的查询结果概率化，第一次查询结果是99 个，差分隐私算法第二次查询概率 p 的结果为 99（用差分隐私算法加入 Laplace 噪声，第二次查询也是 99 个结果），那么攻击者无法确认张三是否患病。

以上介绍的是中心化的差分隐私（Centralized Differential Privacy ,CDP）。随着研究的进展，出现了本地差分隐私（Local Differential Privacy, LDP）。本地差分隐私技术在用户侧进行，服务器无法获得真实的隐私信息，其核心思想是随机化算法，即每一个采集的数据都加入了噪声。若采集的数据足够多，则得到相对准确的统计分布。本地差分隐私技术的原理注定了它十分适用于用户隐私数据的采集。一些 IT 公司开始应用该项技术，例如苹果公司使用本地差分隐私技术保护用户隐私，在可获得统计行为的同时，避免用户隐私的泄露。下图是苹果公司使用本地差分隐私技术采集手机用户使用如下表情的信息统计。

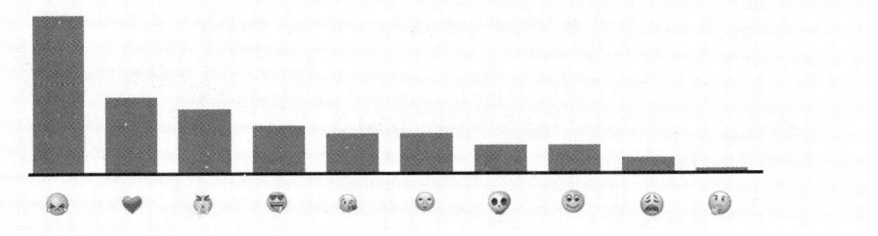

苹果公司的例子说明（感兴趣的读者可去手机查找和研究），单个用户的数据是不准确的，个体不能代表整体，个别用户的数据甚至是脏数据，可以视为噪声数据，但经过大量用户的频率统计，是相对准确的；谷歌也进行了类似的应用，通过 Chrome 浏览器使用LDP 技术采集用户行为统计数据。

4. 同态加密

同态加密不同于传统的加密，它是应对新的安全场景的一项新型密码技术。它的出现，颠覆了人们对密码算法的认知，使得密文处理和操作，包括检索、统计、甚至 AI 任务都成为可能。

假设创业公司 C 拥有一批数据量大且夹杂个人信息的数据，需要多方进行共享和处理。为了降低成本，该公司选择使用廉价的不可信第三方平台：××云。但为了保障传输和存储过程的数据安全，公司员工 C1 在数据上传前，对数据进行了加密，再将得到的密文数据上传到 ××云。公司员工 C2，需在公有云上执行一个数据分析和统计的任务。

下图是云平台的安全计算场景。

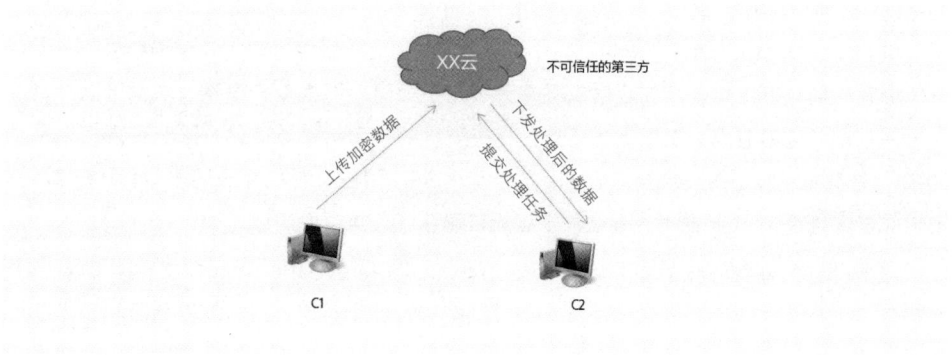

从以上的场景可提炼出两个需求。

（1）安全需求。除了公司 C 的员工可解密数据外，其他人（包括第三方平台）无法解密和查看数据，即需要保障个人隐私数据的安全性。

（2）处理需求。存储在第三方平台的密文数据仍然可以进行基本运算（如加、减、乘、除）、统计、分析和检索等操作。处理后的密文数据，返回给公司 C 的员工 C1，得到的结果和预期是一致的。

同态加密是满足上述需求的一项关键的技术之一。假设有两个明文，那么根据加密函数，存在以下性质：$Enc(A) \circ Enc(B) = Enc(A*B)$。

该性质在数学上称为同态性。通俗来讲，就是在密文域进行操作，相当于在明文操作 * 操作。这种性质使得密文域的数据处理、分析或检索等成为可能。同态加密在云平台的应用如下图所示。

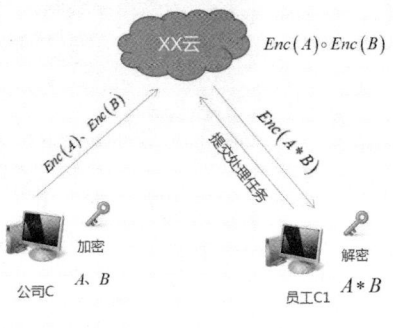

假设员工 C1 上传两个密文数据 Enc(A)、Enc(B)（对应两个明文数据）到不可信的云平台中，员工 C2 提交两个明文数据的任务，那么云计算平台对应执行密文的操作是 Enc(A)。Enc(B)。从始至终，云平台一直没有接触到相关的明文信息，从而防止了第三方窃取隐私数据。

同态加密过程需要消耗大量的计算资源，目前已开始朝应用发展：同态加密逐步开展了标准化进程；另外创业公司 Duality 在定制服务器上通过同态加密，实现了隐私保护与 AI 任务等应用。

大数据时代，"隐私保护诚可贵，数据挖掘价更高"。根据实际应用场景，处理和平衡数据可用性（Data Utility）和隐私保密性（Privacy Protection），是大数据时代下数据安全的关键性问题之一。在保留一定的数据可用性、统计性等基础上，通过失真等变换实现降低数据敏感度——数据脱敏；通过去标识化实现隐私保护——匿名化；通过加噪声来抵抗差分攻击——差分隐私；甚至将个人敏感信息直接加密，然后在密文数据上直接进行统计与机器学习——同态加密。

然而，其中一些技术在具体的场景落地时，仍然面临着诸多挑战，如数据可用性和隐私保护如何实现自适应调节，高维、大数据集的效率如何优化等是值得数据产品经理深入研究的问题。

数智化重塑增长

第 16 章

- 16.1 数智化
- 16.2 数智化重塑未来增长的破局之路
- 16.3 找到数智化转型的第一个切入点
- 16.4 案例：数智化破局增长

增长永无止境，哪怕遇到移动互联网增长的尾声，哪怕增长遇到 ToC 的红利，这都只是一个环境，一个场景，一个时代的情景。一个场景的结束往往意味着另一个场景的开启，即将要开启的场景是数智化，数智化不仅将重新定义增长，还将重新赋能增长，重塑增长。

CHAPTER

SIXTEEN

16.1　数智化

数字化加智能化即为数智化，它从知识结构上来说包含了数字技术和 AI 部分知识。

16.1.1　踏上数智化之路

无论是个人还是企业，踏上数智化之路是未来 10 年将要面临的挑战。今天很多企业都在推进数智化建设，为什么要做数智化转型？

企业的数智化转型缘由有 3 个层面：第一个层面是让企业跟上新时代的商业环境变化；第二个层面要解决企业存在的一些突出问题；第三个层面要建立起企业新的发展优势。

第一个层面是让企业跟上新时代的商业环境变化。今天这个时代的商业环境已经越来越数字化，企业如果跟不上商业环境的变化，那么生存都会是个问题。例如今天大家在日常的消费中越来越多地使用移动支付，如果还坚持现金支付，在这样一个新环境里会有很大不便。所以，跟上商业环境的变化是企业推进数智化转型的第一个层面的因素。在这样一个新的商业环境下，企业仅靠线下的营销肯定不行，一定要多渠道营销。今天的很多金融服务是基于企业的高质量、真实的经营数据，金融机构甚至可以无抵押地给企业提供金融服务，进行数据化的融资。如果自身企业不数智化，想获得这样的金融服务也很困难。包括企业的支付也好，个人的电子发票也好，这些都是新的商业环境，现代人必须要适应这样一个新的商业环境。

推进数智化转型的第二个层面的缘由是要解决企业存在的一些突出问题。例如很多做消费品的企业，多年来一直困扰的问题就是不能直连消费者，不能直接去感知最终消费者的需求和变化。通过数智化，消费品企业现在可以直连最终的消费者，去感知最终消费者的需求变化，更好地响应消费者的需求。

又如阳光采购，怎样使采购过程阳光化、透明化？通过数智化的平台就可以实现采购过程的透明化和阳光化。

提高办公效率是企业的共同需求，新的云服务的移动平台对于提高整个组织的办公效率作用巨大。

第三个层面，企业要建立起新的发展优势。例如企业的产品服务和创新，利用数字化的平台，企业在感知客户的需求和需求变化上就比原来更具优势，同时在产品服务的设计创新上，利用数智化的产品可以高效地实现产品创新，并建立更加智能化的制造过程。现在，越来越多的企业受人力成本的影响，制造过程也越来越智能化、无人化。在企业的组织里，怎样更好地赋能员工，怎么去激活组织，解决了这样的问题，可以帮助企业建立起在新的发展阶段的发展优势。

所以，一个企业要推进数智化转型起码有这 3 个层面的原因，有这 3 个层面的需要，要求企业去推进数智化转型。

企业数智化转型涉及企业的方方面面。从企业的生产经营到企业的运营管理，再到整个数智化平台的构建和运营。它包括营销环节的数智化——数字营销；采购环节的数智化——智慧采购；制造环节的数智化——智能制造；金融服务的数智化——数据金融；财务和会计的数智化——智能财务；人力资源环节的数智化——数字人力；办公环节的数智化——协同办公。这些都需要建立在一个企业数智化的平台上，这个平台又分为 3 个类型：技术平台、数据中台、业务中台。在这样一个平台的基础上去构建和运营一个企业从营销、采购、服务金融到财务、人力、办公的全面的企业数智化。

16.1.2 从数字化走向数智化

技术与商业的发展一直相互促进、相互拉动、协同演化。

20 世纪 70 年代到 20 世纪 80 年代，传统 IT 技术曾给企业，特别是大企业带来了显著的效率和效益提升。典型的例子如沃尔玛在当时所采用的 IT 技术，使得它很快发展成为一个全球规模、反应迅速的商业生态系统。但从 20 世纪 80 年代开始，特别是 20 世纪 90 年代以后，商业世界的复杂性急剧上升，如下图所示，传统 IT 技术越来越难以有效应对。

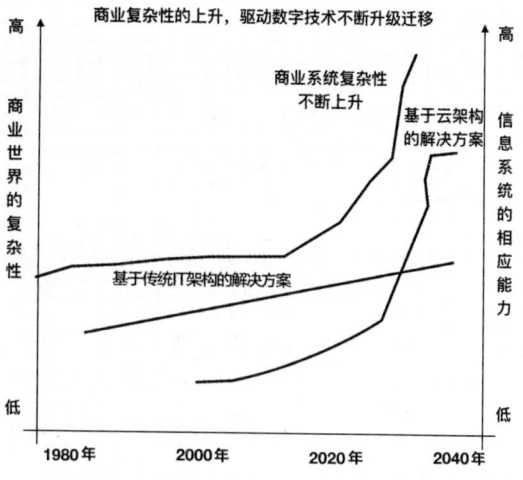

从产品来看，产品本身越来越复杂。一个简单的机械产品逐步演变为智能互联的产品，产品增加了传感器、通信模块、计算模块、软件等。从需求来看，从大规模生产、大规模定制到个性化定制，其实都反映出消费需求越来越走向个性化的趋势，这就给企业的研发、设计、生产带来了一系列的复杂挑战。国际咨询机构 BCG 对 100 多家欧美上市公司的研究发现，在 21 世纪最初的 15 年间，这些公司的工作程序、垂直层级、协调机构和决策审批步骤增加了 50% ~ 350%。这种管理复杂性的增加，正是为了应对日益复杂的客户需求和市场环境。

业务和管理复杂性的增加，最终带来的结果，就是倒逼和推动了传统 IT 技术架构向云架构的迁移。这一进程从 21 世纪初开始，在未来 10 年还将全面加速。随着谷歌、阿里巴巴、Facebook 等巨型生态系统的出现，这一进程又得到了进一步加速。2009 年，阿里巴巴开始"去 IOE"（I 是指"IBM"，O 是指"Oracle"，E 是指"EMC"。去"IOE"就是去掉 IBM 小型机、Oracle 数据库、EMC 存储设备，代之在开源软件基础上开发的系统）。

2013 年 7 月 10 日，这是一个具有里程碑意义的日子，淘宝核心系统中的最后一台 Oracle 数据库下线。这是"去 IOE"非常重要的一个节点。经过 3 年的研发，阿里云于 2017 年 9 月发布了自主研发的云原生数据库 PolarDB，并于 2018 年 4 月正式商用。这以后，阿里云在自研数据库的开发上不断加速。阿里云目前可以提供全面的数据库服务，包括关系型数据库、分析型数据库、NoSQL 数据库及相关的服务与工具。

从数字化到数智化是企业上云的动力和方向。目前，越来越多的企业将数据和应用向云上迁移。我国企业的互联网化正在提速，从互联网金融到智慧城市，从"互联网 + 电子政务"到"人工智能 + 制造"，这些都要以云平台作为基础和支撑。从厂商的角度，从以前的卖产品到现在卖服务；从企业用户的角度，从以前采购软 / 硬件自己集成到现在把应用交付给云，这一转变是颠覆性的。

从数字化到数智化转型，意味着如下几点，如下图所示。

数字化企业与数智化企业的区别		
	数字化企业	**数智化企业**
支撑技术	IT技术：PC+传统软件	DT技术：云、端、中台、AIoT等技术
市场特征	规模化的相对确定性需求	个性化的不确定性需求
经营理念	以企业内部管理为核心	以客户运营为核心
技术诉求	如何提升经营效率	如何支撑创新迭代
技术开放性	封闭技术体系	开放技术体系
技术交付形态	硬件+软件+解决方案	服务与运营方案

◆ 从支撑技术来看，实现从 IT 到 DT 的转变。数字化转型基于传统 IT 架构；数智化转型基于"云管端 +AIoT"等具有代表性的新技术群落。技术架构体系的背后是系统开发流程、逻辑、工具、方法的迁移，以及商业模式的重构。

◆ 从需求特征来看，是从面对确定性需求到不确定性需求的转变。企业数字化转型时代，无论是客户关系管理（CRM）、企业资源管理（ERP），还是排产计划、工艺设计等，都是基于大众化、规模化导向的相对确定性需求；数智化转型时代，企业面对的是一个更加不确定的、个性化、碎片化的市场需求。

◆ 从经营理念来看，是从以产品为中心到以消费者为中心的转变。数字化时代，企业经营的核心理念是以产品为中心，致力于解决产品的成本、质量、效率、交付；数智化时代，企业思考的问题是如何以客户运营为核心，如何提高客户全生命周期的体验，如何构建一套以消费者运营为核心的技术体系。

◆ 从技术核心诉求看，是从提升运营效率到支撑创新的转变。从技术所要解决的核心问题看，数字化企业思考的问题大多是技术如何支撑和提高企业内部经营管理效率；今天，对数智化企业而言，技术要解决的核心问题从提升效率转向如何支撑产品创新、业务创新、组织创新和管理创新。

◆ 从技术体系看，是从封闭技术体系到开放技术体系的转变。传统 IT 技术解决方案面对的是如何提升企业内部经营效率，各种系统和软件封装起来是一套封闭的技术体系；今天，数智化企业以消费者运营为核心，需要构建一套实时感知、响应、服务客户的新架构体系，一套基于云计算、数据中台和移动端的开放解决方案，实现与供应商、代理商以及客户的数据集成，构建基于全局优化的开放技术体系。

◆ 从技术交付形态看，是从解决方案到运营方案的转变。传统 IT 时代，技术供给方提供给客户的是硬件、软件及产品解决方案，实现的是业务数据化；今天，数智化企业需要提供的不仅是硬件、软件、解决方案，还需要构建一套面向客户全生命周期服务的运营方案，实现数据业务化。

企业数智化转型的时刻表如下图所示。

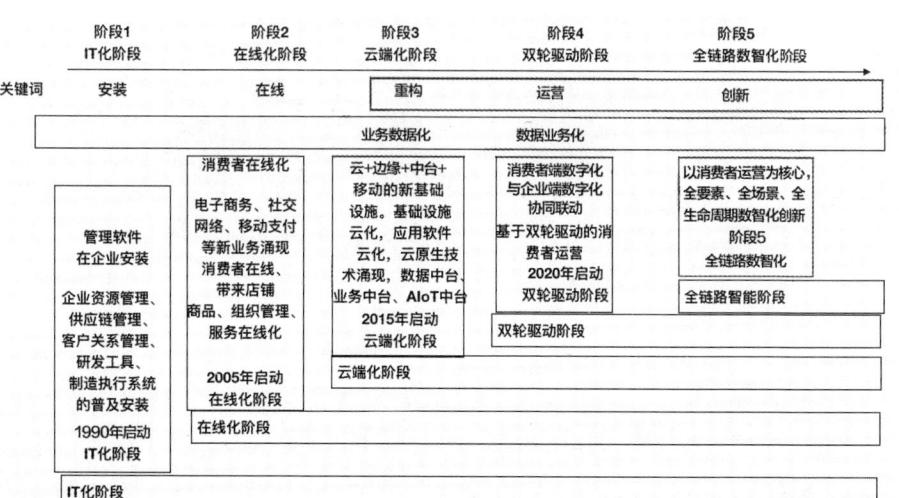

362　　数据增长模型　数智时代的全栈产品运营思维、算法与技术

具体到企业来看，数字化转型不是一个新课题。从技术长周期的视角来看企业转型，可以分为两个阶段：从数字化转型阶段到数智化转型阶段。数字化是一个业务数据化的过程，我国企业从 20 世纪 90 年代就开始了，经历了传统软件安装期和消费者在线化两个阶段。当前，企业正进入数智化转型新阶段，基础设施云化、中台化、移动化推动企业从业务数据化向数据业务化转型，从单轮驱动向双轮驱动转型，并最终实现全链路数智化。

（1）阶段 1：IT 化阶段。关键词：安装。

企业通过安装办公自动化（OA）、企业资源管理（ERP）、供应链管理（SCM）、客户关系管理（CRM）等各类信息化软件，构建单点业务环节信息系统，全面优化企业的研发、生产、经营流程，提高管理效率，为进一步深入开展数字化转型打下坚实基础。

（2）阶段 2：在线化阶段。关键词：在线。

互联网的普及给商业世界带来了革命性变化，意味着商业系统进入了新时代——在线时代，商业世界实现大尺度、多场景业务闭环优化。伴随着 3G、4G、5G 等移动互联网及物联网技术的迭代，电子商务、社交网络、移动支付、网络约车等新业务纷纷涌现，推动着消费者在线，以及店铺、商品、组织、管理、服务的在线化。

（3）阶段 3：云端化阶段。关键词：重构。

云计算、物联网、人工智能、5G、数字孪生等具有代表性的智能技术群落正在构建新商业基础设施，未来 5~10 年将是新型数字基础设施的"安装"和服务交付期。IT 基础设施及企业应用软件加速云化，一批云原生技术持续涌现。数据中台、业务中台、AIoT 中台建设步伐加快，消除"数据孤岛"并促进数据业务化，推动企业内部资源与能力共享。

（4）阶段 4：双轮驱动阶段。关键词：运营。

伴随着企业传统 IT 基础设施云端化、AIoT 化、中台化、移动化，企业不断打通线上与线下、内部与外部、消费端与供给端数据，基于消费端数据运营，以消费端数据智能重构供给端的品牌、营销、研发、渠道、制造等供给体系和价值链体系，构建"人－货－场"全要素运营体系。

（5）阶段 5：全链路数智化阶段。关键词：创新。

以消费者运营为核心，实现消费端与供给端全要素、全场景、全生命周期的数据智能化，建立企业智能运营和决策体系，持续推动企业产品创新、业务创新、组织创新，构建强大的新竞争优势。

简言之，如果说企业数字化转型是基于 IT 技术、架构和 PC 端的，那么企业数智化转型则是基于 DT 技术、架构和移动端的。数字化的核心是业务数据化，数智化的核心则是数据业务化。从数字化到数智化是一次新型数字商业基础设施的重构、迁移和切换，是以消费者运营为核心的数字商业生态重构。

另外，在数智化的阶段出现新的 CRM/ERP 创业公司，他们所做的产品和服务也是创新的产品，跟 20 世纪 90 年代的软件和服务相比有诸多创新和不同。

16.2　数智化重塑未来增长的破局之路

2020 年，数智化的先行企业，如红蜻蜓、木屋烧烤、林清轩等，在业务拓展、组织管理、业绩表现等方面明显优于数智化的跟跑企业，显示出数智化给企业带来的巨大活力和灵活性。

2019 年，可以看成是从数字化向数智化转型的元年，未来的数智化进程如下图所示。

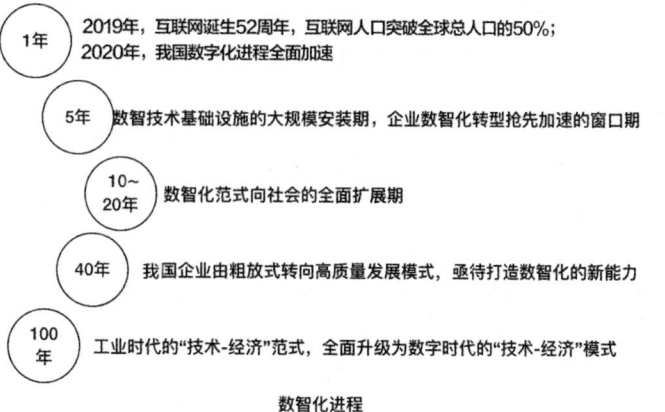

数智化进程

1 年。2019 年，互联网诞生 52 周年，互联网人口突破全球总人口的 50%。2020 年，我国数字化进程全面加速。 从 1 年尺度看，2020 年是我国数字化进程全面加速的一年。截至 2020 年 3 月，我国网民规模已达 9.04 亿，全国网上零售额突破 10 万亿元，快递件量达到 635 亿件，占全球快递包裹量的一半以上，我国的消费互联网仍然拥有广阔的空间，同时，工业互联网又开始加速发展。以阿里巴巴商业系统为代表，各大互联网公司纷纷提出了自己的 ToB 服务战略，并取得了若干进展。

5 年。新基础设施"安装期"、数智化转型窗口期。 从 5 年尺度看，未来 5 年将是数智化基础设施加快"安装"和服务交付、企业数智化转型抢先加速、弯道超车的窗口期。一批思维和行动领先的企业，将率先抓住这一轮"抢跑窗口期"，全面提升自己的数智化能力，

364　数据增长模型　数智时代的全栈产品运营思维、算法与技术

从而在技术基础设施、消费者运营、数智化决策等方面，获得超越传统企业的"代际竞争力"。

10~20 年。数智化最佳范式的全面扩散期。 从 10~20 年尺度看，接下来将是数智化带来显著效益的黄金发展期，这一时期也是数智化的最佳实践全面扩散的 10~20 年。这是因为，如果历史可以借鉴，那么参考发达国家在 20 世纪初的商业史就不难得出这一预测。1908 年福特第一辆 T 型车下线，"福特制"快速成熟；1911 年"泰勒制"的标志性文本《科学管理原理》出版。"福特制"和"泰勒制"作为工业经济在微观层面的核心商业模式和组织模式，在其走向成熟后的大约 20 年间，美国全社会都开始普遍学习这些行事方式。例如，1908 年，研究传播商业管理前沿知识的哈佛商学院成立。到 1930 年，大学里独立的商学院达 100 余所。同时，美国、德国、英国等也先后开展了以"标准化"为主要内涵的"产业合理化"运动，极大地提高了社会生产力。如美国在 20 世纪 20 年代，简化产品种类，推动标准化；同一时期德国也在推进简化产品种类，制定质量标准，用标准化手段大规模地改进生产管理方法。

40 年。我国企业迎来高质量发展的新时代。从我国改革开放的情境下看，在下一个 40 年，我国企业的发展模式必将由粗放式的狂飙突进转型为高质量发展模式。如果说 20 世纪 80 年代做企业最需要的是勇气，20 世纪 90 年代做企业最需要的是现代公司制，21 世纪初的企业最需要的是拥抱 WTO，21 世纪第二个十年，企业最需要的是拥抱互联网，那么 21 世纪 20 年代以后的企业最需要的就是全面数智化。

这是因为，在上一个 40 年里，我国大部分企业从无到有、从小到大，但大而不强、成本上升、增长乏力等现象仍然普遍存在。如 2019 年世界 500 强的平均利润为 43 亿美元，我国上榜企业的平均利润是 35 亿美元。入榜的我国企业（不包括我国台湾地区），平均净资产收益率为 9.9%，低于美国企业的 15%，也低于全球平均的 12.1%。在市场需求多变、产业结构升级、竞争全面展开、资源环境约束等挑战下，我国企业必将转型为以消费者运营为核心、精准高效决策的高质量发展新模式。而数智化，正是助力企业完成这一转型的核心引擎。

100 年。"技术－经济"范式的全面迁移和升级。 从 100 年尺度看，企业正在面临的并非只是某一要素的转型升级，而是一整套"技术—经济"范式的升级。100 年前工业经济的"技术—经济"范式可以简化为"电力的通用技术赋能＋电力、铁路、电报电话网络等的基础设施＋福特制和泰勒制的生产模式与组织模式"，100 年后的今天正在涌现的新范式则是"DT 通用技术的赋能＋云化、AIoT 化、中台化、移动化等的技术基础设施＋以消费者为中心的 C2B 商业模式和中台制组织模式（或'大中台＋小前端'）"。

数智化重塑企业发展的沃土，大市场才会有大分工。我国拥有庞大的人口规模，快速扩大的中产阶层，乐于拥抱变化的消费者，丰沃的制造业基础，全球领先的铁路、宽带等基础设施消费市场，以及领先全球的网络零售、在线支付等服务体系，这些都使得我国市场必将成为全球商业创新的高地。

在很多领域，"Copy to China"正在演变为"Copy from China"。早期的外企在我国大都只是建设分销网络。20世纪90年代后期，外企的战略从"分销"升级到了"制造"，今天的外企在我国进一步开展了营销、研发等全方位的创新，而且这种创新也正在反哺其海外总部。星巴克、欧莱雅、宝洁等公司在我国的数字化创新，在其全球业务中得到了高度认可和借鉴。2018年，联合利华也与阿里巴巴共建了天猫创新中心和联合利华联合创新实验室。

我国成为全球商业创新高地，其更深层的意义还在于：历史上没有一家公司能做到把"消费者是上帝"的理念，变为一种可运营的商业现实。正是由于我国独特的"技术－商业"生态体系，在规模和丰富性上已足以支撑起这样的商业现实，这就使得企业在我国市场上的数智化转型探索拥有了全球普适性的，也是跨时代性的巨大价值。

现代企业在不断开辟新赛道，那么如何在巨变时代，更明晰、更简明地找到位置感、方向感？面向下一个10年，数据产品经理应给自己设置怎样的议题与议程，应建构和发展怎样的思维框架？

至少有下面3个思维框架。

换底座。使企业的技术产品基础设施从IT时代迈入DT时代。

转模式。使企业的运营和决策，由低效运营和经验化决策，转为数智化支撑下的高效运营、精准决策。

创未来。对未来和自我有更高期望的CEO，应致力于做"造风者"，不断开辟"新赛道"，进而探索具有时代性和全球性的全新商业模式，并进一步升级组织能力、打造全新的企业文化。

商业模式可以定义用户价值，创造用户价值，满足用户期望，但心存高远的企业，还应考虑企业如何走得更好、更远、更稳。从这一维度来看，组织能力建设和文化建设就是商业模式创新基础上的两个重要支柱。正如阿里巴巴集团董事局主席张勇所述，商业模式创新是创造生产力，组织能力创新是创造新的生产关系，最终交汇在"人"上"点燃"。文化是催化剂、溶解剂。要做好的企业文化，首先是做好人，做"好"人和做好"人"，这是所有问题的原点，这一原点可以跨越国界、跨越模式，具有普适性的意义。

基于大量调研和深入研究，我们认为数字经济环境下的CEO或者潜在CEO数据产品经理，应逐步发展和构建如下图所示的简明的思维框架。

驱动力是什么。以DT技术群落为企业发展创新的第一驱动力。过去20年，DT新技术群落已经快速走向成熟，并在类似"双11"的巨型场景中得到了市场检验。

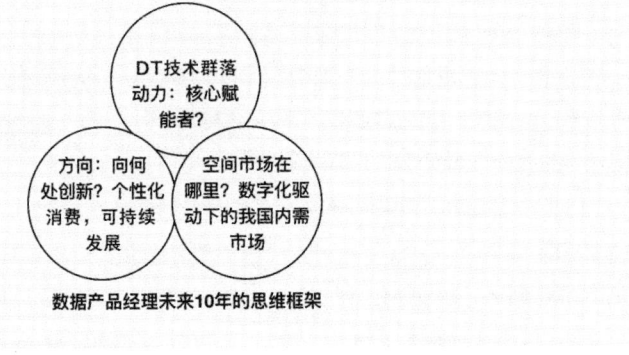

数据产品经理未来10年的思维框架

方向是什么。以个性化需求和可持续发展为创新的方向。个性化需求属于"个人与社会、个人与自我"的范畴，可持续发展则属于"人与自然"的关系范畴。

市场在哪里。以数字化驱动下的我国内需市场和新型全球化为市场空间。市场是"人货场"的动态组合，市场是无形之手，市场也是有形之网。关注"逆全球化"，也要关注类似 eWTP 等新型全球化的进展：这是一种基于互联网的、以数据流驱动的、以微型跨国公司为重要主体的、高度深化的全球化市场。

关于数智化重塑增长的认知，在今天也许尚是少数数据产品经理和少数企业的新洞见，但接下来很快就将扩散成为多数产品经理和多数企业的新常识。

16.3 找到数智化转型的第一个切入点

时下和未来是数字化、智能化、ABCD+5G/IoT（ABCD：AI-Blockchain-Cloud-Big Data）、用户画像 + 千人千面、私域流量 + 品效合一的时代，作为企业老板 / 职业经理人，应加快推进企业做数字化 / 智能化转型。

需要数据产品人操作的是找到数智化转型的第一步，即第一个切入点。

根据埃森哲 2019 年做的一个数字化现状调研，我国只有 9% 的企业转型成效显著，另外 91% 的企业则没有效果或者效果不明显。

企业的数智化转型，不仅是上个中台系统，也不只是 IT 部门的工作，而且是企业模式的深度变革。核心是由以往的以商品为中心，注重内部环节，转型为以用户为中心，企业可以开放性地对接各种外部、内部资源。所以，大多数企业没有认识到转型工作的"重"与"大"，一开始对这项工作定位就不对，不断尝试、不断走错，俨然成了企业滑铁卢。

第16章　数智化重塑增长　　367

笔者曾在阿里巴巴、爱奇艺等公司工作多年，身为多家国内外上市公司的企业顾问，观察、参与、指导了企业实施数智化转型工作。把企业数智化中的成功失败做了总结，得出了数智化三大关键阶段：启动规划、落地实施、持续运转。一场突如其来的新冠疫情，让几乎所有的企业一夜之间走上了数字化的路线：电商／直播卖货、社群／私域运营、社区生鲜／外卖快递、云办公／视频会议、自动协同／云计算等。那么，是否这就是数智化呢？非也，这只是数字化应用的开始，后面的路还很长。

相信疫情之后，数智化转型会成为大部分企业的必然选择。怎么开始数智化是一个重要的问题。企业走好数智化转型的第一步是找好切入点，要点如下。

（1）应该是"业务主导+IT协同"，数智化转型不是由后台驱动，而是由前线业务产品进行驱动的。

（2）应该从具体业务、具体产品运营切入，而非大而全，最忌看不到效果，应快速实现业务价值（从需求收集、快速实现，到价值最大化）。

业务主导+IT协同。数智化转型应该由前台部门，如业务部门来驱动或发起，而非由IT或者行政等其他部门推动。因为数智化转型本质上是一次业务的转型（或者叫变革），行业里有个说法，数智化转型20%是IT的工作，80%是业务的事情。与以往信息化工作不一样的地方是，这个转型需要从意识到战略、从管理到运营等全方位的转变。而如果是由后台部门IT或行政来推动的话，毕竟不是业务部门，不了解业务的情况，是不能像业务部门视角那么清晰的，就难免会出现"腰指挥手"的情况。

所以，数智化转型需要从整体和业务角度来触发，从市场和客户视角来引入，发现企业价值链中的问题，以及未来市场的机会。它不仅是靠建立一套中台＋后台系统就可以完成的动作。数智化转型是"从业务中来，回业务中去"，最终产生实际价值。

下面以百果园为例，介绍如何从业务角度导入数字化，以"业务主导+IT协同"的方式来实施数智化。

百果园是2002年成立的一家水果店，经历了10年线下，5年线上的摸索，发展到如今已经布局70多个城市及4000家线下实体店的体量，拥有了5300万会员。其CEO徐艳林在总结支持百果园发展的3个关键要素时，第一就提到了科技，通过科技进行业务赋能，实现了百果园的腾飞。

早在2008年，百果园就筹建了全国首家B2C水果电商平台——网上百果园。但真正让百果园数字化走上快车道的，是2015年收购O2O模式生鲜电商——米鲜。这次收购实现了对有互联网经验的管理者和成建制的互联网产品技术团队的有效整合。彼时，高层开始从业务的角度来导入IT，以"业务主导+IT协同"的方式来实现业务的数智化，并进行了系统的数字化规划和构思。围绕零售业人、货、场的3个要素，其数智化主要分两条路线。

第一条路线是将传统零售升级为智慧零售。

368   数据增长模型　数智时代的全栈产品运营思维、算法与技术

首先，百果园把过去的纯线下店面改造成了"线上线下一体的新零售社区小店"的新模式，实现了"门店/无人零售+外卖平台+App+小程序+社群+公众号一并应用"全渠道营销。同时，基于会员平台、商品平台、库存平台和营销活动平台，百果园搭建了业务中台，并结合数据中台实现了基于AI的全域精准营销。

其次，百果园通过"运营+系统"的手段把线下的消费者变成自己的会员。2012~2017年，百果园会员量激增，从1300万上升至2800万，翻了一倍多。而围绕门店，百果园又建立了8000多个社群，获得约400万果粉。在大大提高客单价的同时，也倒逼百果园在渠道上更努力地保证水果的鲜度与品质。

这里有很多细节的工作。数智化的第一步，其实是数据的采集和分析。百果园的数据包括内部各信息系统的数据（如ERP、SCM等），以及通过如下多种数据采集方式进行收集到的丰富的外部数据。

（1）会员系统（CRM）。CRM系统的核心是人，百果园把客户画像标签划分为动态和静态两种（约200多个），并不断发展完善，通过标签的积累并与主要的业务结合，驱动业务日常管理和经营。

（2）门店。通过店内安装的传感器（如摄像头、探针、电子标签等）来获取数据，包括到店客流、单客店内贡献，以及果品选择与摆放等。

（3）App。通过第三方数据工具进行App等移动端用户行为数据的采集。

通过上述完整、细致的数据采集工作，百果园搭建了一套完善的数据分析体系，包括8个方向：总体运营体系、用户价值体系、产品运营体系、商品运营体系、营销活动体系、物流配送体系、客户指标体系、财务分析体系。

在精细的数据采集和分析基础上，百果园实现了数据化和智能化的运营。

数智化产品运营。依靠从数据采集到智能分析获得的数据来研发新功能，不断提升用户体验。

数智化商品运营。作为一个容易腐烂、不易储运的产品线，如何优化品类管理是很有挑战性的。因为水果具有非常强的季节性，也是一个情感商品，从门店角度，通过数智化系统实现实时的商品经营、单品管理，对整个门店的销售业绩会起到重要作用。

数字化用户运营。通过数智化来实现精细的用户增长、留存提升，推动消费者复购。

数字化销售运营。通过数智化实现自动的渠道资源分配，通过"数据+分析"帮助活动指导、阶段性的活动复盘总结、监督性的分析寻找经营机会点。

第二条路线是实现产业链的数智化。

只有供应链乃至产业链做到了数智化，门店的运营效率才会真正提升。百果园成立了"智果科技"公司，用大数据、互联网的手段指导改造果业，打造先进果业供应链，例如应用无人机计算产量、用摄像头来完成库存商品的数量、鲜度的盘点等。

第16章　数智化重塑增长　　369

通过产业链数智化，百果园自有园区果树在种植环节不再依赖人工的种植经验，而是通过系统采集的温度、湿度、土壤、生长周期、产量等数据，建立数据分析模型和整套种植机制，生产出好的水果的果品，还可以将模型移植到其他相关的种植基地。自此后，好水果的产出不再看天，不再靠人，真正实现了水果的智能化种植。

通过对采购管理、供应链、销售运营、营销、会员等数据进行进一步整合，利用 AI 算法具体切入相关各环节，进而落地到实际的场景。这些数据和能力做了集成，成了一站式的数据中台。

百果园的数智化落地场景包括智能订货系统、实时定价系统、人脸识别、销售预测等。

因为生鲜和水果是高损耗商品，需要通过更好的订货和决策做好前端到门店的管理，进而优化整个门店的损耗，故相比其他零售行业（如商超、便利店）而言，在生鲜和水果行业，智能订货系统显得更加重要。

百果园的人脸识别和智能订货系统包括前端、后端两部分。前端是在门店部署智能摄像头和探针来做人脸识别/跟踪、关键点识别等，结合后端的"人脸识别+数据分析"等处理，顾客进入百果园的门店时就能识别顾客的性别、年龄、过往消费情况、所消费果品的类别等（经过顾客允许，同时百果园在人脸识别处理过程中对面部数据做好了隐私保护）。这些数据的运用，能够全面帮助店长和店员对顾客进行更好的导购服务，提升顾客的购物体验。

基于上述的基础工作，整个百果园的业务模块从前端的种植环节、采购管理、供应链，到后端门店板块的销售运营、营销、会员管理等都已经全面接入基于产业链的数智化平台。从而推动百果园的数智化平台赋能整个新零售，成为零售业的"超级大脑"，助力其成为水果行业最先实现智能零售的企业之一。

经过多年的摸索，百果园还提炼出数智化的"百氏方法"，即"3+2 模式"，如下图所示。图中纵向包括店铺开发与经营、商品开发与经营、客户开发与经营 3 条经营主线，通过这 3 条主线对数字化和智能化进行全面赋能，提升横向的两条管理主线——管理的效率和经营的效益。这种模式也表明，数智化必须以业务为起点，靠前端业务驱动，后端 IT 协同，从而实现数智化的整体落地。

数智化必须从具体业务切入，避免大而全。

从本质上来说，数智化是一种技术工具，工具需要与各行业具体的场景结合才能落地。例如零售业，就有门店管理、供应链优化、无人零售乃至精准营销等可以应用的场景；而金融业则有智能风控、精准营销、智能投资顾问及智能服务、智能运营等应用场景。在企业应用数智化手段时，可以根据行业，结合具体业务痛点，来选择从哪些场景切入。

中商惠民是一家做社区综合服务电商的平台，服务于全国社区超市（便利店），一方面提供货源给便利店和终端客户，实现 ToB/ToC 两种业务模式；另一方面，将传统的社区超市（小卖部）改造升级成现代社区商务服务的平台。截至 2020 年，中商惠民共布局了 22 个城市，服务全国社区超市零售商 60 万家，自有仓储面积达 20 万平方米。

任何一家便利店都迫切需要掌握自己的用户画像和用户需求，并通过不断迭代来提升用户体验，最终提升运营效率。所以基于数据和智能，建立用户洞察能力，进行精细化的零售运营，是零售行业的基本诉求。

中商惠民需要对接品牌商和便利店（B 端客户）的两端，以数智化来赋能上下游：通过智能营销、智能生产及运输、更有效的活动来服务品牌商，以及差异化地服务"千人千面"的便利店。

基于这些业务诉求，中商惠民将数智化过程划分为 "积累（数据生产标准化）——挖掘（数据洞察深层化）——链接（数据智能生态化）" 三大阶段，并研发了"惠眼"和"惠景"两个系统。

数据标签＋用户画像系统（惠眼）。惠眼系统实现了用户和商品数据的标签化管理，其核心是收集分析用于经营决策的所有数据，包括用户行为数据、商品数据、物流数据、订单数据、活动数据等，并通过这些数据深入分析用户行为（如销售分析、采购行为分析、区域分析等）和用户属性（如构建标签体系、用户画像、经营指标等），为企业决策提供数据支撑。

千人千面智能运营系统（惠景）。吸收惠眼系统的数据后，惠景系统将实现人群管理、推荐系统、策略效果分析、用户动态行为分析、营销管理及效果分析等功能。通过这些分析，将有价值的数据反馈给业务系统，形成一个良性循环，为上游品牌商和线下便利店提供整个运营情况的实时反馈，最终借助大数据实现智能化商品推广，为企业提高运营效率和转化率。

品牌商的两个核心诉求是开拓销售渠道和实现智慧运营，而这些业务诉求，通过惠眼和惠景两个系统可以获得有效满足。

16.4　案例：数智化破局增长

下面介绍采用数字化和智能化赋能企业业务，驱动用户和客户增长的案例。

16.4.1 传统企业数智化重塑增长案例

接着上一节数智化的切入点来看一下具体数智化案例。

下面以中高惠民对某碱性电池的新品铺货实现精准触达为例。

在进行新品铺货时，厂家往往会先通过惠眼系统对品牌市场分布状况、分销状况进行分析，再对全国电池品类销售状况和现有品类目标客户占比等进行分析，最后根据以上数据分析结果选择合适的落地门店，规划比较匹配的精准投放资源，并进行活动的策划和执行。

而通过惠景系统的用户标签系统，厂家可以方便地找到相关采购便利店定点发放品牌券，同时分析活动期间采购的便利店的行为，引导这些店复购，最后根据大数据分析其订货的频次，掌控进货节奏以进行精准投放，从而实现精准和自动营销。下图为某碱性电池厂家数智化用户标签系统。

从营销试点结果可见，在运用了惠眼和惠景两个系统后，该厂家某碱性电池（5号、7号）新品营销的销售点数量、销售额、订单量均增长了数倍，详情见下表。

北京试点效果	第一期增长比	第二期增长比
销售点	973%	1703%
销售额	1136%	2331%
客单值	17%	19%
订单数量	1587%	1941%
订货频次	57%	13%

在本案例中，中商惠民从上下游客户最核心的需求入手，开发的数据标签系统、智能运营系统快速产生了价值。

中商惠民数智化体系如下图所示。

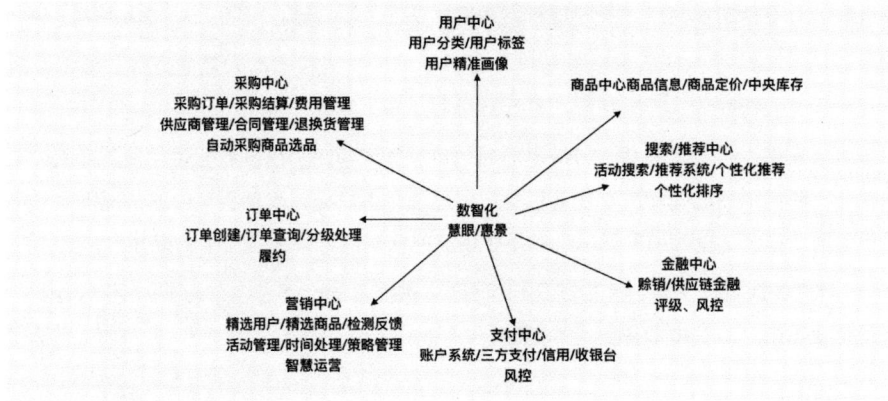

数智化时代才刚刚开始，数智化带来的触达和连接的几何级增长，与消费等各个产业的交叉碰撞，正在为企业带来百年不遇的机会。要把握住这一机会，企业不能贪大求全，必须从具体的业务需求切入，快速实现价值。

16.4.2 数智化解决方案案例——需求预测

数智化重塑增长，需求预测很关键。

1.什么是需求预测

在数智化与零售高级分析的结合中，最显著的应用是需求预测。

BCG（波士顿咨询公司）与谷歌公司曾经携手开展了一项研究，结果显示：通过大规模使用数智化和高级分析，消费品公司可以实现超过10%的营收增长。其中，需求预测对拉动企业业务增长的重要性排在第一位。借助需求预测，企业可以从这些数据中获得可行的商业洞察，例如预测新产品的需求水平、营销活动的效果以及新消费趋势的萌芽。而它带给顾客最直观的感受，也许就是顾客能否买到想要的商品。

假如没有恰当的需求预测流程，几乎不可能保证门店在任意时刻都有恰当的库存可供销售。库存太多，意味着大量的库存金额浪费，资金成本显著提升。而对于一些售卖期限有严格要求的商品，例如鲜食、应季服装，高库存更是意味着直接的经济损失。库存不够，则会导致产品脱销，一方面没法做到销售额最大化，另一方面还会因为消费者需求无法满足，转而去竞争对手那边购买商品，导致客户流失。

需求预测就是使用数据和洞察来预测客户在特定时间段内想要购买多少特定商品或服务的行为。一个好的需求预测算法和执行流程，将会帮助企业零售业务得到稳定、快速的可持续发展。而好的需求预测，则是综合利用内部数据、外部数据和行业经验，结合先进的预测算法，给出满足高准确度要求的需求预测结果；此外，我们还要求算法能够根据实

第16章　数智化重塑增长　　373

际的业务反馈，不断迭代演进，不断提升准确度。

这里说的内部数据包括历史销售数据、促销活动、广告投入、人流数据等，外部数据包括行业趋势、消费趋势、天气情况，甚至竞争对手等因素。

对于零售商来说，只需要关心如何更准确地完成需求预测，而不需要关注预测是怎么完成的。就如同我们不需要理解汽车发动机的工作原理，而只要在发动机工作的情况下驾驶汽车开往目的地一样，这里我们需要思考的是更精准的预测能带来哪些业务的提升。

所以，尽可能地将预测准确度提高几个百分点，进而推动上下游各个环节的更高效运作，就能帮助企业在商业实践中取得更大的成功。

2. 需求预测的重要性

对于商业企业来说，看一项技术或者投入对自己是否足够重要，衡量的标准是它对促进业务增长是否足够有用。

需求预测如何促进业务增长？我们把它归结为两点：降本提效、增强客户体验。

（1）降本提效

在市场竞争日益白热化的今天，各行各业爆发式增长的情况已不复存在，精细化运营、降本提效是大势所趋，而对毛利率本身就不算很高的零售行业来说，更是重中之重。

笔者曾经对一份超市的销售数据做过假设分析，结果发现：如果商品降低 1% 的成本，净利润能够上升 5%~6%。

这是多么诱人的数据！几乎每个零售企业都在寻找降低成本的方法，因为这是使利润最大化的最简单方法之一。

当需要为零售业务实施需求预测时，可以通过以下几种方式来降低成本。

通过准确的需求预测，减少不需要的库存资金占用。在保证供给的情况下，越少的现有库存会带来越低的持有成本。

通过需求预测来运营精益、敏捷业务。可以根据当前销售进度与未来预测数据，来判断是否需要加大营销、广告投入，以确保及时完成销售目标，或者是否需要及时调整目标，以获得更大的业务增长。

（2）增强客户体验

良好的客户消费体验，会带来更高的客户忠诚度与市场口碑。最显而易见的就是避免让客户空手而归，或者将客户推到竞争对手那儿买同类的商品。良好的消费体验是取悦客户的最有效的方法之一。

同时，销售预测可以用来指导人员配置，优化排班。对大多数零售企业来说，都不希望宾客满堂的时候，却由于营业员配置不足，导致客户消费体验下降，从而流失客户。

需求预测方法。按预测的技术手段来分，需求预测可以分为定性预测、时间序列预测、因果模型。

①定性预测。定性预测指企业根据一些定性数据预测需求，这需要预测者熟悉业务知识，具有丰富的行业经验和综合分析的能力，根据已掌握的历史资料与直观材料，运用个人的经验和分析判断能力，对事物未来的发展做出性质和程度上的判断。

虽然我们也会在一定程度上要求定性预测运用数学方法来定量地做出预测评估，但还是易受预测者的主观因素影响。

定性预测适合于历史数据有限的企业、新店开业、新品发布（特别是市场上没有其他同类产品可参考的情况）等场景的需求预测。

能适用于定性预测的算法也非常少，这更像是行业专家或咨询公司专长的领域。

②时间序列预测。相比定性预测，时间序列分析是一种量化的需求预测方法，它使用更为精准的数字作为需求预测的基础，给出具有一定置信区间的量化预测值，属于定量预测的一种。

它的基本原理如下：一方面承认事物发展的延续性，运用过去时间序列的数据进行统计分析，推测事物发展的趋势；另一方面充分考虑各类特征因子对数据表现的影响，综合给出预测结果。

序列预测适用于有大量过去销售数据的零售企业，有季节性、周期性销售趋势的商品预测。

③因果模型。因果模型考虑了可能改变预测结果的多种可控及非可控的因素，是利用事物发展变化的因果关系来进行预测的方法。它以事物发展变化的因果关系为依据，抓住事物发展的主要矛盾与次要矛盾的相互关系，建立数学模型进行预测。

因果模型适用于具有大量指标的数据驱动零售商，按特定产品（类别或SKU）进行预测，包括多渠道、多元化客群的零售业务与市场营销、广告活动和促销相关的预测。

需求预测是一门科学，也是一门艺术。有些算法工程师会说预测调参是一门"玄学"，这其实也是从侧面反映出预测的魅力与价值。

最好的预测方法是综合考虑定性和定量数据、内部与外部数据、可控与不可控因素，做出一些必要的"猜测"和"假设"，再结合先进的算法和工具来实现数据的预测。

3. 需求预测的应用场景

前面我们或多或少地提到了一些需求预测使用的场景，这里不妨做一个简单的总结。

（1）降低库存金额

对于库存成本较高的零售企业，通过销售预测来指导进货与库存，在保证供给的前提下，进一步降低库存金额，降低成本。

（2）降低报废风险

对于可售时长比较短的商品（例如水果、面包、鲜食），通过精准的销售预测，指导备货，降低报废率（并不是追求零报废），节约成本。

（3）把握销售机会

对于潜在的销售机会，例如节日、活动、天气变化等，通过销售预测指导提前备货，充分把握销售机会，实现最大化销售。

（4）指导生产排程、配送

对于可以做到自产自销的零售企业来说，准确的销售预测，还能够将预测数据倒推到生产、配送环节，从而指导企业的生产排程、物流运输。

（5）指导人员配置，优化排班

通过分时段的销售预测，指导门店进行更合理的数据化排班，最大化地利用人力，同时保障客户消费体验。

（6）预测顾客需求

通过市场调查、专家意见等定性预测或基于市场营销活动做因果模型预测，预测客户需求的产品与需求的量，挖掘客户消费潜力。

（7）衡量业务

通过对门店纵向与横向的多指标定量评估，衡量门店业务情况，给出指导建议与发展目标。

（8）评估销售目标的进度

通过对当前累计销售额与未来销售预期的预测分析，评估销售目标的完成进度与质量。有需要时还可以及时调整销售目标，做到敏捷运营。

（9）增强客户体验

通过进、销、存各个环节的预测，提升客户体验，避免各类因缺货、延迟交货、延迟发货等情况导致客户消费体验下降。

第 17 章

不确定时代的数据产品经理思维方法

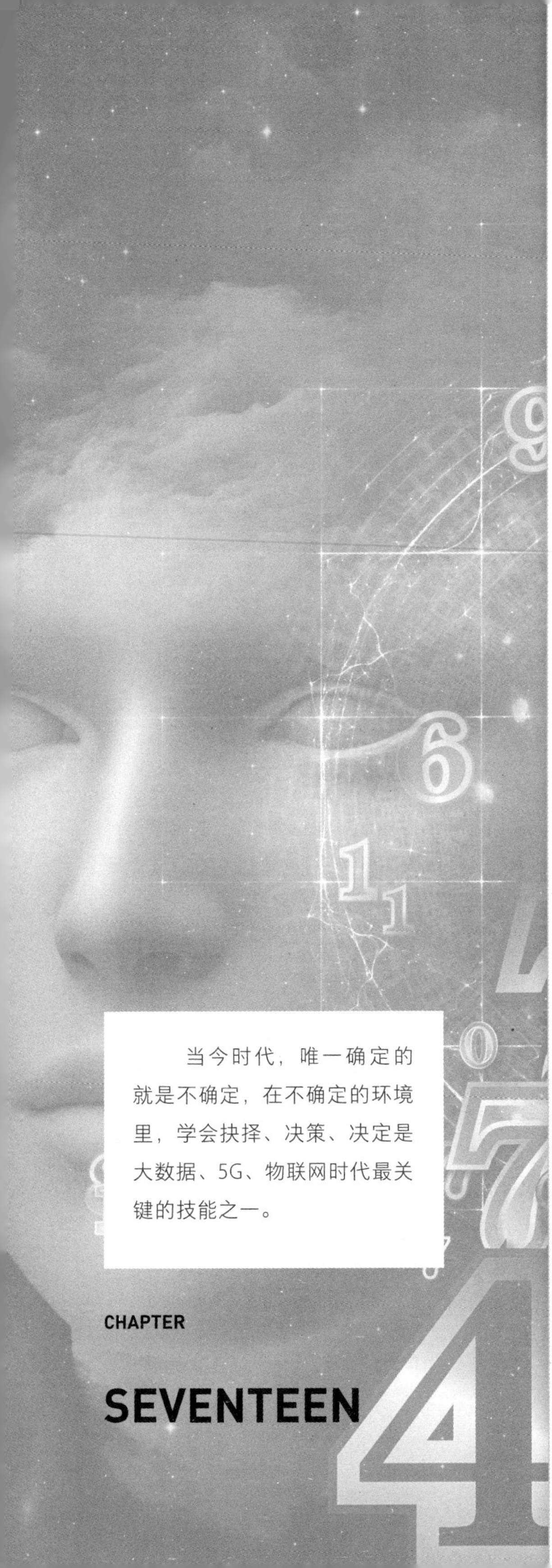

当今时代，唯一确定的就是不确定，在不确定的环境里，学会抉择、决策、决定是大数据、5G、物联网时代最关键的技能之一。

CHAPTER

SEVENTEEN

- 17.1 物联网的数智化未来
- 17.2 以快手为例看 5G 时代互联网产品的变化
- 17.3 数据认知促进数据思维

17.1　物联网的数智化未来

物联网 (IoT) 技术已将许多不可思议的假设变为现实——有关我们在哪里、通过何种方式及速度来收集和管理数据、分析数据、进行数据预测和建模。据斯坦福大学讲师兼作家 Timothy Chou 介绍，以前，人们习惯于先弄清楚需要解决的问题，然后再去收集数据和开展分析。物联网的出现令这种模式发生了逆转。

以奶牛养殖为例，通过将传感器安装在母牛身上，研究人员能够近乎实时了解到母牛到达育龄期的信息，因为母牛在育龄期的行为与日常行为差异很大。人工授精的最佳时间是到达育龄期后的 16 小时内。研究人员还了解到，在该时段的头两个小时内进行人工授精，产下母牛的概率要高很多——这正是饲养者想要的结果。

如果没有传感器提供帮助，恐怕没人能预测出奶牛的育龄期何时到来，也没人会去想办法解决这个问题。

Timothy Chou 曾说："迄今为止，我们的大多数技术都是为了人联网 (IoP) 而构建的。"无论是电子商务、ERP，还是搜索应用，都是为人类服务的，并会累积特定类型的数据以供随后分析使用。但人不是物品。物品不间断地生成大量数据并可根据我们的指示随时提供信息。那么，我们缘何认为面向人联网而构建的技术同样适用于物联网呢？

物联网的未来发展使我们有机会实现万物联通，收集多种不同类型的数据，并在不进行整理的情况下即可从这些数据中提取信息。在未来的物联网环境中，我们甚至能在任务和目标不明确的情况下从风力涡轮机、剪刀式升降机或血液分析仪中获取信息。

物联网中存在一个点连续体，是数据生成、收集、汇聚、分析和存储的地方。虽然这些点因情况而异，但"边缘"位置却是所有活动的起始点。

在数据中心之外生成数据并连接到互联网的所有东西都位于这个边缘区域，包括家电、机器、汽车、路灯、家庭智能设备、涡轮机、宠物产品和保健设备。

当今的技术已允许我们将一定的智能性和计算能力注入边缘设备中。但我们无法在边缘充分分析数据，因为大多数边缘设备都不具备足够的计算和存储资源来执行机器学习和高级边缘分析任务。因此，许多物联网应用先在边缘观察数据，然后再将其转移到云端进行分析。

英特尔公司认为，在未来的物联网环境中，任何一个行业，要想从数据中获得最大收益，都必须能够在适当时间和适当位置——边缘或云端，从造成潜在业务问题的根源（如成本和延迟等因素）中获取适当的商业信息。

那么，作为数据产品经理，如何才能决定哪些东西运行在边缘、哪些运行在云端呢？关于这一点没有明确的标准，数据产品经理必须酌情处理。

下面举例说明，如果一辆智能汽车感应到驾驶员的疾病即将发作，在这种情况下绝不能等待数据进入云端接受分析，然后将信号返回至边缘设备来指导正确行动。云端太过遥远，无法及时处理数据并做出响应。数据都有有效期——如果数据在接受分析之前便已贬值或过期，用户将为此付出惨重代价。

通过互联网将原始数据发送到云端还伴随隐私、安全性和违法等其他问题，计划掌控物联网未来的任何人都需要权衡利弊。

物联网的未来发展应以企业级思维为指导，物联网令嵌入式逻辑不再是孤立的逻辑，而是连接的逻辑。这意味着我们必须接触它，我们必须能够更新它，从而使世间万物发生改变。

假设通过在云中开展分析，发现某个型号的边缘设备需要更新。在这种情况下，最好的处理方式是在不中断业务运行的情况下更换新设备。而在未来的物联网环境中，这种边缘设备的更换活动将细致到每个零件和组件级别。为实现这一目标，我们需要将企业级思维从云端带到边缘，覆盖这之间的每一个角落，包括所有组件。为此，我们需要将企业级思维方式融入设备或事物的软件之中。

幸运的是，云计算诞生已有时日，许多企业级资产已构建完成，包括敏捷的、可用的、可扩展的业务。在设计物联网的未来时，应遍历每一层并确保安全模型、数据模型及可管理性模型在每个阶段都是一致的。

例如，假设首先尝试给 40 台边缘设备部署新服务并取得了成功。但是，当新服务的覆盖范围从 40 台设备扩展到 400 台设备时，会怎样呢？如果从一开始就通过可扩展的方式定义了架构，那么能够顺利实现这一飞跃。整个堆栈中每一层的每个元素都已准备好迎接可靠、安全、可扩展的服务交付。

请切记，希望提取的商业价值的性质将随着时间的推移而发生改变。在设计系统时应首先考虑到这个级别的可扩展性。

物联网的出现对安全性提出了前所未有的严格要求。这意味着在设计产品时应考虑到物联网的未来发展状况。因为在现实世界中确保安全性与保障数据中心内部安全完全是两码事。

我们以帮助管理城市交通的物联网基础设施为例。在这种情况下，如果物联网基础设施在设置上出现安全漏洞，那么可能会造成严重影响。为避免潜在安全问题，应从一开始便将安全性构建在基础设施之中，因为事后再来补救就为时已晚了。

然而，物联网安全性是一个很复杂的问题。首先，谁来负责物联网的安全性？例如，在联网汽车环境中，安全性不会是任何一方的责任。如何在不同层面和环节中的多个不同的相关方之间分配安全责任呢？这些都是需要数据产品经理考虑的重要事情。

现在，随着终端的计算功率越来越大，网络开始实施万物互连并收集数据。通过从这些物联网数据中提取信息，许多企业均已提高了生产力和运营效率。

例如，在风力涡轮机行业，每台涡轮机上均可通过 400 个传感器来收集数 TB 甚至数 PB 级别的数据。此类数据有助于预测机器维护和性能优化工作。精准农业是使用物联网分析的另一个行业，可利用收集的数据来帮助农民提高耕作的精准度，减少对肥料和除草剂的使用，这种经济、高效的方法可种植出更健康的农作物。

来自物联网的流数据能帮企业通过持续监控更好地了解其业务。这些数据可揭示出定期数据视图望尘莫及的信息，从而帮助企业构建以客户为中心的业务模式。但是，如果想在未来充分利用物联网价值的同时满足业务和客户的需要，您需要建立数据驱动的企业文化，从而真正利用数据获取信息。

物联网的未来发展也为创建全新业务模式创造了机会，为企业演变为信息供应商而不仅是硬件供应商敞开了大门。这将改变企业的战略方法。在这种环境下，企业需兼顾产品和服务才能取得成功。否则，很有可能错失巨大的机会，无法保持经常性收入。

未来 10 年，物联网革命将大大改变电力、水利、农业、交通运输业、建筑业、医药、石油和天然气，以及所有其他的工业领域。

请勿忽视物联网的未来发展基于复杂基础设施这一事实，各类供应商需通力合作才能保持万物的协同增效。软件虽然是"大脑"，但却无法兼顾物联网基础设施的方方面面。在物联网的未来发展中，硬件、中间件、网络和其他组件都需要彼此兼容以发挥最大效力。

数据产品经理当做好准备，把握机会。驱动物联网未来发展的先进技术现已存在，摆在我们面前的是千载难逢的机会，新技术将帮助我们应对不同的物联网挑战。我们现在有机会去了解物联网、实现设备连通、收集大量数据、从数据中获取信息，然后制订出合理的行动计划，这是一种看待世界的新方式。我们现在才刚刚开始品尝物联网发展结出的硕果。

17.2　以快手为例看 5G 时代互联网产品的变化

关于 5G 时代的互联网产品，快手音视频技术负责人于冰说："5G 很可能不是革命，反而更像是一种催化剂，它会让移动网络体验更好，也会让视频体验更好。这时候视频会在 5G 网络的加持下，像空气和水一样无处不在。5G 时代第一个杀手级应用可能是用户玩出来的，或者是一些很边缘的团队，或者是创业公司做出来的东西。"

大家都很关心 5G，很多人都说 2019 年是 5G 元年。5G 网络已经开始到处部署，包括快于总部附近也在部署 5G 网络（现在快手总部已经可以使用 5G 网络），可能不久之后就会有实际可用的 5G 网络、5G 手机。5G 手机成本的降低会加速 5G 的普及，随之而来的是所有人都在期待 5G 带来的新应用。曾有文章预测 4G 网络将带来移动视频直播、移动便携游戏、云计算，这些都成了现实。由于许多手机都携带摄像头，将来可以利用视频应用程序将视频实时采集发布到网上，做流媒体视频直播。回想 4G 刚起步的时候，全球所有的运营商非常焦虑，到处寻找 4G 的应用场景，而很多人当时没有想到，最大的应用场景便是智能手机。智能手机的爆发加上"Wi-Fi+4G"的普及，把行业带到了一个非常革命性的新高度——现在所有人只要醒着，就恨不得时时刻刻都用手机，使用 PC 或者看电视的时间都被大幅压缩。这个生活方式的变化在当年是无法想象的。但另一方面，在 5G 时代，替代手机的终端还没有出现，所以 5G 很可能不是革命，反而更像是一种催化剂，它会让移动网络体验更好，也会让视频体验更好。不妨想象一下，到处都是 5G 微基站，网络特别好、带宽特别高、延迟特别低，到时候视频会在 5G 网络的加持下，像空气和水一样无处不在。作为数据产品经理不妨试想一下 5G 时代第一个"杀手级"应用是什么？在不确定性发展的过程中，也可以看出整个行业的变化，很多的应用、玩法可能是用户玩出来的，或者是一些很边缘的团队，或者是创业公司做出来的东西，只有这样，它才能够有足够的创新，从而爆发。如果大家都想一样的东西，都扎堆去做 VR、AR，这不一定是用户真正喜欢的，也不是真正的创新，建议产品经理能有更多差异化的尝试。

5G 从 Earlier Adopter 到真正大规模的成熟应用还有很大的鸿沟要跨越。这其中主要的影响因素有 3 个：体验、成本和技术。

有关体验这一点，已经有很多用户表示，如果 4G 的速度能够再提升、资费也能相应降低的话，他们并不会青睐 5G。

还有用户表示 4G 已经很好地满足了要求，包括网络稳定性、覆盖率、能耗、辐射等，而 5G 在这些方面可能还不如 4G 好。

除去上述这些，还有很多人关注 5G 刚需和伪需求的悖论。大家都觉得网络那么快了，做完 4K 应该做 8K，但是 4K 和 8K 到底有多大的需求量？例如移动端手机目前最大就是 2K 的分辨率，做到 4K 分辨率不一定有必要，那么 8K 视频要用户怎么看？这都是很有意思的问题。再如 VR，大家想象一下，如果要让人们都戴着 VR 的头显坐在家里看视频，需要这个设备足够轻量、足够清晰才行。

对于新技术而言，体验是其中很重要的一环，体验最重要的是要有沉浸感，5G 实际上做的就是沉浸感升级的事情。从沉浸式（Immersive）体验的本质出发，它实际上并不一定需要 VR。沉浸式实际上是一个广义的概念，首先音频质量和视频质量都要达到非常高的指标才能够以假乱真，但是更重要的还是要有符合人类直觉的交互，交互方式的改变其实也很重要。

沉浸式体验就是高品质音/视频的展现和便捷的交互,这两项都是同等重要的。以长视频为例,它其实是一个先"种草",再沉浸的体验。其问题在于"种草"期的体验是很不沉浸、很不连续的:用户主要靠浏览、搜索,部分通过推荐,找到喜欢的内容,然后沉浸下去观看——往往在找的过程中用户就已经失去耐心,流失了。当然找到想看的内容后,沉浸的体验目前已经做得比较好了,标配 1080P,VIP 账号可以看 4K、有全景声版本,下一步扩展到了 VR、8K、3D,所有这些的东西加进去,就是为了保证沉浸式体验呈现的效果足够好。

"种草"阶段的体验还需要想办法创新,从而给用户更沉浸的体验。接下来再说说短视频的趋势,这两年短视频发展很快的原因是用户在打开短视频 App 的瞬间,直接就沉浸进去了,因为推荐引擎给用户推荐的内容直接就是用户喜欢的。清晰度更是一直在升级,720P 是标配,后面是 1080P、4K。从浏览、搜索,变成了信息流推荐、上下滑操作。其中上/下滑操作的体验更是创造了一种极致的沉浸模式。所以数据产品经理可以进一步想一想,在 5G 环境下怎样做可以让用户更容易沉浸。以前的人们都是坐在沙发上,轻按遥控器看电视。但那个时代已经过去了,用户依赖的产品从电视变成了手机,所以 5G 时代很可能手机还是大家娱乐的中心,华为推出了智慧屏,想看电视时电视就变成了手机的扩展,想看 8K 视频的时候,用户就可以把它投到电视上看,毕竟在 2K 屏幕的手机上看 8K 视频应该是没什么必要的(另一种可能性是等柔性屏成熟了,有可能在手机上提供更大的屏幕面积)。

阻碍 5G 跨越鸿沟的一个主要因素是成本。首先是设备成本,8K 电视机就很少有消费者能买得起,它的价格至少还要再过几年的时间才能够降到大众消费能力以内。其次是 VR/AR 头显也比较贵,大概需要两三千块钱才能买到好的一体化 VR 头显,分辨率还不够高,AR 设备更是动辄上万。最后是数据资费贵,用户侧的数据资费是一个特别令人头疼的问题。4G 流量费是因为运营商的成本高,而 5G 时代的资费成本只会更高。5G 的投资大,有海量的微基站需要部署,3 家运营商就需要部署 3 套,整体的投资非常巨大。如果要做 SA 独立组网,整个骨干网都要做改造,因为原来的骨干网是接近饱和的,这也会引出海量资金的投入。还有一点是终端带宽太高,骨干网是扛不住的,需要做边缘云 MEC,预期成本也非常高:要把云部署到用户家门口,预期价格也十分昂贵。其实 5G 的概念非常好,但是成本投入大、建设周期长,这些对于 5G 的普及都是很大的限制。对于内容提供商(快手其实就是一个内容提供商),内容制作成本会更高。

例如拍摄 8K 视频的摄像机、整个制作流程,这些成本都非常高。另外,成本的大头是"传输 + 存储",IDC 和 CDN 成本可能要翻好几倍,这个成本降不下来,企业也不会轻易升级到更高的分辨率。

要想驱动 5G 跨越鸿沟,最有希望的方式就是靠技术。如果能够通过技术方式把成本降下来,同时把用户体验做得更好,就可以促进 5G 的普及。例如 5G 时代压缩存储需要支持超高清,如海量的 4K / 8K 的视频要做压缩,这大概率是软件没办法完成的任务,所以在这方面很多公司都在布局做硬件编码器,这是很有意思的一个方向。海量的超高清视频需要存储,如何通过技术来降低成本,然后传输、交互,在5G下可以做到非常低的延时,我们在这样的条件下可以做出一些新的应用,例如云游戏、远距离合唱等。

另外,除了这些基础技术之外,AI是最关键的,是构建视频内容和社交生态的核心。用户体验中有一个很重要的核心叫"内容为王",快手平台本质就是一个"AI+数据"驱动的内容生产与消费的闭环,从内容生产开始,到内容的理解,然后做用户理解和内容分发,再到内容消费和促进用户之间的互动,通过互动再进一步促进内容生产,是这样一个正向演进的闭环,内容的正向闭环是整个行业发展的核心。现在很多媒体、电视台、政务号、MCN都迁移到了这个平台上来,可以得到传播的影响力,可以有商业化的收入。在可见的未来,5G会加速这个循环,更好的体验会引入更多的内容生产者和消费者,它会带动所有技术再往前发展,跨越5G的鸿沟。

5G时代"杀手级"的应用都有什么,我们谁都没办法准确预言,也许是正在读本书的读者在一个不经意的瞬间联想到某个创意,然后就实现了一个创新的5G产品。

17.3　数据认知促进数据思维

"这是最好的时代,这是最坏的时代"。数据资源已经成为宝贵的财富。我们处在一个信息爆炸式增长的"大数据"时代的同时,数据的传播速度也远远超出我们的控制范围。大数据在政治、经济、文化方面都产生着深远影响,大数据时代也对我们提出了新的机遇和挑战。

21世纪是信息的时代,是数据的时代,也是各种新兴技术快速发展的时代。在享受各种高新技术的同时,你是否注意到其背后成千上万的数据带给我们的便利呢?自人类诞生之初数据就已经存在,而在几千年以后的今天数据已经越来越广泛地在生活中被运用和提及。清晨你被闹钟叫醒,每天闹钟都会根据你的睡眠质量切换不同的铃声,吃早饭时电视里智能推送的是你最喜爱的频道,上班的路上常常拥堵而你也不用担心,因为导航通过分析路况为你制定了最佳路线,到达公司后计算机桌面上已经筛选好了一天需要完成的工作,下班后你去了超市,为了了解货物的信息,你扫了二维码,得知了食品的安全检验记录和消费者对它的评价……这些听起来是不是很熟悉?因为这些场景都是我们今天生活中正在发生的。你无法回避也不得不接受的现实是,我们每个人都已经不知不觉地卷入了这个大数据时代。

1. 大数据下的数据认知

大数据就是一种流量、存储量超级大（以TB计算）的数据。谷歌地图街景就是大数据应用，如右图所示。

每一个微博用户在微博上产生的全部内容合起来作为一个整体是一种大数据，淘宝店主和每一位淘宝用户在淘宝这个平台上产生的所有信息作为一个整体是一种大数据，国内最大的搜索引擎百度里面所有的类目信息合起来也是一种大数据，这些都是互联网企业普遍存在的大数据。根据来源的不同，大数据大致可分为如下几类。

（1）来自人。人们在互联网活动以及使用移动互联网过程中所产生的各类数据，包括文字、图片、视频等信息。

（2）来自机。各类计算机信息系统产生的数据，以文件、数据库、多媒体等形式存在，也包括审计、日志等自动生成的信息。

（3）来自物。各类数字设备所采集的数据。如摄像头产生的数字信号、医疗物联网中产生的人的各项特征值、天文望远镜所产生的大量数据等。大数据具有远远超过传统数据库存储及处理的能力，此处之"大"并不是空泛地单指数据容量大，大数据下对于传输速度、数据的复杂程度，以及数据的多样性同样要求很高。

2. 新认知的特性

（1）海量数据。在这个日新月异的时代，数据的更新正以惊人的速度翻倍增长，大数据也应运而生。大数据拥有多种信息产生渠道，例如智慧化的三大体系结构——互联网、物联网、云计算。

（2）数据的多样性。多样性作为大数据的结构特征，包括结构化数据和非结构化数据。

（3）数据的高速处理。大数据通过高速处理技术分析处理庞大的数据包，通过快速地检索、计算、交互来创建实时数据。

（4）数据价值的稀疏性。我们通过对已经获得的数据进行分析处理，得到隐藏的潜在信息，才能产生价值。而数据价值的多元化使其内在价值通过多种多样的产品和服务得到具体的体现。

大数据最大的特征就是数据量大。因为数据量大，所以才能给商业，特别是互联网企业带来不可估量的现时或潜在的价值，如果百度里面的数据量不够大，可供网民搜索的类目和条目不够多，那它毫无可能成为网民的"移动的百科全书"。

（5）两种数据认知差别。如今，大数据理论还是个新兴概念，对于它的讨论仍处于百家争鸣的阶段，各大学者对于它也是各执一词。大数据究竟与传统数据有哪些不同？首先，大数据通常是非人为地自发生成的，不会受到人为的参与或者干扰。一架波音 737 客机上搭载的传感器即使没有人为的操作或者指令也能实时记录飞行过程中的各项数据，而传统数据或多或少都会有人参与到新数据的生成流程中。其次，大数据的数据量和分析手段与传统数据也是大相径庭，举个例子，在传统数据处理中对一个学生 9 年义务教育中可被提取分析再进行量化的数据不足 10KB，而其中包含了学生的户口信息、9 年里的学习成绩、历年的奖惩记录、医疗保险信息、身高体重、兴趣爱好等。

（6）大数据对我们生活的影响。这是一个"美好而又糟糕"的信息化时代，信息化让我们的生活更加方便，而庞大的信息量有时又会让我们无从选择。携程旅游 App 作为数据搜索一个较为成功的案例，其利用数据分析瞄准商机，通过精确的数据分析得出每年散客订房的比例占总比例的 95% 左右，从而发现电子商务的巨大提升空间，从最初的机票代理业务发展到如今的酒店、票务、度假预订。但如果信息化做得不够好，就会带给我们一些操作上的不便，反而会比较"糟糕"。

（7）人们应该如何面对大数据时代。大数据的前景无疑是光明的，各类依托大数据发展的行业也呈现出欣欣向荣的态势。诚然，大数据无时无刻不在改变着我们的生活，但它仍然暴露出许多问题，一方面，大数据时代不可避免地会出现隐私泄露的问题，不只限于个人的隐私泄露，还在于基于大数据对人们状态和行为的预测。目前用户数据的收集、管理和使用缺乏适当的监管，数据的正确使用主要依靠企业自律。另一方面，伪造和刻意制造数据的现象依然存在，错误的数据往往会导致错误的预测，而且数据在传播中不可避免地会逐步失去准确性。大数据是一把双刃剑，它带来了新的契机，也暴露出许多安全问题。

未来十年，决定数据产品经理职业高度的就是数据认知和数据思维。首先体现在数据认知上，在生活和工作中会用数据分析；其次体现在数据思维上，对于手头的工作能从数据验证（即数据业务化）的角度实现商业价值。总之，数智化让我们从前 10 年的产品经理混沌时代，进入未来 10 年数据产品经理澄明时代。

第 18 章

『数据人』行动路径

- 18.1 尽快从传统产品经理跃迁到数据产品经理
- 18.2 数据产品跃迁三部曲
- 18.3 数据产品经理 = 数据技术经理 + 运营经理 + 项目产品经理

本章将数据产品经理、数据运营、数据分析师、数据工程师、数据仓库管理员等数据岗位人员统称为"数据人"。

CHAPTER

EIGHTEEN

18.1　尽快从传统产品经理跃迁到数据产品经理

这些年，有人问过笔者数据产品经理和 AI 产品经理的关系，也有人问过笔者数据产品经理和数据分析师的关系。

其实，数据分析师就像在预测明天天气情况，告诉你是阴天还是晴天，而数据产品经理会告诉你明天应对下雨的策略，应该带什么样的雨具，穿什么样的衣服。

在互联网行业，新增用户是产品经理设计产品需求时最正确的指引。"新增"是指市场的用户没有用过这种产品，没有这种体验，给用户提供这种新的互联网体验，所以对用户和商家来说都是"新"的。

随着市场的完善，用户体验了各种互联网产品，有的是良好的体验，有的是不好的体验。总之，互联网不能给用户提供"新"时，就开始由新增用户阶段转入到留存用户阶段，重点转向激活用户和提升用户生命周期的价值。

无论留存用户还是激活用户，都需要分析用户，分析用户不能仅靠直觉，还需要从历史数据挖掘用户的行为偏好和用户自己没有觉察到的细枝末节的隐藏需求。

故此市场对用数据驱动产品商业变现，从而驱动产品增长的需求越来越成为"刚需"，也因此产生了数据产品经理的岗位。

数据产品经理不同于传统的产品经理，大多数数据产品经理都需要具有数据思维、数据工具的操作技能和数据变现的产品设计能力。

无论是对于高阶思维方法的习得，还是对于数据工具的运用，都需要时间来练习，因此成为数据产品经理或者资深数据产品总监，这一步的跃迁来得越早越好。

18.2　数据产品跃迁三部曲

第一步：制定数字化转型目标。

明确为什么要做数字化、数字化要达到哪些目标是转型之旅的第一步。这一阶段，企业领导层需要对未来技术发展、行业发展、消费者趋势等诸多因素进行综合分析，确定数字化目标。

数字化目标通常包含两大侧重点，一是提升运营效率，二是驱动收入增长。前者关注的是如何以数字技术优化流程、提升企业敏捷性等。后者关注如何借助数字技术打造新的收入来源，例如用新技术提升消费体验、制定新的定价模式等。例如零售商沃尔玛的一项数字化行动目标就是提升营销精准度，为此，该公司在创新和优化算法的基础上建立了一个新的搜索引擎，通过分析消费者历史搜索习惯和社交模式，为其推送感兴趣的商品。当时，这一搜索引擎的使用为沃尔玛带来了 10%~15% 的交易量提升。

第二步：采取数字化转型行动。

在明确目标后，企业必须展开更深刻的内部变革，从观念到能力都需要进行新的变革。

企业需要在全公司范围内提升各方对数字化转型的认同感，并建立起数字化思维方式：在塑造竞争优势方面，从自给自足到开放合作；在产品设计开发方面，从线性开发到快速试验；在工作职能方面，从机器替代人类到人机互补合作；在信息安全方面，从被动合规到积极应对。

新的数字技术层出不穷，企业需要明智决策投资哪些数字技术和能力。而打造数字化企业和赢得数字消费者应是企业关注的两大重点领域。

为打造数字化企业，企业应当借助产业物联网、人工智能、敏捷创新等数字技术对其运营进行改造升级，提高内部运营效率。例如思科将其产品开发方式由传统的瀑布式产品开发（Waterfall Product Development）转型为敏捷产品开发（Agile Product Development），其产品开发的平均交付时间从 12~18 个月缩短至 6~8 个月。

为赢得数字消费者，企业需要摆脱原有的产品驱动型发展方式，真正了解客户显性和隐性诉求，提供与客户个性化需求密切相关的解决方案和用户体验。例如一家日本连锁便利店采集并分析了来自全球 4000 万忠实用户的数据，用以优化营销投资方案、改善货架空间分配及利用率，该项目为其带来 125 万美元的利润及超过 1.25 亿美元的年收入增长。

第三步：达成数字化转型成果。

数字化转型的诸多努力最终要落地到可持续的数字化商业模式，以及能支持该商业模式成功运行的运营模式上。

要建立一个可持续发展的商业模式，最重要的是企业需要识别并整合生态系统内的数字化资源，为客户提供差异化的价值主张。

在数字时代，消费者希望在合理价格范围内享受最前沿的产品功能，获得最好的用户体验。因此，成功的数字化企业有能力在自身所处的价值链中识别出最佳资源，并利用数字化技术将其整合，融入自身的资产配置系统中，从而为消费者提供最佳体验。

在这一情境下，利润最大化不再只是企业"一个人"的目标，而是"一群人"的目标（包括消费者、上游供应商、下游渠道商等）。企业所在生态系统内的各方参与者会在不同环节展开积极合作，共同提供具有最佳体验的产品或服务。

要支持数字商业模式的可持续运行，企业还需要建立起数字文化。数字化企业形成了一个适应变化更快、协同合作水平更高、风险接受意愿更强的数字化企业文化。这主要体现在以下两个方面：团队内部形成合作氛围，鼓励各方通过合作的方式（内部和外部）更好、更快地解决企业遇到的问题；鼓励创新的工作方式，形成新的电子化员工行为。例如 GE 创建 PREDIX 开放式软件平台以吸引更多优秀的人才参与产业互联网程序的开发。该平台在 2015 年有超过 4000 名工程师参与，并开发出超过 50 万个程序。

我国的企业正在经历一场深刻的数字革命，然而数字化转型无法一蹴而就，需要系统长远的规划和切实有效的执行。企业要对数字化转型目标进行系统规划和清晰定义，在企业内部提升对数字化转型的认同感、打造数字化思维、培育数字化能力，从而建立起可持续的数字化商业模式和运营模式。

在"数字中国"的大潮中，数字化转型已成为我国每个企业的当务之急。借力数字化打造和提升竞争力，我国企业将在数字时代迸发出更大的活力。

18.3 数据产品经理 = 数据技术经理 + 运营经理 + 项目产品经理

很多人认为，数据产品经理就是和数据打交道的产品经理，这种看法也对也不对。

数据产品经理是个跨界的岗位，他需要做数据收集及清洗工作，自然需要会用数据技术工具；需要了解内外用户需求和理解市场，自然需要懂得运用的"套路"；需要用数据的方式证明、证伪及发现问题，自然需要懂产品设计。

回归到具体的业务场景中，数据产品经理又在做什么事情？如果想要成为一名优秀的数据产品经理，又会遇到怎样的困难和挑战？

1. 数据产品经理的工作内容

同样是数据产品经理，但在不同的公司中所负责的事情也不一样。下面从狭义和广义两个角度来认识现在的数据产品经理。

从狭义上讲，数据产品经理是负责实现数据产品工具，并用它去满足特定数据使用需求的一个岗位，也就是承担数据质量产品、数据工具产品和数据应用产品的策划和设计工作。

从广义上讲，数据产品经理不仅要实现数据产品工具，还要完成数据分析、运营等数据相关工作，负责公司的数据服务，相对应的工作范畴还包括以下四大类。

数据生产。写一些数据生产脚本，产出数据表，甚至维护数据生产流程。

数据提取。负责对业务提出的数据需求提取数据，交付准确、可靠的数据。

数据分析报告。分析日常业务，产出分析报表，形成业务结论。

数据运营。建立指标字典，运营指标字典和数据产品，运营数据，排查数据问题等。

2. 数据产品经理的能力要求

基于各企业的招聘要求和工作职责，对各项技能标签整合聚类后，可以发现数据产品经理除了要具备普通产品经理的基础数据技术、技能外，对数据能力、业务运营理解能力，以及项目协调管理能力的要求也非常突出。

（1）数据技术能力的要求

对于数据产品经理而言，数据能力并不是在 R Studio 上做个炫酷的表格，也不是在 Excel 操作几次数据透视表，更不是写几个 SQL，提取几个数字，而是一套从公司商业竞争策略到一线业务运营的分析方法。

基于这套方法，数据产品经理可以将公司从上至下不同的业务放进同一个模型中来分析，从而帮助决策层通过数据快速定位问题。

这要求数据产品经理有非常强的数据敏感性和数据思维——包括指标字典设计、埋点设计、数据生产相关知识、数据分析等。

当然，基础的数据技术工具技能包也是必备的——如掌握 SQL、Excel、Python 等数据处理常用工具。

（2）业务运营理解能力的要求

数据产品经理最终的目标是让数据自我表达，为业务提供基于各类日志的，从报表到智能预测的工具套件。

一方面，数据产品经理要不断从各个业务汲取和整合各类数据；另一方面，他还要将数据通过各种工具稳定、快速地表达出来，让业务方可以简单、快速地从数据获取信息。

为了做到这一点，数据产品经理必须具备业务运营理解能力：懂得如何将难懂的数据从相对封闭的业务中运营出来，以服务的形式向业务方开放，最终形成从数据供给到数据应用的闭环。

（3）项目协调管理等软技能的要求

作为极其消耗开发资源的产品，良好的项目管理能力决定了整个数据项目的成败。

数据产品面临极为复杂的数据流和业务流的集合，为了做出数据完备、系统稳定、查询快速的报表系统，数据产品经理需要从底层的日志开始整理，梳理各个数据处理过程。

因为处理逻辑的原因，数据系统的研发通常周期很长，而业务对数据的需求通常是要么没有，要么就是疾风骤雨般一股脑的全堆过来。

在这个过程中，数据产品经理和工程师、业务方的协调推进是十分具有挑战性的——既需要逻辑抽象和数据思维的硬实力，又需要沟通协作的软技能，这可能是数据产品经理工作中最具有挑战性的地方。

附录一　常用术语：75 个专业术语

算法（Algorithm）。算法可以理解成一种数学公式或用于进行数据分析的统计学过程。尽管算法是一个统称，但是在这个流行大数据分析的时代，算法也经常被提及且变得愈发流行。

分析 (Analytics)。让我们试想这样的情况，你的信用卡公司给你发了封记录着你全年卡内资金转账情况的邮件，你拿着这张单子，开始认真研究你在食品、衣物、娱乐等方面消费的百分比。你正在进行分析工作，你在从你原始的数据（这些数据可以为你来年的消费做参考）中挖掘有用的信息。那么，如果你以类似的方法在社交媒体上对整个城市人们发的帖子进行处理会如何呢？这种情况我们就可以称之为大数据分析。所谓大数据分析，就是对大量数据进行推理并从中找出有用的信息。以下有 3 种不同类型的分析方法，现在我们来对它们分别进行介绍。

描述性分析（Descriptive Analytics）。如果你只说出自己去年信用卡消费情况为食品方面 25%、衣物方面 35%、娱乐方面 20%、剩下 20% 为杂项开支，那么这种分析方法被称为描述性分析。当然，你也可以找出更多细节。

预测性分析 (Predictive Analytics)。如果你对过去 5 年信用卡消费的历史进行了分析，发现每年的消费情况基本上呈现一个连续变化的趋势，那么在这种情况下你就可以高概率预测出来年的消费情况应该和以往类似。这不是说我们在预测未来，而是应该理解为，我们在用概率预测可能发生什么事情。在大数据的预测分析中，数据科学家可能会使用先进的技术如机器学习，以及先进的统计学处理方法（这部分后面我们会谈到）来预测天气情况、经济变化等。

规范性分析（Prescriptive Analytics）。这里我们还是用信用卡转账的例子来理解。假如你想找出自己的哪类消费（如食品、娱乐、衣物等）可以对整体消费产生巨大影响，那么基于预测性分析的规范性分析法，通过引入动态指标（Action）（如减少食品、衣物或娱乐消费）和对由此产生的结果进行分析来规定一个可以降低你整体开销的最佳消费项。你可以将它延伸到大数据领域，并想象一个负责人是如何通过观察他面前多种动态指标的影响，进而做出所谓由数据驱动的决策的。

批处理（Batch Processing）。尽管批量数据处理从大型机（Mainframe）时代就已经存在了，但是在处理大量数据的大数据时代面前，批处理获得了更重要的意义。批量数据处理是一种处理大量数据（如在一段时间内收集到的一堆交易数据）的有效方法。分布式计算（Hadoop，后面会讨论）就是一种专门处理批量数据的方法。

Cassandra。这是一个很流行的开源数据管理系统，由 Apache Software Foundation 开

发并运营。Apache 掌握了很多大数据处理技术，Cassandra 就是他们专门设计用于在分布式服务器之间处理大量数据的系统。

云计算（Cloud Computing）。虽然云计算这个词现在已经家喻户晓，但是为了全书内容的完整性，笔者还是在这里加入了云计算词条。本质上讲，软件或数据在远程服务器上进行处理，并且这些资源可以在网络上任何地方被访问，那么它就可以被称为云计算。

集群计算（Cluster Computing）。这是一个运用多台服务组成的丰富计算资源的一个计算（算力）集群。更技术层面的理解是，在集群处理的语境下，我们可能会讨论节点（Node）、集群管理层（Cluster Management Layer）、负载平衡（Load Balancing）和并行处理（Parallel Processing）等。

暗数据（Dark Data）。这是一个生造词。所谓暗数据指的是那些公司积累和处理的实际上完全用不到的数据，从这个意义上来说，我们称它们为"暗"的数据，它们有可能根本不会被分析。这些数据可以是社交网络中的信息、电话中心的记录、会议记录等。

数据湖（Data Lake）。一个数据湖（Data Lake）即一个基本以原始格式保存公司所有数据的知识库。这里我们介绍一下数据仓库（Data Warehouse）。数据仓库是一个与数据湖类似的概念，但不同的是，它保存的是经过清理并且与其他资源整合后的结构化数据。数据仓库经常被用于通用数据（但不一定如此）。一般认为，数据湖可以让人更方便地接触到那些你真正需要的数据，此外，你也可以更方便地处理、有效地使用它们。

数据挖掘（Data Mining）。数据挖掘关乎如下过程：从一大群数据中以复杂的模式识别技巧找出有意义的模式，并且得到相关信息。它与前文所述的分析息息相关。在数据挖掘中，你将会先对数据进行挖掘，然后对这些得到的结果进行分析。为了得到有意义的模式（Pattern），数据挖掘人员会使用统计学（一种经典的旧方法）、机器学习算法和人工智能。

数据科学家。数据科学家是时下非常厉害的一个群体，指那些可以通过提取原始数据（就是所谓的数据湖）进而理解、处理并得出信息的一批人。部分数据科学家必备的技能可以说超乎常人：分析能力、统计学、计算机科学、创造力、讲故事能力，以及理解商业背景的能力。

分布式文件系统（Distributed File System）。大数据数量太大，不能存储在一个单独的系统中，分布式文件系统是一个能够把大量数据存储在多个存储设备上的文件系统，它能够减少存储大量数据的成本和复杂度。

ETL。ETL 代表提取、转换和加载。它指的是这样一个过程：提取原始数据，通过清洗等手段，把数据转换为适合使用的形式，并且将其加载到合适的库中供系统使用。即使ETL 源自数据仓库，但是这个过程在获取数据的时候也在被使用，例如，在大数据系统中从外部源获得数据。

Hadoop。当人们思考大数据的时候，可能会立即想到 Hadoop。Hadoop 是一个开源软件架构，它由 Hadoop 分布式文件系统 (HDFS) 构成，允许使用分布式硬件对大数据进行存储、抽象和分析。如果你真的想让某人对这个东西印象深刻，你可以跟他说 YARN(Yet Another Resource Scheduler)，顾名思义，就是另一个资源调度器。提出 Hadoop 的 Apache 基金会，还负责 Pig、Hive 以及 Spark(这都是一些软件的名字)。

内存计算（In-Memory Computing）。通常认为，任何不涉及 I/O 访问的计算都会更快一些。内存计算就是这样的技术，它把所有的工作数据集都移动到集群的集体内存中，避免了在计算过程中向磁盘写入中间结果。Apache Spark 就是一个内存计算的系统，它相对 MapReduce 这类 I/O 绑定的系统具有很大的优势。

物联网（IoT）。物联网使嵌入式对象（如传感器、可穿戴设备、车、冰箱等）中的计算设备通过互联网收发数据，物联网生成了海量的数据，带来了很多大数据分析的机遇。

机器学习（Machine Learning）。机器学习是基于喂入的数据去设计能够学习、调整和提升系统的一种方法。使用设定的预测和统计算法，它们持续地逼近正确的行为和想法，随着更多的数据被输入系统，它们能够得到进一步提升。

MapReduce。MapReduce 是一个编程模型，应注意 Map 和 Reduce 是两个不同的过程。在 MapReduce 中，程序模型首先将大数据集分割成一些小块（这些小块拿技术术语来讲叫作元组），然后这些小块会被分发给不同位置上的不同计算机（也就是之前描述过的集群），这对 Map 过程是必需的。然后模型会收集每个计算结果，并且将它们 Reduce 成一个部分。MapReduce 的数据处理模型和 Hadoop 分布式文件系统是分不开的。

非关系数据库（NoSQL）。这个词听起来几乎就是 SQL（结构化查询语言）的反义词，SQL 是传统的关系数据管理系统（RDBMS）必需的，但是 NoSQL 实际上指的是"不止 SQL"，即那些被设计来处理没有结构 [或者没有 Schema（纲要）] 的大量数据的数据库管理系统。NoSQL 适合大数据系统，因为大规模的非结构化数据库需要 NoSQL 的这种灵活性和分布式优先的特点。

R 语言。R 语言是一个在统计工作中工作得很好的语言，是数据科学中最流行的编程语言之一。

Spark（Apache Spark）。Apache Spark 是一个快速的内存数据处理引擎，它能够有效地执行那些需要迭代访问数据库的流处理、机器学习以及 SQL 负载。Spark 通常比我们前面讨论过的 MapReduce 快很多。

流处理（Stream Processing）。流处理被设计用于持续地进行流数据的处理，通常与流分析技术（指的是能够持续地计算数值和统计分析的能力）结合起来应用，流处理方法特别能够针对大规模数据进行实时处理。

结构化与非结构化数据(Structured vs. Unstructured Data)。这是大数据中的对比之一。

394 | 数据增长模型 数智时代的全栈产品运营思维、算法与技术

结构化数据基本上是那些能够被放在关系数据库中的任何数据，以这种方式组织的数据可以与其他数据通过表格来关联。非结构化数据是指任何不能够被放在关系数据库中的数据，例如邮件信息、社交媒体上的状态，以及人类语音等。

Apache。软件基金会（ASF）提供了许多大数据的开源项目。解释完这些项目需要耗费大量时间，所以下面只挑选了一些流行术语进行解释。

Apache Kafka。命名于捷克作家卡夫卡，用于构建实时数据管道和流媒体应用。它如此流行的原因在于能够以容错的方式存储、管理和处理数据流，还非常快速。鉴于社交网络环境大量涉及数据流的处理，Kafka 目前非常受欢迎。

Apache Mahout。Mahout 提供了一个用于机器学习和数据挖掘的预制算法库，也可用作创建更多算法的环境。

Apache Oozie。在任何编程环境中，你都需要一些工作流系统通过预定义的方式和定义的依赖关系，安排和运行工作。Oozie 为 Pig、MapReduce，以及 Hive 等语言编写的大数据工作所提供的正是这个。

Apache Drill/Apache Impala/Apache Spark SQL。这 3 个开源项目都提供快速和交互式的 SQL，如与 Apache Hadoop 数据的交互。如果你已经知道 SQL 并处理以大数据格式存储的数据（即 HBase 或 HDFS），这些功能将非常有用。

Apache Hive。了解 SQL 就很好上手 Hive 了。Hive 有助于使用 SQL 读取、写入和管理驻留在分布式存储中的大型数据集。

Apache Pig。Pig 是在大型分布式数据集上创建、查询、执行例程的平台，所使用的脚本语言叫作 Pig Latin。

Apache Sqoop。一个用于将数据从 Hadoop 转移到非 Hadoop 数据存储（如数据仓库和关系数据库）的工具。

Apache Storm。一个免费开源的实时分布式计算系统。它使得使用 Hadoop 进行批处理的同时可以更容易地处理非结构化数据。

人工智能（Artificial Intelligence，AI）：你可能会问，为什么 AI 出现在这里？这不是一个单独的领域吗？所有这些技术发展趋势紧密相连，所以我们最好静下心来继续学习。AI 以软/硬件结合的方式开发智能机器和软件，这种硬件和软件的结合能够感知环境并在需要时采取必要的行动，不断从这些行动中学习。

行为分析（Behavioral Analytics）。你有没有想过谷歌是如何为你需要的产品/服务提供广告的？行为分析侧重于理解消费者和应用程序所做的事情，以及为什么它们以某种方式起作用。这涉及我们的上网模式、社交媒体互动行为，以及我们的网上购物活动（购物车等），连接这些无关的数据点，并试图预测结果。举一个例子，在我找到一家酒店并清空购物车后，我收到了度假村的电话。

Brontobyte。1 后面 27 个 0，这是未来数字世界存储数据信息的单位。1BB 约 1000YB。

商业智能（Business Intelligence）。我将重用 Gartner 对 BI 的定义，因为它解释得很好。商业智能是一个总称，包括应用程序、基础设施、工具以及最佳实践，它可以访问和分析信息，从而改善和优化决策及绩效。

生物测定学（Biometrics）。这是一项詹姆斯·邦德什（James Bondish）技术与分析技术相结合的，通过人体的一种或多种物理特征来识别人的技术，如面部识别、虹膜识别、指纹识别等。

点击流分析（Clickstream Analytics）。用于分析用户在网络上浏览时的在线点击数据。有没有想过即使在切换网站时，为什么某些谷歌广告还是阴魂不散？因为谷歌知道你在点击什么。

聚类分析（Cluster Analysis）。一个试图识别数据结构的探索性分析，也称为分割分析或分类分析。更具体地说，它试图确定案例的同质组（Homogenous Groups），即观察者、参与者、受访者。如果分组以前未知，则使用聚类分析来识别案例组。因为它是探索性的，确实对依赖变量和独立变量进行了区分。SPSS 提供的不同的聚类分析方法可以处理二进制、标称、序数和规模（区间或比率）数据。

比较分析（Comparative Analytics）。大数据的关键就在于分析。顾名思义，比较分析使用诸如模式分析、过滤和决策树分析等统计技术来比较多个进程、数据集或其他对象。比较分析可用于医疗保健领域，通过比较大量的医疗记录、文件、图像等，给出更有效和更准确的医疗诊断。

关联分析（Connection Analytics）。你一定看到过用像蜘蛛网一样的图表将人与主题连接起来，从而确定特定主题的影响者。关联分析可以帮助发现人们、产品、网络之中的系统，甚至是数据与多个网络之间的连接和影响。

数据分析师（Data Analyst）。数据分析师是一个非常重要和受欢迎的工作，除了准备报告之外，他还负责收集、编辑和分析数据。

数据清洗（Data CleanSing）。顾名思义，数据清洗涉及检测并更正或者删除数据库中不准确的数据或记录，然后记住脏数据。借助于自动化或者人工工具和算法，数据分析师能够更正并进一步丰富数据，以提高数据质量。请记住，脏数据会导致错误的分析和糟糕的决策。

数据即服务（DaaS）。我们有软件即服务（SaaS）、平台即服务（PaaS），现在我们又有 DaaS，它的意思是数据即服务。通过给用户提供按需访问的云端数据，DaaS 提供商能够帮助我们快速地得到高质量的数据。

数据虚拟化（Data Virtualization）。这是一种数据管理方法，它允许某个应用在不知道技术细节（如数据存放在何处，以什么格式）的情况下抽取并操作数据。例如，社交网络利用这个方法来存储我们的照片。

脏数据（Dirty Data）。既然大数据这么吸引人，那么人们也开始给数据加上其他的形容词来形成新的术语，例如黑数据（Dark Data）、脏数据（Dirty Data）、小数据（Small Data），以及智能数据（Smart Data）。脏数据就是不干净的数据，换言之，就是不准确的、重复的、不一致的数据。显然，你不会想和脏数据搅在一起，所以，尽快地修正它。

模糊逻辑（Fuzzy logic）。我们有多少次对一件事情是百分之百确定的，很少。我们的大脑将数据聚合成部分的事实，这些事实进一步被抽象为某种能够决定我们决策的阈值。模糊逻辑是一种这样的计算方式，与布尔代数中的 0 和 1 相反，它旨在通过渐渐消除部分事实来模仿人脑。

游戏化（Gamification）。在一个典型的游戏中，你会有一个类似于分数一样的元素与别人竞争，并且还有明确的游戏规则。大数据中的游戏化就是使用这些概念来收集、分析数据或者激发玩家。

图数据库（Graph Databases）。图数据使用节点和边这样的概念来代表人和业务，以及他们之间的关系，以挖掘社交媒体中的数据。是否曾经惊叹过微信读书在你读一本书的时候告诉你的关于别人在读什么的信息？对，这就是图数据库。

Hadoop 用户体验（Hadoop User Experience，Hue）。Hue 是一个能够让使用 Apache Hadoop 变得更加容易的开源接口。它是一款基于 Web 的应用；它有一款分布式文件系统的文件浏览器；它有用于 MapReduce 的任务设计；它有能够调度工作流的框架 Oozie；它有一个 Shell、一个 Impala、一个 Hive UI，以及一组 Hadoop API。

高性能分析应用（HANA）。这是 SAP 公司为大数据传输和分析设计的一个软硬件内存平台。

HBase。这是一个分布式的面向列的数据库。它使用 HDFS 作为其底层存储，既支持利用 MapReduce 进行的批量计算，也支持利用事物交互的批量计算。

负载均衡（Load Dalancing）。为了实现最佳的结果和对系统的利用，将负载分发给多个计算机或者服务器。

元数据 (Metadata)。元数据就是能够描述其他数据的数据。元数据总结了数据的基本信息，这使得查找和使用特定的数据实例变得更加容易。例如，作者、数据的创建日期、修改日期，以及大小，这几项是基本的文档元数据。除了文档文件之外，元数据还被用于图像、视频、电子表格和网页。

MongoDB。MongoDB 是一个面向文本数据模型的跨平台开源数据库，而不是传统的基于表格的关系数据库。这种数据库结构的主要设计目的是让结构化数据和非结构化数据在特定类型应用的整合更快、更容易。

Mashup。幸运的是，这个术语和我们在日常生活中使用的 Mashup 一词有着相近的含义，就是混搭的意思。实质上，Mashup 是一个将不同的数据集合并到一个单独应用中的方法（例如将房地产数据与地理位置数据、人口数据结合起来），这确实能够让可视化变得很酷。

多维数据库（Multi-Dimensional Databases）。这是一个为了数据在线分析处理（OLAP）和数据仓库优化而来的数据库。数据仓库是多个数据源数据的集中存储。

多值数据库（MultiValue Databases）。多值数据库是一种非关系数据库，它能够直接理解三维数据，这对直接操作 HTML 和 XML 字符串是很好的。

自然语言处理（Natural Language Processing）。自然语言处理是被设计来让计算机更加准确地理解人类日常语言的软件算法，能够让人类更加自然、更加有效地和计算机交互。

神经网络(Neural Network)。神经网络是一个受生物学启发的非常"漂亮"的编程范式，它能够让计算机从观察到的数据中学习。实际上，神经网络就是受现实生活中脑生物学启发的模型。与神经网络紧密关联的一个术语就是深度学习，深度学习是神经网络中一系列学习技术的集合。

模式识别（Pattern Recognition）。当算法需要在大规模数据集或者在不同的数据集上确定回归或者规律的时候，就出现了模式识别。它与机器学习和数据挖掘紧密相连，甚至被认为是后两者的代名词。这种可见性可以帮助研究者发现一些深刻的规律或者得出一些可能被认为很荒谬的结论。

射频识别（Radio Frequency Identification/RFID）。射频识别是一类使用非接触性无线射频电磁场来传输数据的传感器。随着物联网的发展，RFID 标签能够被嵌入任何可能的东西里面，这能够生成很多需要被分析的数据。

软件即服务（SaaS）。软件即服务让服务提供商把应用托管在互联网上。SaaS 提供商在云端提供服务。

半结构化数据（Semi-Structured Data）。半结构化数据指的是那些没有以传统的方法进行格式化的数据，例如那些与传统数据库相关的数据域或者常用的数据模型。半结构化数据也不是完全原始的数据或者完全非结构化的数据，它可能会包含一些数据表、标签或者其他的结构元素。半结构化数据的例子有图、表、XML 文档以及电子邮件。半结构化数据在互联网上十分流行，在面向对象数据库中经常能够被找到。

情感分析（Sentiment Analysis）。情感分析涉及对消费者在社交媒体、顾客代表电话访谈和调查中存在的多种类型的交互和文档中所表达的情感、情绪和意见的捕捉、追踪和分析。文本分析和自然语言处理是情感分析过程中的典型技术。情感分析的目标就是要辨别或评价针对一个公司、产品、服务、人或者时间所持有的态度或者情感。

空间分析（Spatial Analysis）。空间分析指的是对空间数据做出分析，以识别或者理解分布在几何空间中的数据的模式和规律，这类数据有几何数据和拓扑数据。

流处理（Stream Processing）。流处理被设计用来对流数据进行实时的连续查询和处理。为了对大量的流数据以很快的速度持续地进行实时的数值计算和统计分析，社交网络上的流数据对流处理的需求很明确。

智能数据（Smart Data）。经过一些算法处理之后有用并且可操作的数据。

Terabyte：这是一个相对大的数字数据单位，1TB 约等于 1000GB。据估计，10TB 能够容纳美国国会图书馆的所有印刷品，而 1TB 则能够容纳整个大英百科全书。

可视化（Visualization）。有了合理的可视化之后，原始数据就能够使用了。当然这里的可视化并不只是简单的图表，还包括在包含数据的很多变量的同时还具有可读性和可理解性的复杂图表。

Yottabyte。数字数据单位，1YB 约 1000 ZB，或者 2500 万亿张 DVD 的容量。现在所有的数字存储大概是 1YB，而且这个数字每 18 个月会翻一番。

Zettabyte。数字数据单位，1ZB 约 1000 EB，或者 10 亿 TB。

平台即服务（PaaS）。这是相对软件即服务（SaaS）来说的。PaaS 是一种云计算服务，提供运算平台与解决方案服务。

附录二　数据产品经理的 3 种图

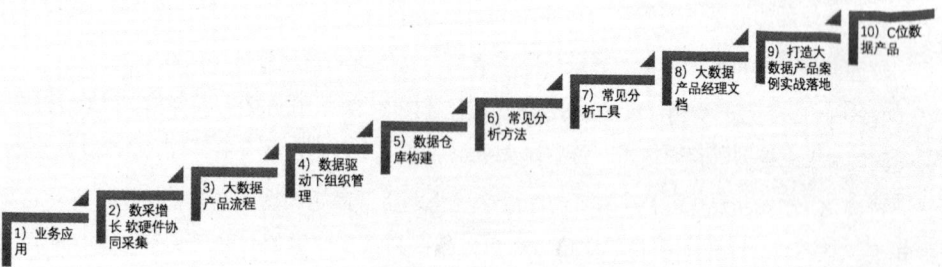

完整的数据产品经理体系10步阶梯图

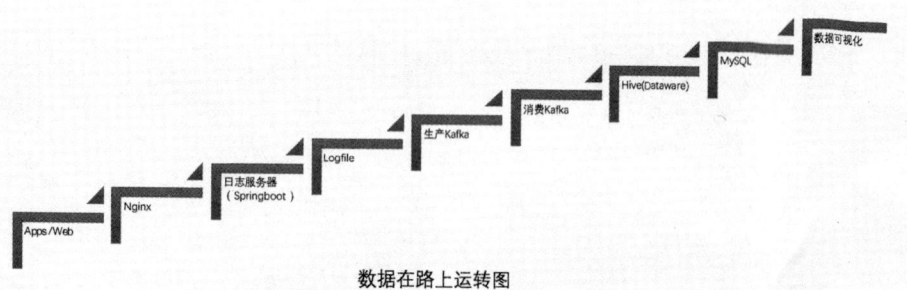

数据在路上运转图

分阶段数据产品经理工具能力技巧图